KB119128

위즈덤하우스는
새로운 시대를 이끌어가는
지혜의 전당입니다.

행복한 **주식투자**

# 행복한 주식투자

초판 1쇄 발행 2007년 2월 11일　초판 2쇄 발행 2008년 2월 25일

**지은이** 행복투자 이건희　**펴낸이** 김태영　**기획자** 강병국

**비즈니스 1파트장** 신민식
**기획편집 3분사_** 분사장 노창현 편집장 최수진 책임편집 고호장
1팀 고호장 김영혜 2팀 송상미 강재인 디자인 이세호
본문디자인 장원석
**마케팅분사_** 곽철식 이귀애

상무 신화섭　감사 김영진
신규사업 노진선미 황현주 이화진　외서기획 이영지
인터넷사업 정은선 왕인정 김미애 정진　홍보 허형식 임태순
광고 정소연 이세윤 허윤경 김혜선 이들숙
**영업분사_** 영업 권대관 김형준　특수판촉 최진　영업관리 이재희 김은실
**본사_** 본사장 하인숙　경영혁신 김성자　재무 김도환 고은미 봉소아 최준용
제작 이재승 송현주　HR기획 송진혁 양세진
교육사업파트 이채우 김현종 이선지 우규휘

**펴낸곳** (주)위즈덤하우스　**출판등록** 2000년 5월 23일 제13-1071호
**주소** 서울시 마포구 도화동 22번지 창강빌딩 15층　**전화** 704-3861　**팩스** 704-3891
**홈페이지** www.wisdomhouse.co.kr
**출력** 엔터 **종이** 화인페이퍼 **인쇄·제본** 영신사

값 17,000원　ISBN 978-89-6086-080-3 03320

# 행복한 주식투자

행복투자 이건희 지음

위즈덤하우스

 우리들 삶의 궁극적인 목적은 무엇일까? 돈을 왜 벌고 재테크는 왜 하려고 할까? 부동산투자나 주식투자는 왜 하려고 하고, 사업은 왜 하려 할까? 마법의 성에 들어가서 그 어떤 것이라도 마음대로 얼마든지 가지고 나올 수 있다면 무엇을 가지고 나오겠느냐고 사람들에게 질문한 결과를 본 적이 있는데, 압도적으로 많은 대답이 '돈'이었다. 현재의 사회 분위기로 본다면, 돈이라고 대답을 하는 사람들의 비율은 앞으로 더욱 높아지리라 전망된다. 이는 자본주의 사회에서 당연한 결과라고 생각할 수도 있지만 과연 돈이 우리가 추구하는 최종목적이 되는지에 대해서는 곰곰이 생각해볼 필요가 있다.

 돈을 모으는 데 있어서 저축이라는 방법만을 사용하는 사람도 있고 능동적인 자세로 여러 재테크를 추구하면서 살아가는 사람도 있다. 사업을 하더라도 사업 분야를 확장해나가는 사람도 있고 보수적으로 기존의 사업에만 충실한 사람도 있다. 버는 돈의 일부를 남을 위하여 사용하는 사람도 있고 자신의 돈을 늘리기 위하여 다른 사람들에게 사기를 치는 사람도 있다. 일반 대중들은 돈 버는 적극적인 방법으로써 주식투자나 부동산투자 등의 재테크 수단을 가장 흔히 선택한다. 하지만 돈 벌기 위하여 여러 재테크를 선택하였지만 돈을 벌기는커녕 돈을 잃게 되는 경우가 드물지 않다. 어느 한때 돈을 많이 벌었다가 그 돈을 나중에 대부분 잃는 경우도 있다. 한편, 돈은 벌게 되더라도 인생의 다른 측면을 잃게 되어 행복이 파괴되는 경우도 매우 흔하다.

돈을 벌고 모으는 노력을 할 때에 이러한 궁극적인 문제들을 염두에 두지 않는다면 돈이 생각만큼 커다란 행복을 확실히 보장해주지는 않는다. 필자의 필명을 '행복투자'라고 한 것은 돈을 많이 버는 결과만을 지향하지 않고 그 과정까지도 행복해야 한다는 생각을 반영한 것이다. 투자는 행복한 삶을 살아가는 데 필요한 하나의 중요한 수단일 뿐이지 목적은 아니라고 생각한다.

지금 사회는 열심히 일만 하면서 평범하게 살던 사람들도 재테크의 세계로 나서게 되는 상황이다. 그러나 잘못되고 위험한 길로 내몰리는 사람들도 드물지 않다. 비교적 안전하면서도 고수익을 추구할 수 있는 투자수단과 방법들이 있음에도 불구하고 잘못된 투자의 결과로서 자산의 증식이 아닌 손실을 초래하는 것은 안타까운 일이다.

사이버 상에서 지금까지 필자를 격려해준 많은 사람들로부터 책으로 나오면 보기 편하고 좋겠다는 의견을 많이 들어오다가 책 출판을 결심하였지만 그동안 써온 글의 분량이 상당하기 때문에 어떤 내용을 중심으로 할까 고민을 하였다. 그러다가 '안전한 대박'이라는 컨셉을 중심으로 글을 모아 책을 만들기로 한 것이다. 책의 제목은 필자의 소망을 담아 《행복한 주식투자》로 정했다. '주식시장에도 안전한 대박이 있다'라는 부제가 다소 선정적이고, 어찌 보면 그동안 필자가 글을 써온 취지와는 반대되는 느낌이 들기도 하지만 기왕 책을 내는 바에야 잘못된 투자의 길로 들어서는 많은 사람들에게 여러 대안이 있음을 보여주자는 취지에서 눈길을 잡아끌 수 있는 다소 과감한(?) 부제를 쓰기로 하였다. 책을 읽어본다면 그동안 필자가 글을 써온 취지와 어긋나지 않음을 알 수 있을 것이다.

필자가 사이버 상에서 그동안 글을 써왔던 곳은 다음과 같다.

- PC통신 시절 하이텔의 '증권사랑동우회'(1990년대)
- 투자자문 서비스 기관인 '이지인베스트'의 전문가칼럼(2000년 2월~2001년 8월)
- 인터넷 메일을 사용한 투자메일링 서비스(2001년 9월~2003년 5월)
- '한경와우TV'에서 제공되었던 인터넷서비스 '와우보보스(wowbobos)'의 '행복투자' 칼럼(2002년 8월~2003년 4월)
- Daum의 '행복투자' 카페(2003년 5월~현재)
- Daum의 '맞벌이부부 10년 10억 모으기(텐인텐)' 카페(2004년 7월~현재)

• 온라인 경제신문 〈머니투데이〉의 '행복투자' 칼럼(2004년 9월~현재)

이 책의 글 상당 부분은 위에 실렸던 글이다. 구체적인 상황 속에서 어떻게 바라보며 분석하고 어떻게 투자의 기회를 판단하는지 알 수 있도록 원래 글이 쓰인 날짜까지도 밝혀 두었다. 원래 글의 전체적인 맥락과 주제에 영향이 가지 않는 범위 내에서 독자들의 이해를 돕기 위해 일부 내용을 추가, 삭제 및 수정한 것들도 있으며 가다듬어지지 않았던 원문은 손질을 했다는 점을 밝혀 둔다.

지금까지 대부분 필자의 글은 원론적인 이야기에 국한되지 않고 투자 요령과 투자 원리를 실제로 적용할 수 있는 생생한 상황도 함께 이야기해왔다는 것이 특징이라 하겠다. 어떤 일에서건 실용적인 면과 직접 연결되지 않으면 큰 의미가 없다는 것이 필자 평소 소신이다.

특정인의 천재성에 의해서만 가능한 투자이거나, 커다란 운이 따라주었기에 가능했던 투자의 결과를 대중에게 이야기하는 것은 부적절하다고 생각한다. 책의 글이 과거에 쓰여졌던 글들이라도 사고하는 방법과 실제 투자에 적용하는 요령 등은 앞으로도 충분히 활용이 가능할 것이다.

필자의 미약한 글들이 독자 여러분들이 '행복한 투자자'의 길로 가는 데 조금이라도 도움이 된다면 그보다 보람 있는 일은 없겠다. 책 내용에 부족한 부분이 많고 추가해야 할 부분이 많은데 다음 기회에 보충하도록 하겠다. 이 책을 내는 데 있어서 실질적으로 큰 도움을 준 KBK님과 cookinam님께 너무나 감사하다는 말을 전하고 싶다. 그리고 그동안 저를 격려해준 사이버 상의 여러 친구들께도 다시 한 번 감사드린다.

2008년 1월

행복투자 이건희

차례

# 9장. 2,000포인트 시대의 새로운 투자전략, 저평가 성장주

부동산투자는 안전한데, 주식투자는 위험하다는 것이 우리 사회의 상식이자 통념이다. 이러한 통념에 비추어 보자면 이 책의 제목은 쉽게 믿기가 어렵다. 필자의 글을 인터넷 상에서 그동안 보아오지 않았던 분들이라면, 책을 팔기 위한 과장된 문구이거나 상술이라고 느낄지도 모른다. 이 책 역시 또 하나의 그저 그런 주식 책일지 모른다고 여길 수도 있다.

수많은 대박 투자의 기록을 만들어냈던 2000년의 코스닥 광풍과 곧바로 이어졌던 버블 붕괴의 기억이 아직도 생생하다. 그 뒤로도 주식 작전세력들의 농간에 휘말린 선량한 투자자들이 큰 피해를 입은 사건들이 언론에 종종 보도되곤 했다. 긴 기간을 놓고 보아도 주식시장에서 종합주가지수가 대략 5백 포인트와 1천 포인트 사이의 구간에서 18년 동안 머물러 있었고, 게다가 상당수의 종목들이 주식시장에서 아예 퇴출되거나 감자를 당하는 등 큰 손실을 초래했기 때문에 일반투자자들이 느끼는 체감지수는 더욱 썰렁할 수밖에 없었다.

삼성전자, 롯데제과, 신세계 등을 예로 들면서 주식투자는 장기 투자해야 한다는 말들도 있지만 이는 장기 대박으로 연결된 이후에 많이 나온 이야기이다. 지금 시점에서 어떤 종목에 장기투자 하면 장기 대박이 날 것인지를 이야기해야지 과거에 삼성전자에 장기투자했으면 대박났을 텐데 라는 이야기는 별 의미가 없다. 과거 오랜 세월 동안 수많은 종목들 중에서 사후에 결과적으로 드러난 소수를 제외하고는 장기적으로 오르기는커녕 큰 손실을 안겨준 사례들이 너무 많았다. 따라서 주식투자는 장기투자를 해야 한다는 말조차도 실감나게 먹혀들 수가 없었다.

　단기투자자이건 장기투자자이건, 결과가 이러하다 보니 많은 일반인들이 받은 인상은 '주식투자＝위험한 투기'일 수밖에 없었고, 결국 주식시장을 멀리하게 되었다. 하지만 투자수단과 투자방법을 잘 공부하고 연구해가면 주식시장을 통해 '안전한 대박'이 충분히 가능하다고 말할 수 있다. 거액투자자나 기관투자자는 물론이거니와 소액투자자와 개미투자자도 더더욱 주식시장을 통해서 자산 증식을 나름대로 잘할 수 있다.

　뭉뚱그려 주식시장이라고 말하지만 그 안에는 다양한 투자수단들이 존재한다. 심지어 '주식' 시장에는 통상적 개념의 '주식'이 아닌 투자상품들도 존재한다. 필자는 그동안 인터넷 상의 글쓰기를 통해 주식시장에서 거래되어 누구나 쉽게 접근할 수 있는 투자대상들 중에서 안전성을 높이면서도 상대적인 고수익을 추구할 수 있는 방법들을 소개해왔다. 지금도 인터넷에 접속해보면 그 당시 필자가 어떤 것들을 소개했는지 그대로 따라했을 때 평균적으로 어느 정도의 투자성과를 거둘 수 있었는지 있는 그대로 살펴볼 수 있다.

주식시장을 통해서 안전한 대박의 확률을 높일 수 있는 투자수단, 투자상품, 투자방법들이 분명 존재한다. 아직 많은 자본을 소유하고 있지 못한 일반투자자들이 계속해서 주식시장을 멀리한다면 앞으로 부를 축적할 기회는 가질 수 없을 것이다. 주식시장을 위험하다고 생각하여 무조건 외면해버릴 것이 아니라 그 안에서도 같은 기대수익률 하에서 어떤 것이 위험하고 어떤 것이 위험을 줄일 수 있는지 알려고 해야 한다. 또한 같은 위험도 하에서 어떤 것이 기대수익률이 더 높고 어떤 것은 더 낮은지를 알려고 해야 한다. 같은 기대수익률 하에서 위험을 낮추고, 같은 위험도 하에서 기대수익률을 높이는 방향을 지속적으로 추구하다 보면 결과는 안전한 대박으로 이어질 수 있는 것이다.

많은 사람들이 외면하는 곳에 오히려 좋은 기회가 있다는 것은 재테크의 기초가 되는 진리이다. 거꾸로 모든 사람들이 대박이라고 환호하며 몰려들 때에 위험한 상황으로 다가서고 있다는 것은 재테크의 역사가 반복하여 말해주었던 교훈이다. 이러한 기본적인 교훈들은 주식시장뿐만 아니라 부동산시장에서도 흔히 적용되어 왔다. 부동산시장에서 무엇을 언제 어떻게 투자하였을 때 안전한 대박과도 같은 결과로 이어졌는지를 이해하면 된다.

근래 들어 빚을 내서 부동산에 투자한 사람들이 상당히 많다.

그런데 길게 바라본다면 하락조정기 없는 시장은 없다. 미래 언제라도 부동산시장이 본격 하향 안정기에 들어서게 된다면 빚을 내지 않은 사람들에 비해 빚을 많이 지면서 매입한 사람들은 더 위험한 상황에 처하게 된다. 그들은 대출이자와 늘어난 세금으로 인하여 버티기 힘들어진다. 빚을 내서 부동산을 매입한 뒤에는, 레버리지 효과에 의하여 가격이 오를 때에는 수익률이 더 커지지만 가격이 하락할 때에는 손실률도 더 커지게 된다. 이럴 경우는 부동산이라도 안전하기는커녕 위험해지는 것이다.

부동산은 안전하다는 것이 보편적으로 사람들이 받아들이는 개념이지만, 이 세상에서 절대적으로 안전한 것은 없다. 어떤 시점에서 어떤 것을 어떻게 바라보고, 어떤 것을 선택하고 어떻게 접근하며 이용하느냐에 따라서 달라질 뿐이다. 고정관념상 안전하다고 바라보는 것도 상황에 따라서는 위험해질 수도 있는 것이다. 레버리지 효과를 늘리기 위하여 빚을 내서 투자한 경우에는 단기적인 가격의 전망과 가격의 변화에도 민감하게 신경을 써야 한다. 가격 조정 기간에는 가격의 하락과 더불어 대출이자와 세금까지 나가게 되어서 버티기 힘들어진다. 언젠가 가격이 오르는 시기가 오더라도 그때까지 견디며 기다리지 못하고 팔게 되기도 한다.

부동산 직접투자 시 자본이 적으면 투자힐 수 있는 부동산 선택의 폭이 좁고, 투자할 때에는 한 개의 부동산에 빚까지 내면서 몰빵투자를 해야 하기 때문에 위험이 상대적으로 높아지게 된다. 반면에 자본이 많으면 여러 개의 부동산에 분산투자를 할 수 있고 대출비율을 주변 상황과 금리에 따라서 융통성 있게 조절해갈 수 있어서 유리하다. 즉 부동산투자는 자본이 적은 사람이 자본이 많은 사람을 이기기에 불리하다.

반면에, 부동산이 아닌 주식 관련된 시장에서는 자본이 적은 사람이 많은 사람보다 결코 더 불리하지 않다. 투자대상을 연구하고 투자방법만 잘 공부하면 자본이 많은 사람보다 오히려 더 유리한 경우도 많다. 유가증권 시장에서는 대부분의 투자대상이 최소 투자단위가 매우 적으며 투자금액이 작을수록 가격에 영향을 주지 않고 아무 때나 곧바로 사고파는 게 쉬워서 투자금액이 큰 경우보다 오히려 더 유리하다.

이처럼 비교적 안전하면서도 고수익을 올릴 수 있는 길이 주식시장에 있음에도 불구하고, 자본이 부족한 개미투자자들이 이를 외면하는 것은 안타까운 일이다. 구체적인 사례를 한 번 들어보겠다.

청계천 복원 공사가 한창인 2003년 7월에 누군가가 여러분에게 청계천변에 서 있는 장교빌딩에 투자할 것을 권했다고 해보자. 장교빌딩은 청계천 2가에 있으며 청계천 고가와 삼일로 고가가 갈라지는 곳에 있기 때문에 향후 가치가 높아질 위치에 있다. 빌딩 바로 앞에서 진행되는 청계천 복원사업이 2년쯤 뒤에 마무리되고 나면 본 빌딩 앞에 놓여 있던 고가도로가 사라지고 청계천의 지정학적 가치가 상승함에 따라 본 빌딩도 가치가 높아지리라 예상할 수 있다. 당시 장교빌딩은 빌딩관리에 들어가는 비용을 모두 제하고도 임대수익률이 연 10%가 얻어지는 상태였다. 임대용 부동산을 가진 사람들은 알겠지만 그 당시나 지금이나 연 10% 이상의 임대수입을 거둘 수 있는 부동산을 구입하기는 쉽지 않다.

이러한 모든 조건을 고려해볼 때 이 빌딩을 투자대상으로서 어떻다고 생각하는가? 안전하고 수익성이 높은 투자라는 생각이 들지 않은가? 현 상태로도 연 10%의 임대수입이 발생하고 있는데, 청계천 복원공사가 완료되는 2년 후에는 가격 상승도 기대(실제로 크게 가격이 상승했음)가 되므로 상당히 안전하면서도 수익성 높은 투자대상이라고 여겨질 것이다.

그런데 이와 완전히 동일하면서도 오히려 조건이 더 좋은 투자상품이 주식시장에 있었다. 그 당시 필자는 인터넷에서 이를 공개적으로 추천했다. 그 상품은 바로 이 장교빌딩을 매입하여 보유하고 있던 부동산 리츠인 '코크렙1호'이다(자세한 내용은 6장 〈부동산 리츠〉편 참고). 코크렙1호는 주식시장에서 거래가 되는 상품인데, 그 당시 매입가격 대비 배당수익률(장교빌딩의 임대수입을 6개월마다 배당해줌)이 연 10%에 달했다.

이 리츠는 4년 뒤(당시 기준) 청산시점이 도래하면 보유하고 있던 빌딩을 매각하고 청산하게 되는데, 상당한 매각차익이 기대되는 상황이었다. 거기다가 만에 하나 매각이 여의치 않으면 빌딩을 매입가격에서 감가상각을 반영한 가격으로 원매도자에게 재매각할 수 있는 풋백옵션이 있어서 혹시 있을지도 모를 빌딩가격 하락의 위험도 줄일 수 있도록 되어 있었다. 따라서 개인적으로 부동산을 구입하였다가 처분하는 경우에 비하여 오히려 리스크가 더 적다고 볼 수 있다.

더욱이 개인으로서 큰 빌딩을 소유할 때에는 빌딩을 유지 및 관리하는 데 아무래도 어려움이 수반되어지는데, 리츠의 경우는 리츠 회사에서 대신 관리해주기 때문에 건물과 관련하여 신경 쓸 것이 전혀 없다. 또한 리츠에는 세금과 관련되는 혜택이 존재하기 때문에 개인이 빌딩을 직접 사서 투자하는 것보다 오히려 나은 투자방법이 될 수 있다.

소액으로도 투자할 수 있고 환금성도 크다는 점에서 직접 빌딩을 매입하는 것보다 서민들에게는 더욱 좋은 투자수단이다.

한국의 부자들 중 60% 이상이 부동산 임대소득을 주수입원으로 하고 있다. 일반 서민들의 입장에서는 덩치가 큰 부동산을 구입할 수 없다 하더라도 이러한 부동산 리츠를 잘 골라서 참여함에 따라 '부동산투자＋부동산 임대수입' 효과를 부자들과 똑같이 거둘 수 있는 것이다.

필자가 인터넷에서 코크렙1호를 소개했던 시점인 2003년 7월 21일의 종가는 5,060원이었다. 이후 부동산의 가치가 올라감에 따라 이를 반영하여 코크렙1호의 가격도 꾸준히 올라서 2007년 3월 21일에는 2.5배 오른 가격인 12,650원을 기록하였다. 건물에서 얻어진 임대수입은 6개월마다 꼬박꼬박 배당금으로 주어졌다.

연평균 배당금은 591원으로서 매입가 5,060원 대비해서는 연 11.7%에 달하는 높은 임대소득이 얻어졌다.

장교빌딩과 코크렙1호의 사례를 한 번 생각해보자. 부동산(청계천변의 빌딩)을 산다고 하면 안전한 투자라고 느끼는 사람이 주식시장에서 거래되는 부동산 리츠에 대해 한 번 들어보라고 하면 별 관심을 안 보이는 경우가 대부분인 것이 현실이다. 이는 앞서 설명한 대로 주식시장은 위험하다고 생각하는 선입견 때문이다. 안전성을 충분히 고려하면서도 시중금리를 넘어서는 수익이 얻어질 수 있는 투자대상을 주식시장에서 찾는 노력을 기울이는 것이 중요하다.

그래도 주식시장은 위험한 것이라고만 생각하는가? 아니면, 무엇이 위험한 것이고 무엇이 위험하지 않은 것인지 하나하나 따져보려면 골치 아프니 주식시장은 아예 쳐다보지도 않는 것이 상책이라고 생각하는가?

만약에 이 책을 읽는 분이 투자를 통해 수익을 올릴 필요가 없는 분이라면 굳이 골치 아프게 따져보지 않아도 되겠다. 하지만 투자를 통해 자산을 늘릴 필요성을 느끼는 분이라면, 골치 아프니 쳐다보지도 않겠다는 태도로는 곤란하다.

정말 절실하게 경제적 자유를 원한다면 공부를 해야 한다. 아는 것이 힘이라는 말은 투자의 세계에서도 진리이나. 공부를 해서 많이 알게 될수록 위험의 크기를 훨씬 더 줄어들게 할 수 있다. 이 세상에서 100% 안전한 것은 어차피 없다. 여행을 즐기는 도중에 쓰나미가 몰려오거나 기타 천재지변이 일어나서 죽을 수도 있는 것이다. 성수대교 사고처럼 다리를 건너가는 도중에 그 다리가 잘라져서 죽을 수도 있으며, 삼풍백화점 사고처럼 쇼핑하다가 건물이 무너져서 죽을 수도 있는 것이다. 전철 타려고 서 있는데 어떤 미친 사람이 나를 밀쳐 떨어져서 전철에 깔릴 수도 있다.

중요한 것은 상대적인 위험도와 상대적인 안전성이다. 모든 사람들이 감수하는 위험의 평균치보다 내가 감수하는 위험의 평균치를 가급적 낮게 만드는 것이 중요하다. 모든 사람들이 얻어내는 안전성의 평균치보다 내가 얻어내는 안전성의 평균치를 가급적 높게 만드는 것이 중요하다.

이 세상 모든 사람의 투자 패턴 및 투자 결과를 다음과 같이 위험도의 3가지 경우와 기대수익의 3가지 경우의 조합으로 이루어진다.

- 위험도가 평균과 같음, 평균보다 낮음, 평균보다 높음.
- 기대수익이 평균과 같음, 평균보다 낮음, 평균보다 높음.

위 3×3=9개의 영역 중에서, 자기 자신은 '평균보다 낮은 위험도'와 '평균보다 높은 기대수익'의 영역에 들어서 있는 사람이 되면 된다. 이런 영역에서 살아가는 것이 장기적으로는 '안전한 대박'의 결과를 만들어내는 것이다. 가장 최악의 사람은 평균보다 높은 위험도와 평균보다 낮은 기대수익의 영역에서 살아가는 사람이다. 카지노 가는 것을 좋아하고 도박을 좋아하는 사람은 최악의 영역에 놓여 있는 것이다.

아무리 대세상승 시기라도 어떤 주식은 위험하다. 주식시장이 위험하다는 말은 위험하게 투자하는 사람에게 적용되는 것이다. 하지만 주식시장에서는 위험을 줄여 안전성을 높이면서도 고수익을 얼마든지 얻어낼 수 있다. 무조건 두려워만 할 것이 아니라 공부해서 어떤 것이 위험도가 다른 것보다 충분히 더 낮은지, 어떻게 투자하는 것이 위험도가 상대적으로 적으면서도 수익률은 더 높아질 수 있는지를 알아가면 된다. 핵심은 노력하여 제대로 알고, 알면 아는 대로 실천해가는 데에 있다.

위험을 감수한다는 것은 위험을 받아들인다는 의미이다. 그래서 '투자의 기본은 위험을 감수하는 데에 있다'는 말에 필자는 동의하지 않는다. 위험을 감수하는 것이 아니라, 노력을 통하여 남들과 기댓값이 같거나 더 높으면서도 위험을 줄이면서 위험을 극복해나가는 것이다. 합리적인 분석과 판단을 통하여 비합리적인 선입견과 고정관념을 극복하고 마음을 다스리는 데에 안전한 투자자로 가는 길이 있다. 이 책에서 소개하는 다양한 투자대상과 투자방법, 사고하는 틀을 공부하고 익혀 놓으면 누구나 자신의 상황에 맞게 적절한 활용이 가능해진다.

# 1장
# 회사가 숨겨놓은 가치를 찾아내라,
# 숨겨진 가치주

# 숨겨진 가치주를 찾아라

　회사가 지닌 가치는 다양하며, 기본적으로는 '자산가치', '수익가치', '성장가치', '배당가치', (주식으로서의) '재료가치' 등이 있다. 투기적인 성격도 포함시키면서 투자하겠다면 '세력가치'를 보아도 되지만, 세력가치 또한 앞서의 기본가치가 클 때에 더 빛을 발할 수 있다고 보아야 한다. 기본가치 측면에서 저평가되어 있고 매력적인 요소가 큰 종목이라면 세력이 앞서서 주가를 끌어올릴 때 좀더 많은 투자자들을 유인할 수 있기 때문이다.

　이 세상 어떤 종목이라도 거의 대부분은 투자할 가치가 있다고 봐야 한다. 이는 이 세상 어떤 사람이라도 인간으로서의 철학적인 존재의 가치만이 아니라 사회적인 가치가 있는 것과도 마찬가지이다. 인간의 사회적 가치는 회사의 투자가치와 통한다. 인간의 사회적 가치가 사회에 기여할 수 있는 포텐셜을 말한다면 회사의 투자가치는 투자자에게 수익을 내줄 수 있는 포텐셜을 말하는 것이다.

　아무리 형편없이 못된 사람이라도 어떤 시점에서 어떤 장소에서 어떤 역할을 하느냐에 따라서 남에게 기여를 하는 결과가 나타날 수도 있고, 아무리 똑똑하고 유능한 사람이라도 때와 장소와 역할에 따라서 남에게 피해만 줄 수도 있는 것이다. 사회에서 인간을 대할 때 잘났다 못났다는 식으로 차별화하려는 경향이 강한데 이는 사회 발전을 비효율적으로 만드는 것이다. 사람마다 각자의 특성과 장단점에 맞추어서 살아갈 수 있게 된다면 거의 대부분 사람들이 자신의 장점을 살리고 자신의 역량에 맞추어서 사회에 나름대로 기여를 하게 된다. 각자가 지닌 고유의 가치를 최대한 이끌어낼 수 있는 사회가 더 효율적으로 잘 발전하게 된다.

투자의 세계에서도 각 종목마다 나름대로의 가치를 가지고 있기 때문에 어떤 유형의 종목만이 가치주라고 단정하는 것은 부적절하다. 아무리 초우량주이거나 아무리 성장성이 크거나, 아무리 수익성이 크더라도 무한대의 가치를 가진 종목은 없다. 시장에서 모든 사람들에게 가치주라고 인정받던 종목이라도 주가가 너무 많이 오르면 더 이상 투자가치로서의 큰 의미는 지니지 못한다. 낮은 직급에서 능력을 인정받던 사람이라도 승진을 거듭하면서 상무, 전무까지 올라갔을 때에도 역시 계속하여 그 위치에서의 능력이 인정받게 될지 여부는 모르는 일이다. 낮은 직급에서 능력을 인정받는 사람들 중에서 극소수만이 가장 높은 위치까지 올라갈 수 있는 것이다.

주식시장에서도 가치주는 수없이 많지만 초고가주는 극소수만이 생겨날 뿐이다. 코스닥에서 성장성이 높다고 인정받던 종목들은 무척 많았지만 회사가 성장하면서도 NHN만큼 계속하여 폭발적으로 수익이 늘어났던 회사는 드물었다. 그렇기에 NHN이 황제주로 등극하게 된 것이다. 물론 오늘날의 황제주가 미래에도 영원히 황제주로 남는다는 보장은 없다. 즉 모든 것은 가치 대비한 상대적인 가격과 시간의 문제 즉, 타이밍의 문제이다.

투자자로서는 현재 상태에서 객관적인 가치에 비해서 저평가되어 있는 종목을 찾으면 되는 일이다. 다른 사람들이 미처 인식하지 못하고 있는 가치를 찾아내서 투자한다면 숨겨진 가치주에 대한 투자가 되는 것이다. 7장 〈부동산주〉 편을 보면 회사가 보유한 부동산 가치에도 못 미치는 헐값에 거래되는 주식들이 많다는 점을 살펴볼 것이다. 이처럼 불합리한 할인현상이 일어나는 이유는, 사람들이 주식은 위험하다고 하는 선입견으로 인해 합리적으로 살펴보려고 하지도 않고 무조건 멀리하기 때문이다.

자산주라고 분류되는 주식에는 부동산 주식 외에도 여러 가지 타입이 존재한다. 그리고 이런 자산주들의 경우에도 마찬가지로 저평가 현상이 나타나곤 한다. 예를 한 가지 들어보겠다. 어떤 회사가 있는데 회사의 금고 안에는 277억 원의 현금이 들어 있다고 한다. 그런데 여러분에게 이 회사를 187억 원에 팔겠다고 누가 제안을 해왔다. 여러분은 이 회사를 사겠는가? 이 제안을 듣고 여러분이라면 어떤 반응을 보일까? 말도 안 된다. 정말 금고 안에 277억 원의 현금이 들어 있다면 그 회사를 187억 원에 팔 리가 있느냐고 생각할 것이다. 187억 원을 내고 그 회사를 통째로 사게 되면 회사를 사는 데 들어간 187억 원을 곧바로 회수하고도 90억 원이 남으니 거짓말이거나 사기라고 생각하는 것도 당연하다.

그런데 회사를 팔겠다고 제안하는 사람이 조건을 부연설명하기를, 이 회사는 분당, 서초구 방배동, 충남 아산, 당진 등 소위 잘나가는 4곳에 공시지가로 106.4억 원 상당의 토지를 보유하고 있는데, 그 위치가 위치이니 만큼 공시지가가 아니라 시세로 치면 이 토지 가격만도 187억 원은 넘을 것이라고 한다. 더욱이 이 회사는 작년에 61억 순이익이 났고 올해도 63억쯤 순이익이 날 예정이며, 향후에도 사업전망이 밝아서 매년 이 정도의 순이익은 계속 날 것이기 때문에 앞으로 3년만 벌면 회사 매입하는 데 들어가는 돈을 모두 회수할 수 있을 거라고도 한다.

이런 조건을 듣는다면 더욱 터무니없는 사기라고 생각하지 않을까?

그런데 주식시장에서는 이런 일이 실제로 일어난다. 바로 다음에 살펴보겠지만, 위에 예로 든 매매조건은 실제로 필자가 2006년 10월경에 인터넷에서 공개추천했던 한 회사의 상황과 똑같다. 이 정도의 조건이라면 '안전한 대박'에 가깝다고 할 수 있지 않을까? 이처럼 주식을 무조건 꺼려하는 사람들의 선입견은 터무니없이 좋은 거래조건을 만들어낸다.

필자가 과거에 인터넷 칼럼을 통해 소개했던 실제 사례들을 통하여 주식시장에서의 소외현상이 어떻게 뛰어난 가치를 지니고 있는 주식을 본질가치에도 형편없이 못 미치는 저평가상태

로 만드는지 살펴보기 바란다. 주식시장에 숨겨져 있는 다양한
유형의 가치주들을 발굴하기 위하여 여러분들이 해야 할 일은
주식에 대한 두려움, 선입견을 극복하는 것뿐이다. 합리적인 분
석을 통해 선입견을 극복함으로써 행복한 투자자가 되기를 기
원한다.

# 전문건설업체에 관심을 가지다

> 필자가 앞에서 예로 든 회사는 바로 코스닥에 등록되어 있는 전문건설업체 삼호개발
> 이다. 실제로 나타났던 삼호개발의 사례를 통하여 저평가된 가치주를 알아보는 안목
> 을 키우기 바란다. - 2006/10/23(행복투자 카페)

    삼호개발은 틈새시장 1위 업체, 저PER주, 저PBR주, 시가총액
보다 많은 현금성자산, 무차입경영 등의 우량회사이면서도 주식
시장에서는 별로 알려지지 않아 소외되어 있어서 저평가 상태에
있는 종목이다. PER=3 근처에 불과하다. 차입금은 연 1.7% 이
자율의 26.0억 원이 전부이다. 한편 현금 및 현금등가물 64.3억
원과 단기금융상품 67.9 억 원을 포함하여, 유동자산으로서 '현금
및 현금등가물 + 단기금융상품 + 매도가능증권 + 만기보유증권
= 276.9억 원'이나 된다. 여기에 만기가 2~·5년 남은 채권까지 포
함시키면 333.6억 원으로서 이는 시가총액 187억 원을 훨씬 초과
한다. 이 정도까지 이르는 회사는 주식시장에 거의 없다.

주식시장에 상장되어 있는 대형 건설회사들은 일반종합건설회사들이다. 삼호개발처럼 작은 회사로서 하도급업체인 전문건설업체는 주식시장에서 별로 관심을 끌지 못했다. 그러나 주력 전문분야에서 최상위권을 유지하는 우량 하도급업체는, 꾸준한 실적과 더불어 탄탄하게 내실이 쌓여갈 수도 있는 것이다.

이는 마치 자동차, 전자 등 일반제조업체 분야에서 대형 제조회사들과 그들 회사에 납품하는 업체들 사이의 관계와도 비슷하다. 대형 제조회사들과 관계를 맺고 납품하는 업체들 중에서 실적이 좋고 탄탄하게 내실이 쌓여오면서 높은 주가수준까지 도달하는 회사들도 있어 왔다.

## 1. 성장해가는 전문건설업 시장

건설업은 법적으로 일반종합건설업과 전문건설업으로 나뉘어져 있다. 삼성물산, 대림산업, GS건설 등 주식시장에 상장되어 있는 대형건설회사들 대부분이 일반종합건설회사이다. 흔히 일반건설업체가 원도급자가 되어 종합적인 관리를 하고 전문건설업은 일반건설업체와 협력관계를 가지고 하도급 받아서 전문적인 시공을 수행한다. 전문건설업에서는 전문기술인과 특수장비를 갖추어서 일반건설업에 부족한 생산설비, 전문기술을 보완해주는 역할도 한다.

주택건설경기와는 달리 전문건설업은 정부의 경기부양과 SOC분야에 대한 투자 등에 의하여 지속적으로 성장해갈 것이며, 최근 5년 동안 전문건설업의 성장률은 연평균 13%대이다. 앞으로도 지방발전을 위한 각종 개발, 수도권 신도시개발, 기업도시건설, 행정복합도시건설 등으로 인하여 전문건설시장은 수요가 늘어나리라 예상된다. 경기가 활황이면 활황이라서 좋고, 경기가 하강기인 시기에는 경기를 살려가기 위해서 정부에서 SOC투자를 확대해갈 수밖에 없다. 이는 다음 정부가 들어서더라도 마찬가지일 수밖에 없을 것이다. 전문건설 시장에 수많은 작은 회사들이 영업하고 있지만 중요한 것은 전문건설 시장에서 능력을 인정받는 우수한 업체인가 여부이다.

## 2. 대형건설회사들과 우수협력체로서의 관계를 맺고 있음

삼호개발은 원도급사인 대형종합건설회사로부터 우수업체로 여러 차례 선정된 바 있으며 이는 마치 삼성전자나 현대차 같은 대형제조업체에서 우수협력업체를 선정하는 것과 같다. 이런 것을 통하여 원도급업체와의 관계를 짐작해볼 수 있다. 지금 현재 삼성물산, GS건설, 대림산업 등 41개 종합건설사에 우수협력업체로 등록되어 있으며 토목전문 건설업체로서는 최초로 코스닥시장에 기업을 공개한 회사이다.

2006년 반기기준의 데이터를 살펴보면 GS건설, 한신공영, 태영, 포스코건설, SK건설, 삼성물산, 대림산업 등 여러 우량 대형건설회사로부터 도급받고 있는 현황을 알 수 있다.

| 원도급자 | 공사명 | 완공예정일 | 기본도급액 | 계약잔액 |
|---|---|---|---|---|
| GS건설 | 대당7공구 | 06.12 | 150.0억 | 57.1억 |
| 한신공영 | 인천공항3공구 | 06.12 | 273.2억 | 83.6억 |
| 태영 | 전주신시가지 | 06.12 | 165.7억 | 35.1억 |
| 포스코건설 | 인천공항5공구 | 07.01 | 220.7억 | 44.3억 |
| 풍림산업 | 중앙선10공구 | 07.04 | 223.2억 | 119.6억 |
| SK건설 | 대구율하택지 | 07.04 | 146.0억 | 92.2억 |
| 삼성물산 | 시화도로 | 07.11 | 140.6억 | 137.9억 |
| 삼성물산 | 부산배후철도 | 08.03 | 161.8억 | 40.8억 |
| 대림산업 | 포항국도3공구 | 09.02 | 155.4억 | 133.8억 |
| 풍림산업 | 기흥전철 | 09.10 | 458.5억 | 423.8억 |
| 등 총 25곳 | | | | |

각해의 반기마다, 기본도급액의 총액과 계약잔액의 총액을 비교하면,

· 2004년 반기에는, 기본도급액 4,259억이고 계약잔액 1,920억
· 2005년 반기에는, 기본도급액 4,735억이고 계약잔액 2,400억
· 2006년 반기에는, 기본도급액 5,219억이고 계약잔액 2,807억

이와 같이, 미래에 남아 있는 일감이 꾸준히 증가해왔다.


### 3. 틈새시장 최상위권의 전문건설업체

전문건설업의 세부분야 중에서, '토공사업' 분야에서는 삼호개발의 시장점유율이 2004년 7위→2005년 7위→2006년 3위였다. '포장공사업' 분야에서도 삼호개발의 시장점유율이 2004년 2위→2005년 1위→2006년 2위로 최상위권을 유지해왔다. '철근콘크리트공사업'에서는 16위에 있으면서 절대적인 시공능력평가액은

늘어났다.

## 4. PER=3 근처의 저PER주

|  | 2004년 | 2005년 | 2006년 반기(전년동기) |
|---|---|---|---|
| 매출액 | 1,024.6억 | 1,122.1억 | 반기 498억(전년 516억) |
| 영업이익 | 64.2억 | 67.8억 | 반기 28.4억(전년 35.4억) |
| 순이익 | 56.0억 | 61.1억 | 반기 31.7억(전년 31.8억) |

올해 실적이 작년보다 소폭 감소하더라도 대체로 비슷한 수준
이 예상되는데 작년의 주당순이익이 427원이었고, 오늘 종가가
1,310원이라서, PER는 불과 3 근처로 예상된다.


## 5. 배당현황

주당배당금은 2004년 30원(배당성향 7.7%) → 2005년 50원(배당성
향 11.7%)이며, 배당수익률은 작년 기준으로 3.82%이다. 현재 배
당성향이 매우 낮기 때문에 앞으로 더 낮아지기는 힘드리라 볼
수 있을 것이다. 오히려 언젠가 높아질 여력이 있을 것이다.


## 6. 실질적 무차입경영에, 시가총액을 훨씬 초과하는 현금성자산

시가총액이 187억 원인데(오늘 종가 1,310원 기준) 자본총계는
347.6 억 원이다. 차입금으로는 단기차입금 26.0억 원이 전부인
데, 더욱이 이 차입금은 연 1.74%의 이율로 '전문건설공제조합'
에서 차입한 것이므로, 이렇게 싼 이율의 차입금이 있으면 오히

려 돈 버는 것이다. 현금 및 현금등가물 64.3억 원과 단기금융상품 67.9억 원을 포함하여, 유동자산으로서 '현금 및 현금등가물＋단기금융상품＋매도가능증권＋만기보유증권＝276.9억 원'이나 되고 여기에 만기가 2~5년 남은 채권까지 포함하면 333.6억원으로서 이는 시가총액 187억 원을 훨씬 초과한다.

## 7. 부동산 현황

서울에는 강남권인 서초구 방배동에 토지와 건물이 있고, 충남에 공장부지가 있다.(1평＝3.3m² 이하 동일)

- 충남 당진군 면천면 사기소리(6만 8,760평) 토지공시가격 33.7억
- 충남 아산시 염치읍 서원리(7,880평) 토지공시가격 21.3억
- 서울시 서초구 방배동(삼호빌딩, 대지 251평, 건물 810평) 토지공시가격 45.7억, 건물장부가 16.6억
- 성남시 분당구 금곡동 토지공시가격 5.7억
- 합계 : 토지공시가격 106.4억, 건물장부가격 16.6억

## 8. 매우 작은 미수금, 매출채권, 재고자산의 규모

재고자산＝50.6억 원(가설재 34.3억 원 포함)이고, 매출채권＝138.3억 원, 미수금＝0.1억 원이며, 거의 대부분은 우량대기업 건설회사로부터 받을 돈이라서 회수에 문제가 생길 가능성이 별로 없다. 이런 수치는 자본총계 347.6억 원이나 연간매출액 1,100

억 원에 비하여 충분히 적은 수치이다. 다른 건설회사들에 비하여 회사규모 대비한 매출채권, 미수금, 재고자산이 무척 적은 이유는 대부분이 관급공사이고, 주택관련 공사는 거의 없어서 그런 것 같다. 따라서 재무제표만 바라보면서 외형적으로 파악할 때 종종 따르는 불확실성이 매우 적다.

미래에 불확실성이 주로 생겨나는 자산으로는 재고자산, 매출채권, 미수금 등이 있다. 미래에 받을 돈의 규모가 상대적으로 얼마나 되는지 예를 들어 보면, 매출액 대비해서는, 중앙건설 44%, 계룡건설 28%, 삼호개발 12%, 자본총계 대비해서는, 중앙건설 105%, 계룡건설 66%, 삼호개발 40%이다. 이런 차이는 민간공사비율이, 중앙건설 82%, 계룡건설 48%, 삼호개발 9%인 것에도 기인할 것 같다.

## 9. 제조부문도 있음, 충청도 및 서해안 개발의 수혜

건설 이외에 제조부문에서도 전체 매출액 대비 약 9% 정도의 실적을 올리고 있다. 이는 충남 아산의 아스콘 공장, 당진의 아스콘 및 골재생산 공장에서 생겨나는 매출이다. 아스팔트콘크리트 생산공장을 직접 소유하고 있기 때문에 포장공사의 수주에 유리한 것이다. 전국적으로 포장전문 건설업체가 약 2천개에 달하지만, 본 회사가 높은 시장점유율을 차지하면서 시공능력 면에서 전국 1~2위를 유지하는 이유도 그래서이다.

지금 이미 충청남도의 여러 관급공사 및 민간공사에 본 회사에서 생산하는 자재를 납품하고 있듯이, 위치상으로 충청남도에 있기 때문에 앞으로 경기도 남부, 충청도 일대, 서해안 일대의 개발 및 발전에 따라서 생산자재의 납품이 늘어날 수 있는 여건이며, 건설공사 수주에도 유리할 것이다.

## 10. 염려되는 공시

지난 9월에 상장주식 투자한도를 50억 원으로 하는 내용을 승인하는 공시가 나왔다. 지금 현재 보유한 유가증권은 대부분이 채권이고, 상장주식으로는 풍림산업 3.4억 원이 있다. 앞으로 상장주식의 투자한도를 늘린다는 공시 때문에 주식투자의 불확실성을 우려하는 이야기가 나와 있는 것 같다. 그러나 이에 대해서는 현재로서 미리부터 속단을 내릴 필요는 없다고 본다. 모든 현금성자산을 예금과 채권처럼 이자율 낮은 보수적인 곳에만 넣어두는 것이 효율적인 자산관리라고 볼 수는 없다.

더욱이 회사 자체가 워낙 현금성자산이 많기 때문에 이 정도의 상장주식 투자한도는 포트폴리오상 큰 위험까지 가져오지는 않을 것 같다. 보수적인 경영을 해왔던 회사이니만큼 위험한 정도로 투자하지는 않으리라 생각된다.

우량한 회사 중에서도 상장주식에 직접 투자하는 회사들이 많다. 고려제강은 408억 원어치 주식을 직접 보유하고 있다. 상장주식에 직접 투자를 많이 하기로 유명한 대표적인 회사는 일성신약이다. 일성신약의 자본총계는 2,048억 원인데, 보유한 상장주식

금액은 무려 1,669억 원에 달한다. 삼성물산 1,257억 원, 삼성중공업 230억 원, SK 125억 원, KT 57억 원어치로 주식투자에서 수익도 많이 낸 것으로 알려져 있다. 아무튼, 상장주식 투자 부분은 미리부터 우려하기보다는 일단은 관심을 가지고 유의해서 지켜보면 되겠다.

### 11. 모범적인 회사
2000년: 국무총리 표창
2004년: 지배구조 우수기업 선정(한국기업지배구조개선 지원센터)
2005년: 모범납세자 표창 수상(역삼세무서)
2005년: 국무총리 표창 수상
2006년: 모범납세자 표창 수상(재정경제부장관)

작년에 14만여 주를 자사주로 취득한 뒤, 자사주 계좌에서 임직원 계좌로 대체하여 주식을 지급해주는 방식으로 상여금이나 퇴직금에 보태어 주었다. 올해에도 그러한 목적으로 6월부터 9월까지 50만주를 자사주로 취득하였다. 직원들 중에는 회사에서 지급받은 주식을 개인사정에 의해서 파는 사람도 생길 수 있을지 모른다.

### 12. 차트 상으로
장기투자를 겨냥하는 데 있어서는 주로 주봉을 보는 것이 좋다.

2005년 6월~2006년 5월까지 1년 동안 1,350원~1,850원 사이의 큰 박스권에서 갇혀 있었다. 그러다가 2006년 5월에 주식시장이 전체적으로 추락할 때에 본 종목도 함께 휩쓸려서 하락하여 1년 간의 지지선을 하향 이탈하면서 한 단계 주저앉았다. 그 뒤로 6월 부터 지금까지 1,200원을 지지선으로 하면서 주가가 등락을 거듭 하고 있다.

회사 측에서는 6월부터 9월까지 1,200원대 근처에서 50만주에 달하는 자사주를 취득하였다. 주가가 주저앉아 있는 기간을 싼 값으로 자사주를 취득하는 기간으로 절묘하게 잘 활용한 것이다. 6월 이후 형성되어 있는 새로운 박스권은 일단은 1,200원~1,400 원으로 설정하면 될 터인데 이 박스권은 매우 저평가 영역이기 때문에 머무는 기간이 아주 오래 가지는 않으리라 예상해본다.

# 숨겨진 이익을 찾아라

분식회계는 기업의 실적을 실제보다 좋게 보이도록 이익을 부풀리는 경우를 말한다. 그런데 어떤 경우에는 역분식회계라고도 할 수 있는 상황이 생겨난다. 실제로는 회사 의 경영실적이 매우 좋고 이익을 많이 내고 있는데, 재무제표상에는 이러한 이익이 숨 겨져 있는 것이다. 이때 이 숨겨진 이익을 찾아낼 수 있으면 남보다 훨씬 유리한 투자 가 가능하다. 이 글의 사례를 살펴보기 바란다. - 2005/07/19(머니투데이)

재무제표에 나타나 있는 수치보다 회사의 실질적인 상황이 더 나쁜 경우들도 있고 더 좋은 경우들도 있다. 물건을 판매한 회사에서 판매한 제품의 훼손이나 수리 등으로 인하여 사후 발생할 수 있는 손실에 대비하여 판매보증충당금을 설정해두는 경우가 있다. 판매보증충당금보다 실제로 사후에 발생하는 손실이 더 적다면 재무제표에 나타나 있는 수치보다 회사의 실질적인 상황은 더 좋은 것이다.

현대차와 기아차 같은 완성차업체가 차를 팔면서 제공하는 무상보증수리 등으로 발생할 가능성이 있는 손실을 미리 감안해 비용으로 처리해두는 것도 이러한 사례에 해당한다. 전 세계에서 자동차업체들이 쌓는 판매보증충당금이 매출액에서 차지하는 비중은 3~4% 선으로서 우리나라 업체도 이 수준에서 아주 크게 벗어나지는 않는다.

미리 설정해둔 판매보증충당금보다 실제로 나중에 지급되는 보상금액이 더 적게 나타나는 추세가 유지되면, 그 기업의 재무제표에는 그 기업의 실제 상황보다 자산과 이익이 축소되어 나타나 있는 결과가 된다. 대차대조표상 '판매보증충당금'이 부채로 잡혀 있기 때문에 그 부채가 전부다 현실화되지 않는다면 실질 자산총액은 더 늘어나는 셈이 된다.

또한 손익계산서상 '판매보증충당금 전입액'이 미래에 실제로 지불될 보상금액보다 많게 전입이 이루어지고 있다면 경상이익, 순이익이 축소되어 니타니 있는 결과기 된다. 물론 판매보증충당금은 미래의 위험에 대비하는 것이므로 넉넉히 잡혀 있어야 하며 미래에 실제 지급될 금액을 미리 정확히 알 수도 없는 일이다. 그러나 오랜 세월 동안 영업이 지속되고 비슷한 품질의 제품을 꾸준히 출시하는 회사에서 장기간의 통계데이터가 있다면 평균적으로 연간 지불되는 보상금액이 어떻게 변해가는지 파악될 수 있을 것이다.

자동차부품회사인 모토닉은 판매보증충당금의 실질효과가 매우 크게 나타나는 회사이다. LPG 키트, 스로틀바디, EGR 밸브, 기화기 등이 주요 생산품목이며 주로 현대차와 기아차에 납품한다. 모토닉은 벌어들이는 실제 이익 중 상당부분이 재무제표의 손익계산서 속에서 '판매비와 일반관리비'에 '판매보증충당금전입액'이란 항목으로 삭감되고 있지만 사후 실제로 지불되는 보상금액은 매우 적다.

1998년~2004년의 판매보증충당금, 현금성자산, 차입금, 자본총계는 아래와 같이 변해갔다. 자본금은 165억 원으로 변동이 없다.

| | 1998 | 1999 | 2000 | 2001 | 2002 | 2003 | 2004 |
|---|---|---|---|---|---|---|---|
| 판매보증충당금 | 0 | 57.7억 | 105.8억 | 131.2억 | 285.8억 | 440.4억 | 618.3억 |
| 현금성자산 | 250.6억 | 128.6억 | 253.2억 | 224.4억 | 466.1억 | 464.1억 | 725.4억 |
| 차입금 | 245.6억 | 140.8억 | 2.9억 | 1.3억 | 0 | 0 | 0 |
| 자본총계 | 434.6억 | 475.3억 | 642.6억 | 596.2억 | 649.2억 | 724.9억 | 812.0억 |

몇 년 전부터 차입금이 전혀 없는 무차입 경영상태에 들어섰고 현금성자산은 해마다 눈덩이처럼 불어나고 있음을 알 수 있다. 시가총액이 817억 원 정도로 현금성자산이 시가총액에 육박하고 있다. 대차대조표에서 판매보증충당금은 부채항목에 들어 있지만

실제로는 현금으로 보존되어 있는 돈이다. 차입금이 없으면서 현금성자산이 크게 불어나고 있는 이유는 해마다 벌어들이는 실질이익이 재무제표에 나타난 순이익에 비하여 매우 크기 때문이다.

| | 1998 | 1999 | 2000 | 2001 | 2002 | 2003 | 2004 |
|---|---|---|---|---|---|---|---|
| 매출액 | 620.8억 | 1,301.6억 | 1,610.8억 | 1,358.4억 | 1,793.6억 | 1,975.2억 | 2,229.4억 |
| 순이익 | 4.4억 | 56.3억 | 72.4억 | 69.9억 | 97.9억 | 97.2억 | 94.2억 |
| 판매보증충당금전입액 | 0 | 56.7억 | 79.3억 | 58.2억 | 164.1억 | 167.1억 | 190.1억 |
| 판매보증충당금감소액 | 0 | 0 | 24.8억 | 32.8억 | 9.5억 | 12.4억 | 12.2억 |

해마다 변해간 수치를 보면, 순이익은 급증하다가 4년 전부터는 90억 원대에 계속 머물러 있다. 이에 반하여, 제품을 판매하면서 판매된 제품의 훼손 시 보상해줄 것에 대비하여 미리 적립해두는 금액인 판매보증충당금전입액은 엄청나게 늘어났다. 그러나 판매보증충당금감소액은 최근 들어서 판매보증충당금전입액의 1/10도 안 된다.

예를 들어서, 2003년에 판매보증충당금으로서 신규로 167.1억 원을 이익에서 빼내어서 미래에 발생할 보상에 대비하여 설정해둔 반면 2003년에 지급한 보상비는 12.4억 원에 불과하였다. 2004년에도 판매보증충당금으로서 신규로 190.1억 원을 이익에서 빼내어서 미래에 발생할 보상에 대비하여 설정해둔 반면 2004년에 지급한 보상비는 12.2억 원에 불과하였다.

따라서 보정순이익을 '순이익+판매보증충당금전입액－감소액'으로 계산하면,

• 보정순이익: 4.4억→113.0억→126.9억→95.3억→252.5억→
251.9억→272.1억

지난 수년간 지급된 보상비가 24.8억→32.8억→9.5억→12.4억
→12.2억 원임을 감안한다면, 이 회사 제품의 품질상 이 정도 수
준에서 보상비가 지출된다고 보면 될 것 같다. 그렇다면 같은 기
간 동안에 판매보증충당금전입액이 79.3억→58.2억→164.1억→
167.1억→190.1억 원으로 잡혀 있는 것은 확률적으로 볼 때, 실제
보상으로 지급되는 돈에 비하여 매우 크게 판매보증충당금이 설
정되는 셈이 된다.

우수한 품질의 제품을 만드는 제조회사에서, 사후 실제로 지불
되는 보상금액에 비하여 판매보증충당금이 모토닉처럼 많이 설
정되는 사례는 흔하지 않을 것이다. 최근 들어서는 일본 미쿠니
사와 기술이전 계약체결도 이루어졌다. 비독점적 제조 및 판매권
을 이전해주면서 초기계약금액을 13,000,000엔을 받기로 하였다.
기술이전을 통하여 해외시장 진출이 확대되고 수출이 증가하리
라 예상되며, 향후 7년 동안 상대방 회사로부터 러닝로얄티를 순
매출액의 2.2% 받기로 하였으므로 회사의 수익성 증가에도 기여
하게 되었다.

본 회사는 차입금이 전혀 없으면서 시가총액에 육박하는 현금
성자산을 보유하고 있고 영업실적도 매우 좋기 때문에 배당도 많
이 지급하고 있다. 우량한 실적이 지속되면서 배당금 지급여력이
많은 회사라서 배당금이 장기적으로 증가추세에 있다.

1998년~2004년의 배당금은, 300원→600원→750원→750원→1,000원→1,000원→1,500원으로 변해왔다.

# 우량 자산이 분포된 저PBR 자산주

기업은 부동산 이외에도 여러 다양한 형태의 자산을 보유하고 있다. 그중 대표적인 것이 타 회사의 주식이다. 단순투자 목적으로 타 회사의 주식을 보유할 수도 있고, 그 보유지분이 20%를 넘어서 지분법이 적용되는 자회사의 주식을 많이 가지고 있는 경우도 있다. 이 글을 통해서는 현금성자산, 매도가능증권, 지분법적용주식의 평가액 합계가 시가총액을 넘어서는 저평가종목의 사례를 살펴보기 바란다. - 2005/10/08(텐인텐 카페)

대한화섬은 현금성자산, 부동산, 우량유가증권 각각을 매우 큰 금액으로 골고루 보유한 대표적인 자산주로서 매우 저평가되어 있는 상태이다.

- 현금 및 현금등가물: 369.3억
- 매도가능증권: 524.6억(장부가)
- 지분법적용투자주식: 394.6억(장부가)
- 토지: 956.8억(장부가), 1,033.7억(공시지가로)
- 건물: 409.4억
- 자본총계: 2,826.5억(장부기 기준)
- 시가총액: 651억(주가 49,050원 기준)
- 차입금: 전혀 없음

대단한 초우량주이고 재무적으로 완벽하면서 주당순자산은 21만 8천 원임에도 현재 주가는 49,050원에 머물고 있다. PBR이 0.23에 불과하여 주식시장에서 자산대비 가장 저평가되어 있는 종목에 속한다. PBR이 낮더라도 차입금이 많고 자산에 대한 불확실성이 매우 크다면 할인을 많이 해야 하지만 이 회사는 재무적인 안정성이 매우 높은 회사이다.

### 현금성자산

현금 및 현금등가물이 364.2억, 단기금융상품이 5.1억 있어서, 합하면 369.3억이다.

현금 중에는 외화자산으로서 미화 8,028,240.07달러(한화로는 82.2억 원), 유로화 3,144,324.99유로(한화로는 38.9억 원)이 있으며, 매출채권 중에도 미화 10,493,174.92달러(한화로는 107.8억 원)가 있다. 외화자산을 전부다 합하면 한화로는 229억 원이다. 반면에 부채 중에는 매입채무에 미화 32,127,838.18달러(한화로는 329.1억 원)가 있다. 외화부채가 외화자산을 100억 원 초과하는 상태이다.

이러한 회사는 환율 변동에 의해서 환차익이나 환차손이 크게 발생할 수도 있는데, 외화부채가 외화자산을 초과하는 구조를 유지하여 원화가치 상승 시에 환차익을 얻을 수 있게 해놓았다. 물론 원화가치 하락 시에는 환차손이 발생할 것이다. 이 회사는 내수보다는 수출 비중이 압도적으로 높기 때문에 원화가치 상승

시 매출에 있어서의 수익성 악화에 대한 대비로서 외화자산보다 외화부채를 많게 해놓는 것을 환리스크 헷지방법으로 취했을 것이다.

### 매도가능증권: 생보사 등

대한화섬은 흥국생명의 주식을 지분율 9.98% 보유하고 있다. 자본금이 현재 122.2억인 흥국생명(3월 결산)은 1997년부터 2005년 1/4분기까지 순이익이 변해오기를, 20.6억→26.2억→59.1억→66.7억→119.6억→502.5억→533.9억→263.3억→206억(2005년 1/4분기). 주당순이익은 2003년에 21,844원, 2004년에 10,772원이었고 2005년 1/4분기 순이익이 전년에 비해서 증가하여서 올해는 늘어날 가능성이 있어 보인다. 자본총계는 2,704.81억으로서 주당 자산이 110,671원에 달한다. 흥국생명은 생명보험회사 중에서 삼성생명, 교보생명과 함께 상장요건이 충족되어 있는 회사로 거론되어 왔다. 태광산업 그룹의 특성상 상장에 대한 의지는 불투명하다. 대부분의 생명보험사는 유보율이 상장 요건에 아예 미달된다.

매도가능증권으로서 흥국생명 이외에도 작은 회사인 서한물산(9.8% 지분), e채널(16.13% 지분)도 보유하고 있는데, 이들 회사의 연간 순이익은 각각 3.5억, 4.2억 원이다.

### 지분법적용투자주식: 골프장 등

지분법적용투자주식으로서 태광관광개발의 주식을 보유하고

있다. 지분율은 44.96%이며, 보유한 주식의 장부가액은 323.52억이다. 태광관광개발은 서울 남쪽에 있는 용인시의 기흥에 27홀 108파에 해당하는 코스 규모를 가지고 있는 골프장이다. 지난 7년간 순이익은 21.1억→25.9억→36.5억→18.7억→59.1억→107.5억→72.8억으로서 해마다 큰 수익을 꾸준히 올리고 있음을 알 수 있다. 수도권에서도 요지에 있는 골프장이며 우리나라에서 골프 치는 인구가 계속 증가하고 있기 때문에 안정되게 우량한 수익성을 유지하리라 전망된다. 또한 용인시 지역의 토지가격 부동산 가격이 크게 올라갔으므로 본 골프장의 부동산가치는 지금 매우 크게 늘어났으리라 추정된다.

지분법적용투자주식으로서 고려상호저축은행을 20.2% 지분율에 장부가격 71.1억 어치 보유하고 있는데, 고려상호저축은행의 최근 연간 순이익은 90.3억 원에 달한다.


## 부동산

부산 해운대구 반여동에 61,291평에 달하는 큰 규모의 토지를 소유하고 있는데 지금은 태광산업에 임대하여 연간 30억 원의 임대료를 받고 있는 중이다. 잠재적인 미래개발가치가 크리라 예상된다. 울산 남구 선암동에 있는 77,605평의 대지에서는 대한화섬이 직접 공장 조업 중이며 일부 부지는 임대주어서 연간 15억 원의 임대료를 받고 있다.

## 그 뒤로 어떻게 되었나

2006년 8월에 대한화섬은 속칭 '장하성펀드'로 불리는 한국기업지배구조펀드(KCGF: Korea Corporate Governance Fund)의 첫 번째 편입 종목으로 알려지면서 주가가 폭등하고 유명세를 타게 되었다. 사회적 책임투자(SRI; Socially Responsible Investment)를 표방하는 한국기업지배구조펀드의 수익 추구 방식은 지배구조가 불투명한 기업을 개선시켜 기업가치를 높이는 것이다. 장 교수는 "대한화섬은 회사가치에 비해 주가가 너무 낮다고 판단했다. 일례로 순자산가치의 5분의 1밖에 되지 않는다."고 하면서 회사의 본질가치에 비해 지나치게 저평가된 주가 때문에 대한화섬에 주목하게 되었음을 밝히고 있다.

# 지배구조조정펀드에서
# 관심가질 만한 종목

기업이 다른 회사의 주식을 20% 이상 보유하게 되면 지분법이 적용되어 피투자회사는 투자회사의 자회사로 간주되고 자회사의 손익은 그 지분율만큼 투자한 회사의 손익에 반영된다. 보유지분이 크고 자회사가 순익을 많이 낼 경우 지분법이익이 본래의 영업이익보다 더 커지는 주객전도현상이 나타나기도 한다. 어떤 기업이 보유하고 있는 지분법적용주식의 규모와 그로 인한 지분법이익에 주목하는 것이 숨겨진 가치주를 찾아낼 수 있는 방법 중 한 가지이다. 이 글의 실제 사례를 통하여 이러한 패턴에 주목해보기 바란다. – 2006/09/19(텐인텐 카페)

주식시장에서 그동안 상대적으로 저조했던 중소형주의 상승률이 하반기가 깊어지면서 대형주보다 상대적으로 유리하리라 전망된다. 기다리다가 답답해서 팔 사람들은 대부분 팔면서 손바뀜이 되었고 완전 장기투자자들이 남아 있는 상태에서 차트상으로 조정기간 동안에 바닥을 다져왔다. 이제 슬슬 머리를 들면서 정배열로의 모양을 예쁘게 잘 만들어가고 있는 종목들이 많이 나타나고 있다.

요즘 한국기업지배구조펀드(일명 장하성펀드)처럼 기업지배구조 조정을 통해 투자가치를 높이는 것에 관심을 가지는 투자자들이 늘어나고 있다. 이런 유형의 투자자들이 관심가질 만한 종목들을 각 기관에서 리스트로 작성한 것이 최근 각 언론에 많이 보도되어 왔다. 그중에서 살펴본 결과, 적합하지 않은 종목들도 있는 반면 정말로 그런 종목군에 들어가서 손색이 없다고 여겨지는 종목들도 있었다. 그중에서 고려제강은 여러 가지 측면에서 그런 종목군에 들어갈 만한 종목이라고 판단되었다.(고려제강의 오늘 종가는 21,200원)

## 1. 매우 높은 유보율 5,128%

유보율은 잉여금(자본잉여금+이익잉여금)을 자본금으로 나눈 비율이며 영업활동이나 자본거래를 통해 벌어들인 돈 가운데 얼마만큼을 회사 안에 쌓아두고 있는지 나타내는 지표이다. 이 수치는 대한화섬의 4,293%보다 훨씬 더 높다.

## 2. 적당한 시가총액

시가총액이 2,120억 원으로서, 한국기업지배구조펀드나 그와 비슷한 규모의 투자자금을 가진 데에서 관심가지기에 무난한 크기이다. 너무 작지도, 너무 크지도 않아서 적당하다.

## 3. 안정된 실적

대한화섬에 비해서는 연간 순이익이 안정된 상태로 양호하게 유지되고 있어서 장기투자하기에 더더욱 부담이 적다. 올해에는 고려제강의 제품에서 원료에 해당하는 원자재 가격의 급등 영향으로 작년보다 실적이 둔화되는 모습이지만 여전히 양호한 수익성은 계속 유지중이다. 국내시장에서는 고려제강의 주요제품인 와이어로드의 시장점유율이 지난 3년 동안 40.9%→44.7%→53.40%로 지속적으로 높아지고 있다. 다른 제품군에서도 마찬가지로 해마다 시장점유율이 높아지고 있다.

## 4. 배보다 배꼽이 큰 놀라운 수익구조

작년 결산에는 영업이익은 140.8억 원인데 지분법이익이 258.3억 원이었다. 올해 반기에는 영업이익은 68.8억 원인데, 지분법이익은 114.6억 원이다. 배보다 배꼽이 훨씬 큰 놀라운 수익구조이다.

## 5. 자산가치 대비 현재 주가 매우 저평가

토지가격을 공시지가로 환산하면, 자산총계가 5,642억 원이다. 현재 주가 21,200원에 시가총액은 2,120억 원이므로 PBR=0.376 이다. 부채비율은 17.9%에 불과하다. 모든 면에서, 한마디로 초우량회사이다.

## 6. 거액 자산의 흥미로운 분포

- 현금성자산: 573억
- 재고자산: 352억
- 지분법적용투자주식: 3,077억
- 토지: 1,513억(이중 공장용부지 1,007억, 임대용부지 506억)
- 건물: 391억(감가상각비 공제 후)

지분법적용투자주식의 규모가 시가총액보다도 크다는 점이 눈에 띈다. 임대용부지라고 되어 있는 토지에는 부산에서 최고 상업중심지인 서면로타리의 대로변에 빌딩을 소유하고 있다. 빌딩 이름이 '서면금융프라자'로서, 이름 그대로 금융기관들이 주로 입점하는 건물이다. 대우증권, 대신증권, 동양증권, 교보증권, 롯데카드, 현대증권, 안진회계법인, 동양선물, 한국증권금융 등이 임대들어 있어서 확실하게 임대수익이 보장되는 건물임을 알 수 있다. 이런 위치의 이런 건물이라면, 토지뿐만 아니라 건물의 가치도 장부가보다 높으리라 예상된다.

## 7. 상당한 금액을 주식에 직접투자

현금성자산 중에서는 408억 원어치의 일반 주식이 있는데 대표적인 보유종목은 삼성전자, 유한양행, 삼성전기, 삼성화재, 한국가스공사, 우리투자증권, 리노공업, 극동도시가스 등이 있다. 주식투자도 우량주 위주로 많이 하는 회사이다. 그러나 투자회사도 아닌 일반 제조업 회사에서, 적은 돈도 아니고 큰 금액으로 직접 주식에 투자하면서 그 관리가 어떻게 이루어지고 있는지, 누가 직접 주식투자에 대한 의사결정을 내리는지, 어떤 방식으로 매매에 대한 결정을 내리는지 궁금하다.

## 8. 매우 낮은 배당성향

배당할 수 있는 돈 중에서 실제로 배당하는 비율인 배당성향이 10% 이하로 매우 낮다. 이런 것도 주주로서 개선을 요구할 만한 사항이다. 한국기업지배구조펀드에서는 태광산업 측에 배당도 거론했었다.

## 9. 우량계열사들 다수, 복잡한 지배구조

고려제강에서 지분을 보유한 각 회사들에 대한 지분율과 해당 회사의 연간순이익은,

- 홍덕산업: 39.4%, 46.46억
- 홍덕케이블: 27.8%, 20.59억

- 홍덕정선: 27.9%, 29.61억
- 고려강선: 50.0%, 34.84억
- 서울청과: 100.0%, 16.47억
- ㈜홍국: 63.5%, 23.31억
- 홍국상호저축은행: 6.3%, 33.73억
- K.A.T㈜: 100.0%, -9.38억
- 홍덕스틸코드: 8.1%, 25.69억
- 홍덕섬유: 99.8%, 0.59억
- 케이티비코리아: 37.4%, 1.3억
- 전자랜드: 12.1%, 12.24억
- 서울전자유통: 12.1%, 23.06억

이 많은 회사들 중 일부를 제외하고는 대부분이 우량회사로 보인다. '서울청과'는 서울 송파구 가락동의 가락시장에서 영업하는 회사로서 고려제강에서 지분 100%로 완전히 소유한 회사이다. 제강회사가 무슨 이유로 과일이나 야채를 파는 청과 사업을 100% 소유하고 있는지 알다가도 모를 일이다. 서울청과는 자본금 50억 원에 연간순이익이 자본금의 절반에 달하며 차입금은 전혀 없는 우량회사이다. 또 다른 전혀 엉뚱한 분야인 전자랜드, 서울전자유통 등도 있는 것을 보면, 참으로 복잡한 회사구조이다. 해외법인들도 많은데, 대표적으로 두 개만 적어보면,

• KISWIRE SDN.BHD : 56.4%, 28.94억
• KISWIRE TRADING(s) : 53.1%, 18.14억

## 10. 순환출자구조도 있는 것으로 추정됨

고려제강의 지분 분포에서는 최대주주 및 가족들이 보유한 지분이 35.21%인 반면 계열사인 흥덕스틸코드, 흥덕엔지니어링, 흥덕케이블에서 보유한 지분이 37.03%이다. 고려제강 측에서는, 고려제강의 주주인 흥덕스틸코드와 흥덕케이블의 지분을 보유한 것으로 보아서 순환출자구조도 포함되어 있는 기업군이 아닌가 싶다. 기업구조를 투명하게 알아내는 것도 주주로서 필요할 것이다.

## 11. 바닥 탈피하는 차트 모양

8월 중순에 바닥을 찍은 뒤, 거래가 늘면서 한차례 상승하였다가, 지금은 하락조정을 받고 있다. 그러면서 20일선이 60일선을 상향돌파하는 골든크로스가 발생하였다. 바닥 찍은 뒤 1차 상승한 다음에 처음으로 나타난 이번 눌림목 기간이 지나면 2차 상승구간으로 들어설 수 있으리라 기대된다.

# 피터 린치형 촌스러운 종목

기업이 그 본질가치에 비해 저평가되는 데에는 여러 가지 다양한 이유들이 존재한다. 심지어는 이름이 촌스럽다는 이유 하나만으로 사람들의 관심권에서 멀어지고 잊혀짐으로써 저평가현상이 빚어지기도 한다. 이처럼 비합리적인 이유로 인해 사람들의 눈에 띄지 않고 숨어 있는 주식을 찾아낸다면 투자의 절반은 이미 성공을 거두었다고 할 수 있다. - 2006/03/04(텐인텐 카페)

투자의 대가로서 워렌 버핏이 가장 많이 거론되며 각종 언론에도 가장 많이 등장한다. 필자 개인적으로는 워렌 버핏은 단순히 돈을 많이 벌어서만이 아니라 인간적으로도 존경하고 추앙받을 만한 사람이라 여겨진다. 하지만 투자자로서는 피터 린치에 좀더 관심이 많다.

두 사람 다 저평가종목에 대한 투자와 가치투자를 지향한다는 면에서 공통점이 있는 반면 다른 점으로서는, 워렌 버핏은 집중투자형이라면 피터 린치는 분산투자형이다. 워렌 버핏은 투자에 덧붙여 사업체 자체를 인수하는 개념으로 접근하는 측면도 있지만 피터 린치는 펀드매니저로서 철저하게 투자자 스타일이다. 따라서 워렌 버핏형은 언제 어디서라도 누구나 배우고 따라한다고 해서 비슷한 성과를 내기보다는 개인적인 타고난 자질과 운이 따라주어야 하는 것도 어느 정도 필요하다고 볼 수 있다. 반면에 피터 린치형은 언제 어디서라도 누구나 열심히 배우고 연구하고 노력하면 점점 가까이 다가갈 수 있는 스타일이라고 여겨진다.

평범한 투자를 통하여 돈을 벌려면 피터 린치를 연구하는 것이 좀더 현실적이라는 생각이 든다. 피터 린치도 워낙 유명하여 많이 거론되어 왔으며 관련 서적들도 나와 있으므로 그런 것을 참고로 하면 되겠다. 본문에서는 피터 린치에 관련하여 잘 알려진 주제 하나를 이야기하겠다.

피터 린치는 다음과 같은 성격의 종목을 선호하는 것으로 알려져 있다.

- 단순한 사업을 하고 촌스러운 이름을 가진 기업을 찾아라.
- 촌스러운 사업을 하는 업체가 매력적이다.
- 혐오감을 주는 사업을 하는 기업은 더욱 매력적이다.
- 기관들이 보유하고 있지 않는 종목에서 성공주를 발견할 수 있다.
- 사람들이 꾸준히 사는 물건을 만드는 기업에 투자하라.
- 자사주를 취득하는 기업에 관심을 가져라.

피터 린치가 선호하는 종목의 성격에 잘 들어맞는 주식으로 '조선내화'가 있다. 조선내화는 포항제철 같은 제철소에서 쇳물을 녹이는 고로 안에 사용하는 내화벽돌을 만드는 회사이다. 피터 린치가 이야기하는 특성에 조선내화를 대비시켜 보겠다.

1. "단순한 사업을 하고 촌스러운 이름을 가진 기업을 찾아라: 이름이 촌스럽다는 이유만으로 주위의 관심을 끌지 못해서 기업가치에 비해 낮게 거래되는 주식이 있다. 단순한 사업을 하는 기업은 수익구조도 단순하기 때문에 이익 추정이 쉽다."

→ 조선내화, 이름이 참으로 촌스럽다. 과거에는 조선이라는 이름이 들어간 회사들이 우리나라에 많았다. 그러나 세월이 흐르면서 많은 회사들이 사라졌거나 이름을 바꾸었고 일부 회사들만이 남아 있다. 새롭게 생겨나는 회사들 중에는 조선이라는 이름을 붙이는 경우가 거의 없어졌다.

조선이라는 이름을 그대로 유지하면서 아직도 건재한 회사들은 이름에 구애받을 필요가 없을 정도로 그만큼 우량하고 탄탄하고 수익을 잘내는 경우가 많다고 볼 수 있다. 왜냐하면 그렇지 않다면 이름이라도 바꾸면서 뭔가 새로운 느낌으로 거듭나고 싶어할 것이기 때문이다. 상장회사 중에서 조선선재라는 회사도 아주 우량하고 수익을 잘 내는 회사이다. 반면에 조선비료라는 회사는 회사상황이 별로 좋지는 않은 회사로서 주가가 액면가의 절반 수준밖에 안 되는 회사인데 회사이름을 언제부터인가 '조비'로 바꾸었다.

2. "촌스러운 사업을 하는 업체가 매력적이다: 기업의 내재가치가 우량하고 성장을 지속하고 있음에도 고리타분한 사업을 한다는 이유만으로 주식시장에서 홀대를 받는 기업을 말한다. 따분한 사업은 남들의 주목을 받지 않아서 경쟁이 추가로 생겨나지 않는다."

→ 벽돌 같은 것을 만드는 사업은 솔직히 소위 첨단산업에 주로 관심이 모아지는 요즘 세상에 촌스러운 사업으로 보일 것이

다. 또한 기존의 업체 이외에 조선내화와 같은 사업을 하는 업체가 추가로 생겨나면서 경쟁이 잘 늘어나지 않는다.

3. "혐오감을 주는 사업을 하는 기업은 더욱 매력적이다: 혐오감마저 주는 사업을 한다면 더더욱 경쟁상대가 없다. 남들이 하지 않고 거들떠보지도 않는 니치를 하는 기업을 말한다."
→ 벽돌 같은 것이라도 고급 주상복합건물이나 첨단 인텔리전트 상업용 빌딩을 지을 때 들어가는 것이 아니라, 뜨거운 온도에서 쇳물 녹이는 고로에 사용되는 것이라면 더더욱 관심이 안 가는 제품일 것이다.

4. "기관들이 보유하고 있지 않는 종목에서 성공주를 발견할 수 있다: 기관이 많이 보유하고 있는 종목은 이미 주가에 기업가치가 상당부분 반영되어 있는 경우가 많다."
→ 기관들의 투자에서 가장 중요시 여기는 것은 주식시장의 상황이다. 중소형주이면서도 주식시장 분위기나 시황에 둔감한 조선내화 같은 종목은 일반적으로는 기관들의 관심 종목이 되지 않는다. 가치주투자와 배당수익률을 중요시 여기는 곳에서만 주로 들어오는 종목이다. 현재 외국인 지분은 8%대이며 가치투자형 세이에셋코리아 12,040주(0.301%), 세이고배당주식형투자회사 185,920주(4.648%)가 보유되어 있다. 상장주식수가 400만주이지만 대주주관계자들 지분이 50%

가까이 되고, 자사주 약 20%, 외국인 지분 약 8%, 세이지분 약 5% 등을 제외하면 실제 유통주식수는 얼마 되지 않는다. 유통주식수가 적으면 기관들은 더더욱 으레 관심을 가지지 않는다.

5. "남들이 거들떠보지 않고 독점적인 사업권을 가지고 있는 업체에 투자하라: 장기 공급계약을 체결했거나 특허권, 브랜드 파워 등도 일종의 독점적 사업권이다."

→ 조선내화는 제품을 포스코에 장기적으로 계속 공급을 하는 회사이다. 국내 내화물 시장은 몇 개의 기업들이 대부분을 차지하고 있고, 그러한 시장 구조가 유지되고 있다. 포스코에 공급하는 물량은 조선내화와 포스렉이 양분하고 있고, INI스틸에는 한국내화, 동국제강과 한국철강에는 동국내화가 공급하고 있다. 조선내화는 포스코와의 오랜 관계로 인하여 안정된 매출과 안정된 수익이 꾸준히 유지되고 있다.

6. "사람들이 꾸준히 사는 물건을 만드는 기업에 투자하라: 꾸준히 구매가 이루어지는 물건을 만드는 업체에 투자하라. 경기에 비탄력적인 제품을 만드는 업체가 투자유망하다."

→ 내화물은 소모성 제품으로서 내화물을 필요로 하는 업체에서는 꾸준히 구매를 할 수밖에 없다. 고로를 건설하는 초기에 많은 양이 들어갈 뿐 아니라, 고온과 열악한 환경에서 내

화물이 사용되기 때문에 건설이 완공되어 조업이 이루어지는 동안에도 주기적으로 교체해야 한다.

7. "자사주를 취득하는 기업에 관심을 가져라: 자사주 취득으로 발행주식수를 줄이는 기업은 상대적으로 주당수익을 높이는 결과를 가져온다. 반대로 지나치게 증자를 많이 하는 기업은 피하라."

→ 조선내화는 이미 20% 정도의 자사주가 취득되어 있다. 이제는 유통물량이 별로 없어서 더 취득을 할래야 할 수도 없을 것이다. 오히려 유통물량이 적어서 거래량이 적기 때문에 자사주를 일부 매도하여 유통물량을 늘려야 할 정도이다. 자사주가 많기 때문에 주당순이익도 더 높게 형성되고 있다. 작년의 순이익이 251.3억 원으로서 전체 주식수를 기준으로 한 주당순이익은 6,283원이지만 실제로는 자사주를 제외하고 주당순이익을 계산하기 때문에 실제 주당순이익은 7,854원이 된다.

1996년의 유상증자와 1998년의 무상증자 이후로 현재까지 한번도 증자를 하지 않았다. 자본금은 변하지 않는 상태에서, 상당한 수익이 해마다 발생하면서 자산은 계속 늘어나고 있기 때문에 주당기업가치는 해마다 늘어나고 있다. 따라서 펀더멘탈에만 입각해서라도 해마다 주가상승요인이 생겨나고 있는 것이다.

조선내화의 현재 주가가 32,650원인데, 2000년 1월 4일 주가는 9,200원으로 주가상승폭은 32,650-9,200＝23,450원이다. 한편 2000년부터 2005년까지 6년 동안의 총 배당금은 세전 800원 ＋800원＋1,000원＋1,250원＋1,300원＋1,300원＝6,450원이다. 즉 주가상승폭＋배당금합계＝약 3만 원에 달한다. 세후로 환산해도 실제 수익률은 약 300% 정도 된다. 중요한 것은 수익률 자체보다도, 월봉으로 수년간의 차트를 확인해본다면 매우 안정되게 장기적으로 상승을 해왔다는 것이다. 따라서 주식시장 시황에 크게 연연해하지 않으면서 장기보유로서 안정된 시세차익과 배당금 수익을 얻을 수 있는 종목으로 보인다.

1998년부터 2005년까지 8년간의 데이터는 다음과 같다. 그동안 자본금은 200억 원에서 변함이 없다.

- 순이익 ： 37.4억→94.8억→158.9억→153.3억→219.3억→ 279.2억→247.3억→251.3억
- 매출액： 2,421.6억→2,210.0억→2,289.5억→2,264.7억→ 2,384.7억→2,532.3억→2,648.1억→2,894.2억
- 자본총계： 1,287.8억→1,287.5억→1,257.2억→1,481.6억→ 1,710.0억→2,068.2억→2,379.2억→2,590.1억
- 주당배당금： 500원→700원→800원→800원→1,000원→1,250 원→1,300원→1,300원
- 주당순이익： 7,854원으로 PER은 4.16이다.

현재 주가 32,650원에 시가총액을 1,306억을 기준으로 한다면 PBR은 0.5이고 해마다 자산이 늘어나고 있으므로 주가가 변하지 않는다면 PBR은 해마다 낮아질 수밖에 없다. 앞으로 연간 평균 순이익을 보수적으로 잡아서 200억이라고 해도 거의 해마다 주당 5천 원 정도씩 자산이 늘어나는 것이므로 그에 따른 주가상승폭은 적어도 연평균 2천5백 원 이상으로 나타나야 한다.

배당금을 현재의 1천3백 원으로 간주한다 하여도 '주가상승폭+배당금'이 연간 3천8백 원 이상이 되면서 현재 주가를 기준으로 한 장기적인 연평균 수익률의 보수적인 추정치가 11.6%에 해당한다. 앞에서 보았듯이, 이미 장기적으로는 배당금이 증가해왔으며 해마다 자산이 늘어남에 따라 배당금이 증가하는 것에 무리가 없다. 더욱이 현재 배당성향이 16%대에 불과하므로 향후 배당성향이 늘어날 때에는 배당금은 더 크게 증가할 가능성도 장기적으로는 잠재되어 있는 것이다.

피터 린치는 철저한 분산투자형이었음을 기억하길 바란다. 아무리 좋아 보이는 종목이라도 반드시 분산투자의 일부로만 다루어야 예측 불가능한 미래의 변동성에 대처가 된다. 분산투자가 되어 있으면 종목들의 주가 변동이 심하게 나타나더라도 개별 종목 하나하나에 신경이 덜 쓰인다. 평소 생활에 방해받지 않고 생업에 안 좋은 영향은 줄이는 방향으로 투자하길 바란다. 아니면 여건상 분산투자하기에 곤란하여 소수의 종목만 매매하겠다면 현물주식투자금액 자체를 크게 줄여서, 설사 손실이 발생하더라도 자기 자산 전체에는 큰 영향이 없도록 함이 필요하다. 장기적인 투자까지 염두에 두려면 보유도중에 심리적으로 휘둘림이 없게끔 해야 하며 이익실현 매도이건 손절매이건 하겠다 싶으면 그대로 실천할 수 있어야 한다. 그러기 위해서는,

1. 서로 다른 부류들에 대한 분산투자를 통하여 종목당 투자비중을 낮게 유지함에 따라서 전체적인 위험은 줄이는 동시에 전체적인 평균기대수익은 지키는 방법을 취하는 것이 필요하다. 포트폴리오 이론상 수학적으로만 그런 것이 아니라 실제 투자에서도 그러하다.
2. 소수 종목만 매매한다면, 종목당 절대투자금액을 부담 없는 금액의 범위 내에서 해야 한다.
3. 또는 소수 종목이라도 신중히 선택하여 매수가 이루어졌다면, 회사에 안 좋은 변화가 나타나지 않는 한 수익을 낼 때까지 몇 년이건 보유할 확실한 정신적 의지를 처음부터 가지고 있어야 한다.
4. 이러한 자세의 장기투자를 염두에 둔다면 도중에 돈이 필요해서 자금을 회수할 돈이 아니라, 반드시 여유자금이어야 한다.

# 투자 가능한 저평가 가치주 찾기

저평가되어 있는 가치주는 주가를 기준으로 하여 상대적으로 저평가되어 있는지 여부를 판단해야 하므로 항상 고정되어 있을 수는 없다. 아무리 저평가되어 있던 가치주라도 주가가 무척 크게 올라가면 더 이상 저평가가 아니고 심지어 고평가로까지 주가가 올라갈 수 있다. 반대로 주가가 많이 올라 저평가 영역에서 벗어나 있던 종목이 회사의 본질은 변하지 않았는데 주식시장의 분위기 영향으로 주가가 크게 하락하여서 저평가 영역으로 들어서게 될 때에는 투자매력도가 다시 늘어난다.

따라서 주가가 하락할 때가 관심을 가지기 시작하기에 적기가 된다. 이는 기술적 분석에 의해서 투자하거나 주가 움직임의 모멘텀을 중시하면서 투자할 때에는 주가가 하락으로 돌아서면 매도를 하고 관심권에서 멀리해야 하는 것과 정반대가 된다. 저평가 영역에 들어선 가치주는 주가가 하락할수록 보유 수량을 오히려 점차 늘려가면서 마음 편히 투자할 수 있다. 다만 실적 변화와 회사의 재무상태 변화만큼은 추적을 하면서 확인해두어야 한다.

다음의 표는 PER이 10 이하이고 실질PBR이 1이하인 저평가 종목의 리스트이다. 2007년 6월 1일의 주가를 기준으로 하여 작성한 것이다.

| Symbol | Name | 주가(원) | 시가총액 (억 원) | 자본총계 (억 원) | PER (배) | PBR (배) | 실질 PBR(배) | 부채 비율(%) | 차입금 비율(%) | 유보율 (%) | 배당금 (원) | 배당 수익률 |
|---|---|---|---|---|---|---|---|---|---|---|---|---|
| 001130 | 대한제분 | 220,000 | 3,718 | 4,458 | 9.2 | 0.8 | 0.8 | 32 | 17 | 5,181 | 2,500 | 1 |
| 003940 | 삼양제넥스 | 95,000 | 2,837 | 3,064 | 9.5 | 0.9 | 0.9 | 17 | 2 | 1,852 | 1,450 | 1 |
| 014530 | 극동유화 | 12,950 | 414 | 462 | 4.1 | 0.9 | 1.0 | 103 | 72 | 189 | 600 | 4 |
| 003650 | 미창석유 | 25,900 | 451 | 635 | 5.0 | 0.7 | 0.7 | 35 | 4 | 632 | 700 | 2 |
| 023450 | 동남합성 | 20,200 | 215 | 310 | 7.3 | 0.7 | 0.6 | 15 | 0 | 526 | 350 | 1 |
| 000860 | 건설화학 | 24,650 | 1,602 | 2,164 | 8.5 | 0.7 | 0.6 | 27 | 1 | 3,229 | 350 | 1 |
| 014440 | 영보화학 | 2,395 | 479 | 635 | 6.2 | 0.8 | 0.7 | 43 | 12 | 544 | 100 | 4 |
| 019170 | 신풍제약 | 28,250 | 1,075 | 1,073 | 4.8 | 1.0 | 0.9 | 85 | 49 | 491 | 450 | 1 |
| 025880 | 케이씨피드 | 22,000 | 244 | 332 | 4.3 | 0.7 | 1.0 | 44 | 26 | 507 | 500 | 2. |
| 008870 | 금비 | 49,200 | 492 | 754 | 7.1 | 0.7 | 0.6 | 18 | 7 | 1,504 | 1,500 | 3. |
| 004920 | 삼영홀딩스 | 12,000 | 192 | 355 | 3.4 | 0.5 | 0.5 | 34 | 0 | 344 | 0 | 0. |
| 058650 | 세아홀딩스 | 150,000 | 5,400 | 6,048 | 3.6 | 0.9 | 0.9 | 24 | 13 | 3,260 | 1,500 | 1. |
| 007280 | 한국특수형강 | 54,100 | 541 | 897 | 3.3 | 0.6 | 0.6 | 93 | 52 | 1,694 | 750 | 1. |
| 000590 | 조선선재 | 83,500 | 501 | 638 | 4.4 | 0.8 | 0.7 | 27 | 3 | 2,031 | 0 | 0. |
| 003670 | 포스렉 | 20,350 | 1,202 | 1,185 | 6.5 | 1.0 | 1.0 | 38 | 0 | 301 | 750 | 3. |
| 002460 | 화성산업 | 20,600 | 2,565 | 3,059 | 5.3 | 0.8 | 0.8 | 123 | 54 | 413 | 400 | 1. |
| 006370 | 대구백화점 | 17,650 | 1,910 | 2,650 | 9.8 | 0.7 | 0.9 | 49 | 15 | 421 | 400 | 2. |
| 019010 | 그랜드백화점 | 14,000 | 675 | 1,304 | 6.1 | 0.5 | 0.4 | 228 | 169 | 441 | 500 | 3. |
| 002810 | 삼영무역 | 4,580 | 707 | 1,151 | 4.7 | 0.6 | 0.6 | 41 | 12 | 1,405 | 75 | 1. |
| 010660 | 화천기계 | 17,900 | 394 | 701 | 8.9 | 0.6 | 0.5 | 57 | 0 | 553 | 700 | 3. |
| 008020 | 경남에너지 | 3,205 | 955 | 1,066 | 7.4 | 0.9 | 0.9 | 94 | 15 | 634 | 100 | 3. |
| 012320 | 경동가스 | 48,900 | 1,550 | 1,968 | 6.1 | 0.8 | 0.8 | 83 | 11 | 1,142 | 1,000 | 2.0 |
| 039830 | 오로라 | 3,490 | 302 | 298 | 8.3 | 1.0 | 0.9 | 64 | 12 | 590 | 150 | 4. |
| 030960 | 양지사 | 20,000 | 320 | 298 | 5.5 | 1.1 | 0.7 | 36 | 11 | 359 | 500 | 2. |
| 003800 | 에이스침대 | 53,900 | 1,196 | 1,359 | 7.5 | 0.9 | 0.8 | 20 | 0 | 1,212 | 1,000 | 1.9 |
| 026940 | 부국철강 | 5,320 | 532 | 728 | 5.1 | 0.7 | 0.7 | 37 | 26 | 628 | 150 | 2.8 |
| 017480 | 삼현철강 | 3,540 | 556 | 586 | 3.1 | 0.9 | 0.9 | 56 | 14 | 586 | 75 | 2.1 |
| 049830 | 승일 | 7,100 | 288 | 463 | 8.2 | 0.6 | 0.5 | 22 | 1 | 2,217 | 132 | 1.9 |
| 017250 | 인터엠 | 2,455 | 458 | 611 | 5.7 | 0.7 | 0.7 | 41 | 26 | 612 | 100 | 4. |
| 032750 | 삼진 | 18,200 | 109 | 166 | 9.4 | 0.7 | 0.6 | 163 | 132 | 455 | 500 | 2.7 |
| 033530 | 세종공업 | 6,040 | 1,211 | 1,327 | 7.1 | 0.9 | 0.9 | 66 | 2 | 1,229 | 200 | 3.3 |

| ymbol | Name | 주가(원) | 시가총액 (억 원) | 자본총계 (억 원) | PER (배) | PBR (배) | 실질 PBR(배) | 부채 비율(%) | 차입금 비율(%) | 유보율 (%) | 배당금 (원) | 배당 수익률(%) |
|---|---|---|---|---|---|---|---|---|---|---|---|---|
| 33340 | 좋은사람들 | 3,980 | 462 | 531 | 7.3 | 0.9 | 0.8 | 65 | 35 | 863 | 125 | 3.1 |
| 36560 | 영풍정밀 | 52,100 | 821 | 744 | 5.3 | 1.1 | 1.0 | 29 | 1 | 849 | 600 | 1.2 |
| 21650 | 한국큐빅 | 4,300 | 258 | 268 | 7.6 | 1.0 | 0.9 | 19 | 0 | 797 | 150 | 3.5 |
| 79960 | 동양이엔피 | 12,150 | 955 | 624 | 6.6 | 1.5 | 1.6 | 63 | 0 | 1,544 | 400 | 3.3 |
| 17890 | 한국알콜 | 47,350 | 710 | 977 | 9.4 | 0.7 | 0.6 | 31 | 15 | 1,203 | 500 | 1.1 |
| 16510 | 현대DSF | 12,900 | 1,161 | 1,026 | 8.1 | 1.1 | 1.0 | 69 | 14 | 128 | 200 | 1.6 |
| 17250 | 인터엠 | 2,455 | 458 | 624 | 5.7 | 0.7 | 0.7 | 41 | 35 | 612 | 100 | 4.1 |
| 17480 | 삼현철강 | 3,540 | 556 | 586 | 3.1 | 0.9 | 0.9 | 56 | 21 | 586 | 75 | 2.1 |
| 06650 | 대한유화 | 51,800 | 4,248 | 5,015 | 5.9 | 0.8 | 0.8 | 64 | 26 | 1,132 | 1,000 | 1.9 |
| 05810 | 풍산 | 29,600 | 9,472 | 9,690 | 5.2 | 1.0 | 1.0 | 77 | 51 | 518 | 700 | 2.4 |
| 14680 | 한솔케미칼 | 9,670 | 1,092 | 1,146 | 7.9 | 1.0 | 0.9 | 64 | 34 | 107 | 400 | 4.1 |
| 10690 | 화신 | 3,295 | 923 | 1,083 | 4.2 | 0.9 | 0.9 | 81 | 12 | 673 | 90 | 2.7 |
| 84010 | 대한제강 | 39,750 | 1,892 | 1,927 | 5.6 | 1.0 | 1.0 | 25 | 3 | 711 | 750 | 1.9 |
| 05010 | 휴스틸 | 26,900 | 1,861 | 2,114 | 5.8 | 0.9 | 0.9 | 80 | 49 | 511 | 1,000 | 3.7 |
| 79170 | 한창산업 | 7,790 | 405 | 373 | 7.1 | 1.1 | 1.0 | 23 | 10 | 1,335 | 250 | 3.2 |
| 12320 | 경동가스 | 48,900 | 1,549 | 1,968 | 6.1 | 0.8 | 0.8 | 83 | 10 | 1,142 | 1,000 | 2.0 |
| 37400 | 우리조명 | 3,980 | 501 | 482 | 8.0 | 1.0 | 1.0 | 48 | 22 | 694 | 50 | 1.3 |
| 04700 | 조광피혁 | 9,300 | 618 | 834 | 3.7 | 0.7 | 0.7 | 52 | 34 | 186 | 0 | 0.0 |
| 26250 | 삼우이엠씨 | 3,530 | 706 | 919 | 6.0 | 0.8 | 0.7 | 67 | 36 | 838 | 150 | 4.2 |
| 07690 | 국도화학 | 28,950 | 1,682 | 1,560 | 7.9 | 1.1 | 1.0 | 66 | 34 | 462 | 800 | 2.8 |
| 07700 | F&F | 4,290 | 661 | 912 | 4.7 | 0.7 | 0.7 | 60 | 26 | 1,085 | 150 | 3.5 |
| 42940 | 르네코 | 2,420 | 382 | 219 | 8.0 | 1.7 | 1.7 | 94 | 35 | 173 | 0 | 0.0 |
| 45100 | 한양이엔지 | 6,890 | 1,034 | 573 | 4.9 | 1.8 | 2.1 | 126 | 5 | 707 | 100 | 1.5 |
| 23760 | 한국캐피탈 | 10,000 | 1,743 | 1,686 | 6.2 | 1.0 | 1.0 | 352 | 104 | 151 | 750 | 7.5 |
| 10460 | 한국개발금융 | 73,000 | 3,090 | 4,573 | 4.9 | 0.7 | 0.6 | 92 | 117 | 18 | 1,500 | 2.1 |
| 14300 | 선진 | 39,150 | 861 | 984 | 7.7 | 0.9 | 0.9 | 66 | 42 | 819 | 750 | 1.9 |
| 09770 | 삼정펄프 | 50,300 | 644 | 839 | 5.1 | 0.8 | 0.6 | 19 | 0 | 1,223 | 1,000 | 2.0 |
| 01560 | 제일연미 | 9,180 | 459 | 462 | 7.1 | 1.0 | 1.0 | 26 | 7 | 847 | 200 | 2.2 |
| 66620 | 국보디자인 | 4,100 | 308 | 296 | 6.7 | 1.0 | 0.9 | 50 | 0 | 715 | 150 | 3.7 |
| 09300 | 삼아제약 | 8,540 | 534 | 715 | 9.8 | 0.7 | 0.6 | 14 | 0 | 1,075 | 200 | 2.3 |
| 030200 | KT | 44,400 | 123,176 | 85,093 | 7.5 | 1.4 | 1.0 | 109 | 64 | 690 | 2,000 | 4.5 |

| Symbol | Name | 주가(원) | 시가총액 (억 원) | 자본총계 (억 원) | PER (배) | PBR (배) | 실질 PBR(배) | 부채 비율(%) | 차입금 비율(%) | 유보율 (%) | 배당금 (원) | 배당 수익률 |
|--------|------|---------|-----------------|-----------------|----------|----------|-------------|-------------|---------------|-----------|------------|-----------|
| 002170 | 삼양통상 | 33,500 | 1,005 | 1,919 | 8.1 | 0.5 | 0.4 | 13 | 7 | 1,194 | 1,000 | 3. |
| 008500 | 일정실업 | 23,000 | 276 | 596 | 6.9 | 0.5 | 0.4 | 44 | 24 | 881 | 1,250 | 5. |
| 005710 | 대원산업 | 2,425 | 291 | 673 | 4.3 | 0.4 | 0.4 | 106 | 0 | 981 | 75 | 3 |
| 005380 | 현대차 | 65,500 | 150,000 | 162,300 | 9.8 | 0.9 | 0.9 | 63 | 10 | 1,041 | 1,000 | 1. |

주) 1. 주가관련자료는 2007년 6월 1일 종가

2. 재무적 자료는 2007년 3월 기준, 배당금은 2006년 결산

3. 실질 PBR은 '공시지가-장부가' 를

# 숲 속에 서서

투자자라면 무슨 좋은 정보는 없는지 귀 기울여 본 경험이 대부분 있다. 정보화시대가 되면서 우리들은 여러 곳에서, 여러 사람들로부터 들려오는 소리들을 더욱 많이 들을 수 있게 되었다. 하지만 많은 정보를 들을 수 있게 되었다고 우리들이 더욱 현명한 판단을 할 수 있고 더욱 행복하게 살 수 있게 되었다고 단정할 수는 없다. 때로는 오히려 혼란만 더욱 가중되기도 하고, 때로는 많은 것들을 알지도 듣지도 못하는 것에 비하여 역효과가 나타나기도 한다. 그 많은 정보들 중에서 진정 나에게 도움이 되는 것들보다는 좋지 않은 영향을 미치는 것들이 더 많을지도 모른다. '나를 이용하여 돈을 벌기 위해서', '나를 이용하여 권력을 잡기 위해서', '나를 이용하여 대중적인 인기나 명예를 얻기 위해서' 일부러 요란하게 소리 내면서 나에게 다가오거나 내 주변을 맴도는 것들이 더욱 많아졌다.

멋진 광고로 나를 유혹하는 상품들이 나의 소비욕망을 부채질하여 경제적으로 내가 풍요로워지는 것을 방해하기도 한다. 돈만 넣으면 쉽게 확실히 수익을 낼 수 있을 것처럼 얘기되는 투자대상들 때문에 정말로 나의 자산증식에 도움이 되는 것들에 관심을 가지지 못하게 된다.

나의 본능을 자극하는 책들 때문에 나의 삶이, 질이 높아지게 해주는 책들을 멀리하기도 한다. 나를 이용하여 이득을 얻기 위하여 달콤하고 상냥하게 내 귀에 달라붙는 소리들 때문에 나에게 도움이 되는 길을 알려주고자 하는 부모님, 선생님, 선후배, 현인들의 소리에 귀 기울이지 않게 된다.

인터넷시대에, 정보화시대에 쏟아져 나오는 정보의 홍수 속에서 그 수많은 정보들을 잘 가려내어 꼭 필요한 것들만을 취사선택하기가 쉽지 않다. 아는 것이 힘이기도 하지만, 때로는 모르는 것이 약이기도 하다는 진리를 잊어버리곤 한다. 여기저기서 쏟아져 나오는 다양한 투자정보를 쉽게 접할 수 있는 세상에서 더욱 위험관리도 잘하면서 수익도 잘 올리게 된 사람들도 있는가 하면 정반대로 된 사람들도 무척 많다.

예전에 인물이 출중한 어떤 여자를 보면서 미인박명이란 말을 확실히 이해하게 되었다. 여자는 온갖 감언이설 하는 많은 남자들로 인해 오히려 자신을 진정으로 행복하게 해줄 수 있는 남자의 소리에는 귀 기울이지도 않았다. 자기를 화끈하게 끌어주는 멋진 남자와 결혼하였지만 세월이 지나면서 남편이 된 그 남자가 다른 여자에게 눈을 돌리면서 여자가 불행해지는 것을 보았다.

너무나 많은 소리들이 주위에 맴돌게 되면,

· 어떤 것이 진실인지, 어떤 것이 거짓인지,

· 어떤 것이 내게 약이 되는지, 어떤 것이 내게 병을 안겨주는지,

· 어떤 것이 장기적으로 좋고, 어떤 것이 단기적으로 좋은지,

· 어떤 것이 내게 도움이 되고, 어떤 것이 나를 이용만 하려 하는지,

· 어떤 것을 알아야 하고, 어떤 것을 몰라야 하는지,

이런 것들을 구분해낼 생각조차 하지 않게 된다. 쉽게 이끌리는 것으로만 귀가 향하기 쉽다.

나무는 보이지만 소리는 내지 않는다.

바람은 보이지 않지만 소리를 낸다.


## 숲 속에 서서

행복투자 이건희


숲 속에서는 나무들만이 보인다

바람은 보이지 않는다


숲 속에서는 나무들 소리는 들리지 않는다

바람의 소리만 들린다


눈을 감으면 바람이 보이고

눈을 뜨면 나무들만이 보인다


마음의 눈을 감고 살아왔음 을 이제야 알았다


내가 원하던 것들은 늘 소리만 요란히 내면서

언제나 그렇게 지나갔을 뿐이었다

평안의 시간들은 아무런 소리 없이
내 곁에 나무처럼 서 있는데

# 2장

# 고정된 배당수익에 시세차익까지 두 마리 토끼를 한꺼번에, 배당주

# 배당투자 잘하는 방법

필자는 수년전 배당투자가 지금보다 훨씬 덜 알려져 있던 시절부터 인터넷 칼럼을 통하여 배당투자를 많이 추천했다. 하지만 예나 지금이나 일반투자자를 상대로 배당투자의 효과를 납득시키기는 쉽지 않은 듯하다. 누가 배당금 바라보면서 투자하느냐는 얘기를 듣기도 한다. 주식투자는 으레 시세차익만을 겨냥하는 투자로 생각하는 습성이 대부분 투자자들 몸에 배어 있기 때문이다.

최근에는 배당투자 전문 펀드도 생겨나는 등 꽤 관심이 생겼다고 할 수도 있지만, 평균적으로 보면 배당주들은 종종 상대적인 저평가영역에 머무르곤 한다. 이렇게 말할 수 있는 이유는 여전히 시중금리 수준이나 그 이상의 배당수익률을 갖춘 종목들이 있기 때문이다. 성장성도 있는 주식의 배당금이 안전성을 갖춘 채권의 이지만큼 나온다면 저평가의 증기라고 보아도 된다. 이처럼 저평가 영역에 머무르고 있는 배당주에 대한 투자는 안전성과 고수익성을 동시에 추구할 수 있는 투자라 할 수 있다.

일단 정기예금 수준이나 그 이상의 배당수익률을 확보함으로써 안전성이 어느 정도 담보된다. 그런데 과거에 높은 배당이 이루어졌다고 해서 앞으로도 계속 높은 배당이 유지될 수 있을지 불안하게 생각하는 경우가 있는 것 같다. 이 불안감을 극복하려면, 우리 한국기업을 바라보는 시각을 교정할 필요가 있다. 앞으로 살펴보게 될 실제 사례들을 통해서도 확인할 수 있겠지만, 지금 주식시장에 상장되어 있는 우리나라의 기업들 중에는 매년 꾸준한 실적을 올리고 이를 바탕으로 비교적 안정적인 배당을 실시하는 기업들이 많이 있다. 거기에다 배당에 있어서 대주주보다 소액주주를 우대하는 태도, 본업에 충실한 경영자세 등 기업 경영진의 마인드도 훌륭한 경우가 적지 않다.

우리가 접하게 되는 기업에 관한 정보는 흔히 미디어를 통한 것이다. 미디어라는 것이 늘 사건과 사고를 위주로 보도하는 경향이 있다보니 알게 모르게 우리 한국기업과 그 경영진들에 대해 부정적인 인식을 갖게 되어서 그렇지, 실상을 깊이 들어가서 살펴보면 존경할 만한 경영진들도 많이 있으며, 믿고 몇 년이고 보유할 수 있는 기업들이 많이 있다.

또한 한국기업의 전반적인 체질이 바뀌었다는 사실에 눈을 떠야 한다. IMF 기간을 전후로 하여 이제 우리 기업들도 허울뿐인 외형성장이 아니라 내실 있는 수익 경영을 추구하게 되었고, 투명경영, 주주중시 경영 마인드가 확립되면서 배당을 늘려가고 있다. 해당기업을 장기보유하는 배당투자가 가능한 환경이 조성된 것이다. 여기에 더하여 최소한의 리스크조차도 회피할 수 있는 구체적인 투자요령을 앞으로 나올 글에서 제시하고자 한다.

　이처럼 고배당주에 투자하게 되면 시중금리보다 높은 고정수익이 확보되므로 일반주식에 투자한 경우보다 훨씬 편안한 투자가 가능하게 된다. 시세차익만을 목적으로 하는 일반 주식투자에 있어서는 매입가보다 주가가 하락하게 되면 불안해진다. 손절매를 고민해야 하는 등 스트레스도 받게 된다. 하지만 매입가에서 이미 시중금리보다 높은 배당수익률이 얻어지는 배당주라면 매입가보다 주가가 하락하게 되면 배당수익률은 시중금리 대비하여 더욱 높아지는 결과가 된다. 이렇게 되면 손절매를 고민할 것이 아니라 회사 상황 자체가 나빠진 것이 아니라면, 오히려 추가 매수의 좋은 기회가 되는 것이다.

　그리고 실제의 경우에 있어서는 시중금리보다 이미 높은 배당수익률이 주가 하락을 막는 안전판의 역할을 하는 경우가 많다. 주가가 떨어질 경우 더 높아지는 배당수익률을 보고 들어오는 매수자들이 있기 때문에 주가의 추가하락이 방지되는 것이다. 이와 같이 고배당주투자는 안전성이 확보되어 있기 때문에 장기적인 여유자금을 부담 없이 묻어두기에 좋다.

　다음은 고수익성 부분이다. 시중금리보다 약간 높은 정도가 무슨 고수익이냐고 생각할지 모르겠다. 일반투자자들이 배당투자에 별로 관심을 기울이지 않는 이유일 것이다. 하지만 배당투자는 시중금리 이상의 '고정적인 배당수익'에, 언젠가 '시세차익'

까지 먹을 수 있는 두 마리 토끼를 잡을 수 있는 투자수단임을 인식해야 한다. 이는 채권투자와 주식투자의 장점을 동시에 갖는 것이라고 볼 수 있다.

다만 주식투자자들은 일반적으로 조급증이 있어서 몇 년씩 보유하면서 투자할 수 있는 전략은 기피하는 경향이 강하다. 흥미로운 점은 같은 사람이 부동산투자를 하는 경우에는 5년이건 10년이건 또는 그 이상의 세월을 기다리는 것도 당연하다고 생각하는 경향이 있다는 것이다.

원론적으로 살펴보면, 부동산 중에서 고정수익(임대수익)이 발생하지 않는 것은 가격이 하락하는 추세에서 장기보유하는 것은 기회비용만 잃는 것이다. 이에 비해 배당주의 경우는 실제 사례들을 통하여 확인할 수 있겠지만, 시중금리 수준 이상의 배당을 통하여 안정적인 수익을 확보한데다 나중에 결국 그 가치를 인정받거나 주식시장의 변동성에 의하여 큰 폭의 시세차익이 얻어지는 경향도 있다. 그러면 결국 '배당+시세차익'으로 인한 연평균 수익률이 배당수익률보다 더 올라가게 된다. 부동산 중 가장 많이 오른 강남 3구(강남·서초·송파) 아파트 값이 최근 4년간 60%가량 오른 것으로 분석된다. 지금까지 필자 글에서 다룬 사례들에서도 배당투자가 부동산투자보다도 종종 더 나은 수익률을 보이고 있음이 나타나 있다.

배당주에 투자할 때 유의사항은 기업의 실적이 크게 악화되면서 이익감소로 인하여 배당이 줄어들 가능성에 대한 검토이다.

따라서 배당주 투자에서의 위험관리는 주가변화보다는 기업의 실적과 기업의 펀더멘탈 변화이다. 우량한 회사에서는 경기순환이나 외부적인 요인으로 실적이 일시적으로 악화되어도 그해에는 평소보다 배당성향을 높이면서 배당금이 지나치게 감소하는 것을 막는 경우가 많으므로 크게 겁먹을 필요가 없다. 그러나 회사 내부의 문제로 인하여 다른 업체들에 비하여 경쟁력이 본질적으로 약화되어가고 있거나 사업 아이템이 더 이상 수익을 내주지 못하게끔 시대가 변해가는 것이라면 기존의 배당주라도 때로는 포기할 필요도 있다.

삼성증권에서는 '다우의 개(Dog of the Dow)' 라는 명칭으로 알려져 있는 매매전략에 근거하여 투자했을 때 성과가 어떻게 나타나는지 시뮬레이션한 적이 있다. 매년 마지막 거래일에 월간으로 발표되는 '삼성증권 모델 포트폴리오'의 종목 중에서 배당수익률이 가장 높은 종목을 10개에 똑같은 금액으로 투자한 뒤 다음해 마지막 거래일까지 보유하는 단순한 전략으로 투자하는 것을 시뮬레이션하였다. 2001년 마지막 거래일에 1억 원으로 투자를 시작한 뒤 2006년 12월 5일까지 6년 동안 투자했다면, 총 수익률 146%, 연 평균 수익률(배당소득세, 거래비용 차감 후) 20%를 얻는 것으로 나타나서 똑같은 기간의 종합주가지수 상승률 105%, 연평균 수익률 15.6%를 초과하는 것으로 드러났다.

다음의 과거 필자 글들을 통해서 배당투자에 대한 여러 가지 측면과 투자요령 등을 이해할 수 있을 것이다.

# 지금 시대 최선의 재테크

꽤 오래된 글이지만 사람들이 배당투자를 잘 안 하는 이유가 정리되어 있고, 배당투자에 대한 기본 접근법을 살펴볼 수 있는 글이다. - 2004/07/02(텐인텐 카페)

## 1. 지금 시대 최선의 재테크로 주식의 배당투자가 손꼽힘

재테크를 하기 위한 다양한 투자방법들이 존재하는데 어떤 투자가 가장 좋은지는 시대에 따라서 계속 변해간다. 어떤 시대에 어떤 투자가 가장 좋았는지는 시간이 한참 흘러서 그 시대가 지난 뒤에야 드러난다. 어떤 투자대상이건 간에 시장원리에 의해서 사람들이 많이 몰릴수록 수익률은 떨어지게 마련이므로 어떤 투자방법이 수익률이 높다는 이야기는 그런 투자를 사람들이 많이 안 하고 기피하는 경향이 있다는 이야기가 된다.

지금 시대에 최선의 재테크로는 주식의 배당투자가 손꼽히는데, 많은 사람들이 무관심함에 따라서 배당수익률이 높아지는 종목들이 계속 나타나고 있다. 이런 상황이 얼마나 더 오래 이어질지는 필자도 모른다. 사려는 사람들이 많아지면 주가가 올라가서 배당수익률은 낮아지게 될 것이다. 배당수익률이 높은 종목의 주가가 올라가서 배당수익률이 낮아지게 될 때까지는 계속해서 기회의 땅이 될 것이다.

## 2. 사람들은 왜 배당투자를 잘 안 하는가

필자 만큼 작년부터 지금까지 배당투자를 크게 강조해온 사람이 별로 많지 않은 것 같다. 배당수익률이 매우 높은 종목들이 대부분 거래량이 적은 중소형주이다 보니 기관의 전문가들은 관심을 가지지 않는 것이며, 그러다 보니 전문가들은 일반을 향하여 이런 종목을 말하지도 않는다. 또 옛날에는 배당수익률이 지금처럼 높은 종목들이 많지 않아서 오래전부터 주식투자를 하던 사람들은 시세차익만을 겨냥하는 투자를 해왔다. 그러다 보니 배당투자는 으레 생각을 안 한다.

주식의 현재가치나 미래가치를 산정할 때에 이론적으로는 배당가치를 고려하지만 현실적으로는 일반투자자는 물론이거니와 이론을 잘 갖춘 전문투자자나 기관투자자들조차도 배당가치를 고려하는 투자를 통하여 높은 수익을 올릴 생각을 잘 안 한다. 왜냐하면 주가 형성과 주가 움직임에서 배당가치가 차지하는 비중보다 다른 요인들이 훨씬 더 큰 비중을 차지하기 때문이다. 적정주가 산출 시에도 대부분은 같은 업종 내에서 종목들 간의 비교, 다른 종목군들과의 비교, 과거 PER과의 비교, 과거에 형성하였던 주가관련 여러 지표들과의 비교, 경제에 관련된 여러 수치들과의 상대적인 비교를 통하여 적정주가를 산출하곤 한다.

단순히 감각적으로 바라본다면, 아무리 배당수익률이 높아도 주가는 계속 떨어지기만 하고 배당수익은 별로 없어도 주가는 계속 올라가기도 하므로 많은 사람들이 돈을 벌려고 불나방처럼 뛰어드는 주식시장에서 배당수익률은 관심을 잘 끌지 못한다. 이렇다 보니 배당투자는 주식시장에서 널리 보급되어 있지 못한 것이다.

## 3. 배당투자용 종목의 선정

주식시장에서 인기 있는 종목들에는 경기에 민감하거나 사회적 환경에 따라 영업의 변화가 크게 나타나는 종목들이 많다. 그러나 배당투자용 종목은 가급적 다음 조건들을 만족하면 할수록 좋다.

- 회사에서 취급하는 품목이 사회적으로 꾸준한 수요기반을 갖추고 있을 것
- 매출액과 영업이익, 경상이익, 순이익 등 해마다 회사영업 실적의 기복이 적을 것
- 시장을 과점하고 있을 것
- 신규로 진입하는 회사들이 적을 것
- 대주주가 거의 바뀌지 않으면서 배당에 대한 대주주의 의지가 꾸준할 것
- 부채비율이 낮고 재무적으로 안정되어 있을 것
- 주가에 비해서 주당순자산이 충분히 높을 것
- 현재 주가를 기준으로 할 때, 연간 평균 배당수익률이 일반금융기관 금리의 2배 수준이 될 것

## 4. 시세 움직임이 둔감한 유형의 배당투자종목

배당투자용 종목들의 유형을 몇 가지로 분류할 수 있다. 첫 번

째는 시세의 움직임이 둔감한 유형이다. 역으로 이야기하면 매우 안정된 종목이다. 장기적인 주가가 안정되어 있으면, 시세차익을 목적으로 투자하는 사람에게는 답답한 느낌을 주게 되어 장기 보유하지 못하고 도중에 팔아버리게 된다. 그러나 배당투자 자체를 기본 목적으로 할 때에는 주식시장이 크게 하락할 때 다른 종목의 주가 대비한 또는 시장 대비한 상대적인 하락률이 더 적기 때문에 신경을 크게 쓰지 않고 묻어둘 수가 있다.

사례로서, 2000년 말부터 지금까지 종합주가지수와 대한가스, 미창석유, 모토닉의 가격차트를 HTS를 통해서 각자 살펴본다면 다음과 같은 사실을 알 수 있다. 지난 3년 반 동안 종합주가지수가 상승 시에는 약 510에서 940까지, 바닥권에 비해서 고점이 약 100%(2배)에 달하는 상승률을 보였으며, 하락 시에는 고점 대비해서 반토막이 났다. 이에 반해서, 시세둔감형 배당투자종목은 바닥권에 비해서 고점이 약 50% 정도의 상승률이다. 하락할 때에도 그만큼 하락률이 적었다. 주식시장이 상승할 때에는 상승률이 큰 종목을 사서 보유하고, 하락할 때에는 미리 팔아치워서 큰폭 하락의 위험을 피할 수만 있다면 이보다 어찌 더 좋을 수 있겠는가. 그러나 이런 것은 아무리 주식투자의 귀재라도 힘든 일이다.

지난 3년 반 동안 큰 그림상, 대략적으로 대한가스는 11,000원 ~16,000원, 미창석유는 7,000원~11,000원, 모토닉은 11,000원 ~16,000원 사이의 박스권 안에서의 주가 움직임을 보여왔다. 대세 상승장에서 시장은 100% 상승하더라도 바닥 대비한 상승률이 50%를 크게 넘지 못한 것이다.

한편, 작년까지는 이들 종목 주가의 오르는 주기와 내리는 주기가 종합주가지수가 오르는 주기와 내리는 주기에서 크게 어긋나지는 않았다. 그러나 올해 들어서는 우리나라 주식시장에서 일반투자자는 계속 떠나가고 외국인만이 시장을 주도해나가면서 일반투자자들이 주로 사는 중소형주들이 소외되다 보니 이들 종목 주가의 움직임이 지수의 움직임과 크게 괴리도를 나타내고 있음을 차트에서 확인해볼 수 있다. 종합주가지수가 2004년도에 크게 상승할 때에도 이들 3종목의 주가는 오르지 못하거나 또는 오히려 하락하는 모습을 확인해볼 수 있다.

일반 종목들의 투자에서는 종합주가지수 대비한 상대적인 주가 움직임이나 다른 종목군 대비한 상대적인 주가 움직임에도 신경을 많이 써야지만 수익 올리기 위한 투자를 효율적으로 할 수 있다. 그런 것에 신경 쓰지 않는다면, 좋다고 생각드는 종목을 붙들고서 시장에서 소외된 상태가 계속 이어질 때 아무 대책 없이 속 터지기도 한다. 그러나 배당투자는 이런 점에 전혀 신경 쓰지 않아도 된다. 시장에서 소외된 상태가 얼마든지 오래 이어지더라도 아무 대책이 없는 게 아니라 대책이 있는 상태에서 투자를 한 것이므로 속이 터지지 않는다.

대한가스는 지난 4년 동안 배당금과 연말기준 배당수익률이 각각 1,000원→1,250원→1,250원→1,250원, 8.6%→8.8%→8.7%→8.5%로 기복이 거의 없다. 미창석유는, 400원→650원→800원→

750원, 5.9%→8.1%→8.1%→6.7% 모토닉은, 750원→750원→1,000원→1,000원, 7.6%→5.7%→7.6%→6.8%였다. 오늘 종가를 기준으로 한다면, 세 종목의 배당수익률은 각각 9.0%, 9.0%, 8.6%이다. 세 회사 다 사업기반이 튼튼하고 실적의 기복이 적은 편이고 재무적으로는 대단히 안정되어 있는 우량회사이다.

이런 유형의 종목은 배당수익률이 시중금리의 2배가 넘는 상태의 주가에서는 시장에서 거의 언급도 되지 않고 소외되어 있더라도 매수한 뒤에 묻어두는 식으로 투자하면 된다. 만약에 주가가 안 오르고 있다면, 정기예금 이자의 2배에 달하는 배당이자를 받으면서 묻어두면 되는 것이다. 주가가 크게 오르기 전에는 오로지 회사영업상황과 재무상황만을 분기별로 체크하면서 주가 움직임에는 신경 쓰지 않고 마음 편히 자기 할 일 하고 있으면 된다.

## 배당투자의 다양한 전략

역시 오래된 글이지만 여기서 설명하고 있는 다양한 전략들은 지금도 적용되는 투자의 원리이다. - 2003/12/18(행복투자 카페)

배당관련투자 전략은 다음과 같이 몇 가지로 분류될 수 있다.

## 1. 배당수익률이 시중금리보다 훨씬 높은 종목을 장기 지속보유하면서 채권이자보다 낫다는 생각을 하며 해마다 배당금을 받음

국가적인 경제상황의 변동이 심하게 나타나더라도 최소한 어느 정도의 이익창출 능력이 꾸준하면서 재무적으로 지극히 안정된 회사 중에서 소액주주에 대한 배당성향이 높은 회사의 주식을 대상으로 한다. 이중에서 배당수익률은 시중금리보다 충분히 높은 종목을 장기보유하면서 금리 높은 채권의 이자처럼 생각하면서 배당금을 받는 것이다.

주가가 오르건 내리건 신경 쓰지 않고 무조건 보유하면서 주가가 내려왔을 때 주가하락으로 인한 잠재적 손실은 전혀 개의치 않고 내가 받는 배당수익률을 최초에 투자한 원금을 기준으로 계산한다. 이것은 마치 부동산투자에서 시세차익에 크게 상관없이 부동산을 장기보유하면서 임대수익을 목적으로 하는 것과도 같다. 배당수익률이 높아서 이런 식의 투자에 가장 적합한 종목들은 흔히 주식시장의 일반적인 등락에 주가의 연동성이 낮으며 거래는 빈약하여 평소에 환금성은 낮은 종목이 대부분이다.

## 2. 환금성은 낮지만 고배당수익률이 얻어지는 종목을 지속보유하다가 상승하는 시기에는 이익을 극대화함

거래량이 적은 종목 중에서도 환금성 취약으로 인하여 시세차익을 겨냥하는 투자자들이 관심을 가지지 않아서 주가가 낮은 상태로 유지되다가도 어떤 계기를 만나면 상승 모멘텀이 발생하기도 한다. 예를 들어, 주식시장이 오랫동안 전체적으로 크게 오르면 평소 거래가 매우 적던 종목들로도 매기가 생겨나면서 결국은 크게 올라가게 된다. 또는 그 종목이 어떤 재료나 테마에 부합되는 종목으로서 부각되는 때가 올 수도 있다. 또는 고배당주나 가치주에 대한 관심이 높아지는 시기가 온다면 저평가된 이러한 종목에 투자하는 사람들이 늘어나게 된다.

주식시장 분위기와 상관없이 어쨌든 주가가 낮아서 고배당수익률이 얻어지는 종목이라면 사서 묻어두다가 배당과 무관한 상승 모멘텀이 발생한다면 매각하여 이익을 극대화하면 좋다. 소외되어 있던 종목이 한번 오르기 시작하면 무척 크게 오르는 속성이 주식시장에 꽤 나타난다.


### 3. 배당수익률이 높은 종목의 주가가 하락할 때 물타기를 함

배당수익률이 높아서 장기보유하고 있던 종목이 단지 시장 분위기 때문에 크게 하락할 때에는 좋은 추가매수 기회로 활용한다. 그 회사의 펀더멘털에 별 변화가 없다면 초기에 투자한 주가보다 20~30% 이상 하락하면 물타기 매수를 한다. 부실한 회사에 투자한 뒤 주가하락 시 단순 반등을 노리면서 물타기하는 것과는 전혀 성격이 다른 물타기이다. 주가가 크게 하락하면 배당수익률은 더 높아지므로 처음 투자 시보다 더욱 높은 배당수익률에 추가로 투자하는 것이다.

만약에 전체 자산 중에서 이러한 항목에 투자하는 비중을 크게 늘리고 싶지 않다면 물타기 매수 들어간 수량은, 결국 언젠가 주가가 다시 상승할 때 배당수익률보다 더 높은 시세차익이 얻어지는 시점에서 매도를 하여서 배당수익이 아닌 시세차익을 챙긴다. 만약에 배당기준일이 될 때까지 주가가 물타기 한 가격 위로 크게 올라오지 않는다면, 추가매수한 것도 배당을 타면서 배당기일을 넘기도록 한다. 그러나 회사의 상황만 악화되지 않는다면 그다음 배당기준일이 될 때까지는 주가가 상승할 가능성이 더 높아진다.

### 4. 배당수익률이 시중금리 정도에 해당하는 종목 중 시세차익이 가능할 종목을 보유하다가 배당금이나 시세차익 양쪽을 노림

거래량이 많아서 유동성이 좋고 환금성이 좋은 종목으로서 배당수익률이 시중금리 정도에 해당하는 종목 중 주가의 탄력성이 가끔 나타날 수도 있을 종목을 대상으로 한다. 시세차익이 충분히 날 정도로 주가가 오르기 전에는 그냥 보유하면서 배당금을 타고 기다리다가 시세차익이 충분히 나게 되는 시기에 매도하여 이익을 거둔다. 예를 들어서, 동국제강은 400원 정도의 배당금이 예상되었던 종목이다. 주가가 올 봄에 4,000원일 때 배당수익률을 10%로 예상하면서 매수하였을 경우, 가을이 되면서 주가는 8,000원 이상으로 올랐다. 연말까지 보유하여 배당금을 받지 않고 지금 100% 수익률로 매도를 해도 되는 것이며, 이는 매년 10%씩 10년 동안 얻어질 배당금의 수익을 한꺼번에 받으면서 매도를 하는 셈이 된다.


**5. 배당수익률이 높은 종목을 배당기준일 이후에 주가가 크게 하락한 이후 매수하였다가, 배당기준일이 가까워지면서 배당금에 대한 기대감으로 주가가 오를 때에 매도함**

배당기준일 직후에는 배당금 타는 자격이 없어짐에 따라 매수세가 위축되곤 한다. 반면에 배당받을 자격을 획득한 채 배당기준일 직후에 매도하려는 물량들이 많아지므로 일시적인 주가하락이 종종 나타나곤 한다. 이때 주식을 매수하였다가 그 뒤 주가가 정상적인 가격을 회복해가면 시세차익을 얻고 매도하는 것이다. 배당을 받으면서 장기보유하기 위해서는 배당기준일 이전에 산 뒤, 배당기일 이후에도 지속보유하는 반면, 5의 투자전략을 따른다면, 똑같은 종목을 배당기준일 이후에 산 뒤 배당기준일 이전에 매도하여 배당금이 아닌 시세차익을 얻어내는 반대의 투자방법을 취하는 것이다.


**6. 이익이 늘어나는 회사에서 배당금 증가에 따른 주가 상승을 겨냥하여 장기보유함**

배당성향을 어느 정도 범위 내에서 유지하는 회사들의 경우 주식시장에서의 주가도 배당수익률이 어느 정도 범위 내에서 유지되게끔 형성되는 경우들이 있다. 이런 회사에서 이익이 늘어나고 있을 때에는, 애초의 배당성향을 유지하는 한 이익이 늘어나는 만큼 배당금도 늘리게 된다. 배당금이 늘어나면 애초의 배당수익률이 유지되기 위해서는 주가도 올라갈 수밖에 없다. 배당금이 늘어가면 매수단가 대비한 배당수익률도 높아지고, 주가 상승에 따른 시세차익도 늘어나게 된다. 이런 경우에는 회사의 이익이 증가하는 한은 지속보유해도 무방하다. 장기보유 과정에서 배당금 증가와 시세차익 증가를 동시에 얻어내게 된다.

유의할 점: 배당주 투자에서는 회사의 재무적인 상황과 실적변화가 가장 중요하다. 회사의 상태가 일시적이 아니라 근본적으로 크게 악화되면 배당금이 줄어들게 되어 배당투자의 원래 초점은 흐려지게 된다. 이런 때에는 매도를 고려해야 할지 여부를 검토해야 한다.

## 이익이 늘어나는 회사에서 배당금 증가에 따른 주가 상승 사례

배당성향을 어느 정도 범위 내에서 유지하는 회사로서 주식시장에서의 주가도 배당수익률이 어느 정도 범위 내에서 유지되게끔 형성되는 경우에 대한 투자전략이 바로 위 글에서 설명되었다. 실제 사례는 많지만 지방은행 두 개를 예로 들겠다. 아래에서 연말기준주가는 배당부종가로부터 과거 1주일간 종가의 평균치이며, 배당수익률은 배당금을 해당 연말기준주가로 나눈 %이다. 주당순이익, 배당금, 배당수익률, 연말기준주가의 변화 추이를 2002년→2003년→2004년→2005년→2006년에 살펴보겠다.

⟨ 대구은행 ⟩

• 배당성향: 24.35%→29.80%→29.42%→30.15%→31.04%

• 주당순이익: 1,027원→839원→935원→1,327원→1,821원

• 배당금: 250원→250원→275원→400원→565원

• 배당수익률: 5.04%→4.35%→3.80%→2.56%→3.46%

• 연말기준주가: 4,964원→5,745원→7,233원→15,625원→16,350원


⟨ 부산은행 ⟩

• 배당성향: 29.7%→32.7%→33.2%→33.2%→33.5%

• 주당순이익: 1,187원→827원→905원→1,220원→1,253원

• 배당금: 300원→270원→300원→405원→420원

• 배당수익률: 5.83%→4.01%→3.80%→3.00%→3.51%

• 연말기준주가: 5,148원→6,728원→7,888원→13,450원→11,950원


이들은 배당성향을 30% 전후로 하여 거의 일정한 수준에서 해마다 유지시켜 왔다. 또한 배당수익률은 크게 늘어나거나 아주 크게 줄어들지는 않게끔 주가가 형성되어 왔다. 이런 경향이 유지되기 때문에 주당순이익에 거의 비례하면서 배당금이 결정되어 왔고, 그에 따라 주당순이익이 크게 늘어나면 배당금도 크게 늘어났다. 배당금이 늘어나는데 주가가 안 올라가면 배당수익률이 예년에 비해 대폭 높아지니까 결국 주가도 올라가면서 배당수익률이 비슷한 수준에서 맞추어져 왔다.

이런 종목에서는 이익이 상승하면 배당금 상승과 주가 상승이라는 두 마리 토끼가 얻어지게 된다. 배당수익률이 5%로 유지되는 종목을 가정한다면, 이익이 10% 늘어나면 배당금도 10% 늘어나서 기존 보유자로서는 매

수가격 대비한 배당수익률은 5.5%가 된다. 주가는 배당수익률이 5%로 맞추어지게끔 형성되기 때문에 주가도 배당금에 비례하여 10% 상승하게 된다. 따라서 배당금과 시세차익을 합한 수익률은 15.5%가 되는 것이다. 회사 이익이 늘어난다면 배당투자에서 단순히 배당금만이 수익의 원천이 아니라 배당금 상승에 따른 주가상승에 의한 시세차익도 자연스럽게 따라 온다는 점이 중요한 포인트가 된다.

# 주식, 채권의 장점을 동시에 살리면서 배당주 고르기

- 2006/10/30(머니투데이)

채권이나 정기예금에서 얻어지는 연간 일정한 이자율과 비슷하거나 더 높은 수익률을 주식에서 안정되게 해마다 얻어낼 수도 있다. 배당투자를 통해서 가능한데 그러한 투자가 가능한 종목의 선택 요령을 설명하겠다. 더욱이 주가가 오르지 않을 때에는 배당금을 타면서 장기간 지속보유하다가 주가가 크게 오르는 때가 오면 매도하여 시세차익까지 추가로 얻을 수 있는 것이다. 그러면 장기적인 연평균 수익률은 연평균 배당수익률보다 훨씬 더 올라가게 된다.

중요한 점은, 이러한 투자에서 나타날 수 있는 위험은 주식시장이 하락하고 주가가 하락하는지 여부가 아니라 배당금이 줄어드는지 여부이다. 일정한 배당금이 유지되려면 성장성은 적더라도 일정 수준의 순이익이 꾸준히 발생하면서 회사영업의 안정성이 높고, 연간 순이익이 다소 변하더라도 배당금은 일정하게 지급하려는 성향이 강해야 한다.

그러한 대표적인 회사들은 다음과 같다.(주가는 10월 27일 종가 기준)

• 대한가스: 배당금 1,250원, 주가 23,050원에서의 배당수익률 5.4%

• 일정실업: 배당금 1,250원, 주가 20,450원에서의 배당수익률 6.1%

• 백광소재: 배당금 1,000원, 주가 15,250원에서의 배당수익률 6.6%

• 영풍제지: 배당금 1,000원, 주가 14,300원에서의 배당수익률 7.0%

• WISCOM: 배당금 300원, 주가 4,095원에서의 배당수익률 7.3%


이들 회사의 1999년부터 2005년까지의 매년 배당금은,

• 대한가스: 400원→1,000원→1,250원→1,250원→1,250원→1,250원→1,250원

• 일정실업: 1,000원→1,250원→1,250원→1,250원→1,250원→1,250원→1,250원

• 백광소재: 750원→1,000원→1,000원→1,000원→1,000원→1,000원→1,000원

• 영풍제지: 500원→400원→600원→300원→900원→1,000원→1,000원

• WISCOM: 150원→150원→150원→200원→275원→300원→300원


위와 같이 지난 수년간 배당금이 줄어드는 해가 별로 없었으며,

장기적으로는 증가하는 경향이 있다. 이익이 줄어드는 해에도 배당금은 줄이지 않는 성향을 나타내기도 했는데, 백광소재는 2003년에 연간 순이익이 일시적으로 줄어서 12.9억을 기록했는데, 주당배당금은 1,000원을 유지하여 총 18.0억 원을 지급함에 따라 배당에 대한 변하지 않는 신뢰를 주주들이 가지게 해주었다. 이처럼 때로는 100%를 넘는 배당성향을 보여줄 수 있는 이유는, 어떤 해에 이익이 급감하더라도 그것이 장기적인 측면에서 영업 상황의 본질적 변화가 아닌 일시적인 이유에 기인하기 때문이다. 순이익은 정체되더라도 회사 안에 이익이 쌓여가다 보면 배당금을 지급할 여력이 높아지게 되어서 몇 년에 한번 정도씩은 배당금을 늘려갈 수도 있다.

이들 회사의 1999년부터 2005년까지의 매년 순이익은,

- 대한가스: 205억→215억→219억→177억→143억→180억→208억

- 일정실업: 62.4억→93.7억→77.2억→96.8억→79.6억→19.6억→51.0억

- 백광소재: 20.4억→33.8억→39.7억→47.9억→12.8억→28.5억→39.3억

- 영풍제지: 71.9억→76.9억→52.1억→33.4억→51.0억→48.4억→41.8억

- WISCOM: 82.3억→217.4억→58.2억→98.3억→65.2억→75.3억→63.9억

성장성은 없지만, 순이익은 장기적으로 일정한 범위 안에서 유지됨에 따라서 매년 일정한 배당금 지급이 가능한 것이다. 이익이 꾸준히 발생하기 때문에 회사 안의 자산이 지속적으로 늘어나면서 유보율이 해마다 증가하게 되고, 이에 따라 자산을 고려한

　　　　　　　　　　　　　　　　　　　　　행복한 **주식투자**

회사의 가치는 장기적으로 증가하는 셈이다.

재무적으로는 낮은 부채비율, 높은 유보율로서 안정되어 있다. 특히 WISCOM은 차입금이 전혀 없고 현금성자산은 258억 원에 달하며, 영풍제지도 차입금이 전혀 없고 현금성자산이 239억 원에 달하는 초우량회사이다.

- 대한가스: 부채비율 60%, 유보율 570%, PBR 0.73
- 일정실업: 부채비율 57.0%, 유보율 873%, PBR 0.42
- 백광소재: 부채비율 47.4%, 유보율 492%, PBR 0.54
- 영풍제지: 부채비율 9%, 유보율 618%, PBR 0.41
- WISCOM: 부채비율 47%, 유보율 1,080%, PBR 0.70

회사가 외부 환경변화에 상대적으로 둔감하면서, 일정한 배당금을 투자자들에게 지급하려면, 여기 사례로 든 회사들처럼 다음 조건들을 대부분 만족하면 된다.

- 시장점유율 1위이고, 시장을 과점하고 있음.
- 생산 제품을 우량 대기업에 납품함.
- 생산 제품이 전방산업 사이클의 영향을 덜 받음.
- 매출이 내수 위주이고 수출비중은 낮음.
- 부채비율이 낮으면서 재무적으로 안정되어 있음.
- 영업이익과 순이익이 일정한 범위 내에서 움직임.
- 이익의 변화에 관계없이 배당성향을 높게 유지함.

사례로 든 회사들의 주요제품 시장점유율은 일정실업 33%, 백광소재 38%, 영풍제지 33%, WISCOM 35%로서 이들 모두가 해당분야 1위 업체로서 시장을 과점하는 형태에 가깝다. 대한가스는 전국 도시가스업체 중 3위 실적이고 서울의 강남, 서초, 강동, 송파구 및 성남시, 과천시, 하남시 등에 도시가스를 공급한다.

수출비중은 대한가스 0%, 일정실업 6.4%, 백광소재 0%, 영풍제지 3.6%, WISCOM 12.7%로 완전 내수업체들이다. 백광소재의 석회제품들은 철강산업과 환경 분야에서 소모성으로 늘 사용되는 것이므로, 납품하는 전방산업 최종 제품의 사이클 영향이 적다. 고속도로 휴게소 사업도 기복이 적으면서 안정된 수익을 가져오는 사업이다. 다른 회사들 대부분도 전방산업에서 늘 필요로 하는 기본 제품을 생산하는 회사로서 안정된 영업의 지속 가능성이 높은 것이다.

　　　　　　　　　　　　　　　　　　　　행복한 **주식투자**

배당금이 일정하면 매수가격에 따라서 미래에 받게 될 배당금에 대한 배당수익률이 달라진다. 아래 그림에는 배당수익률이 5%가 되는 매수가격과 8%가 되는 매수가격을 나타냈다.

보유하고 있는 동안에 주가가 하락하여 주가 대비한 배당수익률이 더 높아진다면 일반 종목들처럼 손절매를 하는 것이 아니라 오히려 추가 매수하였다가, 주가가 상승하여 배당수익률이 낮아지면 매도하면서 시세차익을 얻을 수도 있다. 만약에 배당수익률 8%에서 매수하고 배당수익률 5%에서 매도하면 60%에 달하는 수익률이 얻어진다. 그러한 기회는 아마도 몇 년에 한번 정도 올 것이다.

특히 주식시장이 전체적으로 크게 하락하는 시기가 나타난다면 배당투자종목도 휩쓸려서 하락하여서 주가 대비한 배당수익률이 높아지게 되어 상당한 시세차익까지 기대할 수 있는 매수기회가 될 수 있다. 주식시장이 전체적으로 크게 상승하는 시기가 다시 올 때에 이러한 종목이 앞서서 오르지는 못하고 시장 움직임에 비해서는 둔감하지만 결국은 상승하기 때문이다.

즉, 장기적으로는 두 마리 토끼를 쫓는 투자가 가능한 것이다. 첫 번째로는, 지금처럼 대세바닥이나 대세상투가 아닌 평범한 위치에서 금리보다 높은 배당수익률을 얻으면서 장기 보유하는 것이다. 주식시장의 흐름이나 주가가 오르고 내리는 데에 신경 쓰지 않아도 되므로 마음 편하게 투자할 수 있으며, 오직 회사의 상황만을 정기적으로 확인해보면 된다.

두 번째로는, 큰 주기로 움직이는 주식시장의 대세상승과 대세하락의 사이클을 이용하여 몇 년에 한 번씩 기회를 잡아서 수십% 시세차익을 얻는 것이다. 위 그림에서 살펴보면 지난 5년간 두 번의 기회가 있었다. 올해는 주식시장이 전체적으로 조정을 나타내고 있지만 먼 훗날 언젠가 주식시장이 다시 크게 오르는 시기가 오면 시장의 생리상 이들 종목도 후발적으로 오를 수 있어서 그러한 때에는 시세차익까지 추가로 얻을 수 있게 된다.

몇 년 동안의 장기투자 과정에서 시세차익이 얻어지는 때가 오기도 하므로 일반적인 주식투자의 성격이 분명히 있다. 다른 주식투자에 비해서는 주가하락이 심해질 때 배당수익률은 높아져서 주가하락이 제한적이 됨에 따라 주식시장이 아무리 하락하여도 우려할 필요가 없는 방어적인 투자가 된다. 반면에 장기적으로 보유하고 있는 동안에 시중금리보다 높은 수익률이 나오는 배당금을 해마다 지급받기 때문에 높은 이자율의 채권과도 비슷한 성격을 가지는 셈이다.

## 배당주를 활용한 박스권 투자전략

시세차익을 노리는 매매방법 중 박스권 매매전략이 있다. 박스권 매매에 적합한 패턴이 배당주에 나타나는 경우가 꽤 있다. 배당주의 경우에 박스권 매매전략이 어떻게 적용될 수 있는지 살펴보기 바란다. - 2006/08/21(머니투데이)

주식투자 방법 중 무난한 것의 하나로서 흔히 거론되는 것이 박스권 움직임을 겨냥하는 매매이다. 주가가 특정 가격 구간 안에서 움직일 때에, 주가가 움직이는 박스권의 하단 근처에서는 매수하고 주가가 올라갔을 때 상단 구간에서 매도하는 것이다. 근래 들어서도 각종 보도에 주식시장 시황이나 투자전략에서 박스권 매매가 많이 등장하여 왔었지만, 주가가 정말로 박스권 속에서만 움직인다면 박스권 매매처럼 돈벌기 쉬운 것도 없을 것이다. 박스권 매매의 특성과 장단점, 유의할 점, 지금 당장의 적용 사례 등을 살펴보겠다.

장기적으로 박스권 안에서 주가가 움직이는 것은 기업이나 경제의 펀더멘탈 수치가 아주 크게 좋아지거나 아주 크게 나빠지지 않고 있을 때와 수급의 에너지가 제한적 범위 안에서 유지되고 있을 때 종종 나타난다. 박스권의 주가 움직임이 형성되는 것에는 세부적으로는 여러 가지 경우가 있을 수 있는데, 여기에서는 배당투자와 관련하여 박스권의 움직임이 나타나는 경우를 살펴보겠다(배당투자와 관련한 내용에 포커스를 맞추고자 당시 글 중에서 다른 경우는 삭제하였다).

양호한 수익성을 바탕으로 일정 금액의 배당금이 꾸준히 유지되고 있는 기업에서 성장성이 둔화되어 있을 때에 주가가 하락하더라도 일정 주가 수준 이하에서는 배당수익률이 크게 높아지기 때문에 더 이상은 주가가 잘 떨어지지 않아서 지지선이 형성되면서 박스권 하단을 만든다. 그러다가 주식시장이 전체적으로 크게 오르면 이런 종목도 편승하여 오르게 되는데, 주가가 올라갈수록 신규매수자 입장에서의 배당수익률은 하락하여서 주가 상승이 불리해진다. 게다가 확실한 성장성이 드러나는 것이 없어서 추가 상승을 견인할 매력도가 적으면, 시장의 전체적인 조정 시 신규 매수세의 유입이 더욱 불리하여 주가 상승이 제한적이 되고 박스권 상단을 만들게 된다.

KT와 한국가스공사가 대표적인 사례로서 둘 다 경기방어적이면서 보수적인 종목이다. 또한 50%에 달할 정도로 배당성향이 높으면서도 성장성은 높지 않아 주가수준이 낮기 때문에 배당수익률이 은행이자율을 초과하는 전형적인 고배당 투자종목이다. 이에 따라 아래 그림에 보이듯이 박스권 상단과 박스권 하단 사이의 구간에서 오랫동안 주가가 움직여 왔다. 상단 매도 구간의 동그라미가 매도시점, 하단 매수 구간의 동그라미가 매수시점임을 알 수 있다.

아래 그림을 보면 한국가스공사는 박스권 상단 가까이에 주가

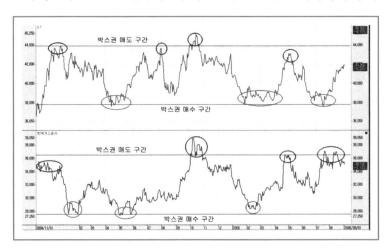

가 위치하여 있으므로 지금이 매도 구간이라 하겠다. 향후 가스공사가 현재의 장기 박스권을 확실하게 상향 돌파하여 벗어나는 동기부여는 해외자원개발의 결과에서 얻어질 수 있으리라 예상된다. 최근에 가스공사의 미얀마 가스전에 인증 매장량이 추가되어서 가스전 가치가 늘어나기는 하였지만 가스공사의 현재 가치에 비하여 증가되는 정도가 작은 편이라서 지금으로서는 박스권 돌파가 썩 쉽지는 않아 보인다. 그러나 앞으로 해외자원개발부문에서 호조가 어느 정도 지속되는지를 유의하면서 주가가 한 단계 레벨업되는 시기가 왔을 때에는 그 기회를 놓치지 않으면 좋을 것이다.

또 다른 사례인 KT는 박스권 하단을 확인하고 올라오면서 아직은 상단까지 충분한 간격을 두고 있으므로, 보유를 지속하다가 상단 근처에 다가갈 때 매도를 고려해볼 수 있다. 흥미로운 것이, 최근 몇 달간 외국인이 대부분의 대형주들을 추세적으로 매도하는 가운데, KT는 근래 박스권 하단을 전후로 하여서 추세적으로 매수를 지속해왔었다는 점이다. 반면에 가스공사는 외국인이 추세적으로 매도를 지속하고 있다. 미래 예상되는 장기적인 연평균 배당수익률이 가스공사는 5% 수준이며, KT는 7%대로서 더 높은 상태이다.

KT가 박스권 상단을 확실하게 돌파하는 계기는 향후 인터넷 TV(IPTV)를 통한 성장성 기대감에서 나타나리라 예상된다. KT는 IPTV 상용화에 대비하여 플랫폼 · 셋톱박스 · 서비스를 업그레이

드하고 IPTV 제공을 위한 인프라 확충에 나서고 있는 가운데, 정보통신부에서는 지배적 사업자의 결합서비스 규제를 언젠가 완화할 방침으로 알려져 있어서 향후 서비스가 구체화되어질 가능성에 대해서 주시해볼 수 있을 것이다. 미국에서의 IPTV 시장이 연평균 110% 증가하리라는 전망이 있듯이, 방송의 대중화가 잘되어 있으면서 인터넷과 IT의 강국인 우리나라에서도 커다란 성장성을 기대해볼 수 있겠다.

## 실제배당금이 예상과 어떻게 다르게 나타났는가

이 글에서는 실제 사례를 통하여 배당투자의 안전성을 확인할 수 있다. 또한 다수의 고배당 종목에 분산투자를 해두면 최소한의 리스크마저도 피할 수 있다는 점을 눈여겨보기 바란다. - 2005/04/25(텐인텐 카페)

배당금은 해마다 변할 수 있지만 배당을 염두에 두는 투자에서 예상배당금이 실제배당금과 어떻게 달라질 수 있는지를 살펴보겠다. 2004년 6월 이후부터 12월 말 이전에 필자 글에 올렸던 배당투자종목들 중에서 2004년도 배당금이 확정된 종목들이다.

| 종목명 | 당시예상연간배당수익률(당시가격), 당시예상배당금 | 추후실제배당금(증감), 증감% |
|---|---|---|
| 대창공업 | 연 8.0%(3,740원), 300원 | 250원(-50원), -16.7% |
| 삼환까뮤 | 연 8.1%(1,850원), 150원 | 200원(+50원), +33.3% |
| 대한전선 | 연 8.5%(5,910원), 500원 | 500원 |
| 금강공업 | 연 8.5%(5,900원), 500원 | 500원 |

| 부국철강 | 연 8.8%(8,500원), 750원 | 750원 |
|---|---|---|
| 미창석유 | 연 8.8%(8,500원), 750원 | 850원(+100원), +13.3% |
| 모토닉 | 연 8.8%(11,300원), 1,000원 | 1,500원(+500원), +50% |
| 대한도시가스 | 연 9.0%(13,850원), 1,250원 | 1,250원 |
| 화천기계 | 연 9.0%(6,700원), 600원 | 600원 |
| 화일약품 | 연 9.6%(3,140원), 300원 | 300원 |
| 동원산업 | 연 9.8%(7,660원), 750원 | 600원(-150원), -20.0% |
| 덕양산업 | 연 10.1%(7,920원), 800원 | 950원(+150원), +18.8% |
| 가희 | 연 10.1%(4,950원), 500원 | 400원(-100원), -20.0% |
| 중앙건설 | 연 10.4%(4,795원), 500원 | 600원(+100원), +20.0% |
| 부산산업 | 연 10.6%(6,100원), 650원 | 800원(+150원), +23.1% |
| 백광소재 | 연 11.0%(9,080원), 1,000원 | 1,000원 |
| 하이스틸 | 연 11.0%(8,250원), 900원 | 500원+주식10%(+1,300원 이상), +144% |
| 삼환기업우 | 연 11.0%(4,560원), 500원 | 650원(+150원), +30.0% |
| 에스제이윈텍 | 연 9.5%(950원), 100원 | 50원(-50원), -50.0% |
| 한일화학 | 연 10.3%(2,900원), 300원 | 200원(-100원), -33.3% |
| 신일건업 | 연 12.8%(2,330원), 300원 | 250원(-50원), -16.7% |
| 동양물산 | 연 8.6%(2,325원), 200원 | 200원 |
| 한일철강 | 연 8.0%(11,300원), 900원 | 1,250원(+350원), +38.9% |
| 진양제약 | 연 8.3%(12,100원), 1,000원 | 1,000원 |
| 한국큐빅 | 연 8.5%(1,760원), 150원 | 150원 |
| 삼성출판사 | 연 8.0%(12,500원), 1,000원 | 1,250원(+250원), +25.0% |
| 우수씨엔에스 | 연 13.2%(1,510원), 200원 | 200원 |
| 영풍정밀 | 연 9.2%(6,500원), 600원 | 600원 |

　　필자가 선정하여 올렸던 총 28개 종목 중에서 12개 종목은 당시 예상배당금과 추후 실제배당금이 일치하였으며, 10개 종목은 당시 예상배당금에 비하여 추후 실제배당금이 증가하였고, 6개 종목은 당시 예상배당금에 비하여 추후 실제배당금이 감소하였다. 중요한 포인트를 정리하면 다음과 같다.

1. 위에서 보이듯이 평균적으로는 배당금이 예상과 실제 사이에 큰 차이가 없다. 예상과 달라진 16개 종목에 대해서는 예상배당금에 비하여 평균 15% 정도 배당금이 증가하였다. 전체 28개 종목에 대해서는 예상에 비하여 평균 8.6% 정도 배당금이 증가한 셈이다.

2. 위 종목들 중 일부는 도중에 주가가 크게 올라서 몇 년 치의 배당금에 해당하는 수익이 시세차익으로부터 발생하였을 때 배당금을 타기 위해 보유하지 않고 시세차익을 현실화하면서 일단 매도해도 된다.
   시세차익이 많이 났어도 매도하지 않고 연말에 배당 탈 자격을 확보하면서 올해로 넘어왔을 때에는 시세차익이나 시세손실을 고려하지 않고 매수단가에 비해서 배당수익률이 예상보다 약간 높거나 비슷한 수준임을 알 수 있다. 따라서 배당투자종목에 투자할 때에는 신중히 고려하여 종목을 선정한 뒤, 많은 종목들에 분산투자해둔다면 배당수익률이 어느 정도 범위 안에서 얻어질 수 있다.

3. 어떤 종목은 배당금이 줄어들고 어떤 종목은 배당금이 늘어나기도 하므로 분산투자를 해두어야지만 배당수익률이 평준화된다는 사실에 유의해야 한다. 집중적으로 보유하고 있던 특정 종목에서 배당금이 줄어들어서 안타까워하는 투자자들

도 있는데, 배당투자도 다른 투자와 마찬가지로 분산투자가
중요하다.

4. 기존 고배당종목들 주가가 올라서 더 이상 고배당투자할 것
   이 없어진 것 같더라도 아직까지는 배당투자에 익숙한 투자
   자들이 소수이기 때문에 어디에선가 기회를 찾을 수 있다.
   더욱이 가끔씩 나타나는 주식시장의 폭락기나 주식시장의
   분위기가 악화되는 시기에는 시세변화만 추구하는 투자자들
   이 투매하면서 배당투자종목의 주가도 덩달아 하락하는 경
   우도 있다. 이럴 때에 주가하락으로 배당수익률이 높아지면
   서 배당투자할 만한 종목들이 새롭게 나타나기도 한다.

5. 주가가 크게 상승하여 예년 기준으로는 배당수익률이 일시
   적으로 크게 줄어든 것으로 보이는 경우들이 생겨난다. 이럴
   때에 기업상황이 좋아지면서 실제배당금이 증가함에 따라서
   올라간 주가에서 배당수익률이 다시 높아지는 경우들도 나
   타난다.

6. 많은 종목에 분산투자되어 있을 때, 기업상황이 안 좋아지거
   나 기업상황은 괜찮아도 배당수익률이 하락하는 종목은 도
   중에 매도하여 잘라내고 괜찮은 종목은 키워가는 식으로 하
   면 좋다. 그러면서 신규종목이 나타나면 추가하거나 교체하

는 식으로 하면 장기적으로 안정되게 고수익의 배당투자를 지속할 수 있다.

7. 배당투자에서는 그 개별기업의 영업상태와 재무적 상태의 변화에만 주목하면 되지 주식시장의 전체적인 상황과 시세 등락에는 신경 안 써도 된다는 점이 일반투자자가 접근하기에 가장 좋은 점이다.

# 고배당주 찾기 연중 내내 해도 된다

- 2005/12/27(머니투데이)

올해 주식시장에서 나타난 특징 중 하나는 배당수익률이 높은 종목들이 안정된 주가 흐름을 보이면서 주가상승률도 크게 나타났다는 점이다. 간접투자펀드에서도 괜찮은 수익률을 나타낸 배당주펀드들이 있다. 다만, 배당수익률이 높았던 종목들의 주가상승이 크게 나타난 뒤에 배당수익률도 자연스레 떨어지면서 고배당 매력이 줄어들고 주가상승률이 하반기가 상반기에는 미치지 못하는 종목들도 많아졌다.

예전에는 12월 결산법인이면서 배당수익률이 높은 종목의 경우에는 그렇지 않은 종목에 비하여 12월의 배당기준일이 지나고 1월까지는 주가가 하락하는 확률이 상대적으로 높은 편이었다.

즉, 과거에는 이런 종목들에 있어서 배당기준일 이후부터 1월까지 나타나는 주가하락폭이 지급받게 될 배당금보다 더 크게 나타나는 경우가 많아서 배당기준일이 가까워 오면 배당금은 포기하고 오히려 매도하여 시세차익만을 챙기고 새해 들어서 주가가 떨어진 다음에 재매수하는 전략이 크게 유효하였다.

그러나 주식시장이 대세상승으로 진행되고 있는 상황 속에서는 배당금을 탈 자격이 생긴 사람들이 주식을 매도하는 경향이 약화되기 때문에 배당기준일 이후의 주가하락에 미치는 영향이 줄어든다. 또한 2005년의 특징으로 부동산투자처럼 주식투자도 장기로 하려는 경향이 과거보다 많이 나타나고 있기 때문에 배당금을 타게 되었다고 해서 곧바로 되파는 사람들도 줄어들 것이다. 따라서 장기투자자가 늘어나고 주식시장 자체도 대세상승이 진행 중에 있는 상황 속에서는 고배당종목을 찾는 노력을 연중 아무 때나 해도 될 것이다.

현재 시점에서 실적이 괜찮으면서 배당수익률이 상대적으로 높은 종목들을 몇 개 골라보면 다음과 같다.

| 종목명 | 배당수익률 | 매출액(3분기누적) | | 순이익(3분기누적) | |
|---|---|---|---|---|---|
| | | 작년 | 올해 | 작년 | 올해 |
| 서호전기 | 6.4%(=300원/4,700원) | 158억 | 236억 | 16.2억 | 30.6억 |
| LG석유화학 | 6.3%(=1,750원/27,700원) | 1조 2,786억 | 1조 5,008억 | 1,492억 | 1,641억 |
| WISCOM | 6.0%(=300원/4,960원) | 937억 | 906억 | 62.9억 | 58.7억 |
| 동부건설(우) | 5.9%(=850원/14,400원) | 8,600억 | 1조 126억 | 520억 | 571억 |
| 삼환기업(우) | 5.9%(=750원/12,750원) | 3,652억 | 4,354억 | 162억 | 314억 |

주)배당수익률=연간총예상(또는 확정)배당금/현재주가(12월 26일 종가)

지금 배당투자종목을 사도 괜찮으냐 아니면 1월 이후에 사느냐 여부를 판단하는 데 있어서, 해가 바뀌면서 주식시장의 전체적인 등락이 단기적으로 어떻게 나타나는가를 종합주가지수를 기준으로 살펴보는 것도 참고가 된다. 1월에 개장하는 당일의 등락률과 1월의 월간 등락률을 1991년부터 2005년까지 지난 15년에 대하여 살펴보면 다음과 같다.

1991년: -2.35%, -8.72%

1992년: +2.18%, +11.39%

1993년: +2.80%, -1.16%

1994년: +1.52%, +9.18%

1995년: -1.34%, -9.91%

1996년: +0.67%, -0.47%

1997년: +0.39%, +5.32%

1998년: +2.44%, +50.77%

1999년: +4.46%, +1.59%

2000년: +3.01%, -8.19%

2001년: +3.24%, +22.45%

2002년: +4.50%, +7.84%

2003년: +1.21%, -5.69%

2004년: +1.30%, +4.66%

2005년: -0.25%, +4.11%

위에 나타나 있듯이 새해가 되면서 개장하는 첫날에 주가가 오르는 날이 그렇지 않은 날보다 훨씬 더 많았다. 또한 1월의 월간 등락률에서도 상승하는 쪽의 기댓값이 전반적으로 높은 편으로 나타나 있다.

'언제나 돌아오는 새해는 우리에게 꿈을 주기 때문'일 것이다. 물론 시간이 흘러가면서 그 꿈이 현실로까지 어느 정도 이어지는가 아닌가는 '그때그때 달라요'이다.

# 대주주보다 소액주주 우대하며 배당하는 회사

> 불과 몇 년 전에는 배당수익률이 20%에 달했던 때가 있었다. 배당투자의 황금기라고나 할까. 이 글에서 다룬 한국캐피탈은 그 뒤로 주가가 많이 올랐지만 지금도 여전히 매력적인 고배당종목으로 남아 있다. – 2003/06/11(행복투자 카페)

### 소액주주를 2배로 우대하며 배당하는 군인공제회

한국캐피탈은 소액주주에게 500원, 대주주에게 250원을 배당함으로써 소액주주를 대주주보다 무려 2배나 우대하는 태도를 보여준다. 소액주주와 대주주를 차등하여 배당하는 회사는 몇 개 있는데, 한국캐피탈만큼 소액주주를 크게 우대하는 회사는 드문 편이다. 향후 대주주가 바뀔 가능성은 거의 없으므로 이러한 회사의 성향은 유지될 것으로 예상된다.

지난 결산실적을 어제 종가인 2,460원과 비교한다면 PER이 1.47에 불과하며, 배당수익률은 20%에 달하여 현재 가장 배당수익률이 높은 종목에 해당한다. 한국캐피탈은 올해 3월 결산실적에서 사상최대의 흑자를 기록한 바 있다. 자본금 782억에 경상이익 269억, 순이익 234억, 주당순이익 1,674원이다.

캐피탈업계는 경기에 관련되므로, 만약에 경기가 지금보다 훨씬 더 나빠져서 올해에 지난해 실적의 1/2밖에 달성하지 못한다고 지극히 보수적으로 가정하여도 현재 주가를 기준으로 할 때 PER 2.9에, 배당수익률은 10%에 달한다. 따라서 현재 가격 대비한 배당수익률을 10~20%로 예상하여도 무리가 없다.

차트 상으로 보면, 3월 말에 배당락이 된 이후에 바닥권에서 횡보하고 있는 모습이다. 요즘의 유동성장세 분위기에 맞는 종목도 아니고 인기 있는 성장성 테마 종목도 아니고, 그렇다고 특별한 세력주도 아니어서 소외되어 있는 상태라 할 수 있다.

한국캐피탈은 2001년에 군인공제회가 인수한 이후 경남리스금융을 합병한 바 있으며, 작년에는 신보캐피탈 채권을 인수하였고 한국렌탈㈜을 인수하면서 공격적인 영업활동을 펼치면서 업무영역을 넓혀나가고 있다. 수익성 위주의 영업활동을 펼쳐나가고 있어서 높은 수익성을 만들어내고 있는 것이다. 또한 대주주인 군인공제회가 한국캐피탈을 적극적으로 자금지원하고 있는 것으로 알려져 있어서 향후 재무적인 위험도 거의 없으리라 예상된다.

군인공제회는 창립 후 19년 동안 연속 흑자를 기록하고 있다.

현재 자산이 2조 4,600억 원에 달하고 부채는 4,600억 원에 불과하여 자본총계가 2조 원이 넘는 규모를 가지고 있다. 군인공제회가 처음 생겨났을 때에는 군납에 국한되는 사업을 하다가 지금은 2조 원이 넘는 기금의 운용을 통하여 부동산개발, 보험업, 골프장 운영 등으로 사업영역이 확대되어 있다. 노른자위 주상복합 부동산 개발로 유명해진 바 있으며, 현재 서울에서 내수동의 경희궁의아침, 공덕동의 오벨리스크, 여의도의 리첸시아, 도렴동의 용비어천가, 한남동의 힐탑아파트 리모델링 등의 건설사업을 진행 중이다

지난달에는 금호타이어 지분을 50% 인수하였고 관계사로서 한국캐피탈 외에 대양산업, 대신기업, 고려물류, 대한토지신탁, 공우ENC 등 10여 개의 관계사를 거느리고 있다. 군인공제회 건물인 '밀레니엄 빌딩'은 서울에서도 요지인 도곡동에 1999년에 세워져서 지상 32층, 지하 7층 규모의 최첨단 지능형 빌딩 시스템으로 관리되는 빌딩이다.

이러한 군인공제회가 한국캐피탈을 인수해서 금융계에서 30여 년 경력을 가진 유인완 대표에게 전문경영인으로서 한국캐피탈의 경영을 맡긴 것이다.

이와 같이 탄탄한 대주주가 인수한 뒤에 회사의 이익이 잘 나게끔 유능한 경영인에게 회사를 맡기고, 회사 이익은 소액주수를 크게 우대하면서 배당하는 회사라면 시장의 등락에 따라서 마음이 흔들리지 않고 중장기투자로 이끌어갈 수 있다.

## 그 뒤로 어떻게 되었나

그 뒤로도 2003년, 2004년, 2005년, 2006년 결산기에 변함없이 소액주주에게는 대주주 배당금의 2배를 지급해왔다. 2003년 3월 결산에서 대주주/소액주주 배당금이 250원/500원이던 것이, 2004년에 300원/600원, 2005년에 300원/600원, 2006년 375원/750원으로 변해왔다. 윗글이 올라갈 당시의 주가 2,460원을 매수단가로 한다면, 2004년~2005년 배당금에서는 24.3%의 배당수익률을, 2006년 배당금에서는 30.5%의 배당수익률을 얻을 수 있었던 것이다. 회사가 이익을 잘 내면서 배당을 잘 해주는 종목에서는 장기 보유 시 투자원금 대비한 배당수익률만을 보더라도 일반 채권이나 은행 예금의 이자율과는 비교도 안 될 정도로 높은 이자를 해마다 받을 수 있는 것이다.

# 대주주는 제로 배당에 소액주주에게만 배당한 경우

- 2004/08/19(텐인텐 카페)

동양물산은 턴어라운드 되는 회사로서 실적이 적자로부터 흑자 전환하여 좋아지는 시점에서 특수관계자 및 관련법인주주는 무배당이면서 기타 주주에게만 배당을 하는 성의를 보여주었다. 배당 총액이 일정한 상태에서 대주주에게는 배당을 지급하지 않고 소액주주에게만 지급하면 소액주주의 배당수익률이 올라가고 이는 주가 관리에도 도움이 되는 것이다.

## 1. 예상배당수익률

오늘 종가 2,325원에 예상배당금은 200원으로서 예상배당수익률은 8.6%이다. 작년에 대주주에게는 배당을 한푼도 하지 않으면서 소액주주에게 200원을 배당하여 소액주주를 우대하는 태도를 보여주었다. 소액주주를 우대하는 기업은 투자대상으로서 흔히 고려할 가치가 있다.

## 2. 몇 년 전에 워크아웃 기업

과거의 배당추이를 볼 때 펑크가 나 있는 부분이 있다. 1994년부터 2003년까지 10년 동안 배당금이 400원→400원→450원→300원→0원→500원→450원→0원→0원→200원이었다. 1998년과 2001년과 2002년에 0원인 것은 다음과 같은 사연이 있기 때문이다. 1998년도에 배당금이 0원인 것은 IMF시기였기 때문이다. 동양물산은 우수한 회사였음에도 불구하고 벽산그룹에 보증채무가 많아서 벽산 및 벽산건설과 함께 1998년 8월에 워크아웃에 들어갔다가 약 2년여 만에 워크아웃을 조기졸업한 바 있다.

그 뒤로도 2002년에 벽신건설 대여금의 출자전환에 따른 대손상각비 23.65억 원의 특별손실이 발생하는 등 영업외적인 재무적 요인들로 어려움을 겪다가 작년부터 회사가 점차 정상화되어가

고 있다. 회사 자체가 아닌 주변의 문제 때문에 주가가 초저가주
로 내려온 것이 아직도 충분한 주가회복을 못하고 있는 상태이
다. 지금 액면가의 절반 상태에 있는데 앞으로 점차 회사 고유의
가치를 찾아가리라 전망해볼 수 있다.

### 3. 양호한 실적의 유지

반기실적은 작년동기대비 매출액이 +14%, 경상이익이
+11%, 순이익이 +17% 증가하여서 양호한 상태이며 현재 수
주잔고 중에 2005년까지 납품할 것으로서 트랙터가 451억 원이
있고, 담배필터가 178억 원이 있는 등 영업의 안정성이 유지되고
있다.

### 4. 재무상태 점검

지금 현재 부채비율이 98%이고, 주당순자산은 16,300원으로서
현재 주가의 7배에 달한다. 부채가 더 줄어들었으면 좋겠다는 생
각이 들지만 2,000원대 종목에서 너무 많은 걸 바랄 수는 없겠다.
분기마다 차입금이 줄어들고 있는 추세이므로 이 정도만 되어도
다행으로 여겨진다. 불과 2년 전만 해도, 연간 영업이익 57억에
이자비용−이자수익=35억으로서 영업이익의 60% 이상을 금융비
용으로 까먹었다. 올해 반기에 매출이익 258억, 영업이익이 46억
인데, 이자비용−이자수익=13억으로서 순이자비용이 영업이익의
30% 미만의 수준으로 대폭 줄어들었다. 현재 주가에서의 시가총

액은 152억 원이다. 동양물산의 현금 보유액은 지난 분기에 129억 원이었고, 이번 반기에는 183억 원이다.

## 5. 한국상호저축은행 등이 약 15%의 지분 투자

한국상호저축은행과 경기상호저축은행 등이 약 15%의 지분을 취득하여서 1대주주와 비슷한 지분을 확보한 상태이다. 기업에 대한 M&A 목적이라기보다는 미래를 내다보는 투자로 추측이 된다. 금융기관에서 큰 금액을 투자할 때에는 어련히 기업분석을 잘해서 투자하지 않았을까 하는 생각도 든다.

### 그 뒤로 어떻게 되었나

그 뒤로 2004년 결산부터는 실적이 크게 좋아지고 순이익이 더 늘어나서 대주주도 소액주주와 함께 배당하기 시작하였다. 이익이 늘어났어도 대주주도 배당함에 따라서 2004년의 소액주주 배당금은 전년과 똑같은 200원으로 유지되었다. 2005년에는 매출액, 영업이익, 경상이익, 순이익이 골고루 크게 좋아짐에 따라 배당금을 250원으로 늘렸다. 회사가 아직 배당여력이 적을 때에는 소액주주에게만 배당하여서 높은 배당수익을 얻을 수 있었고, 회사 이익이 커지면서부터는 주당순이익 증가에 따른 주가상승의 시세차익을 얻을 수 있었던 경우이다. 액면가의 절반에 불과하던 종목의 주가가 액면가를 훨씬 넘어서도록 상승하였다.

# 증자를 한 회사는 배당금이 어떻게 변할까

이 글은 인터넷 상에서 받은 질문에 대한 답변글이었다. 배당투자 대상기업을 분석하는 요령을 참고하라. - 2005/05/24(텐인텐 카페)

**Q** 배당수익률이 높은 아래 종목을 찾아보았습니다. 기업개요나 재무분석표를 보면 모두 양호한 것 같습니다. 간단하나마 의견을 듣고 싶습니다.

| 종 목 | 현재가 | 배당금 | 배당수익률 |
|---|---|---|---|
| 이루넷 | 3,835원 | 400원 | 10.43% |
| 화일약품 | 3,300원 | 300원 | 9.09% |

**A** 위 두 종목의 배당수익률은 올해가 아닌 작년 자본금 및 작년 주식수를 기준으로 계산한 것이다.

### 이루넷

올해 증자를 하면서 자본금과 주식수가 30% 증가하였다. 배당성향이 무려 81%, 88% 등으로 이미 매우 높은 상태에 있기 때문에, 자본금이 늘거나 순이익이 감소하면 배당금도 줄어들 수 있다. 작년에 비해서 자본금 30% 증가와 순이익 10% 감소 효과를 누적시키면 전체적으로는 배당금이 작년에 비해서 크게 줄어들 가능성까지 염두에 둘 필요가 있다.

2003년도에 200원 배당에서 2004년도에 400원 배당으로 배당금 변화추이가 안정되게 확인된 상태는 아니다. 작년동기 대비하여 올 1분기에는 매출액이 11% 감소, 순이익이 6% 감소하였다. 우량한 회사이므로 이 정도 감소는 신경 안 써도 되지만 매출액이 2002년도에 정점을 이룬 다음에 지속적으로 하향추세에 있는 것이 일시적이 아니라 구조적인 것이 아닐까 생각해볼 필요는 있다.

### 화일약품

이 종목 역시 올해 증자를 실시하였는데 그 규모가 커서 자본금이 2배 정도로 늘어났다. 1분기 실적에서 매출은 늘었는데 영업이익, 경상이익, 순이익은 정체상태이다. 따라서 작년에 실시하였던 300원의 주당배당금은 올해에는 크게 줄어들 가능성이 있다. 다만 배당성향이 작년에 37%였기 때문에 배당성향을 늘리면서 배당금이 감소되는 것을 억제할 수도 있다.

Q | 유상증자를 하면 그 종목은 그 해에 배당이 안 좋아지게 되는지요? 주식수가 늘어나서 그런 것 같은데, 안 그럴 수도 있지 않나요? 유상증자를 하면 자본금이 늘어나서 그만큼 기업활동이 좋아질 것 같아서요.

A | 그렇다. 유상증자를 해서 주식수가 늘어난다고 무조건 주당배당금이 줄어드는 것은 아니다. 대규모 유상증자 후에

도 실적이 크게 늘어나지 못하면 흔히 배당이 줄어든다. 그러나 회사 측에서 현금 여력이 크거나 배당성향을 늘릴 여력이 충분하면 배당금을 줄이지 않을 수도 있다. 또한 유상증자로 들어온 자금을 회사의 성장에 사용한 뒤 그 효과가 빠른 시일 내에 나타나서 실적 증가로 연결되면 배당은 거의 유지될 수 있다.

유상증자로 주식수가 늘어난 만큼 실적이 좋아지면 배당이 변하지 않는 것이 기본원리이겠지만 이 또한 회사의 개별적인 내부 상황에 따라서 결과는 약간씩 다르게 나타난다. 증자로 인하여 주당순이익이나 주당자산이 희석되는 효과는 한두 해 정도 영향을 주며 장기적으로는 회사 상황에 흔히 좋은 영향을 주게 된다. 따라서 몇 년 이상 장기보유하는 경우라면, 기업의 상황이 만족스러운 동안에는 증자의 단기적인 영향에 크게 상관하지 않고 투자를 고려할 수 있다. 증자 후의 단기적인 결과를 몇 가지 사례를 통하여 확인해보겠다.

서희건설(2003년→2004년)
자본금: 112.5억 → 150억(33.3% 증가)
순이익: 65.59억 → 96.32억(46.8% 증가)
배당금: 35원 → 35원(변화없음)

가희(2003년→2004년)
자본금: 33.0억 → 39.6억(20% 증가)

순이익: 10.3억 → 16.2억(57.3% 증가)

배당금: 500원 → 400원(20% 감소)


한일화학(2003년→2004년)

자본금: 10.0억 → 17.55억(75.5% 증가)

순이익: 34.7억 → 30.6억(11.8% 감소)

배당금: 400원 → 200원(50% 감소)


대한전선(2002년→2003년)

자본금: 800억 → 1,000억(25% 증가)

순이익: 632.7억 → 432.7억(31.6% 감소)

배당금: 500원 → 500원(변화없음)


서희건설의 경우에는, 자본금의 증가율 이상으로 순이익이 증가하였고, 주식수 증가에도 불구하고 주당배당금은 변화가 없었다. 이와는 대조적으로 가희의 경우에는, 자본금의 증가율 이상으로 순이익이 증가하였는데도 배당금은 오히려 줄었다. 가희는 매출이익, 영업이익은 감소하였는데, 수출비중이 약 50%인 회사로서 외화환산이익이 크게 발생해서 순이익이 증가한 것이다.

회사 측에서 어떤 이유에서건 현금을 아낄 필요성이 생기면 배당금을 줄이는 경우가 생겨난다. 신규로 공장이나 장치에 투자해야 할 자금이 많이 필요하거나 원료를 평소보다 대량으로 미리 확보하는 데 현금사용이 많이 필요해질 때에도 배당금 지급을 전년보다 줄이기도 한다. 또한 외형적인 이익은 증가하여도 자금순환이 원활하지 못하거나 현금흐름이 저하되어도 배당금을 줄이는 동기가 된다.

한일화학의 경우에는, 자본금이 증가하였는데 순이익은 감소하여서 '순이익/자본금'이 3.47배 → 1.74배로 50% 줄어들었다. 배당금도 정확하게 50% 줄어들었다. 이와는 대조적으로 대한전선의 경우에는, 한일화학처럼 자본금이 증가하면서 순이익은 감소하여서 '순이익/자본금'이 0.79배 → 0.43배로 크게 줄어들었다. 그럼에도 불구하고 배당금은 그대로 유지하였다. 배당성향을 22%에서 44%로 늘리면서 배당금을 줄이지 않은 것이다.

유상증자를 실시하여 재무상태가 더 좋아지고 회사에 현금유입도 많이 되면 회사 성장에 필요한 투자가 원활히 이루어지고 영업활동이 좋아지게 되는 효과가 단기적으로는 나타나지 않더라도 장기적으로는 나타날 것을 예견할 수 있다. 대한전선에서는 늘어난 자본금만큼 당장 이익증가가 뒷받침되지 않았더라도 장기적으로는 좋아질 것을 예견하여 일단은 배당성향을 증가시켜 주주들에게 배당금이 달라지지 않도록 배려한 것이다.

대한전선은 상속세도 무척 많이 내어서 삼성그룹과는 너무나 대조적이다. 지난해 재경위의 국세청 국정감사에서는 "대한전선의 상속세 납부액이 1,350억 원인데, 대한전선 매출액의 97배나 되는 삼성의 이재용 씨는 현재까지 납부한 증여세 총액이 고작

16억 원으로 대한전선의 85분의 1에 불과하다."는 지적이 나온 바 있다. 대한전선 이외에 교보생명과 태광산업도 1,000억 원대 상속세를 내어서 재벌 일가로서는 남다른 도덕적 처신과 사회적 책임의식이 돋보인 바 있다.

## 배당주 리스트

다음의 표는 2006년 결산 기준의 배당금과 2007년 6월 1일 주가를 기준으로 배당수익률을 산출한 결과이다. 이러한 기준 하에 연간배당수익률이 4%를 넘는 종목들의 리스트이다. 배당수익률은 '배당금/주가'에 해당하기 때문에 주가가 변하면서 배당수익률도 변한다는 사실을 염두에 둔다면 꼭 어떤 종목만이 배당주라는 고정관념을 가질 필요는 없다. 또한 배당금도 해마다 변해갈 수 있으므로 회사의 실적변화와 그에 따른 배당금 변화 추이도 관심 있게 살펴보아야 한다.

| Symbol | Name | 종가(원) | 시가총액 (억 원) | 자본총계 (억 원) | PER (배) | PBR (배) | 부채 비율(%) | 차입금 비율(%) | 유보율 (%) | 배당금 (원) | 배당 수익률( |
|---|---|---|---|---|---|---|---|---|---|---|---|
| 010955 | S-Oil우 | 64,200 | 84,700 | 16,610 | 8.3 | 5.1 | 350.6 | 117.9 | 744.4 | 8,300 | 12.9 |
| 002720 | 국제약품 | 4,620 | 627 | 543 | 11.1 | 1.2 | 84.1 | 32.2 | 341.6 | 500 | 10.8 |
| 009410 | 태영건설 | 10,600 | 8,251 | 5,219 | 83.7 | 1.6 | 164.2 | 79.0 | 1,120.0 | 1,000 | 9. |
| 002960 | 한국쉘석유 | 71,000 | 904 | 382 | 10.6 | 2.4 | 61.3 | 0.0 | 445.7 | 6,000 | 8. |
| 023760 | 한국캐피탈 | 10,000 | 1,743 | 1,686 | 6.2 | 1.0 | 352.3 | 151.0 | 104.4 | 750 | 7. |
| 035000 | GIIR | 14,000 | 1,648 | 798 | 17.1 | 2.1 | 16.7 | 0.0 | 645.2 | 1,000 | 7. |
| 020407 | WISCOM | 4,400 | 650 | 897 | 9.7 | 0.7 | 17.0 | 0.0 | 1,106.6 | 300 | 6. |
| 011080 | 우성I&C | 2,415 | 290 | 301 | 5.2 | 1.0 | 62.4 | 8.6 | 403.4 | 160 | 6. |
| 041190 | 우리기술투자 | 755 | 647 | 510 | 14.2 | 1.3 | 0.9 | 0.0 | 171.5 | 50 | 6. |
| 005450 | 신한 | 5,950 | 1,090 | 1,252 | 18.1 | 0.9 | 61.0 | 32.3 | 70.1 | 390 | 6. |
| 010780 | 동서산업 | 16,700 | 1,309 | 1,464 | 14.8 | 0.9 | 25.7 | 0.0 | 339.7 | 1,000 | 6. |
| 014580 | 백광소재 | 18,000 | 490 | 770 | 14.2 | 0.6 | 50.0 | 13.2 | 422.6 | 1,000 | 5. |
| 008500 | 일정실업 | 23,000 | 276 | 596 | 6.9 | 0.5 | 44.4 | 24.3 | 880.9 | 1,250 | 5. |
| 006890 | 태경화학 | 2,825 | 320 | 404 | 12.1 | 0.8 | 18.1 | 0.0 | 543.1 | 150 | 5. |
| 048870 | 코아로직 | 19,150 | 1,239 | 1,060 | 4.2 | 1.2 | 22.4 | 0.0 | 3,018.9 | 1,000 | 5. |
| 014820 | 동원시스템즈 | 1,975 | 2,367 | 975 | 11.1 | 2.4 | 145.9 | 60.0 | 58.1 | 100 | 5. |
| 073470 | 유레스메리츠1 | 4,990 | 503 | 462 | 20.0 | 1.1 | 128.8 | 112.4 | 3.4 | 249 | 5. |
| 000390 | 삼화페인트 | 3,665 | 787 | 1,062 | 10.9 | 0.7 | 103.2 | 56.4 | 889.2 | 175 | 4. |
| 015890 | 태경산업 | 3,155 | 919 | 1,141 | 10.2 | 0.8 | 25.8 | 14.2 | 556.2 | 150 | 4. |
| 003465 | 유화증권우 | 12,700 | 2,461 | 3,441 | 17.0 | 0.7 | 56.9 | 0.0 | 373.1 | 600 | 4. |
| 004620 | 캠브리지 | 26,600 | 722 | 928 | 10.6 | 0.8 | 21.3 | 0.0 | 581.6 | 1,250 | 4. |
| 037460 | 삼지전자 | 4,265 | 539 | 587 | 12.1 | 0.8 | 12.3 | 0.0 | 923.8 | 200 | 4. |
| 077500 | 유니퀘스트 | 6,900 | 872 | 526 | 9.5 | 1.7 | 61.9 | 12.9 | 868.8 | 320 | 4. |
| 014530 | 극동유화 | 12,950 | 406 | 462 | 4.1 | 0.9 | 103.0 | 71.8 | 189.3 | 600 | 4. |
| 010470 | 오리콤 | 10,800 | 223 | 285 | 48.1 | 0.9 | 205.6 | 0.0 | 170.1 | 500 | 4. |
| 004910 | 조광페인트 | 3,245 | 412 | 525 | 5.9 | 0.8 | 92.1 | 37.5 | 851.6 | 150 | 4. |
| 030200 | KT | 44,400 | 123,176 | 85,093 | 7.5 | 1.4 | 108.5 | 64.3 | 689.1 | 2,000 | 4. |
| 039830 | 오로라 | 3,490 | 302 | 298 | 8.5 | 1.0 | 63.6 | 12.4 | 630.2 | 150 | 4. |
| 023440 | 제일제강 | 1,630 | 160 | 211 | 22.7 | 0.8 | 57.7 | 43.1 | 382.2 | 70 | 4. |
| 034590 | 인천도시가스 | 29,150 | 1,166 | 928 | 9.5 | 1.3 | 144.2 | 31.7 | 364.0 | 1,250 | 4. |
| 083420 | 그린소프트켐 | 17,550 | 345 | 426 | 8.9 | 0.8 | 39.8 | 0.0 | 325.0 | 750 | 4. |

| ymbol | Name | 종가(원) | 시가총액 (억 원) | 자본총계 (억 원) | PER (배) | PBR (배) | 부채 비율(%) | 차입금 비율(%) | 유보율 (%) | 배당금 (원) | 배당 수익률(%) |
|---|---|---|---|---|---|---|---|---|---|---|---|
| 26250 | 삼우이엠씨 | 3,530 | 706 | 823 | 4.5 | 0.9 | 66.9 | 35.8 | 838.3 | 150 | 4.2 |
| 17250 | 인터엠 | 2,455 | 450 | 623 | 8.7 | 0.7 | 40.9 | 26.0 | 616.1 | 100 | 4.1 |
| 08290 | 원풍물산 | 12,350 | 143 | 115 | 25.8 | 1.2 | 214.9 | 128.6 | 94.9 | 500 | 4.0 |
| 17510 | 세명전기 | 1,495 | 215 | 237 | 56.4 | 0.9 | 15.0 | 4.6 | 225.0 | 60 | 4.0 |
| 05750 | 대림요업 | 3,000 | 450 | 599 | 23.0 | 0.8 | 98.1 | 69.4 | 299.3 | 120 | 4.0 |
| 37440 | 희림 | 10,050 | 498 | 316 | 13.1 | 34.7 | 50.4 | 0.0 | 505.5 | 400 | 4.0 |
| 09140 | 경인전자 | 15,150 | 243 | 350 | 25.3 | 0.7 | 11.8 | 3.4 | 328.2 | 600 | 4.0 |

주) 1. 주가 및 투자지표는 2007년 6월 1일 종가 기준

2. 배당금은 2006년 결산 기준

3. 재무적 자료는 2007년 3월 기준

4. 우선주의 시가총액 및 재무적 자료는 보통주 기준

## 행복이 아니다

　돈은 생각만큼 커다란 행복을, 절대적인 행복을 우리에게 무조건 보장해주지 않는다. 돈, 명예, 지위, 권력 등 우리가 느끼는 세속적인 행복은 절대성이 아니라 상대성에서 찾을 수 있는 것이다. 월세 집에 살던 사람이 전셋집이라도 얻게 되면 행복해진다. 그러나 그 행복은 잠시일 뿐, 내 집 마련을 갈구하게 된다. 20평대 아파트라도 내 집으로 장만하게 되면 뿌듯해한다. 그러나 그 행복도 잠시일 뿐, 30평대 아파트 가진 사람을 부러워하게 된다. 그러나 30평대 아파트를 마련하여 시간이 흐르다 보면, 그런 아파트에 사는 것은 더 이상 기쁜 일이 아니고 당연한 것으로 여기게 된다.

　절대적인 행복은 세속적이지 않은 것에서 찾아진다. 상대적인 것에서 얻어져야 하는 행복은 원하는 수준에 도달하면 일시적으로 느껴질 뿐 이미 획득되어진 것에 대한 행복감은 시간이 흘러가면서 줄어든다. 또한 이미 획득되어진 것을 유지하고, 더 많은 것을 얻기 위해 계속하여 애를 쓰게 된다. 그런 곳으로 에너지가 집중되기에 이미 획득되어 자신이 소유하고 있는 것에 대한 행복감을 느끼는 데 마음이 향해지기 힘들다. 나보다 더 나은 또 다른 상대와의 비교를 통하여 허기진 느낌을 가지면서 더 높은 목표를 향하여 더욱 힘들여 달려가야 하는 것이다.

물론 그러면서 인간 개개인과 문명은 발전해간다. 다만, 만약에 지금 가지고 있는 것에는 만족감을 느끼지는 못하고 항상 더 많은 것을 얻기 위하여 평생 동안 긴장과 스트레스와 불만 속에서만 살아가다가 이 세상을 떠나게 된다면 그 또한 이 세상에 태어나서 존재하였던 의미를 충분히 다 살린 것이라 보기 힘들다. 따라서 더 나은 곳으로 올라가기 위하여, 더 많은 것을 얻기 위하여 에너지를 쏟는 것과 행복감을 얻는 것 사이에서 적절한 조화가 필요해진다. 이렇게 미래를 향한 발전과 절대적 행복감을 동시에 도달하는 가장 효율적인 길은 상대적인 목표가 아니라 자기 자신만의 절대적인 목표를 향하여 노력하는 것이다. 만족감을 남과의 비교에 의해 얻으려 하기보다는 절대적인 것으로부터 얻는 것이다.

서태지와 아이들의 멤버로서 20억~30억 이상을 벌었고, 프로듀서로서 지누션, 세븐, 원타임, 빅마마 등의 유명 가수들을 길러낸 양현석 씨가 MBC TV의 〈이문세의 오아시스〉에 출연하여 대담하는 것을 우연히 보았다. 어렸을 때 10평 정도의 집에서 여러 식구가 살면서 가난한 줄 몰랐다고 한다. 나중에 되돌아보니 그때 가난하게 산 것이었는데, 자기 집에서는 가족들이 화목하게 살았기 때문에 가난한 줄 몰랐다는 것이다. 행복지수는 평가 방법에 따라서 결과가 달라진다. 미국 미시간대 사회조사연구소가 세계 82개국을 대상으로 조사한 것에서 1위기 푸에르토리코이고 한국은 49위로 나타났다. 영국의 행복연구소에서 세계 150개국을 대상으로 조사한 것에서는 1위가 방글라데시였고 한국은 34위였다.

　우리가 자신보다 나은 사람들과 끊임없이 비교하는 것으로부터 해방만 된다면 지금보다는 훨씬 더 행복할 수 있다. 자신보다 나은 사람들과의 비교를 통하여 발전을 추구하는 마음이 생겨나지만 그런 발전에는 많은 악성 스트레스가 뒤따르기도 한다. 자신보다 더 나은 다른 사람이 아니라, 자신의 어제의 모습과의 비교를 통하여 어제보다는 나은 오늘의 내 모습, 오늘보다는 나은 내일의 내 모습을 추구하면서도 발전할 수 있는 것이다. 또한 힘들여서 발전해야 한다는 조건 없이 그저 순간순간 쉽게 행복감을 느낄 수 있는 것들도 우리 주변에 너무나 많이 있다. 그런 것들로부터 쉽게 얻을 수 있는 행복은 하찮다고 외면하고 고통스러운 과정을 통해서 얻어지는 행복만을 추구하는 것은 매우 비효율적이다. 적절한 조화가 필요하다.

　재산이 엄청나게 많은 사람들 중에서도 스스로 목숨을 끊는 사람들이 많다. 사람이 스스로 세상을 떠나는 이유는 단순하지 않고 매우 복합적이지만, 세속적인 것들을 극복하는 나름대로의 정신적인 탈출구만 있다면 삶이 아무리 힘들어도 극단적인 일을 범하지 않게 된다. 물질적인 풍요로움이나 세속적인 만족감은 아무리 많은 것을 획득해도, 획득한 이후에는 당연한 것으로 여겨져서 결코 우리 마음을 영원히 채울 수 없기 때문이다. 과거보다는 물질적인 풍요로움이 분명 더 커지면서도 정신적인 절대 행복을 추구하는 것에는 소홀히 하기 때문에 마음 깊은 곳에서 스트레스, 허무감, 우울증 등이 더 확산되고 있는 것 같다.

## 행복이 아니다

행복투자 이건희


이미 불러버린 노래는 행복이 아니다
내 손안에 들어 있는 비둘기는 행복이 아니다
한여름의 강물처럼 어디에나 흔해져 있는 것은 행복이 아니다


21% 산소로 이루어진 공기
고기압에서 저기압으로 부는 바람
하루의 절반을 땅위에 내려오는 햇빛


매일 밤 두 다리 쭉 펴고 잠잘 수 있는 낮은 지붕의 집
이런 것들을 행복이라고 말하는 사람들 있는가


모든 것들은 다 제한적일 뿐
모든 것들은 가야할 길이 제한적일 뿐


21%의 산소 속에서 산소를 먹고 살지만
100%의 산소 속에서는 병들어 죽어갈 뿐


21%의 욕망을 채우려하지 않고
100%의 욕망을 채우려다 병들어 가는 사람들

신기루라는 베개를 베고
하루해도 모자라 백날을 길게 누워 있는
사막을 지나가며

손에 닿을 수 있는 해바라기보다 더 높은 곳에
구름 위로 솟아 있는 산꼭대기를 향해
빙벽 타고 올라가며

부르지 않은 노래를
불러보는 날을 찾아가는 사람들로
지구는 복잡하다

# 3장

# 일반 우선주는 시시하다,
# 신형우선주를 아시나요?

# 신형우선주가 무엇인가요

주식투자의 경력이 어느 정도 있는 사람이면 우선주에 대해서는 익히 알고 있을 것이다. 우선주는 의결권이 주어지지 않기 때문에 보통주에 비해 시세가 낮게 형성된다. 하지만 의결권이 없는 대신 액면가 기준으로 1%의 배당금을 더 주기 때문에 배당수익률이 더 높게 된다. 이로 인해 배당투자자들은 우선주 투자를 선호하기도 한다.

하지만 신형우선주에 대해서는 아는 사람이 아직 많지 않다. 1996년에 상법이 개정되기 전에 발행된 우선주를 '구형우선주'라 하고, 상법개정 이후에 발행된 우선주를 신형우선주라 한다. 사람들이 쉽게 익숙해져 있는 보통의 우선주는 바로 구형우선주이다. 신형우선주는 구형우선주와는 다른 몇 가지 특성들을 가지고 있는데, 이러한 특성들로 인해 높은 안전성과 고수익성이라는 두 마리 토끼를 동시에 잡을 수 있는 투자기회가 발생하곤 한다. 먼저 신형우선주가 갖고 있는 특성들을 살펴보겠다.

1. 신형우선주는 종목이름 끝에 B자를 붙이다. CJ의 신형우선주는 CJ2우B, CJ3우B 이런 식으로 불린다. 구형우선주는 1996년 이전까지 발행되다가 현재는 발행이 중지된 상태이기 때문에 총 구형우선주 유동주식수는 추가로 늘어날 수 없게 되어 있다. 이는 우선주가 의결권이 없는 반면 그 대가로 배당률을 보통주에 비해 액면가의 1%만 높게 할 뿐이라서 일반적인 투자자들에게 별 실질적 이득이 없었던 것으로 여겨졌기 때문이다.

2. 코드번호 붙이는 원칙에서는, CJ 보통주는 코드번호가 001040으로 0으로 끝나고, CJ구형우선주인 'CJ우' 는 코드번호가 001045로 끝자리가 5로 끝나고, CJ신형우선주인 'CJ2우B' 는 코드번호가 001047로 끝자리가 7로 끝난다. 또 다른 CJ신형우선주인 'CJ3우B' 는 코드번호가 001049로 끝자리가 9로 끝난다. 대교우B처럼 구형우선주가 없으면 신형우선주의 코드번호 끝자리가 5로 끝나기도 한다.

3. 신형우선주가 일반투자자 입장에서 중요한 의미는, 일반 구형우선주와는 달리 최저배당률을 법적으로 정관에서 보장해주는 것이다. 기업의 입장에서 바라보자면 마치 채권에서처럼 확정된 이자를 주는 것과 똑같은 것이기 때문에, 채권이 영어로 'Bond' 라서, 종목명 끝에 'B' 자를 붙이는 것이다.

4. 최저배당률은 말 그대로 최저배당률이라서, 회사 수익에 따라서 최저배당률보다 더 높게 얻어지기도 한다.

5. 신형우선주의 또 한 가지 특징은 만약에 그 해에 배당을 실시하지 못하게 되면 다음해로 배당의무가 누적된다는 점이다. 어떤 해에 기업에서 약정된 배당을 하지 못한다면, 회사가 망하지 않는 한 결국 나중에라도 다 받게 되는 것이다.

6. 신형우선주에 배당을 주지 못하게 되면, 원래 없던 의결권을 가지게 되는 특성도 있다. 원래 우선주는 보통주보다 액면가 대비하여 1% 배당금을 추가로 더 많이 주는 혜택이 있는 반면 의결권은 없는 것이다. 구형우선주는 배당을 주지 못하였다고 하여 의결권이 생겨나지는 않는다. 반면에 신형우선주의 경우에는 배당을 받지 못하는 동안에는 의결권이 주어지다가 다시 배당을 받게 되면 의결권이 없어진다.

7. 신형우선주의 경우는 존속기한이 정해져 있는 경우가 많다는 것이 또 다른 중요한 특징이다. 존속기한에 도달하게 되면 신형우선주가 보통주로 전환이 된다. 회사가 배당을 하지 않아서 신형우선주에 약정된 최저배당금이 지급되지 않았을 때에는 누적된 미지급배당금이 전부 다 지급되어야지 보통주로 전환된다. 달리 말하면 존속기한이 이미 지나갔어도 미

지급배당금이 누적되어 있는 상황에서는 그동안 누적된 미지급배당금이 모두 지급되어지고 나야 보통주로 전환된다.

회사의 순이익이 줄어들면 배당금도 줄어들 가능성이 높아지지만, 보통주의 배당금은 단 5원으로 줄어든다 하여도 신형우선주는 미리 확정된 최저 배당금을 지급받기 때문에 회사가 망하지만 않는다면 투자자 입장에서는 정기예금이나 연금, 채권처럼 안전성이 확보된 투자수단이 될 수 있다.

현대차는 보통주보다 우선주의 외국인 보유 비율이 훨씬 더 높다. 외국인 지분율이(2007년 6월 5일 기준) 현대차 보통주는 42.58%인데 비하여, '현대차우'는 84.75%, '현대차2우B'는 85.46%, '현대차3우B'는 63.81%에 달한다. 신형우선주인 현대차2우B는 상장주식수가 3,761.3만주나 되어서 거래량이 풍부하기 때문에 외국인이 많이 살 수 있는 것이다. 현대차3우B는 상장주식수가 247.6만주로서 2우B보다는 훨씬 적어서 외국인 지분율도 더 적은 것이라 추정된다. 현대차는 의결권이 없는 우선주식에 대하여는 액면금액을 기준으로 한 최저우선배당율이 2%로 되어 있다. 현대차 신형우선주는 존속기한이 무기한이므로 나중에 보통주로 전환될 수 있는 이점은 없다.

거액투자자가 아닌 소액투자자인 일반입장에서는 상장주식수가 작은 신형우선주에도 투자하기가 그다지 어렵지 않으므로, 유동성과 거래량에 크게 개의치 않고 투자효과가 현대차보다 더 큰 종목을 찾으면 된다. 기관도 어차피 거액투자자이므로 개미입장에서 투자효과를 크게 살릴 수 있는 방법들에 신경을 쓰지는 않는다. 개미는 개미로서의 장점을 살리는 방법들을 모색하는 것이 좋다.

# 확정된 최저배당금이 고액으로 얻어지는 투자

향후 5년 동안 연 8.5% 이자율이 보장되는 투자를 소개한다. - 2004/08/05(텐인텐 카페)

지금 현재 코오롱은 보통주가 4,700원대, 우선주가 2,900원대, 신형우선주(코오롱2우B)가 5,300원대이다. 신형우선주의 주가가 일반우선주는 물론 보통주보다도 더 높은 이유는 최저배당률이 9%(액면가 5,000원 대비)로서 연간 450원의 배당금이 보장되어서 현재의 주가에서 최소 연 8.5%의 배당수익률이 얻어지기 때문이다. 더욱이 이는 최저배당률이며 향후 회사의 상황이 좋아지게 되면 더 많이 받을 수도 있다. 2000~2003년에는 최저배당금인 450원이 지급되었지만, 회사 실적이 좋았던 1999년에는 500원이 지급된 적도 있다. 존속기한이 2009년 5월이므로, 그때까지 5년 동안은 최저배당금 450원을 보장받게 된다.

한편, 코오롱은 자산주이기 때문에, 설사 회사에 무슨 문제가 생겨서 청산하게 되더라도 우선주를 가진 주주들은 일반주주에 비해서 잔여재산분배청구권이 우선되므로 주당 청산 금액을 받을 때 현재 주가보다 더 많이 받을 수도 있다. 코오롱이 원래 우량회사로서 예전에 주가가 4만 8천 원까지 했던 적이 있는 회사이다. 지금은 수익성 악화로 영업에 어려움을 겪고 있고 주가도 액면가 미만으로 떨어져 있지만 수익성 안 좋은 사업들은 줄이고 수익성 높은 사업과 성장분야로 구조조정을 하고 있기 때문에 5년 뒤에는 지금보다는 나아져 있으리라 전망할 수 있다. 5년 이내에 코오롱 보통주가 살아난다면 그로 인한 시세차익이 덤으로 얻어지게 될 것이다.

따라서 지금 당장은 코오롱의 영업수익성이 부진하여 주가가 하락하더라도 보통주가 아닌 신형우선주를 보유하여, 5년 동안 법적으로 확실히 보장되는 450원의 배당금을 타면서 묻어두는 방법을 고려할 수 있다. 연 8.5%의 높은 이자율의 정기예금이나 연금이나 채권처럼 생각하고 묻어두다가 먼 훗날 회사영업이 살아나거나 주식시장 상황이 좋아질 때 매도하는 장기투자 전략을 구사하면 될 것이다.

### 그 뒤로 어떻게 되었나

위 글이 올려질 당시인 2004년 8월 5일에는 코오롱2우B의 주가가 5,350원이었는데 2007년 3월 9일 종가는 15,450원으로서 약 2년 반 동안에 2.89배 올랐다. 그 이유는 회사의 상황이 좋아지면서 보통주의 주가가 15,700원으로 올랐기 때문이다. 신형우선주의 존속 기한이 끝나는 2009년 5월 이후에는 보통주로 전환이 이루어질 수 있으므로 보통주의 주가 상승에 따라서 신형우선주도 함께 오른 것이다.

배당금은 2003년까지 주어지다가 실적 악화로 인하여 2004년, 2005년, 2006년 연속으로 배당을 하지 못하였다. 이에 따라 코오롱신형우선주에는 미지급 배당금이 450원×3년=1,350원이 쌓여 있게 되었다. 만약에 2007년 말 기준으로 보통주에 배당금이 지급된다면 신형우선주는 2007년도 배당금으로서 보통주보다 50원 많은 배당금이 주어지고 밀린 배당금인 1,350원이 추가로 지급된다. 현재(2007년 3월 9일 기준) 보통주와의 주가 차이인 250원, 2004~2006년 밀린 배당금 1,350원, 2007~2008년 보통주 배당금보다 추가로 50원을 더 많이 받게 되는 100원을 합하면 총 1,700원에 해당하는 이익을 보통주보다 더 얻게 된다. 15,450원 기준으로는 11%의 차익이 보통주에 대비하여 추가로 얻어지는 것이다.

그럼에도 보통주보다 주가가 낮은 이유는 보통주로의 전환일이 아직 2년 넘게 남아 있어서 그동안에 보통주의 주가가 하락할 수도 있는 위험 때문이다. 단기투자인 경우에는 주가 하락 시 보통주를 가지고 있을 때에는 유동성이 풍부하여 주가전망이 어두우면 빨리 팔고 나올 수 있지만 신형우선주는 거래량이 빈약하여 빨리 팔고 빠져나오기 힘들다.

코오롱 회사 자체는 적자사업 부문들에 대한 구조조정을 2003년부터 실시하여 만성적인 적자를 보이던 스판덱스 사업을 정리하는 등 구조조정을 잘 마무리하였다. 또한 미래성장을 위해 투자해온 사업부문인 전자소재 부문(광확산판, 프리즘필름, PI필름)의 매출 확대와 아라미드의 본격가동,

에어백의 증설 등으로 인하여 실적이 점차 개선되리라 전망되고 있다.

2007년 초에는 연간 450억~500억 원의 EBITDA(이자, 법인세, 감가상

각비 차감 전 영업이익)를 창출하는 코오롱유화를 공개매수하여 89.5%의

지분을 확보함으로써 코오롱의 현금흐름 개선에 기여가 될 것이다.

이런 점을 감안하여 장기투자자로서 회사의 전망을 2년 넘게 긍정적으로

바라볼 수 있다면 단기적인 시세움직임이 중요하지 않으니까 보통주에 비

하여 11%의 추가 이득이 얻어지는 신형우선주에 대한 투자가 보다 유리

할 것이다.

# 신형우선주를 통하여 보통주를 할인된 가격으로 구입하기

- 2004/08/05(텐인텐 카페)

신형우선주에 대한 또 다른 실제 투자전략은 신형우선주를 통

하여 보통주를 할인된 가격으로 구입하는 효과를 얻는 것이다.

CJ는 요즘 보통주가 5만 원대이고, 구형우선주는 2만 원대이

고, 신형우선주는 4만 원대 초반이다. 구형우선주는 보통주보다

50% 정도 주가가 낮은데 반하여 신형우선주는 20% 정도만 낮

다. CJ주식에 올해 지급된 주당배당금이 보통주 1,750원, 우선주

1,800원(보통주보다 +1%인 50원 더해진 것임), 신형우선주는 1,750원이다. CJ신형우선주는 최저배당률이 9%로서 450원에 해당하는데 최저배당률보다 훨씬 높은 배당금을 지급한 것이다. 그러나 CJ는 주가가 워낙 높은 종목이라서 배당수익률이 절대적으로 크지는 않으며, 이런 경우 배당을 바라보는 투자는 부적절하다.

CJ2우선주인 CJ2우B는 2008년 12월 31일이 존속기한으로서 2009년 1월 1일에 보통주로 전환되며, CJ3우선주인 CJ3우B는 2009년 12월 31일이 존속기한으로서 2010년 1월 1일에 보통주로 전환된다. 따라서 이 경우는 신형우선주에 대한 투자가 순수 배당투자 목적이 아니라 보통주로 전환되어지는 것에 따르는 시세차익도 겨냥할 수 있다. 그래서 일반우선주보다는 주가가 높게 형성되어 있는 것이다. 만약에 존속기한 만기까지 CJ의 보통주 가격이 그대로 유지된다고 가정하면 보통주보다 20% 할인된 가격으로 사는 셈이 된다.

그러므로 지금 CJ의 미래를 밝게 보고 CJ 보통주에 대한 장기투자를 생각하는 투자자라면 당연히 신형우선주에 투자해야 한다. 물론 기한이 워낙 길게 남아있으므로 주가변동의 가능성에 따라서 투자여부를 결정해야 할 것이다.

## 그 뒤로 어떻게 되었나

CJ 보통주와 신형우선주들의 주가를 2004년 8월 5일 당시와 2007년 3

월 9일의 종가로 비교하면 보통주가 79% 오르는 동안에 신형우선주는 111% 올랐음을 알 수 있다. 주가상승률의 차이 외에도 배당금이 보통주보다 신형우선주에 더 주어진 만큼의 약간의 이득도 추가로 얻어졌다.

| | 2004년 8월 5일 | 2007년 3월 9일 | 주가상승률 |
|---|---|---|---|
| CJ 보통주 | 52,900원 | 94,800원 | 79.2% |
| CJ2우B | 41,600원(보통주의 78.6%) | 87,800원(보통주의 92.6%) | 111.1% |
| CJ3우B | 40,500원(보통주의 76.6%) | 85,300원(보통주의 90.0%) | 110.6% |

2004년 8월 5일에는 신형우선주의 주가가 보통주의 80%에 미치지 못하는 수준이었는데, 2007년 3월 9일에는 보통주의 90%를 상회하는 수준으로 올라왔다. 보통주로의 전환일이 다가옴에 따라서 보통주와 신형우선주의 괴리도가 좁혀지는 것이다. 그에 따라 주가상승률은 신형우선주가 보통우선주보다 월등히 높게 나타난 것이다.

보통주의 주가가 하락한다면 신형우선주의 주가도 하락하게 되지만, 분명한 것은 장기 보유 시에는 보통주 주가의 상승 및 하락과 관계없이 신형우선주가 투자시점에서 보통주와의 주가괴리도 만큼 장기 프리미엄을 얻는다는 점이다.

# 미지급 누적 배당금을 겨냥한 투자

최저(보장)수익률이 3년 뒤 42.2%, 혹은 5년 뒤 51.6% - 2006/10/10(텐인텐 카페)

동양메이저의 신형우선주인 동양메이저2우B는 배당금의 하한 선이 액면가의 연 3%인 150원이 보장되게 명시되어 있다.

아래 표에서와 같이 보통주 배당금이 100원 이하일 때에는 신형우선주의 배당금은 최저배당금인 150원으로 고정되므로 구형우선주보다 배당을 많이 받게 된다. 한편 보통주 배당금이 100원 이상일 때에는 신형우선주의 배당금은 보통주 배당금에 50원을 더한 금액으로서 구형우선주의 배당금과 똑같아진다.

| 보통주 배당금 | 구형우선주 배당금 | 신형우선주 배당금 | 신형우선주 배당금의 설명 |
| --- | --- | --- | --- |
| 50원 | 100원 | 150원 | 최저배당금 |
| 90원 | 140원 | 150원 | 최저배당금 |
| 100원 | 150원 | 150원 | 보통주 배당금 + 50원 |
| 200원 | 250원 | 250원 | 보통주 배당금 + 50원 |
| 500원 | 550원 | 550원 | 보통주 배당금 + 50원 |

신형우선주에 대해 설명하면서 만약 어떤 해에 적자가 나거나 기타 이유로 배당을 하지 못하게 되면, 최저배당금으로 지급했어야 할 150원을 그 다음해에 배당할 때 한꺼번에 지급해야 하며, 그 다음해에도 배당을 못한다면, 미래에 배당할 금액으로 추가 150원이 또 쌓이게 된다는 점을 앞에서 이미 설명드렸다.

동양메이저는 1998년에 적자로 인하여 배당을 하지 못했고, 1999년에는 보통주에 대해서 1%(50원) 배당을 하였다. 이에 따라 우선주들도 1998년에는 배당이 없다가 1999년에는 배당을 받았다. 이때 동양메이저 구형우선주는 일반적인 우선주의 규정대로 보통주의 배당금보다 50원 더 많은 100원을 받았다. 반면에 신형우선주인 2우B는 누적적인 특성과 최저배당금 규정에 의하여 그 전 해에 받지 못했던 최저배당금 150원과 당해 연도의 배당금 150원을 합쳐서 300원을 받았다. 즉 배당금에 있어서, 보통주 50원, 구형우선주 100원, 신형우선주 300원이라는 큰 격차를 나타낸 것이다.

한편 2000년부터는 적자가 지속되면서 작년까지 배당을 한 번도 하지 못했다. 따라서 동양메이저2우B에는 작년 2005년까지 6번의 최저배당금이 쌓여 있는 것이다. 올해에도 연말결산에 아마 적자 지속일 것으로 추측되어 150원이 추가로 쌓일 것이다. 앞으로 빠르면 3년 정도, 늦으면 5년 정도에 흑자전환을 이루게 되어서 배당이 가능해지리라 추정된다.

그렇게 추정되는 이유는 기업의 구조조정이 그동안에 이루어지면서 부채비율이 재작년 말 1,238%에서, 작년 말 654%, 올해반기에 384%로 줄어들었으며 산업은행 등이 보유한 전환사채의 주식전환까지 이루어지면 부채비율이 200% 미만으로 떨어질 수 있다. 앞으로 지속적으로 재무구조가 개선되면서 금융비용이 크게 줄어들 것으로 예상되고 있다.

그동안의 미배당에서 벗어나는 해가 언제가 되느냐에 따라서 다음 표와 같은 상황이 나타날 것이다.

예를 들어 2008년 결산 주주총회에서 배당을 결의한다면 동양메이저2우B는 9년 동안 미지급으로 누적되어 있는 배당금 1,350원을 2009년 1/4분기에 수령하게 된다. 이는 2년 6개월 뒤에 해

| 최저배당이 다시 이루어지는 시기 | 배당금 미지급 누적 연수 | 누적 연수만큼 쌓여 있다가 한꺼번에 지급받게 될 배당금 | 오늘(2004.8.5)종가 3,200원 기준으로 한 수익률 | 배당금 실수령 시까지의 기간 |
|---|---|---|---|---|
| 2007년 결산 | 8년 | 1,200원 | 37.5% | 1년 6개월 |
| 2008년 결산 | 9년 | 1,350원 | 42.2% | 2년 6개월 |
| 2009년 결산 | 10년 | 1,500원 | 46.9% | 3년 6개월 |
| 20010년 결산 | 11년 | 1,650원 | 51.6% | 4년 6개월 |

당한다. 이것은 최저배당금만을 수령한다는 가정하의 배당수익률이고, 만약에 배당이 시작되는 해에 흑자폭이 넉넉하여 최저배당금 이상으로 지급이 된다면 추가로 플러스알파가 된다. 또한 배당을 지급할 정도로 회사가 흑자전환하면서 상태가 꽤 좋아지게 된다면 보통주 주가가 오늘 종가기준의 5,420원보다 올라가 있게 되고, 그에 따라 우선주들도 어느 정도 영향 받아 주가가 올라가서 시세차익도 추가로 얻어지게 될 것이다. 주가상승이 얻어지지 않더라도 배당수익률만도 최저수준이 표와 같이 나타나는 것이다.

5년 뒤까지도 배당을 하지 않더라도, 배당금은 계속 쌓여가므로 아무 걱정이 없다. 150원/3,200원=4.7%에 해당하는 이자가 지급받지 않은 채 매년 쌓여가다가 언젠가 배당을 단 한번만이라도 한다면, 밀린 이자를 한꺼번에 받는 셈이 된다. 다만 복리로 늘어나는 효과민이 없는 셈이다.

동양메이저2우B 투자에 대한 유일한 위험은 투자자가 죽을 때까지 그 회사에서 영원히 배당을 하지 못하는 상태가 유지되거나 혹은 밀린 배당금을 지급받기 전에 회사가 망해서 문 닫는 경우이다. 그런 위험에 대한 보장은 없고, 투자에 대한 책임은 투자자가 스스로 질 수밖에 없다.

다만 합리적으로 추정해볼 때, 그러한 위험이 현실화될 가능성은 낮은 편이라고 바라볼 수 있다. 왜냐하면 동양메이저회사가 여러 개의 금융회사들을 거느리고 있고 그중에는 탄탄한 회사들도 있으며 그 외에도 몇 개의 우량회사들을 거느리는 지주회사로서 역할을 하리라 예상되기 때문이다.

기관들로부터는 "재무구조개선과 안정적인 영업, 사업지주회사 등의 요건을 갖춘 마지막 남은 턴어라운드주"라고 평가되고 있다. 최근 10월 4일에는, 영국 런던 소재 은행인 '도이체방크AG 런던'이 장내에서 동양메이저 주식 400만주(7.58%)를 확보했다고 공시가 나왔다.

동양메이저가 거느리는 회사들 리스트를 본다면, 누구라도 이 회사를 인수할 수만 있다면 인수하고 싶은 생각이 들게 되어 있으므로 망해서 사라질 가능성은 극히 적다고 보는 것이 합리적일 것이다.

**동양메이저가 직접 지분을 소유한 회사 리스트와 대주주 지분율**

- 동양캐피탈: ←동양메이저 100%
- 동양시스템즈: ←동양메이저 22.35%, 동양종금증권 14.16%(시스템통합업체)
- 동양파이낸셜: ←동양메이저 6.45%, 동양종금증권 93.55%

- 동양시멘트: ←동양메이저 32.10%, 동양캐피탈 13.10%
- 동양선물: ←동양메이저 25.80%, 동양종금증권 70.03%
- 동양매직: ←동양메이저 46.43%, 동양레저 11.36%
- 동양온라인: ←동양메이저 31.72%, 동양매직 16.42%, 동양캐피탈 1.30%
- 동양에이앤디:←동양메이저22.50%(부동산개발투자, 신설회사)

동양메이저가 하나 걸쳐서 소유한 회사 리스트와 대주주 지분율
- 동양종금증권: ←동양캐피탈 13.38%, 동양레저 16.26%, 동양매직 0.9%
- 동양생명보험: ←동양캐피탈 25.32%, 동양종금증권 14.58%
- 동양레저: ←동양캐피탈 50%,, 현재현 30.0%(골프장 파인밸리 컨트리클럽 운영)
- 동양투자신탁운용: ←동양생명보험 14.29%, 동양종금증권 85.71%
- 동양창업투자: ←동양종금증권 100.0%
- 다물제이호: ←동양시멘트 100.0%

　위에 보면 은행을 제외하고는, 거의 모든 부류의 금융업체를 전부다 소유하고 있다. 연간 순이익이 1,000억 원이 넘는 동양종금증권, 연간 순이익이 700억대인 동양생명보험을 비롯하여 국내 및 해외 선물거래하는 동양선물에 이르기까지 다양한 유형의 금융관련 회사들을 거느리고 있어서 금융 전문 지주회사로서의 위상을 만들어 가리라 추정해볼 수도 있다. 금융관련 회사가 아닌 동양시스템즈는 코스닥의 등록업체로서 시스템통합(IT서비스)업체이다.

동양시멘트는 동양메이저가 소유한 동양시멘트 지분 82.2% 중 49.9%를 미국계 펀드에 올해 6월에 주당 4만 5,000원으로 매각한 바 있다. 동양시멘트는 연산 550만t 규모의 석회석을 채굴할 수 있는 신광산 개발권을 따내는 데 성공하였고 2008년부터 개발하기 시작하여 2009년부터 본격적으로 채굴에 들어간다고 한다. 이중 150만 톤은 미주 지역에 수출한다는 계획으로 최대 지분을 보유한 동양메이저에게 반사이익이 기대된다고 한다. 가스오븐으로 유명한 동양매직은 올해 반기순이익이 작년의 11.3억에 비해 크게 증가한 44.5억의 실적호조이고 동양레저는 골프장(파인밸리 컨트리클럽)을 운영하는 회사로서 수익기반이 확실하여 작년 순이익이 191억이다.

# 현재도 투자할 만한 신형우선주

현재 주식시장에서 신형우선주를 발행한 회사들이 여럿 있는데 그중에서 일부 우선주의 사례는 표와 같다.

| 종목명 | 코드번호 | 최저 배당률 | 존속기간 | 전환예정일 | 우선주/보통주 (2007.3.9 주가) | 주가 괴리율 |
|---|---|---|---|---|---|---|
| 성신양회2우B | 004987 | 2% | 10년 | 2009. 2. 20. | 11,500원/14,650원 | 21.5% |
| 성신양회3우B | 004989 | 2% | 10년 | 2010. 12. 31. | 10,200원/14,650원 | 30.4% |
| 일성건설우B | 013365 | 5% | 10년 | 2012. 12. 21. | 5,500원/7,000원 | 21.4% |
| 쌍용양회3우B | 003419 | 3% | 3년 | 이미 지났음 | 9,170원/11,650원 | 21.3% |
| 진흥기업우B | 002785 | 5% | 5년 | 2008. 6. 12. | 980원/1,400원 | 30.0% |

이중에서 쌍용양회3우B는 1999년에 발행되었고 우선주로서의 존속기간이 3년으로 이미 보통주로의 전환예정일은 지났다. 회사 상태가 좋지 않아서 그동안 배당을 지급 못하였기 때문에 보통주로 전환되지 못하고 의결권은 부활되어 있는 상태이다. 아무 때이건 배당만 지급된다면 곧바로 보통주로 전환될 것이다.

쌍용양회3우B는 연간 최저배당금 150원이 1999년부터 2006년까지 8년 치 1,200원이 쌓여 있다. 2007년 3월 9일 기준으로 쌍용양회의 보통주는 11,650원이고 3우B는 9,170원이다. 만약에 보통주의 주가가 변하지 않는다면 3우B 경우에는 보통주보다 주가가 싼 이득과 누적배당금을 합쳐서 높은 수익을 올릴 수 있을 것이다. 예를 들어서, 배당이 지급되어 보통주로 전환되는 시점이 2010년이라면 3우B는 보통주와의 주가 차이인 11,650원-9,170원=2,480원에 11년 치 미지급 배당금인 1,650원을 합하여 총 4,130원의 이익이 보통주 대비하여 발생한다. 9,170원 기준으로는 45%에 달한다.

다만, 앞으로도 장기간 수익성이 호전되지 않아서 배당 지급이 너무 오래 연기된다면 누적되는 배당금의 이득효과가 점차 희석되어갈 것이다. 또한 지금은 지분 구조 관련한 문제가 등장해 있기 때문에 나중에 배당이 지급될 시점에서는 혹시라도 보통주의 주가가 지금보다 크게 하락해 있을지 여부도 투자에서 고려해야할 점이다. 예를 들어서, 보통주로 전환되는 시점이 2010년이라도 보통주 주가가 9,170원-1,650원=7,520원으로 하락해 있다면 받게 될 그동안의 미지급 배당금이 주가 하락 손실로 전부다 상쇄되고 만다. 그렇더라도 현재 11,650원에 보통주를 사서 그때까지 보유 시에는 7,520원－11,650원＝(-)4,130원의 큰 손실이 발생하는 것에 비하면 본전이 되는 것이라서 상대적으로 안전한 투자가 된다.

진흥기업은 과거 10년 동안 배당을 한 적이 한번도 없다. 흑자를 내는 해에도 배당을 하지 않았다. 미래에 배당을 할지 여부에 불투명한 측면이 있다는 점에 유의를 할 필요성이 있다. 진흥기업우B는 2008년 6월에 보통주로 전환이 가능하지만 계속 배당을 하지 않는다면 우선주로만 존속하게 된다.

성신양회는 우량하고 배당을 잘 주던 회사였는데 건설경기 침체 등으로 인하여 매출이 감소하고 시멘트단가 하락으로 2005년과 2006년 2년 연속 적자를 기록하였다. 전국적으로 1천억 원이 넘는 토지를 보유하고 있어서 자산가치가 높은 기업이므로 주가 하락에 다소 방어적일 수 있다. 보통주로의 전환시점에서 주가가 중요하므로 몇 년 뒤까지는 영업호전이 될지 여부가 관건일 것이다. 그래도 보통주보다 신형우선주의 주가가 20~30% 정도 싸기 때문에, 장기투자자라면 시세하락에 대한 위험을 보통주에 투자할 때보다 크게 줄여놓고 기다릴 수 있을 것이다.

미래에 대한 불확실성 때문에 우선주가 보통주보다 싼 것이라서 전환예정일이 길게 남아 있을수록 우선주와 보통주의 주가괴리율은 크게 나타난다. 성신양회2우B와 3우B의 주가를 비교하거나 CJ2우B와 3우B의 주가를 비교해도 그러하다. 그런데 일성건설우B는 다른 신형우선주에 비하여 전환예정일까지 남은 기간을 고려할 때 괴리율이 상대적으로 적다. 그 이유는 연간 지급되는 배당금의 수익률이 높기 때문이다. 최저배당률이 5%로 명시되어 있지만 보통주가 2006년 결산기까지 3년 연속 250원 배당을 해왔다. 우선주는 보통주보다 1% 더 많은 300원을 배당받기 때문에 5,500원 주가 대비하여 5.45%의 배당수익률이다. 2012년까지 바라볼 때에 보통주보다 20% 이상 싼 할인가격에서 연간 5%를 넘는 배당수익률이 얻어지는 것이다.

자본총계가 1,040억 원이 넘으면서 현금성 자산 353억 원, 토지(공시지가) 222억 원, 투자부동산(공시지가) 41억 원, 건물 64억 원 등의 자산을 보유하고 있으면서 차입금은 70억 원에 불과하여 자산가치가 크다. 보통주 7천 원의 주가에서 PER은 4.3, PBR은 불과 0.3 근처로서 저평가되어 있다. 다만 중소건설회사라는 단점은 있다. 인천이 지역 연고지로 되어 있어서 인천 지역에서의 수주물량 확보에 유리한 편이다. 송도 지구에서 확보된 공사가 현재도 꽤 있으며 이 지역의 개발은 앞으로도 계속 이어질 것이다. 또한 본 회사의 과거 대주주였던 통일교재단에 관련한 수주도 영업에 안정성을 유지해줄 것이다.

신형우선주는 발행물량이 작아서 일부 종목을 제외하고는 기대가 매우 부진하다. 단기적으로 쉽게 사고팔기가 힘들기 때문에 단기 시세차익을 얻는 투자로는 매우 부적절하다. 상황에 따라서는 보유 도중에 팔 수도 있지만 일반적으로는 보통주로의 전환시점까지 보유할 가능성을 바라봐야 한다. 수년 이상의 장기투자까지 염두에 두어야 하는 투자이므로 특히 회사의 재무적인 안정성을 중요시 여겨야 하는 것이다.

## 보통주와의 괴리율을 이용한 구형우선주 투자법

주식시장의 변동성이 크게 나타날 때에는 일반적으로는 보통주가 민감하게 움직이며 우선주는 둔감하게 움직인다. 주식시장 상승 시에는 보통주의 주가가 더 잘 오르고, 주식시장 하락 시에는 보통주의 주가가 더 잘 하락하는 경향이 흔히 나타난다. 그러나 보통주와 우선주 주가의 괴리율이 과거 평균치보다 많이 줄어들어 있을 때에는 주식시장 하락 시에 우선주가 더 빨리 내리기도 한다. 이런 특성을 보통주와 우선주를 구분하여 단기투자할 때에 참고로 할 수 있다.

구형우선주에 대한 투자에서는 보통주보다 높은 고배당 수익률을 목적으로 하는 것이 가장 기본이 되어야 하지만 장기투자를 염두에 둔다면 때로는 보통주를 초과하는 수익률을 겨냥할 수도 있다. 보통주와 우선주 주가의 괴리율은 항상 일정하게 유지되지는 않기 때문에 괴리율의 장기적인 변동성을 이용하는 것이다. 단기적인 움직임과는 관계없이 장기적으로는 상승하는 종목에서 우선주가 보통주에 비하여 과도하게 낮은 가격에 있을 때에 우선주를 매입하여 장기보유하면 보통주보다 더 높은 수익률이 얻어지게 된다. 단기적인 시장 상승에서는 우선주 상승률이 보통주 상승률에 못 미치더라도 장기적으로 주가가 상승하는 과정에서 우선주와 보통주의 괴리율이 줄어들게 되면 결국 우선주의 상승률이 보통주를 능가하게 나타나는 것이다.

|  | 2002.3.11. | 2007.3.9. | 주가 상승률 |
|---|---|---|---|
| 삼성전자 보통주 | 348,500원 | 586,000원 | 68.1% |
| 삼성전자 우선주 | 163,500원 | 441,000원 | 169.7% |
| 삼성전자 우선주와 보통주 괴리율 | 46.9% | 24.7% | |
| 현대차 보통주 | 35,950원 | 67,700원 | 88.3% |
| 현대차 우선주 | 15,850원 | 37,200원 | 134.7% |
| 현대차 우선주와 보통주 괴리율 | 55.9% | 45.1% | |

2002년 3월 11일부터 2007년 3월 9일까지 5년 동안 삼성전자의 보통주
는 68.1% 오른데 반하여 우선주는 169.7% 올라서 우선주의 상승률이 보
통주의 상승률을 크게 초과한 것이다. 이렇게 된 이유는 삼성전자 우선주
와 보통주 주가의 괴리율이 2002년 3월 11일에는 46.9%이었던 것이 5년
뒤에는 24.7%로 크게 줄어들었기 때문이다.

같은 기간에 현대차는 보통주가 88.3% 오르는 동안에 우선주는 134.7%
올라서 이 역시 우선주의 상승률이 보통주의 상승률을 크게 초과하였다.
현대차 우선주와 보통주 주가의 괴리율이 55.9%에서 45.1%로 축소된 폭
이 그다지 커 보이지 않지만 주가 상승률은 훨씬 더 크게 차이나게 되는
것이다. 이것이 투자의 포인트가 되는 것이다.

2007년 3월 9일 기준으로, LG화학은 보통주 45,300원에 우선주
23,600원으로서 괴리율이 47.9%, 코오롱은 보통주 15,700원에 우선주
7,250원으로서 괴리율이 53.8%, 동양메이저는 보통주 6,700원에 우선주
2,490원으로서 괴리율이 62.8%이다. 이들 종목이 만약에 장기적으로 주
가가 상승해준다면 지금보다 괴리율을 줄이면서 우선주 상승률이 보통주
상승률을 초과할 수 있을 것이다.

그림에서는 장기적으로 삼성전자의 보통주와 우선주의 주가 상승률이 벌

어져왔음이 확인된다.

한 가지 유의해야만 할 사항은, 가격이 고점으로부터 크게 하락하게 될 때
에는 우선주의 하락률이 더욱 심하게 나타날 수 있다는 점이다. 현대차가
2005년 12월 15일에서 2007년 1월 15일까지 35.0% 하락하는 동안에
우선주는 45.7% 하락함으로써 보통주에 비하여 더 심한 하락률을 나타내
었다. 이 동안에 우선주와 보통주의 괴리율은 33.1%에서 44.1%로 확대되
었다.

| | 2005.12.15. | 2007.1.15. | 주가 하락률 |
|---|---|---|---|
| 현대차 보통주 | 98,600원 | 64,100원 | 35.0% |
| 현대차 우선주 | 66,000원 | 35,850원 | 45.7% |
| 현대차 우선주와 보통주 괴리율 | 33.1% | 44.1% | |

행복한 **주식투자**

# 만남, 가을, 낙엽

우리는 살아가면서 수많은 만남과 헤어짐을 경험하기 마련이다. 그어떤 것을 만나면서 그러한 인연이 영원히 이어지리라 기대하고 생각하더라도 세상 이치에서는, 그 어떤 만남도 영원할 수 없다는 것은 봄, 여름, 가을, 겨울, 계절을 만나고, 또 다시 그 계절을 보내면서도 느낄 수 있다. 뜨거운 해 아래에서 무성히 자라던 나무도 자기의 모든 것을 언젠가 벗어던져야 하는 것이고 돈, 혹은 부(富), 이런 것들도 다 마찬가지일 것이다. 부를 획득해가는 것이, 그 부를 영원히 부둥켜안고 가지고 있기 위해서는 아닐 것이다.

아무리 좋아하는 사람과도 언젠가는 헤어져야 한다는 것이 슬프지만 순리이다. 필자가 사는 집 근처에는 나무와 해와 바람을 바라보면서 아래로는 시내의 풍경도 내려다보면서 산책을 할 수 있는 곳이 있다. 일부러 멀리 나가지 않아도 되는지라 자연스레 거의 매일이라도 산책을 할 수 있고 산책하면서 차분하게 사색을 하는 것도 큰 즐거움이다. 산책길에 낙엽이 많이 떨어진 것을 밟으며 걸으면서 가을의 의미를 세 가지로 생각해보았다. 가을이 전반부에서 후반부로 다가감에 따라서 가을이 의미하는 바가 다음과 같이 변해가는 것 같다.

1. 수확과 결실의 계절(가을 전반부에 마지막 농사일을 하고, 궁극적으로는 추수하고 거두어들이는 것)

2. 열매를 맺고 씨를 남기는 계절(그 다음해 봄에 새로운 싹을 내고 새로운 생명이 나타나게 하기 위한 것)

3. 포기하고 떠나는 계절(여름의 화려했던 모습을 전부 다 벗어버리고 낙엽지는 것)

사람도 마찬가지인 것 같다. 인생의 봄에는 어른들의 보호와 후원을 받으면서 미래에 필요할 능력을 키우기 위한 기초를 닦으며, 인생의 여름에서는 기량을 최대한 발휘하면서 땀 흘려 일하는 것이 중요할 것이다. 가을이 되면서부터는, 그동안 열심히 살아온 것들을 수확으로 거두어드리고 경제적으로나 사회적으로 그 어떠한 결실을 맺는 단계로 넘어가는 것이 순리인 것 같다.

인생의 가을이 되어서도 여름처럼 지내겠다고 집착하는 것은 순리는 아닌 것 같다. 그럼에도 인생의 가을에서도 끝까지 여름처럼 살겠다고 아우성치는 사람들이 많은 세상이다. 가을이 되어서 수확과 결실을 얻어낸 뒤에는, 다음 세대의 생명이 자라나고 번창하도록 씨를 남기는 것이 인간 세계에서는 자손을 위해서, 후대를 위해서, 사회를 위해서 뭔가를 남기는 과정이 아닌가 싶다. 가을의 그 다음 후반부에는 모든 것을 포기하고 떠나는 단계로 넘어가야 하는 것이겠지. 오늘 길 위에 무수히 떨어진 낙엽을 보면서 계절이 드디어 그런 단계까지 왔음을 실감했다.

그 무엇인가를 얻기 위하여 치열한 삶을 살아가면서 그것을 원하는 만큼 얻었던 사람이건, 그렇지 못했던 사람이건 누구라도 결국은 모든 것을 다 버리고 떠나야 한다. 떠날 때 미련을 둔다면 떠나는 것은 오히려 고통스러운 일일 것이다. 자연의 순리대로 이 세상에 와서 살았다면 떠나는 것 또한 자연의 순리대로 받아들여야 할 것 같다. 인생의 종착역에 도달해서만이 아니라 살아가는 과정 속에서도 수없이 새로운 도전에 다가가는 경험과 더불어 수없이 포기하고 떠나야 함도 경험하고 받아들여야 하는 것이 인생이 아닌가 싶다.

## 낙엽이 떨어질 때
행복투자 이건희

낙엽이 떨어질 때에는
낙엽보다 먼저 떠나가라


이루지 못한 젊은 날의 꿈
낙엽의 무덤에 함께 묻어두어라


낙엽이 흩어지기 전
낙엽보다 먼저 떠나가라


전쟁의 승리자가
때로는 먼저 사라지고

전쟁의 패배자가
때로는 더 오래 남기도 하지만

어차피 떠나야 할 모습들이 모여 있는 곳에
최후의 남은 자가 되지는 말자

혼자 떠나는 길에서는
휘어지는 나뭇가지처럼
고개 숙여 뒤돌아보지 말자

# 전환사채가 무엇인가요

주식시장에서 전환사채를 사고팔 수 있다는 사실 자체를 모르고 있는 투자자들이 아직도 많다. 전환사채는 주식처럼 HTS로도 쉽게 사고팔 수 있다. 전환사채는 흔히 CB라고 하는데 이는 'Convertible Bond'의 약자로 글자 그대로 옮기면 '전환할 수 있는 채권' 정도가 되겠다. 전환사채는 그 이름처럼 기본적인 성격은 채권이지만, 일정기간이 지난 후에는 미리 정해진 기준가격에 주식으로 전환할 수도 있다는 특징을 갖고 있다.

전환사채를 매입했는데 해당종목의 주가가 기준가격보다 더 상승하게 되면 전환사채를 주식으로 전환하여 매도함으로써 시세차익을 거둘 수 있게 된다. 주가가 오르지 않거나 오히려 더 떨어지더라도 만기 때까지 정해진 고정금리를 받다가 만기 때에 원금을 상환받을 수 있기 때문에 주가 하락으로 인한 위험은 없다.

전환사채의 이러한 특성이 '안전한 대박'을 노릴 수 있게 한다. 물론 동전 앞뒷면과 같이 장점에 따라 수반되는 단점도 있다. 전환사채의 장점에 대하여 반대급부로서, 이자율은 일반회사채로 발행할 때보다 낮은 게 보통이다. 주가가 계속해서 전환가격보다 낮은 상태에 머무르게 되면 만기까지 그냥 채권으로 보유해야 하는데, 그 경우 얻을 수 있는 이자소득은 일반회사채보다 적게 된다.

전환사채는 현재 시세대로 주식처럼 HTS에서 쉽게 사고팔 수 있다는 점에서 일반채권이나 정기예금보다 더 편리하다. 장기보유 도중에 예기치 않은 특별한 사정이 생길 경우 아무 때나 곧바로 현금화할 수 있는 환금성을 가지고 있다.

발행기업 입장에서 전환사채를 보면, 일반채권보다 싼 이자율로 발행할 수 있어서 조달금리가 낮아서 좋다. 또한 일반채권이 만기일에 무조건 갚아야 할 완전 부채인 것과는 달리 전환사채는 주식으로 전환된다면 부채로서 갚지 않아도 되고 고정부채가 자기자본이 되는 것에 따른 재무구조 개선효과가 얻어지는 장점이 있다. 이처럼 기업 입장에서 장점이 있기 때문에 전환사채를 발행하게 되는 것이다.

필자가 과거에 추천했던 사례들을 통하여 전환사채 투자법을 좀더 자세히 살펴보겠다.

## 동양 vs 농심, 전환사채 선택의 고민

동양종금증권과 농심홀딩스의 전환사채를 소개했던 글인데, 전환사채 투자의 일반원리가 정리되어 있다. – 2005/04/12(머니투데이)

행복한 **주식투자**

### 전환사채 투자하기에 적합한 경우 1: 고금리 채권으로서 투자

전환사채의 경우 금리가 낮은 것이 보통이지만, 기업 입장에서 전환사채가 가지는 장점이 있기 때문에 고금리로 발행하는 경우도 있다. 이럴 경우는 '고금리 채권'으로 보고 투자가 가능하다. 시세차익을 볼 수 있다는 다른 한쪽의 장점은 '의외의 행운이 예기치 않게' 따라주면 좋다는 정도로 접근하면 되는 것이다.

즉 전환사채가 후순위이거나 기타 다른 이유로 인하여 수익률이 충분히 높을 경우에는 나중에 주식으로 전환하여 주식으로서의 시세차익을 내리라는 기대는 아예 하지 않고 높은 고정금리의 장기예금에 가입하는 마음으로만 구입하면 좋다. 만기일까지 그 정도의 고금리가 확보되는 금융상품이 아무 때나 쉽게 찾아지기 힘들다면 기회가 주어질 때에 높은 고정금리의 예금에 가입하는 것으로 간주하는 것이다.

그러다가 보유도중에 주가가 크게 오른다면, 애초에 기대하지도 않았던 행운이라 여기면서 주식으로 전환하여 시세차익까지 얻으면 된다. 그러나 이런 상황이 오리라고 기대하지 않았기 때문에 주가가 오르지 않더라도 신경 쓸 이유가 없다.


### 1의 관점에서, 지금 현재 투자대상이 될 수 있는 실제 사례

동양종금증권에서 4월 12일부터 14일까지 '동양종금증권 무보증후순위전환사채'가 판매된다. 만기일인 2011년 3월 31일까지 매년 3월 31일에 이자를 지급받게 되며 5년 11개월 동안의 표면금리가 연 5.5%이다. 또한 만기에는 원금의 118.16%를 일시에 상환해줌으로써 만기보장 시 최종수익률은 연 8.0%가 된다. 6년 동안 세후 40% 정도의 수익률 확보가 아무 때나 가능한 것은 아니다. 후순위채권이니까 만기일까지만 회사가 망하지 않는다면 보장되는 수익률이다. 따라서 6년 동안 고금리 장기예금을 확보하고 싶은 사람에게 적합한 상품이다.

주가는 회사의 상태에 따라서 평소에는 잘 오르기 힘들더라도, 혹시라도 만기 이전에 주식시장에 큰 유동성장세가 와서 증권주들이 크게 오르는 때가 나타난다면 본 종목도 크게 오를 것이고, 그럴 경우에는 주식으로 전환하여 이자 수익 외에 전환차익도 올릴 수 있다.

주식전환 청구기간은 2005년 5월 18일부터이며 전환가는 5,500원으로서 4월 11일의 종가인 4,425원보다 20% 이상 높지만, 최근 3월 2일에는 5,830원에 거래되기도 하였다. 앞서 이야기하였듯이 주식으로 전환할 것을 애초에 기대하지 않았기 때문에 전환가가 현재주가보다 많이 높더라도 신경 쓰지 않으면 된다.

6년이라는 기간은 주식시장에 큰 변화가 최소한 한번 이상은 나타날 수 있을 정도의 긴 기간이다. 큰 변화로서 정말로 증권시장이 대상승을 지속하는 장세가 나타난다면 증권주는 기본적으로 크게 오르게 되어 있다. 물론 아님 말고이다. 이런 장세가 안 나타나도 상관없는 일이다. 높은 이자수익률을 보고 투자한 것이지, 이런 장세가 오기를 기대하면서 투자한 것이 아니기 때문이다.

**전환사채 투자하기에 적합한 경우 2: 주가의 대상승을 염두에 둔 투자**

분명히 어떤 종목이 몇 년 안에 엄청나게 크게 오르는 날이 오리라고 예상은 하는데, 그래도 주식시장의 가변성이 두려워서 위험 관리를 하고 싶을 때 그 종목의 전환사채를 사면 된다. 전환사채를 주식으로 전환하는 전환가격은 주식의 현재 시세보다는 다소 높다. 그러므로 직접 주식을 사는 것보다는 다소 비싸게 사는 셈이 되는데, 그 차액은 위험을 관리하는 대가라고 간주하면 된다.

주식을 사는 것에 비하여 더 많이 지불해야 하는 금액에 해당하는 '전환가격과 현시세와의 차이'를 '보험료' 성격이라 보는 것이다. 이는 보험에서 나중에 보상받게 되었을 때 이미 납입한 금액인 셈이다. 또는 상승장이 지속되고 있으면서 선물가격이 현물가격보다 높을 때, 계속 오르리라는 기대감으로 현재의 지수보다 비싼 가격의 지수선물을 프리미엄을 주고 사는 것이라 봐도 된다.

**2의 관점에서, 지금 현재 투자대상이 될 수 있는 실제 사례**

농심홀딩스 회사의 '무보증전환사채'가 4월 13일부터 14일까지 우리투자증권에서 판매된다. 매년 4월 19일에 1%의 이자를 지급받게 되며, 만기일인 2008년 4월 19일에 원금의 104.6%를 일시에 상환받아서 만기이자율은 2.5%이다. 전환가액은 83,000원으로 예정되어 있고, 4월 13일에 확정된다. 4월 11일 종가는 79,300원이고 최근 3월 21일에는 89,500원에 거래되기도 하였다.

　앞의 동양종금증권의 전환사채와 비교하면, 후순위채권은 아니고 농심홀딩스 회사 자체가 초우량회사이므로 이자율은 훨씬 낮아서 시중금리보다도 낮다. 따라서 이 경우에는 만기일 이전에 본 종목의 주가가 크게 오를 것을 예상하면서 주식으로 전환하게 될 것을 애초부터 겨냥하는 투자가 되어야 한다.

　주식으로서는 현 시세보다 비싸게 주고 사는 셈인데, 그러한 프리미엄 지불은 예상과 달리 주가가 크게 하락하더라도 최소한의 이자율이 보장되는 데 따르는 대가로 보면 된다. 농심홀딩스의 주가가 3년 안에 크게 오를지에 대해서는 모르겠지만, 그렇게 예상하는 투자자라면 위와 같은 시각에서 투자하면 되는 것이다.

### 전환사채가 발행된 회사의 현물주식에 투자할 때 유의해야 할 점

1. 전환사채가 큰 금액으로 발행되면 일반적으로는 현물주식의 주가는 크게 오르기 불리해지는 경우들이 있다. 주가가 크게 오르게 되면 전환사채가 주식으로 전환되어 큰 물량부담으로 작용될 것이 염려되어서 전환가격을 크게 넘는 주가로 되면서까지 강한 매수세가 따라붙기는 힘들기 때문이다. 이는 주식시장에서 어떤 현물주식에 투자할 때 그 회사의 전환사채 발행상태가 어떤지를 확인해봐야 한다는 뜻도 된다. 따라서 만기일까지 기간이 많이 남아 있으면서 전환가격과 현재 주가 차이가 크지 않을 때에는 적극적인 투자를 자제할지 여

부를 검토해볼 필요가 있다.

2. 이와는 반대로, 만기일이 다가오는데 전환사채의 주식전환이 안 이루어진 종목에 대해서는 만기일까지는 전환가격보다 주가가 올라갈 수 있을 가능성을 바라보면서 매수여부를 검토해볼 수도 있다. 왜냐하면 전환사채의 만기일이 다가오면서 회사 측에서는 전환사채의 원리금을 돌려주지 않기 위해서 전환가격 이상으로 주가상승이 유도되어 주식으로의 전환이 원활히 이루어지기를 원하기 때문이다.

3. 주가가 전환가격을 넘어서서 주식으로의 전환이 많이 이루어졌음이 공시에 나오게 되면 그런 종목은 한동안 매수를 유보하는 것을 고려해봐야 한다. 전환물량이 대량으로 나오면서 주가는 상승하기 힘들어지며 그 물량이 충분히 소화되고 난 뒤에 시간이 많이 흘러야지만 재상승하기 용이해진다.

4. 앞의 1의 경우처럼 만기일까지 많이 남아 있어서 전환가격이 현주가가 상승하는 데 부담으로 작용하고 있거나 또는 3의 경우처럼 전환가격을 넘어서서 전환물량이 이미 쏟아져 나오고 있더라도 주식시장의 전체적인 상승체력이 워낙 강할 때에는 전환물량 부담을 극복하면서 주가는 크게 오르기도 한다.

1999년도에 전환사채가 많이 발행되었을 때 그 뒤의 주식시장 대상승으로 인하여 전환사채에 투자한 사람들이 큰 수익을 보기도 하였다. 세력이나 큰손 입장에서는 전환가격 자체가 오히려 부담이 크지 않은 주가라고 판단될 정도로 주식시장 상황이 좋아지거나, 아니면 그 회사의 상태가 매우 좋아진다면 전환가격을 넘어서면서 주식으로 전환된 물량이 대량 출회될 때를 오히려 적당한 가격에 많은 물량을 확보할 기회로 삼을 수도 있다.

5. 전환사채를 발행한 회사가 어떤 어려움에 직면하게 되어 전환사채 가격이 폭락이 될 때 부도가 나고 완전히 망하는 단계까지는 가지 않을 확률이 높다고 판단된다면 그 회사의 주식을 사지 않고 전환사채를 사는 게 유리하다. 폭락한 주식에 생존가능성의 기대를 걸고 투기적 매수세가 많이 몰려드는 현상이 나타나는 경우도 있지만 회사가 생존해가더라도 주가는 오르지 못할 수도 있다. 또는 회사의 소생을 위하여 채권단에서 감자를 하는 경우도 종종 있다. 이럴 경우에는 회사가 살아나더라도, 주식을 매수한 사람들은 재미를 보지 못하거나 손실을 보기 쉽다.

반면에 전환사채의 경우에는, 비록 주식으로 전환될 수는 없더라도 회사가 어려울 때 전환사채 가격이 폭락한 상태에서 매입을 하면 크게 수익을 낼 수 있다. 가격폭락 시에 발행액면가보다 훨씬 낮은 가격에 매입하였다가 만기일에는 채권의 발행액면가에 해당하는 금액을 돌려받으니 큰 시세차익을 얻게 된다. 또한 발행 시 보장되었던 이자율까지 함께 얻어지게 되는데 액면가보다 싸게 구입된 채권의 매수가 대비한 실제 이자율은 발행 시 이자율보다도 훨씬 높아진다. 만약에 액면가의 절반 가격에 구입하면 실제 받는 이자율은 발행 시 이자율의 2배가 되는 것이다. 이런 식으로 시세차익과 이자율이 더해지고 더해지면서 수익률이 늘어나서 상당히 큰 수익을 얻게 된다.

비교적 최근에는 LG카드의 후순위전환사채가 대표적인 경우였으며, 과거 현대건설과 하이닉스 등에서도 주식과 전환사채에 투자한 사람들의 운명이 정반대로 극명하게 엇갈리는 결과가 나타났었다.

### 그 뒤로 어떻게 되었나

전환사채인 '동양종금증권72'가 판매된 후에 주식시장에서 거래된 가격이 어떻게 변했는지를 살펴보겠다. 2005년 4월 25일을 기준으로 하면 전환사채 가격은 10,533원이고, 주식 가격은 4,000원이었다. 그 뒤로 전환사채 가격과 주가는 같은 방향으로 움직여 왔음을 다음 그림에서 확인할 수 있다. 주가가 오르는 구간에서는 전환사채 가격도 올랐고, 주가가 내리는 구간에서는 전환사채 가격도 내렸다.

그런데 가격이 크게 올라감에 따라 초기의 기준 가격에 대비한 전환사채

가격의 상승률이 주가 상승률보다는 적게 나타나 있다. 이는 기준 시점에서 4,000원이었던 주가는 전환사채의 주식으로의 전환가격인 5,500원에 크게 미치지 못했기 때문이다. 이와 같이 주가가 전환가격 이하에 머무르는 시기에는 전환사채는 주식으로의 전환 가능성이 없어서 상승률이 적게 나타나는 것이다. 이 결과만 보면 전환사채를 사는 것보다 주식을 사는 것이 수익률 면에서 훨씬 유리하다.

그러나 이는 주가가 전환사채 가격을 크게 넘어서면서 큰 폭의 상승이 나타났을 때의 결과이다. 주가가 하락했을 경우에는 주가는 하락하여도 전환사채는 가격이 거의 하락하지 않았다. 예를 들어, 2005년 4월 25일로부터 5월 12일로 시간이 흘렀을 때 주가는 4,000원으로부터 3,400원으로 15.0% 하락하였다. 반면에 전환사채 가격은 10,533원으로부터 10,350원으로 불과 1.7%밖에 하락하지 않아서 가격에 거의 변동이 없었다. 이는 액면가인 1만 원 기준으로는 만기보장 최종수익률이 연 8%에 달하기 때문에 채권으로의 커다란 장점이 거의 그대로 살아 있었기 때문이다.

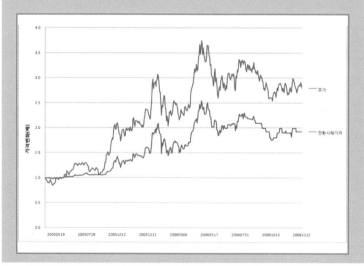

이와 같이 채권으로서 괜찮은 이자가 확보되어 있는 전환사채에서는 주가가 하락하여도 전환사채 가격이 발행가 이하로는 잘 안 떨어지는 안전성이 있는 것이다. 만기 때까지 주가가 안 올라가면 그대로 채권 이자만 받으면 된다. 동양종금증권72의 경우처럼, 만기 이전에 주가가 크게 올라가면 주가 상승률의 상당부분을 수익률로 얻어내게 되며, 그동안에 받았던 채권이자도 포함하여 수익률을 계산해주면 된다.

다음 그림은 주가가 올라서 전환가격인 5,500원을 충분히 넘어선 이후의 가격변동을 보여준다. 2005년 9월 29일에 전환사채 가격은 12,550원이고, 주식 가격은 7,200원이었다. 그 뒤로는 전환사채의 가격과 주가의 변동률이 거의 비슷하게 나타났다. 전환사채를 아무 때이건 주식으로 전환할 수 있기 때문이다.

이와 같이 전환사채 발행 후 시간이 충분히 흐르면서 주가가 전환사채의 전환가격을 크게 넘어선 다음에는 단기적인 투자효과에서는 주식을 사는 것과 전환사채를 사는 것이 별 차이가 없어진다.

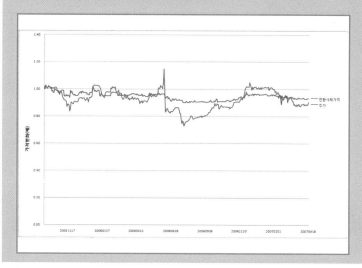

한편 '농심홀딩스1' 전환사채는 2007년 4월 16일 전환사채 가격은 10,352원, 주가는 80,100원으로서 발행 당시와 큰 차이가 없다. 발행 후의 최고가격은 2005년 7월 4일의 전환사채 12,000원, 주가 95,900원이었다. 주가가 전환가격인 8,300원을 아주 크게 넘어서지 못하는 상태에서는 전환사채도 발행가에서 크게 벗어나지 못한 상태가 지속된 것이다. 반면에 2006년 7월 24일에 주가가 64,600원까지 크게 하락할 때에도 원금과 최소한의 이율이 보장되는 전환사채는 10,000원을 유지하여서 방어적인 투자가 되었음을 확인할 수 있다. 농심홀딩스는 우량한 회사라서 채권이자율이 낮기 때문에 주가 상승에 따른 전환의 이점을 살리지 못하면 이와 같은 방어적인 투자에 그치고 만다.

전환사채 투자는 우량한 회사보다는 중도적인 성격의 회사를 대상으로 하는 전략이 주가 상승이 크게 생겨나지 않더라도 높은 채권이자율을 얻을 수 있어서 더 좋은 전략이 된다. 우량하지 않은 회사라도 나중에 회사 상태가 좋아지면 주가가 크게 올라갈 수도 있고 또는 주식시장의 변동성에 편승하여 주가가 출렁거리다가 위로 한번쯤 크게 올라가는 때가 나타나기도 하므로, 그러한 시기에 상당한 시세차익을 내고 팔 기회를 잡을 수도 있다.

# 아직 남아 있는
# 고수익 전환사채 투자기회

- 2005/07/11(머니투데이)

증권사 HTS를 이용해 쉽게 매매할 수 있는 전환사채(CB) 중에서 데이콤4CB가 전환가격 이상으로 주식가격이 최근에 올라감으로써 주식으로의 전환메리트가 생겨났다. 우선 데이콤 전환사채를 이야기한 다음에, 현재 투자가 가능한 고수익 전환사채를 살펴보겠다.

데이콤4CB는 2003년 7월 11에 발행되어 만기일이 2006년 7월 11일로서 전환가격은 8,623원이다. 데이콤 주식의 7월 8일 기준 가격은 10,150원으로서 전환가격을 17.7% 초과하여 넘어선 상태이다. 발행당시 액면가인 10,000원에 매입을 하였던 투자자는 다음 두 가지 행동을 취할 수 있다.

## 1. 주식으로 전환하여 매도하는 경우

표면이율이 4.0%이고 만기보장수익률은 8.0%이기 때문에 발행일 이후 2년 동안은 표면이율에 의해서 4.0%×2=8.0%의 이자가 수령된다. 만약에 앞으로 주식으로 전환하여 10,150원에 팔 수 있다면 주식으로서의 시세차익 수익률을 17.7% 얻게 되어 2년 동안 총 25.7%의 수익을 올리는 셈이 된다. (물론 주식으로 전환하고 매도하기까지 시차가 존재하므로 현재의 주가로 매도가 이루어진다는 보장은 없다.)

## 2. 채권으로 장내 매도하는 경우

채권의 가격은 현재 11,955원이기 때문에 주식으로 전환하지 않고 그냥 장내에서 채권으로 매도한다면, 10,000원 액면가에 대비하여 19.5%의 시세차익을 얻게 된다. 따라서 2년 동안에 총 27.5%의 수익을 올리는 셈이 된다.

본 전환사채가 발행되던 시점인 2003년 7월 11일에는 데이콤 주식의 가격이 11,950원이던 것이, 그 뒤로 하락을 지속하면서 2004년 8월에는 3,600원대까지 떨어졌었다. 만약에 2003년 7월에 데이콤을 전환사채가 아닌 주식으로 구입한 투자자인 경우에는 주가가 반토막보다도 더 크게 하락함에 따라 마음고생이 매우 심했을 것이다. 더욱이 주가가 다시 되살아나기까지 보유를 지속하지 못하고 손절매를 이미 해버린 투자자가 많을 것이다.

이에 반하여, 전환사채를 구입한 경우에는 주식 가격은 하락하더라도 아무런 신경 쓸 필요 없이 채권을 보유하면서 이자를 수령하고 있다가, 만기일이 되기 전에 주가가 올라가는 시기를 만나게 되면 주식으로 전환하여 시세차익을 얻을 수 있는 것이다. 설사 주가가 올라가지 않은 상태에서 만기일을 맞이하더라도 채권으로서 일반 시중금리보다 충분히 높은 이자를 얻는 결과가 되는 것이다.

현재 장내에서 쉽게 거래할 수 있는 전환사채 중에서 이자율이 가장 높은 것 중 하나로 쌍용화재 후순위전환사채인 '쌍용화재1'이 있다. 손보업계 최초로 일반공모를 통해 이뤄진 것으로 작년 10월 6일에 선착순으로 판매된 것이다.

발행일자 2004년 10월 7일에 만기일 2010년 10월 7일이며 전환

행복한 **주식투자**

가격은 5,000원이다. 만기까지 보유할 때 얻게 되는 만기보장수익률은 8.5%이고, 해마다 얻게 되는 표면이율은 7.5%이다. 흔히 표면이율은 만기보장수익률보다 크게 낮기 마련인데 본 종목 경우에는 그 차이가 적다. 또한 3개월마다 이자가 지급되어서 복리효과도 커진다. 전환사채 가격이 7월 8일 기준으로 10,401원이므로 이 가격에서의 실제 만기보장수익률은 8.17%이고 표면이율은 7.21%인 셈이다.

이 정도의 이자율이 5년 동안 확보되는 장기금융상품을 구하기는 썩 쉽지 않다. 물론 후순위채권이기 때문에 쌍용화재 회사가 망하게 되면 원금까지 날릴 가능성이 생기는 점은 염두에 두어야 한다.

실적면에서 작년에 당기순이익이 흑자로 전환되었고, 올해 들어서도 5월까지의 누계실적이 영업이익 69.9억 , 경상이익 71.4억, 순이익 71.4억 원으로서 양호한 수익성을 나타내고 있음을 참고로 할 수 있겠다. 2003년도에 자본잠식에서 탈피하였으며 2004년도에는 자본금 551.4억 원에 자본총계는 806.4억으로 증가하였다. 흑자경영을 지속함에 따라 올해에는 자본총계가 더 늘어나리라 전망된다.

쌍용화재 주식가격은 7월 8일 기준으로 3,775원이므로 전환가격인 5,000원에 크게 못 미친다. 그러나 만기일이 2010년 7월로 5년이나 남아 있기 때문에 앞으로 본 회사의 수익성이 꾸준히 양호하게 유지된다면 5년 이내에 주가가 5,000원을 크게 넘어서는 날이 올지도 모르는 일이다. 그때까지는 고금리의 채권으로 보유하면서 높은 이자를 수령하다가 주가가 언젠가 크게 오른다면 주식으로 전환하여 시세차익까지 함께 얻는 전략을 취하면 되겠다. 물론 주식으로 전환할 충분한 기회가 오지 않는다면 연평균 8%대의 고금리 채권으로 끝까지 보유하면 된다.

　후순위채로서의 위험성은 항상 있으므로 회사의 상태가 어떻게 변해가는지는 유심히 체크하고 있어야 하겠다. 만약에 회사가 안전하게 운영되고 있음이 점차 확인된다면 채권의 가격도 올라가게 되어 보유 도중에 수령한 이자에 덧붙여 채권으로서 시세차익을 추가로 얻으면서 팔 수도 있게 된다.

### 그 뒤로 어떻게 되었나

쌍용화재 회사는 그 뒤로 태광산업에 인수되면서 주가가 크게 올라 2006년 1월 16일에는 12,400원이 되었고, 전환사채는 1월 17일에 21,003원이 되었다. 태광산업 인수를 호재로 하여 주가가 급등하였던 이 시기를 전후로 하여서 전환사채를 매도했을 경우의 수익률은, 위 글이 올라갔을 당시의 2005년 7월 8일 기준가격 10,401원 대비해서 102%에 달한다. 약 6개월 만에 100% 근처의 수익률이 가능했던 것이다.

이 전환사채도 발행가 1만 원 기준으로는 만기보장수익률이 8.5%로 높았기 때문에 주가의 변동성에 관계없이 전환사채를 묻어두었다가 주가가 크게 오르는 시기를 만날 수 있었다. 만약에 주가가 크게 오를 만한 상황이 만기 이전에 나타나지 않더라도 채권 이자만을 받더라도 충분히 만족할

# 전환사채 투자의 알파와 오메가

"전환사채가 안전한 것 같아 투자를 해보고 싶습니다. 다만 동양종금 전환사채는 언급하신 시점에 비해 많이 올랐네요. 그래서 상대적으로 오르지 않은 농심홀딩스 전환사채를 대신 사야 하는지, 아니면 동양종금이나 쌍용화재를 선택해야 하는지 판단이 안 섭니다."

위와 같은 질문을 기반으로 현재 유가증권시장에서 거래되고 있는 전환사채 중에서 3개를 대상으로 살펴보겠다. 일단 이들 전환사채의 발행 상황은 다음과 같다.

- [동양종금증권72] 발행일(싱징일) 2005.4.18, 상환일 2011.3.31, 표면이자율 5.5%, 보장수익률 8.0%
- [농심홀딩스1] 발행일(상장일) 2005.4.19, 상환일 2008.4.19, 표면이자율

1.0%, 보장수익률 2.5%
- [쌍용화재1] 발행일(상장일) 2004.10.7, 상환일 2010.4.7, 표면이자율 7.5%, 보장수익률 8.5%

아래에 나타낸 이들 전환사채의 종가와 현물주식의 주가는 12월 9일 종가, 고가/저가는 발행일 이후의 최고가격 및 최저가격이다.

- [동양종금증권72] 종가 14,700, 고가/저가 16,000/10,030, 전환가 5,500, 주가 8,090
- [농심홀딩스1] 종가 10,690, 고가/저가 12,100/9,000, 전환가 83,000원, 주가 82000
- [쌍용화재1] 종가 13,500, 고가/저가 13,900/9,001, 전환가 5,000원, 주가 7,050

이들 세 개의 전환사채는 상장 이후 최저가격이 9,000원 이상에서 형성되었으며, 현재가격은 발행가인 1만 원에 비해서 각각 47.0%, 6.9%, 35.0%씩 올라있는 상태이다. 발행당시부터 보유한 투자자들은 장부상의 평가이익 이외에 그동안 채권이자가 현금으로 들어왔다.

이번 사례를 통해서도, 주식은 주식시장의 상황에 따라서 언제라도 가격이 하락할 수도 있는 것에 비해서 전환사채는 회사에 위험상황만 발생하지 않는다면 다음과 같은 장점이 있음을 알 수 있다.

1. 가격이 발행가 이하로 잘 내려가지 않고 상대적으로 가격변동성이 적다는 안정성이 있음.
2. 미리 확정된 채권이자가 확실하게 얻어짐.
3. 주가가 전환가 이상으로 상승하면 전환사채 가격도 상승하여 짭짤한 시세차익의 수익까지 얻어짐.

그러나 전환사채라고 해서 아무 때나 투자해도 좋다기보다는 다음에 해당하는 경우가 전환사채에 투자하기에 가장 적합하다.

1. 만기보장수익률이 시중금리보다 높을 경우: 발행시점에 참가함(후순위채에서 종종 이러함).
2. 회사의 재무적인 위험이 높아져서 전환사채 가격이 폭락하여 있을 때: 앞으로 회사가 망하지 않을 가능성이 높다고 여겨진다면 싼 값으로 사들임. 비교적 최근 사례로는 LG카드가 대표적인 경우였으며 현대건설 전환사채와 같은 과거 사례들도 있었다(이 경우는 일반 채권투자와 성격이 유사하게 된다. LG카드와 현대건설 전환사채의 경우는 5장 〈채권투자〉에서 자세하게 다루도록 하겠다).
3. 현물주식의 주가가 중장기적인 상승세를 나타내리라 전망될

때: 전환사채의 전환가격보다 현물주식의 가격이 훨씬 더 높게 올라가기를 기대하면서 전환사채를 사들임.

주식가격이 일단 전환가격보다 더 높게 올라가면, 그때부터는 전환으로 인한 시세차익을 겨냥하는 투자가 가능해지면서 전환사채 가격이 현물주식의 가격에 연동하면서 변해간다.

직접 현물주식에 투자하는 경우라면 매수한 이후 시장의 상황이 크게 나빠지면서 매수가격보다 훨씬 아래로 주가가 얼마든지 떨어질 수도 있고 하락 시 하락의 폭을 예상할 수 없다는 위험성이 있다. 그러나 전환사채인 경우에는 고정이자율이 확보되어 있기 때문에 하락 시의 최대손실폭을 미리 가늠할 수 있다는 것이 장점이다.

발행가 대비한 채권이자률이 만기까지 정해져 있기 때문에 발행가보다 높은 가격에 샀더라도 주식전환을 하지 못하고 만기까지 가지고 갈 경우에 최종적으로 회수될 금액을 미리 알 수 있기 때문이다.

아래에서 개념을 쉽게 이해를 할 수 있도록 세금을 고려하지 않고 편의상 표면금리와 만기보장수익률을 구분하지 않으며, 복리효과를 고려하지 않은 단순 계산으로 사례를 제시했다(정확한 계산을 위해서는 복리효과를 고려하여 다시 계산하면 된다).

## 사례

만기가 5년인 어떤 전환사채의 전환가격이 5,000원이고, 연평균 이자율이 10%로서 만기까지 총 채권이자수익률이 50%라면 100만 원을 투자하였을 때 만기까지 돌려받는 돈이 150만 원이다. 이는 투자원금의 150%이며 연평균 수익률은 50%/5년 =10%이다(앞서 설명했듯이 세금과 복리효과는 고려하지 않았으므로 정확한 계산에서는 이들 효과를 포함시켜 계산하면 된다). 이러한 전환사채를 발행시점으로부터 1년이 지난 시점에서 구입하는 사례를 살펴보겠다.

### 1. 발행가인 1만 원과 똑같은 가격에 구입이 이루어질 경우

100만 원을 투자하였을 때 만기까지 돌려받는 돈이 140만 원이고, 이는 투자원금의 140%이며 연평균 수익률은 40%/4년 =10%이다.

### 2. 발행가보다 올라간 1만 2천 원에 구입이 이루어질 경우

120만 원을 투자하였을 때 만기까지 돌려받는 돈이 140만 원이고, 이는 투자원금의 116.7%이며 연평균 수익률은 16.7%/4=4.2% 이다.

### 3. 발행가보다 올라간 1만 4천 원에 구입이 이루어질 경우

140만 원을 투자하였을 때 만기까지 돌려받는 돈이 140만 원이고, 이는 투자원금의 100.0%이며 연평균 수익률은 0%이다.

즉 발행가 위로 전환사채 가격이 올라갈 때에 구입이 이루어지면 채권이자를 통하여 만기까지 얻어지는 수익이 발생하는 동시에, 투자원금에 대해서는 발행가인 1만 원으로 만기 시 돌려받기 때문에 1만 원보다 비싼 가격에 구입한 것에 따른 손실이 발생한다.

이 두 가지 수익과 손실이 더해지면서 최종수익률이 결정되며, 특정가격에서는 수익률이 제로가 되는 순간이 존재하는데 위에 보여준 계산의 사례에서는 1만 4천 원인 것이다. 1만 4천 원 위로 가격이 올라가면 만기까지 보유 시 수익률이 마이너스가 된다.

따라서 전환사채의 가격이 올라갈수록 이자수익을 기대하는 투자의 성격이 점점 줄어들고 전환사채의 전환가격보다 현물주식의 주가가 크게 올라가서 주식으로 전환 시 시세차익이 얻어질 것을 기대하는 성격의 투자로 변해간다. 그러면서 위험관리 측면에서는 주식보다는 위험이 제한적이라는 장점을 살리는 것이 된다.

예를 들어서, 위의 사례에서 주식의 가격이 1만 원으로 올라 있을 경우를 가정하여 살펴보겠다.

## 1. 전환사채 가격이 1만 2천 원이라면

이 가격에 구입한 사람이 만기까지 들고 있으면 최종수익률은 4년 동안 총 16.7%이고 연평균 4.2%가 된다. 한편 전환사채를 주식으로 전환한다면, 전환가 5천 원×1.2=6천 원이 주식으로서의 주당 투자원금에 해당되어서 1만 원/6천 원=66.6%의 시세차익이 얻어진다. 따라서 현물주식의 가격이 전환사채의 전환가격보다 훨씬 높은 1만 원까지 올라 있다면 전환사채 가격은 액면가인 1만 원이나 1만 2천 원에 머물러 있지 않을 것이다. 1만 2천 원에 사면 당장 66.6%의 기대수익이 얻어지니까.

### 2. 전환사채를 1만 4천 원에 구입한다면

만기까지 들고 있으면 최종수익률은 0%이지만 주식으로 전환한다면, 5천 원×1.4=7천 원이 주식으로서의 주당 원금에 해당되어서 1만 원/7천 원=14.3%의 시세차익이 얻어진다. 따라서 1만 4천 원의 가격에 구입하면 채권으로서 수익률은 0%라도 사려는 사람들이 기꺼이 생겨나는 것이다.

이렇게 생각하면, 주식으로 전환하여 14.3% 수익이 얻어질 수 있어서 누구라도 사서 주식으로 전환하고 싶은 마음이 들 수 있겠지만 주가라는 것이 일정 가격에 유지된다는 보장이 없어서 실제 주식으로 전환하여 팔 수 있게 되는 시점에서는 주가가 하락하게 될 수도 있으므로 그것을 고려하는 전환사채 가격의 할인요소가 발생할 수 있다. 물론 주가가 계속하여 더 올라가서, 주식전환 시 애초에 기대했던 수익보다 오히려 더 큰 수익을 얻는 경우도 생겨날 수 있다.

전환사채 가격 할인요소를 이야기하였지만, 이는 주식으로 전

환 시 주식 측면에서 바라본 주가변동에 따른 할인요소이다. 이
와는 달리, 채권 측면에서 바라본 긍정적인 요소도 있다. 주식으
로 전환하지 않고 만기까지 보유할 경우에 얻어질 수익률 또는
손실률이 전환사채 구입 시점에서 미리 확정되어진다는 점이다.

따라서 주식으로 전환 가능성을 보고 구입하였는데 주식시장이
갑자기 나빠지거나 해당 종목의 주가가 크게 떨어진다면, 주식으
로 전환하지 않고 구입시점부터 정해져 있는 채권으로서의 수익
률/손실률을 각오한 상태에서 기다릴 수 있는 것이다.

그러다가 언젠가 주식시장이 다시 크게 오르거나 해당 종목의
주가가 크게 오른다면 그때 가서 주식으로 전환하거나, 아니면
전환사채 자체의 가격도 올라가므로 채권으로서의 시세차익을
얻으면서 매도해도 된다.

주식투자에서 가장 힘든 점 중 하나는, 시장과 주가의 변동성이
종종 크기 때문에, 변동성이 크게 나타날 때 심리적으로 견디기
힘들고 대응하기 힘들다는 점이다. 그런 면에서 전환사채는 자신
이 감당할 수 있는 최악의 경우까지 미리 염두에 두고 투자할 수
있어서 시장의 변동성이 크더라도 견딜 수 있는 것이다.

아무튼 이와 같이, 전환가보다 주가가 크게 올라갈 때에는 전환
사채 가격은 주가에 민감하게 연동하면서 변한다. 현재 동양종금
의 주가가 크게 올라 있어서 동양종금 전환사채의 가격도 크게
올라 있으며 최근에는 16,000원, 즉 발행당시 가격에 비해서
60%까지도 올랐다. 앞에 설명한 전환사채 세 가지중 농심홀딩스

가 주가와 전환가 차이가 가장 작아서 전환사채 상승폭도 가장 작은 상태이다.

즉 전환사채에 투자할 때에는 회사가 위험한 상태일 때에는 회사의 상태에 주목하면서 투자해야 하지만, 회사가 위험한 상태가 아니면서 전환가 이상으로 주가가 올라가 있을 경우에는, 전환사채의 가격이 주가에 민감하게 연동하므로 주가의 변화하는 모습을 잘 바라보면서 투자하는 것이 필요하다.


### [동양종금증권]

주가(8,090원)가 전환가(5,500원)를 크게 넘어서 있어서 전환사채 가격도 발행가보다 약 50% 올라간 가격이기 때문에 전환사채 가격이 주가에 연동하는 경향이 커져 있는 상태이다. 동양종금증권은 증권주이기 때문에 주식시장의 활황여부에 수익성이 좌우되어서 주식시장의 전체적인 움직임에 영향을 받을 것이다.

주식시장이 지속적으로 크게 오르면 증권주들이 대체로 강세를 보일 것이다. 반면에 주식시장이 조정구간에 접어들 가능성이 커지면 동양종금증권 주가도 조정을 좀더 이어가고, 이에 따라 전환사채도 가격조정을 좀더 이어갈 가능성이 있을 것이다. 주식이 당장 계속하여 크게 오르리라 기대하기 힘들다면 일단 관망하다가, 하락조정구긴이 이느 정도 지난 뒤에 즉, 전환시채 가격도 하락조정구간을 어느 정도 더 지난 뒤에 매수 여부를 검토하는 것을 생각해볼 수 있다.

## [쌍용화재]

쌍용화재도 비슷하게 파악하면 될 것이지만, 향후 대주주 지분 매각을 비롯하여, 다른 데로 인수될 수 있는 M&A 재료가 내재되어 있으므로 때로는 주식시장과 무관한 개별적인 주가 움직임이 나타날 수도 있다는 점은 참고로 하면 되겠다. 쌍용화재 회사에 관련된 투자를 할 때에는 주식과 전환사채 양쪽을 적절히 혼합하여 융통성 있게 투자한다면 수익률 제고와 위험관리 양쪽을 동시에 고려하는 적절한 투자효과를 거둘 수 있을 것이다.

## [농심홀딩스]

전환가격과 주가의 차이가 적은 상태가 이어지면서 전환사채 가격도 낮은 상태이다. 농심홀딩스는 농심의 지주회사이기 때문에 농심의 영업상태, 순이익, 기업전망 등에 의해서 주가가 영향을 받는다. 그런데 근래 들어서 농심의 주가 움직임이 크게 좋지 않았다. 32만 원대 고점으로부터 11월에는 25만 원까지 하락했었다. 올해 들어 실적이 저하되고, 시장의 경쟁이 늘어났으며, 웰빙 트렌드에 의하여 식생활에서 라면의 선호도가 줄어들 것에 대한 우려감 때문일 것이다.

라면시장의 축소 및 농심의 시장점유율 하락추세가 장기적으로 염려되는 바이지만 회사의 초우량 상태는 유지되고 있기 때문에 주가가 크게 하락한 뒤에는 충분한 반등이 나올 수도 있다. 실제로 11월 말부터 농심의 주가가 크게 반등하고 있으며 이에 따라 농심홀딩스의 주가도 반등 중에 있다. 지금까지는 농심이 성장주로서 큰 가치를 인정받으면서 성장주로서의 프리미엄까지 붙으면서 주가상승에 힘이 실어졌지만 앞으로는 '성장주' 로서의 비중은 과거보다 점차 줄어들면서 초우량 '가치주' 로서 평가되는 비중이 상대적으로 늘어나리라 전망된다.

# 공모하는 '한섬' 신주인수권부사채(BW)에 투자할까

신주인수권부사채(BW)는 흔히 전환사채(CB)와 함께 거론되는 것이다. 한섬의 사례를 통하여 신주인수권부사채(BW)의 투자원리를 살펴보기 바란다. - 2004/10/18(텐인텐 카페)

흔히 전환사채(CB)와 함께 얘기되어지는 것에 신주인수권부사채(BW, Bond with Warrant)가 있다. 신주인수권부사채는 발행회사의 주식을 미리 약정된 가격(행사가격)에 의해 매입할 수 있는 권리가 부여된 사채이다. BW를 보유한 사람은 보통 사채의 경우와 마찬가지로 일정한 이자를 받으면서 만기에 사채금액을 상환받을 수 있다. 한편 그와 동시에 자신에게 부여된 신주인수권(워런트)을 가지고 주식의 가격이 발행가액보다 높아지게 되면 회사 측에 신주의 발행을 청구할 수 있다. BW는 채권과 신주인수권이 분리되는 '분리형' 과 그렇지 않은 '비분리형' 으로 구분된다. 분리형에서는 채권과 신주인수권부를 따로 거래할 수 있다.

내일 10월 19일에 한섬에서 신주인수권부사채의 청약을 받는다. 주관사는 서울증권이다.

- 종류: 분리형 신주인수권부사채
- 표면이자율: 2.5%
- 만기일: 2007년 12월 31일
- 행사가격: 1주당 12,000원

## BW의 장점

사채권자 입장에서는 채권으로서의 최소한의 이율이 보장되는 상태에서, 훗날 주가가 발행가액보다 높게 상승하면 신주인수권을 행사하여 주식을 발행가격에 받아서 투자수익을 기대할 수 있다는 장점이 있다. 사채권자는 신주인수권을 행사한 뒤에도 채권은 그대로 가지고 있으면서 새로이 주주가 되는 것이다. 따라서 채권의 이자소득, 주식의 배당소득, 주가상승에 따른 이익을 동시에 취할 수 있다.

한편 회사입장에서는 투자자에게 신주인수권을 부여하는 대가로서 채권의 이자율은 낮게 하여 돈을 모집함으로써 이자비용을 줄일 수 있다. 또한 신주인수권이 행사될 때 BW보유자들이 행사가격에 신주를 받기 위해 자금을 납입해야 하므로 회사 측에 새로운 자금이 들어온다는 장점도 있다.

투자자와 회사 측에 동시에 이러한 만족을 준다는 점이 BW의 매력이라 하겠다.

행복한 **주식투자**

## BW가 항상 매력적일까

그렇다면 투자자 입장에서 BW가 항상 매력적인가에 대해서 살펴보겠다. 어떤 투자에서나 매력적인지 여부는 결국 장점과 단점을 비교하여 판단해야 한다. BW의 단점은 이자율이 흔히 매우 낮다는 점이다

만약에 본주의 주가 상승이 미흡하거나 주가가 하락하여 행사가격을 넘어서지 못하면 만기일까지 채권만을 보유하면서 채권의 작은 이자수입에 만족해야 한다. 또는 BW를 공모하는 회사가 재무적 상황이 악화되면서 BW를 발행한 경우에는 회사의 지불능력에 문제가 생기면서 원금과 이자를 돌려받는 데 위험이 생길 수도 있다.


## 한섬의 사례는 어떠할까

원론적 이야기만 하는 것보다는, 지금 당장 나타난 실제 사례를 통해서 검토해보겠다. 한섬은 현재의 부채비율이 10%대이고 유보율이 1,700%가 넘는 초우량업체이고 주당순이익이 2,000원이 넘는 업체이므로 채권의 만기일인 2007년 12월까지 회사의 재무적 상황이 악화되어 사채에 대한 지불능력에 문제가 생길 가능성은 거의 없다.

따라서 체크해야 할 사항은 주가가 2007년 12월 이전에 행사가격인 12,000원을 크게 넘어서게 되어 12,000원에 주식을 청구하여 시세차익을 낼 수 있을지 여부이다. 즉 주가 예상이 한섬BW

에 투자할지 여부를 결정짓는 데 가장 중요한 사항이 된다. 한섬 회사에 지금의 상황이 계속 이어진다고 가정하고 우리나라 주식 시장의 전반적인 상황에도 앞으로 3년 동안 큰 변동이 없다고 가정한다면 12,000원을 크게 넘기기는 썩 쉽지 않을 상황도 생각해 볼 수 있다.

### 물량에 대한 고려

한섬이 발행하는 신주인수권부사채(BW)는 360억 원어치로서, 1만 2천 원의 행사가격에서 신주인수권이 100% 행사될 경우에 추가로 늘어나는 주식수는 300만주이다. 이는 현재의 주식수인 3,308.6만주의 약 10% 정도에 해당한다. 12,000원이 넘어가면 지금 발행된 BW로부터 주식이 늘어날 것을 미리부터 의식을 하는 투자자들도 있게 된다. 그런 투자자들은 신규 주식으로 늘어나는 물량이 곧바로 매물로 나올 것을 염두에 두어서 12,000원 이상의 가격에서는 사지 않으려는 경향을 나타내게 된다. 만약에 미리부터 이런 경향이 나타난다면 12,000원을 넘어가는 데 저항이 작용될 것이다.

한섬에서 작년에 타임과 합병하면서 자사주를 약 18% 보유하게 되었는데 BW 행사로 인하여 주식수가 늘어나서 주당기업가치가 줄어드는 것을 방지하기 위해 자사주를 소각한다면 이는 호재가 되어서 주가상승에 힘을 실어줄 수 있다.

### 한섬BW에 관련한 추가의 언급

이와 같이 12,000원 이상으로 주가가 크게 올라가기가 썩 쉽지 않은 상황이 추정되더라도 주식시장의 유동성에 의해서 상황은 달라질 수 있다. 만기일이 2007년 12월 31일이므로 그때까지 보유하고 있는 도중에 주식시장에 커다란 유동성장세가 나타난다면 한섬도 편승하면서 주가가 크게 올라갈 수 있다. 그러한 때가 시세차익을 크게 내면서 매도할 수 있는 시기가 될 것이다.

한편 이와는 반대로, 만약에 2007년 12월까지 주식시장이 현재 상태보다 아주 크게 좋아지는 상황이 나타나지 않는다면 만기일 전에 BW행사를 통해 주식의 시세차익을 크게 내고 팔 기회를 잡지는 못한 채 발행조건인 표면이자율 2.5%에 만족해야 할지도 모른다. 그러나 일반 주식투자처럼 투자원금에 대하여 손실이 발생할 위험은 없다는 점이 장점이라 하겠으며, 단지 다른 데 투자하여 수익낼 기회를 잃는 '기회비용'의 손실만 떠안으면 되겠다.

### BW를 사는 것과는 다른 한 가지 투자전략

만약에 한섬이 12,000원의 주가를 넘어설 가능성이 높다고 판단한다면 BW를 사지 않고 차라리 한섬 현물주식을 그냥 사는 것이다. 지금 10,300원의 주가인데, 10,000원에 사서 12,000원에 판다면 20% 수익이 발생하며, 만약에 지금부터 주가기 하락하여 8,000원까지 내려간다면 매수하고, 2007년 12월 이전에 12,000원까지 주가가 오르는 날이 온다면 매도하여 50%의 수익을 챙길 수 있다.

### BW 투자를 통해 크게 이익을 내는 경우

BW행사를 통해 주식의 시세차익에 의해 크게 이익을 내는 성
공적인 사례가 소개되기도 하지만 BW를 구입하여 크게 수익을
올리는 경우가 실제로 그다지 흔한 편은 아니며 단지 원금손실은
보지 않고 채권의 낮은 이자율을 취하는 것으로 그치는 경우도
많다.

BW 투자를 통해 크게 이익을 내는 경우는 종종 아래 경우에 해
당할 때이다.

1. 회사의 성장성이 높아서 그로 인한 주가 상승이 크게 나타나
   는 경우에 BW 행사를 통해 주식의 시세차익을 크게 얻을 수
   있다. 이때 BW 행사로 인하여 늘어나는 주식수의 증가는 회
   사 성장성에 비하여 무시될 수 있는 정도여야 한다. 이 경우
   에는 BW 행사로 인하여 늘어난 주식으로부터 물량이 쏟아
   져나올 때가 기관투자자들 입장에서는 오히려 주식을 대량
   으로 확보할 좋은 기회로 여겨지기도 한다.

2. 회사가 재무적으로 불안한 상태이거나 실적이 안 좋은 상태
   라서 싼 값에 BW를 발행하였거나, 또는 발행 시에 비하여
   회사상태가 안 좋아지면서 BW 가격이 크게 하락해 있을 때

구입하는데, BW 만기일을 향해 갈수록 회사 상태가 점차 좋아지는 경우에는 BW 행사로 인하여 이익을 얻는 것이 아니라, BW를 매우 싼 가격에 구입하였다가 BW 가격이 회복됨에 따라서 채권의 시세차익을 크게 얻는 것이다.

이에 해당하는 과거 사례로는 조흥은행BW, 현대건설BW 등이 있었고, 최근에는 LG카드BW가 있었다.

## 그 뒤로 어떻게 되었나

한섬에서 신주인수권부의 청약을 받기 전날인 2004년 10월 18일에 10,300원이던 한섬의 주가는, 2004년 12월 27일에는 8,000원까지 떨어졌다. 이에 따라 앞의 글 'BW를 사는 것과는 다른 한 가지 투자전략'에서 제시하였던 전략인 "만약에 지금부터 주가가 하락하여 8,000원까지 내려간다면 매수하고 2007년 12월 이전에 12,000원까지 주가가 오르는 날이 온다면 매도하여 50%의 수익을 챙길 수 있다."의 투자가 실제로 가능했다.

앞의 글 '물량에 대한 고려'에서 "BW 행사로 인하여 주식수가 늘어나서 주당기업가치가 줄어드는 것을 방지하기 위해 자사주를 소각한다면"이라고 하였는데, 그 뒤 2005년 4월 21일에는 발행주식수의 3.28%에 해당하는 1,086,174주를 감자한다는 자사주 소각 공시가 나왔다.

주가가 움직이는 과정에서 2005년 2월 24일에 11,750원, 4월 22일에 12,350원, 9월 28일에 11,200원, 10월 17일에 11,800원에서 고점을 형성하였다. 즉 BW의 행사가격인 12,000원 근처에서 거의 정확하게 고점 저항이 나타났다. 위의 설명이 상당히 잘 적용된 것이다.

1년 넘게 12,000원 근처의 고점 저항을 여러 차례 받다가 2005년 11월 중순에 거래량 증가와 함께 강력하게 고점을 돌파하였다. 그 뒤로는 상승이 순조로워지면서 2006년 3월 10일에는 19,750원까지 상승하였다.

주가가 12,000원을 넘은 뒤에는 신주인수권 행사가 시작되어서 3월 20일에는 신주인수권 행사로 늘어난 119,480주가 상장되었고, 그 뒤로도 신주인수권 행사는 추가로 나타났다.

# 인간관계 스트레스가 너무 심할 때
# 취할 수 있는 방법 5가지

투자하는 사람이나 개인 사업하는 사람들은 손실이 날 때에 스트레스 받는 것은 물론이거니와 수익이 나도 다른 경우 대비해서 초과수익이 난 것인지, 얻어진 수익을 어떻게 지킬지, 앞으로도 더욱 크게 불어날 수 있을지 등으로 끊임없이 스트레스를 느끼게 된다. 한편, 봉급 받는 직장인 경우에는 가장 큰 스트레스는 직장 안에서 상사, 부하직원, 동료들과의 관계에서 더 흔하게 생겨난다. 친구라면 보기 싫으면 안 만나도 되지만, 직장생활을 하며 살아가는 동안은 피할 수 없는 인간관계이기에 스트레스가 더 심하게 느껴지기도 한다. 직장 안의 어떤 인간관계에서 너무 큰 스트레스가 생길 때에 취할 수 있는 방법으로서 아래 5가지를 고려해볼 수 있다.

## 1. 그 직장을 떠난다

옛날에는 직장에서 받는 스트레스는 먹고 살기 위해서 눈 딱 감고 참으면서 생활하는 경향이 강했는데 요즘은 과거보다는 그런 경향이 줄이든 것 같다. 그렇더라도 사람 사는 사회에서 모든 면이 내 마음에 드는 직장은 없다는 점을 인식해야 한다. 따라서 현재 직장에서 불만이 있어서 옮기는 것이 아니라 현재 직장보다 훨씬 더 나은 조건에서 자신의 미래가 더 유망하게 발전할 수 있는 곳이 있을 때에 옮기는 것을 기본 원칙으로 해야 한다. 어떤 직장에서 너무 꼴 보기 싫은 사람이 있어서 다른 직장으로 옮긴 사람이 다른 직장에서 더 심각한 다른 문제에 부딪혀서 오히려 더 크게 잘못된 경우들도 보았다. 그러나 물론 인간관계가 너무 괴로우면 최악의 경우에는 직장을 옮길 수도 있다. 월급은 더 작고 네임밸류도 더 떨어지는 직장이라도 정신적으로 더 건강하게 지낼 수 있다면 이직을 충분히 고려해보아도 좋다.

2. 그 사람과 멀리 떨어질 수 있으면 떨어지도록 노력한다

업무상 꼭 필요한 경우 이외에는 가급적 얼굴을 마주 대하지 않도록 한다. 한편, 직속상사인 팀장으로부터 피할 수 없게 심각한 스트레스를 받던 사람이 그 직장을 떠나는 길을 선택하지 않고 더 윗사람에게 청원하여서 다른 팀으로 옮기는 실제 사례들도 보았다. 윗사람에게 그런 청원을 하는 것이 곤란한 경우도 많지만 불가피하게 그런 청원을 해도 되는 경우들도 있으므로 한번 생각해볼 만하다. 물론 위에서 충분히 납득할 수 있게끔 요령 있는 설명을 미리 잘 준비해야겠다.

3. 스트레스를 주는 상대방을 대하는 나의 태도를 바꾸어 본다

한 사람이 다른 사람을 대하는 태도가 늘 똑같지 않고 상대에 따라서 대하는 태도가 다르게 나타나기도 한다. 팀장 밑에 똑같은 동료팀원이고 일하는 능력이나 모든 면에서 차이가 없는데 그 동료에게는 함부로

대하지 않는 팀장이 나에게는 함부로 대하는 경우도 있다. 그럴 때에는 팀장을 대하는 자신의 태도와 자신의 표정 등을 잘 점검한 다음에 어떤 변화를 취해보는 것도 고려해볼 수 있다. 평소 지내던 태도와 다르게 변하는 것은 어색하고 불편한 일이지만 지나칠 정도의 불합리한 스트레스를 줄이기 위해서는 때로는 의도적으로 그런 노력을 할 필요도 있다.

### 4. 스트레스 주는 상대방에 대한 인간적인 이해도를 높인다

어차피 업무상 함께 일할 수밖에 없을 때, 상대방의 성품과 성향에 대해서 근원적인 이해를 하게 되면 그 사람의 좋지 않은 태도를 좀더 수월하게 받아들이는 데 도움이 된다. 때로는 그 사람의 좋지 않아 보이는 성품이 어떤 불행한 배경에 의한 것임을 알게 된다면 연민의 마음을 느낄 수도 있다.

### 5. 배우가 연기하는 마음으로 직장생활을 한다

배우는 무대가 직장의 일부이고, 무대 위에서 연기하는 것이 직장생활과도 같다. 봉급자도 직장을 무대라고 생각하고 직장 안에서 생활하는 것을 연기한다고 생각하는 것이다. 배우가 연기할 때에 자기가 맡은 배역을 그저 충실히 연기하려고 할 뿐이지 극중 상대 배역의 성품 때문에 스트레스 받지는 않는다. 오히려 작품을 바라보는 관객들이 극중 특징 인물에 대하여 때로는 불쾌감을 느끼기도 한다. 배우들이 자신의 성품과는 전혀 다른 성품의 역할을 일부러 연기하듯이 직장생활에서도 필요에 의해서 연기를 해도 되는 것이다.

직장생활을, 사회생활을, 가정생활을, 더 나아가서 인생 자체를 하나의 연극 무대로 생각할 수도 있다. 어떤 연기를 하면서 생활을 하면 스트레스를 줄이고 좀더 편해질 수 있다면 일부러 그런 방향으로 연기하는 마음으로 지내도 된다.

## 연극이 끝나기 전
행복투자 이건희


연극이 끝나기 전
아직은 우리는 각자의 역할에 충실해야 한다


웃어야 할 시간이 되면
정말로 기쁜 마음에 도취되면서 웃어야 하고


울어야 할 시간이 되면
정말로 슬픈 마음에 사로잡혀 울어야 한다


천하를 호령하는 장군의 빛나는 영광과
자신의 의지와는 관계없이 평생을 노예로 살아가는


운명의 역할을

너와 내가 나누어 맡아야 한다

상대방을 때리기 싫어도
때로는 무참히 때리는 행동을 보여주어야 한다

가끔은 얻어맞으며 울분을 삼켜야 한다

불타오르던 사랑이, 막이 바뀌고 나면
거품처럼 사라지는 것을 보여야 한다

분노와 증오를 가슴에 품은 채
쓸쓸히 죽어가는 샐러리맨이 되기도 하여야 한다

우리의 삶 속에 우리는 하나의 연기자일 뿐

1막 뒤에 2막, 2막 뒤에 3막이 오지만
모든 연극은 언젠가 끝나게 되어 있다

그러나 아직은 연극이 끝나기 전

영원히 오지 않는 고도를 기다리며
천장의 불이 꺼질 때까지 무대 위에 남아 있어야 한다

# 5장

# 원금 보전에 시세차익까지 덤으로, 채권투자

# 채권투자의 좋은 점

일반투자자들의 경우 채권이란 것을 잘 몰라서 투자하지 않는 경우가 많다. 투자에 관한 다양한 툴을 익혀두어야 스스로에게 유리한 다양한 전략을 구사할 수 있을 것이다. 재테크 측면에서 채권투자가 좋은 점을 설명하면 다음과 같다.

1. 채권은 만기 때까지 어떤 형태로 얼마씩 이자를 지급할지 채권발행 시에 확정된다. 이런 특성은 고정금리인 예금과도 같다.
2. 한편 채권은 예금과는 달리 사람들끼리 사고팔 수 있으며, 사고팔 때마다 가격이 변할 수 있다. 따라서 주식처럼 시세 차익을 얻을 수도 있다.

### 채권가격은 왜 변하나

액면가 1만 원에 연 8% 이자를 받기로 되어 있는 채권을 구입하였을 때 그 채권을 만기까지 가지고 있게 되면 확정된 원리금을 상환받게 되지만, 어떤 사정이 생겨서 도중에 채권을 팔게 되면 당시의 채권가격에 따라서 9천 원에 팔게 될 수도 있고 1만 1천 원에 팔게 될 수도 있다. 채권이 거래되는 가격은 몇 가지 현상이 맞물리면서 변하게 된다.

　채권가격이 변하게 되는 큰 이유 중의 하나는 시중의 실세 금리가 계속 변하기 때문이다. 경기가 좋아지면 기업들이 설비투자를 늘리기 위하여 금융기관에서 대출을 받거나 채권발행을 통하여 자금을 조달하려고 한다. 이와 같이 시중의 자금수요가 늘어나면 시중의 실세 금리가 올라가게 되고, 시중의 자금수요가 줄어들게 되면 실세 금리는 내려가게 된다. 또한 정부의 의도적인 재정금융정책에 의해서도 금리는 변한다. 정부에서는 국내외 경제상황에 따라서 금리가 올라가기를 원할 수도 있고 내려가기를 원할 수도 있다. 예를 들면, 대출받아서 부동산 사는 사람이 많아져서 부동산 경기가 과열되면 금리를 높임으로써 대출을 줄이려고 한다. 이와 같이 인위적으로라도 부동산 사려는 수요가 줄어드는 방향으로 유도하는 것이 하나의 정책이 될 수 있다.

　투자하거나 예금하는 입장에서의 일반인은 채권에 투자할지 여부를 흔히 정기예금의 이자율과 비교하여 결정하게 된다. 채권발행 당시에 시중금리가 높아서 8% 이자율이 별로 높지 않더라도 나중에 시중금리가 크게 내려가게 되면 8%가 상대적으로 매우 높은 이자율이 되고 사람들은 1만 원보다 더 높은 가격에라도 그 채권을 사고 싶어하게 된다. 예를 들어 액면가 1만 원에 연

8% 이자를 받기로 되어 있는 채권을 1만 1천 원에 산다고 해보자. 이 채권은 연 800원 이자를 받게 되니 '800원/11,000원' =연 7.27%의 수익률을 만기까지 얻게 된다. 시중금리가 연 7.27% 미만으로 떨어져 있는 상태라면 사람들은 이 채권을 1만 1천 원에라도 사려고 할 것이다.

이처럼 시중금리가 하락하게 되면 그에 따라 채권가격은 상승하는 효과가 나타나고, 만기 때까지 받는 이자는 고정된 상태이니까 채권수익률은 자연스레 하락하게 된다. 위의 경우 채권 수익률은 8%에서 7.27%로 떨어졌다. 채권수익률이 하락하더라도 정기예금 이자율보다는 약간 높은 선에서 멈추게 된다. 채권수익률이 정기예금 이자율과 같거나 낮다면 아무도 채권을 사려하지 않을 것이기 때문이다.

채권을 발행한 회사의 상태변화에 따라서도 채권가격과 채권수익률은 달라지게 된다. 채권을 발행한 회사가 재무적으로 크게 어려워진다면 투자자로서는 원리금을 돌려받지 못할 가능성이 생겨나므로 그 채권을 사람들이 사려하지 않게 된다. 따라서 채권 가격은 크게 내려가게 되고 채권 수익률은 높아진다. 자금 조달을 위하여 채권을 발행할 당시에 회사의 신용도가 낮은 경우에는 투자자들이 채권을 사도록 유도하기 위해서 높은 이율로 발행할 수밖에 없다. 그러다가 훗날 회사의 재무적 상황이 좋아지고 신용도가 올라가게 되면 발행당시보다 낮은 수익률에도 사람들이 사려고 하기 때문에 채권 가격은 올라가게 된다.

## 예금과 주식의 양쪽 특성

채권은 주식처럼 사람들끼리 거래하면서 가격이 변할 수 있지만 액면가 대비한 이자율이나 만기까지 보유 시 받게 되는 총 이자의 절대금액은 변하지 않는다. 즉 채권은 '금리가 고정된 예금'과 '가격이 변동하는 주식', 양쪽의 특성을 동시에 지녔다. 이런 양쪽의 특성을 잘 살리면 안정성과 수익성을 동시에 융통성 있게 추구할 수 있다.

만약에 시중금리가 앞으로 지속적으로 크게 내려가리라고 예상되면 현재의 금리를 기준으로 한 장기채권을 구입하여서, 장기간에 걸친 높은 이자수익률을 확보해두면 좋다. 이 장기채권을 계속 가지고 있다가 시중금리가 내려가면 채권가격이 올라가게 되므로 올라간 가격에 도중에 팔아서 시세차익을 얻을 수도 있다.

채권은 만기까지 보유하는 경우의 수익률이 매수하는 시점에 미리 확정되기 때문에 회사가 망하여서 지급불능이 되지 않는 한 원금손실을 볼 위험성이 전혀 없다. 한편, 보유 도중에 어떤 이유에 의해서건 채권가격이 크게 올라가게 되면 매도함으로써 시세차익을 얻어내도 된다. 즉 안전성이 확보된 상태에서 고수익을 노려볼 수 있는 것이다.

### 의무적으로 구입한 채권의 관리

자동차나 부동산 등을 구입할 때는 의무적으로 채권을 구입해야 한다. 이 경우 채권을 직접 받지 않고 그대로 중개인에게 할인해서 넘겨버리는 사람들이 많다. 채권을 잘 몰라서 흔히 그러는 것이다. 채권을 직접 보유하고 있다가 금리가 내려갈 때 상대적으로 올라간 높은 가격에 증권사를 통해서 매도하면 훨씬 유리하다. 처음에는 의무적으로 사야했던 비교적 싼 이자율의 채권이었지만 시중금리가 내려가게 된다면, 보유하고 있는 채권의 가격은 올라가게 된다. 그와 반대로 시중금리가 올라가서 채권의 가격이 내려간다면 이자를 타면서 만기까지 보유해도 되는 일이다. 혹시 돈이 필요해서 곧바로 매각해야만 하는 경우라도 직접 채권을 받아서 금융기관을 통해서 매각하면, 중개인에게 바로 할인해 넘기는 것보다 더 많은 금액을 받을 수 있다.

앞으로 살펴보겠지만, 채권투자에서 직간접투자를 막론하고 의외의 '대박'을 얻을 수 있는 경우들이 생겨나곤 한다. 하지만 일반론으로서는 시세차익을 노리는 것을 처음부터 목표로 하지 않고 높은 이자수익률을 확보한 상태로 채권을 보유하는 도중에 우연찮게 큰 시세차익이 나서 매도할 수 있게 되는 이런 망외의 소득으로 여기는 접근법이 좋겠다. 주식투자에서 시세차익을 노리는 것을 처음부터 목표로 하지 않고 배당만을 목표로 하였다가 우연찮게 시세차익이 많이 나면 매도할 수 있는 것과 비유된다.

채권에 내해 어실프게 아는 투자자들의 경우 채권투자로 인해 얻을 수 있는 수익률이 변변치 못하다(?)고 여기는 경우를 가끔 보게 된다. 하지만 이는 잘못된 생각이다. 채권투자로 인해 얻을 수 있는 수익률이 결코 낮은 것이 아님을 깨닫는 것이 부자로 가는 첫걸음이라고 할 수 있다. 실제로 부자들은 '시중금리+a'의 수익률에 민감하게 반응한다. 이를 두고 그들이 이미 부자이기 때문에, 가진 돈이 이미 많기 때문이라고 생각하는 것은 잘못된 판단이다. 그들은 '고수익'의 진정한 의미를 알기 때문이다. 예를 들어 '시중금리+a'의 수익률이 100% 안전성이 보장되는 것이라면 대출을 통한 레버리지 효과를 활용함으로써 훨씬 수익률을 높여갈 수도 있다.

실제로 큰 부를 이룬 사람들 중에는 채권투자로 그 부를 일군 경우가 아주 많다. 미래에셋 박현주 회장의 경우도 주식투자가 아니라 채권투자를 통해 큰 수익을 올렸고 이를 모태로 미래에셋을 창업할 수 있었다는 사실은 시사하는 바가 크다.

아래의 글을 통해서도 채권투자의 수익률이 결코 작은 것이 아님을 알 수 있다.


# 수익률 비교: 국채, 정기예금, 강남아파트, 전국 주택

이 글은 국채, 정기예금, 강남아파트, 전국 주택의 누적투자수익률을 비교한 민간경제 연구소의 조사자료를 바탕으로 작성한 글이다. 흔히 하는 예상과 다른 결과가 나타남을 볼 수 있다. – 2004/07/16(텐인텐 카페)

삼성증권 리서치센터가 2002년도에 발표한 자료에 의하면

1998년부터 2002년 사이에 투자대상별 누적투자수익률이 가장 높은 순서는 다음과 같다.

- 1위 강남아파트 59%,
- 1위 국채 59%(동률1위)
- 3위 정기예금 50%
- 4위 전국 주택 11%
- 5위 주식 -2%

강남아파트가 2003년에도 많이 올랐으므로 1998년부터 2004년까지의 기간을 대상으로 한다면 강남아파트가 국채를 확실히 누르면서 단독 1위일 것이다. 그러나 전 국민 중에서 강남아파트를 소유하고 있는 사람이나 강남아파트를 구입할 수 있는 형편을 가진 사람의 비율은 낮기 때문에 강남아파트보다는 전국 주택을 비교 대상으로 하면서 일반론을 이야기하는 것이 더 현실적이다.

LG경제연구소가 2002년도에 발표한 또 다른 자료에 의하면 1986년에 정기예금, 국채, 주식, 강남아파트에 각각 똑같은 돈을 투자해서 2002년까지 보유하였을 경우 16년 동안의 투자수익률이 가장 높은 순서는 다음과 같다.

- 1위 국채
- 2위 정기예금
- 3위 강남아파트
- 4위 주식

여기에서 전국 주택은 비교가 안 되어 있지만, 1986년을 비교 출발 시점으로 잡더라도 강남아파트는 전국 주택보다 훨씬 높은 투자수익률을 나타낼 것은 엄연한 사실이다. 또한 위 순위에서 국채가 수익률 1위임은 변함없다.

국내 유명 두 경제연구소의 자료에는 정기예금과 강남아파트를 비교할 때 채권으로는 국채만을 대상으로 하였지만, 회사채는 국채보다 항상 수익률이 더 높기 마련이다. 따라서 두 경제연구소의 비교자료에 회사채를 포함시키면 채권투자의 수익률은 더욱 올라가게 될 것이다.

채권수익률은 일반 정기예금이율보다는 높으면서도 부동산 투자수익률, 주식 투자수익률과 마찬가지로 해마다 변해가기 때문에 채권, 부동산, 주식 이들 세 가지 사이의 수익률 비교는 해마다 달라진다. 1990년대 초가 채권이 부동산, 주식에 비해서 훨씬 높은 수익률을 나타내던 시기였고, IMF 직후에도 채권이 부동산, 주식에 비해서 훨씬 높은 수익률을 나타내던 시기였다. 언제나 꼭 어떤 하나만이 최상의 투자가 될 수는 없다.

### 추억의 상품: 소액채권저축

1990년대에 존재했던 저축상품 중에 기억나는 것으로 '소액채권저축'이라는 상품이 있었다. 당시 일반적인 예금에는 세금우대가 별로 없던 시절이었는데, '소액채권저축'에는 세금우대혜택이 존재하였다. 일반 예금에 비하여 세금을 훨씬 적게 낼 뿐 아니라 추가의 이점으로서, 일반청약에 비

행복한 **주식투자**

해서 높은 배정율로 공모주 청약자격이 주어졌다. 그 당시는 공모주가 요즘 코스닥 공모주만큼 경쟁률이 높지는 않았다. 일반청약보다 소액채권저축에 가입한 사람들의 청약에는 배정율을 높게 해주었기 때문에 공모주마다 청약하여 배정받은 뒤, 상장되면 곧바로 시장에서 파는 식으로 하면서 추가의 수익을 덧붙일 수 있었다. 상장 후 공모가격 이하로는 떨어지지 않게 주관 증권사에서 시장조성을 의무적으로 해주기 때문에 아무리 인기 없는 공모주라도 손해 보는 일이 없었다. 더욱이 공모주가 상장 직후 꽤 오를 때에는 짭짤한 차익을 내고 팔 수 있었다.

필자가 소액채권저축을 적극 활용하던 그 당시에 채권 수익률에 공모주 수익률이 더해져서 실제 얻어진 수익률은 대략 연 19% 정도 되었던 것으로 기억한다. 그 당시 필자 주변사람들에게 소액채권저축의 이점을 이야기해주었지만, 필자 이야기 듣고 여기에 돈 넣는 사람은 거의 없었다.

이 세 가지의 수익률은 흔히 서로 교차하면서 변해간다. 즉 하나가 오르면서 다른 것은 내리는 방식이지만 때로는 동반상승이나 동반하락하기도 한다. 오르고 내리는 주기를 예측하는 것이 중요하지만 정확한 예측은 아무리 전문가라도 매우 힘들다. 다만 흔한 패턴 중 하나는 시간이 흘러감에 따라서 수익률 올라가는 것이,

… ›주식 ›부동산 ›채권 ›주식 → 부동산 → 채권 → 주식 → … 순서로 나타난다.

수익률 높은 것이 이런 순서대로 변해가는 이유는, 아직은 경기가 불황이면서 주식시장과 부동산시장이 모두 어려움을 겪고 있으면서 경기가 바닥을 지날 때쯤 기업이 투자를 늘려가면서 자금소요에 의해서 채권의 수익률이 올라가기 시작한다. 그 뒤에 기업의 상황이 실제로 호전되어 가면서 주식시장이 상승하게 되며 주식시장의 활황으로 크게 돈 번 사람들이 많아져서 시중에 넘치는 유동자금이 부동산시장으로 흘러들면 부동산 가격이 올라가는 것이다.

　수익률이 돌아가면서 올라가는 공식에 의해서 실제로 수익률이 변해간 것을 1980년대 이후를 대상으로 설명하겠다.

　〔주식〕: 1980년대 하반기에 주식이 먼저 크게 오르다가 1989년도에 상투를 친 뒤에 내렸고,

　→〔부동산〕: 주식시장에 뒤이어서 오르기 시작한 부동산이 대폭등을 한 뒤 1991년도에 상투를 쳤고,

　→〔채권〕: 그 뒤로는 주식시장과 부동산시장이 둘다 재미없을 동안 채권 수익률이 무척 높게 나타났다.

　→〔주식〕 1990년대 들어서는, 1992년도에 주식이 먼저 크게 오르다가 1994년도 말에 상투를 쳤으며,

　→〔부동산〕: 1994년도에 부동산가격이 오르기 시작하다가 1997년도에 상투를 쳤으며,

　→〔채권〕: 그 뒤에는 채권 수익률이 무척 높게 나타났다.

　→〔주식〕: 시차를 두고 주식시장이 오르기 시작하여 다시 1,000

포인트 돌파하면서 2000년에 상투를 쳤다.

　→[부동산]: 그 뒤로 지금까지는 부동산시장이 수익률에서 가장 크게 재미를 보았다.

　최근의 높은 부동산 수익률에 뒤이어서, 채권 수익률이 오른 것이 아니라, 작년 3월부터 올해 4월까지, 주식시장의 수익률이 크게 올랐는데 이는 전 세계적으로 넘쳐나는 글로벌 투자자금이 국내의 주식시장에 많이 흘러 들어왔기 때문이다. 외국계 자금이 수출로 인하여 호황을 누리는 삼성전자, 포항제철, 현대차 등 일부 초대형기업에 투자하면서 지수를 크게 끌어올린 것이다. 즉 글로벌시대 변수의 영향이 크게 나타난 것이다. 경제가 본질적으로 좋아지지 않는다면 어떤 투자자금이 많이 흘러 들어오더라도 주식시장 상승에는 한계가 있게 마련이라서, 종합주가지수가 2000년도의 고점을 돌파하지 못한 채로 4월에 900대에서 상투를 만들고 크게 하락하여서 700대 초반까지 내려왔다.

　앞서 실제 과거 상황을 설명한 것처럼 부동산 이후로는 채권수익률 상승이 순서이지만 전 세계적으로도 요즘 솔솔 금리상승 이야기가 흘러나오고 있다. 그러나 국내기업들 중 상태가 좋은 기업들은 IMF 이후 유보자금을 많이 비축해두고 있어서 단군 이래로 현금비축금액이 최고로 많은 얼마라는 이야기도 나와 있다. 따라서 대기업들의 자금소요를 채권발행을 통하여 조달하려는 경우가 줄어들 수도 있다.

# 연 9.3% 고정된 수익률의
# 투자상품

개인도 매입할 수 있는 채권으로 꽤 자주 발행되는 것이 후순위채권이다. '후순위' 채
권인 만큼 이자율이 높다. - 2005/01/20(텐인텐 카페)

가장 좋은 투자대상을 아무 때나 찾으려하기보다는, 목돈이 생
긴다면 초단기금융상품 중에서 이자율이 가장 높은 데 일단 넣어
두었다가 괜찮은 투자대상이 있을 때마다 분할 투자하는 것이 좋
은 방법이라 하겠다.

다음주 1월 26일~28일에 한국저축은행과 대우증권영업점에
서 한국저축은행의 후순위채권을 판매한다. 이번 후순위채권은
회계년도(2004년 7월~2005년 6월)에 발행 가능한 최종분이다. 만기
가 2010년 7월 31일로서 5년 6개월짜리 금융상품이다. 최저 청
약단위는 2,000만 원이며 소액 청약자에게 1,000만 원이 우선 배
정된다.

후순위채권은 일반채권과 달라서 금융기관이 후순위채권을 발
행하면 BIS비율이 올라가기 때문에 발행하는 경우가 흔하다. 국
제결제은행(BIS)의 자기자본비율을 산정할 때 후순위채권은 부채
가 아닌 자기자본으로 계산되기 때문이다.

이번 판매 후순위채권은 이자율이 연 9.0%인 3개월 이표채로
서 연 환산 수익률은 9.3%에 달한다. 3개월마다 이자를 받을 수
있다는 장점이 있고, 회사만 망하지 않는다면 연 9%대의 고금리

가 5년 6개월이라는 긴 기간 동안 고정금리로 확보되는 셈이다.

여기에 든 금액만큼은 앞으로 5년 반 동안은 높은 고정금리 투자대상을 찾는 데 신경 안 써도 된다. 유일한 문제는 그 은행이 5년 반 이내에 망할 가능성이 있느냐 여부인데 그 점에 대해서는 필자가 100% 단호하게 말씀드릴 수는 없다. 경남 마산의 한나라 상호저축은행이 작년 2월에 영업정지된 후 8월에 파산했고, 9월과 12월에는 부산 한마음저축은행과 경남 거창군 아림저축은행이 영업정지를 당했다. 올해 1월 14일에는 한중저축은행이 영업정지되었으며, 지금 현재 예금보험공사에서 집중 감시대상인 저축은행이 10여 개에 달해 영업정지되는 곳이 앞으로 또 나올지도 모르는 일이다.

그런데 요즘 거의 모든 분야가 그러하듯이, 저축은행 세계에서도 양극화현상이 나타나고 있다. 한국저축은행은 영업이익을 잘내고 있으며 외형적으로도 크게 성장하고 있는 상태이다. 한국저축은행은 이번 후순위채발행이 끝나면 BIS 기준 자기자본비율이 10.5% 수준으로 상승하리라 예상된다. 지난해 10월 말 기준 여수신 순위가 각각 4위와 3위로서 1년 전의 8위, 6위에 비하여 크게 성장하였고 자산규모는 5,000여억 원이 증가하여 6위에서 3위로 올라섰다. 자본금이 350억 원인데 작년 6월 결산에서 경상이익 305억 원, 순이익 232억 원을 기록하였으며, 자산총계에서 부채총계를 뺀 금액인 자본총계는 작년 9월분기 기준으로 795억 원으로 늘어나 있다.

한마음상호저축은행의 공개매각에서 한국상호저축은행이 유력한 인수후보로 대두되어 있다. 만약 한국저축은행이 한마음저축은행을 인수하게 되면 자산규모 2조 원이 넘는 업계 1위 저축은행이 된다. 인수에 최소 570억 원의 출자가 필요하여 단독인수는 힘들지 모른다는 의견도 나와 있다.

## Q&A | 후순위채권도 보유하고 있는 도중에 거래가 가능한가요?

LG카드후순위전환사채, 삼성카드후순위전환사채, 쌍용화재후순위전환사채처럼 주식과 연계된 후순위채권은 채권시장에 상장되어서 HTS로도 불특정다수끼리 쉽게 거래할 수 있다. 그러나 그렇지 않은 일반 후순위채권들은 불특정다수끼리 거래할 수 있는 시장이 형성되어 있지는 않다.

은행에서 발행한 후순위채권은 해당 은행 창구에서 개인끼리 사고파는 식으로 할 수 있다. 후순위채권을 팔고 싶으면 은행직원에게 살 사람이 있는지 알아봐달라고 부탁하고, 사고 싶다면 매물이 나오면 알려달라고 부탁할 수 있다. 후순위채권을 사려는 사람이 있다거나, 매물이 나와 있다는 사실을 은행에서 전자게시판에 올려놓는 식으로 은행 전 지점에 알리면서 공고할 수도 있다. 매도자와 매수자가 맺어지게 되면 은행 중개 하에서 명의변경을 하게 되는데, 매매자들은 은행에 가서 '채권양도 신청서'를 작성한다. 후순위채권 매도자에게 은행에서는 세금을 공제한 이자를 지급하면서 후순위채권 통장을 회수하고, 후순위채권 매수

인에게는 새 통장을 발급한다. 공증절차는 몇 천 원 정도의 수수료로 은행에서 처리해준다.

## Q&A | 5년 이상은 너무도 긴 시간 아닐까요?

각 개인마다 어떤 투자가 적합한지는 상황에 따라서 답이 달라진다. 5년 이내에 돈을 회전해야 할 필요성이 있거나, 현재의 발행이자율보다 더 높은 수준으로 금리가 향후 5년 이내 올라갈 가능성이 있다면 5년 이상은 분명 길다. 여기서 5년 이내 자금을 회전시켜야 할 필요성이 생길지 여부는 오직 투자자 입장에 달린 것이다.

만약에 주택을 구입하면서 자금이 필요하게 될 때, 이미 보유 중인 장기채권이나 장기예금의 실수령 이자율보다 주택담보대출의 대출금리가 더 낮아져 있다면 높은 이자율의 채권이나 예금을 그냥 두면서 그보다 오히려 싼 금리의 담보대출을 더 늘리면 무위험 차익을 얻을 수도 있다. 금리의 미래 상승가능성을 예측할 때, 금리가 올라가더라도 국가의 채무상태에 문제가 생기지만 않는다면 향후 9% 이상으로까지 올라갈 가능성은 거의 없다고 봐야 하겠다.

또한 발행은행의 재무상태가 현재는 매우 좋지만 시간이 길어지면 길어질수록 현재의 상태로부터 변화될 가능성이 더 높아질 수 있을 것이다. 그 변화 가능성에선 더 나쁜 상태로 변화될지, 더 좋은 상태로 변화될지는 미리 알 수가 없다. 그러나 아무튼 필자로서는 가장 신경 쓰일 수 있는 부분을 고르라면 이 부분이 되겠다.

한편, 수년 이상 여유자금으로 묻어둘 돈이거나, 장기적으로 꾸준히 불려나가고 싶은 돈이라면 고금리 상품일수록 오히려 기간이 길면 길수록 더 좋은 것이다. 고금리 상품을 아무 때나 항상 쉽게 접할 수 있는 것은 아니기 때문이다. 1년짜리 고금리상품에 가입하여 1년 뒤에 원리금을 회수하였을 때 그 돈으로 곧바로 또 다른 고금리상품에 가입할 수 있도록 항상 어느 시점에서나 원하는 금리의 상품이 나를 위해 준비되어 있는 것은 아니다. 할 수 없이 일시적으로 일반 금리의 상품에 넣어두었다가 고금리 상품이 얻어져서 가입하더라도 그 사이의 기간만큼은 수익률 저하를 감수할 수밖에 없다.

필자가 예전에 5년짜리 채권을 사서 가지고 있는 도중에 금리가 크게 내려갔던 적이 있었는데, 고정된 높은 금리가 5년 동안 확보되어 있던 셈이다. 역시 예전에 적금식의 비과세가계저축을 5년짜리 고정금리 11.5%로 가입한 적이 있었는데 그 뒤로 금리가 크게 하락하였다. 필자는 다른 사람들이 새로이 드는 적금의 이자율보다 훨씬 높은 11.5%라는 높은 고정 이자율을 확보한 상태에서 매달 적금 부을 때마다 수년 동안 흐뭇해했다. 그러다가 만기가 되어 찾을 때에는 참으로 아쉬웠다. 그처럼 높은 이자율의 적금은 그 시점에서는 없었다.

지금 우리나라 금리가 매우 내려가서 미래에는 금리가 어느 정도 오를 여지도 충분히 있지만 우리나라 국가의 채무상태에 큰 문제가 생기지만 않는다면 옛날 같은 수준의 고금리 시대로 회귀할 가능성은 적다고 봐야 하겠다.

## 그 뒤로 어떻게 되었나

2007년 현재 한국저축은행이 향후 5년 내에 부도가 나리라고 예상하는 사람은 거의 없다. 한국저축은행은 실적이 크게 증가하고 회사 상황이 좋아짐에 따라서 주식 가격도 2005년 1월의 6천대에서 2007년 5월 말에 2만 7천 원까지 4배 이상 올랐다. 회사의 신용도가 개선되어가는 이상 한국저축은행은 더 이상 과거와 같이 연 9.3%에 달하는 금리의 채권을 발행하지 않는다. 2005년만 해도 일부 부실 저축은행들이 영업정지를 당하는 상황에서 저축은행 전반에 대한 불신감이 존재했기 때문에 그와 같은 고금리 채권이 나왔던 것이다. 위 채권의 금리는 현재 시중금리에 비해서 무척 높기 때문에 현 시점에서 위의 채권을 팔기를 원한다면 상당한 시세차익을 올릴 수도 있다.

좋은 투자기회는 사람을 기다려주지 않으며, 많은 사람들이 외면할 때 좋은 투자기회가 생긴다는 패턴을 다시 한 번 확인할 수 있다.

현재 시중금리는 위 상품을 추천했던 2년 전에 비해서 꽤 올라 있는 상태이지만 아직도 우리나라의 금리는 미국 등 여타 국가에 비해서 낮은 상태이다. 그동안 통화당국에서는 부동산 가격 상승 등의 물가불안을 안정시키기 위해서 정책금리를 올리고 싶은 의도를 다분히 가지고 있었다. 하지만 경기가 충분히 살아나지 못했기 때문에 경기침체의 우려로 금리를 올리지 못했다. 2007년 들어서는 기업들의 설비투자와 내수가 살아나는 등

경기 회복의 조짐들이 나타나고 있다. 만약 향후에 지속적으로 경기가 안정세를 보이고 금리가 충분히 올라간다면 그 시점에서 다시 한번 고금리 채권투자의 기회(그 시점에서의 금리가 가장 높고, 그 뒤로는 금리가 내려갈 것으로 바라보면서 하는 채권투자)가 찾아올 지도 모르겠다.

# 일년 수익률이 52.1%인 채권형 펀드

주식형이 아닌 채권형 펀드에 대해서는 수익률이 낮을 것이라는 선입견이 존재한다. 채권형 펀드에도 다양한 종류가 있고 경우에 따라서는 매우 높은 수익률이 얻어지기도 한다. 이 글을 통하여 채권형 펀드의 다양한 사례들을 살펴보기 바란다.
– 2004/07/17(행복투자 카페)

올해 상반기에 국내의 자산운용사들이 운용하고 있는 전체 채권형 펀드 137개의 수익률은 공사채형이 연 6.26%, 국공채형이 5.1%으로 나타나 있다. 공사채형의 경우에 제2금융권이 아닌 일반 은행의 정기예금 금리보다는 2% 포인트 정도가 더 높다. 펀드 평가회사인 ㈜제로인의 자료로부터 최근 일정기간 동안 수익률이 가장 높은 채권형 펀드 뽑은 것을 보도록 하겠다.

■ 시가채권에 투자하는 펀드로서 최근 12개월 동안 수익률이 가장 높은 것으로는,

- 운용사: 서울투신, 설정일 2002.8.2.

- 판매사: 현대증권, 순자산액: 80억 원

- 펀드명: 크리스탈 장기24채권S1

- 최근 1년간 수익률: 7.24%

- 편입종목: LG카드959, 대우인터내셔널1, 대우종합기계, 산
  은캐피373-1, 통안38-727-2-1


■ 시가채권에 투자하는 펀드로서 최근 6개월 동안 수익률이
가장 높은 것으로는,

- 운용사: KB자산, 설정일 2003.1.24.

- 판매사: 국민은행, 현대증권, 순자산액: 201억 원

- 펀드명: KB장기주택마련채권1

- 최근 6개월 수익률: 4.82%(연단위로는 9.6%)

- 편입종목: 국민주택1종 2004-1과 2004-3, 국고채권 2003-5
  와 2003-6, 통안 39-731-2-18


■ 후순위채권에 투자하는 펀드로서 최근 12개월 동안 수익률
이 가장 높은 것으로는,

- 운용사: 대한투신, 설정일 2002.9.12.

- 판매사: 대한투자증권, 순자신액: 32억 원

- 펀드명: CBO후순위채단위형H-2

- 최근 12개월 수익률: 49.33%

■ 하이일드펀드로서 최근 12개월 동안 수익률이 가장 높은 것
으로는,

- 운용사: KB자산, 설정일 2000.6.14.
- 판매사: 현대증권, 순자산액: 23억 원
- 펀드명: 주은 뉴하이일드 A2혼합형
- 최근 12개월 수익률: 52.13%
- 편입종목: 하이닉스만 100% 편입비율로 되어 있음.

이상으로부터 다음과 같은 사실을 알 수 있다.

1. 채권형 펀드도 역시 안정성이 높은 채권을 편입할 때 수익률
   은 상대적으로 낮아지는데 그래도 잘 운용되어지는 채권형
   펀드에서는 일반은행 이자보다는 높은 수익률이 얻어진다.
   채권이자에 덧붙여져 금리변화에 따른 채권가격의 변동에
   의한 시세차익까지도 더해질 수 있기 때문이다.

2. 위의 처음 두 개의 펀드를 비교해본다면, 특정기간에 가장
   수익률이 높았던 펀드가 다른 기간에서도 가장 수익률이 높
   다는 보장이 없다. 비교적 안정된 채권으로 운용하는 펀드들
   중에서는 어떤 펀드가 과거가 아닌 지금부터의 수익률이 앞
   으로 가장 높게 나올지 일반 고객으로서는 예상하기가 매우
   힘들다. 'KB장기주택마련채권1'이 최근 6개월 수익률이

4.82 %로서 연단위로는 9.6 % 수익률이지만 연단위로 환산한 수익률은 실제로 큰 의미가 없는 것이 다음번 6개월의 수익률도 4.82%가 된다는 예측 근거가 없기 때문이다.

3. 위에서는 순자산액 규모에 관계없이 수익률이 가장 높은 것들을 뽑은 것이다. 순자산액이 500억 원 이상 되는 펀드로 제한을 둔다면, 시가채권에 투자하는 펀드로서 최근 12개월 동안 수익률이 가장 높은 것은 조흥투신에서 운용하는 순자산액 2,112억 원인 '베스트초이스단기채권4'로서 수익률 6.87%이다. 위에 보여진, 순자산액 80억 원이면서, 수익률 1위인 펀드의 7.24%보다 작다. 후순위채권에 투자하는 펀드로서 순자산액이 500억 원 이상이면서 최근 12개월 동안 수익률이 가장 높은 것은 제일투신에서 운용하는 순자산액 672억 원인 'CJ 비전 CBO개인주식 10-1'으로서 수익률 9.38%이다. 위에 보여진, 순자산액이 32억 원인 펀드의 수익률 49.33 %와 매우 크게 차이가 난다. 물론 9.38% 수익률도 일반금리에 비해서는 충분히 높은 수익률이다.

아무튼, 펀드규모가 큰 것을 안정성 높게만 운용한다면 고수익이 얻어질 가능성은 줄어든다. 물론 작은 펀드라도 안정성이 높게 유지하는 것만을 추구하면 고수익에서는 멀어진다. 고수익을 추구하려면 펀드규모가 작고 몸집이 가벼워야지 유리할 수 있다. 전체 투자규모가 클수록 작은 금액으로 발빠르게 들어갔다 나올 수 있는 고수익의 기회를 이용하기 힘들다. 더욱이 큰 규모의 매매로서 시장에 영향을 주게 되는 경우에는 외형적으로 시장에 나타나는 수익률을 그대로 얻기가 힘들 수도 있다.

반대되는 측면에서는, 투자규모가 클 때에 시장의 시세를 주도해가는 세력으로 역할을 할 수도 있다. 국제무대에서는 헤지펀드들이 그런 일을 자주 하고 조지 소로스가 그런 식으로 투자하면서 엄청난 이익을 올린 유명한 사례도 있다. 대규모 투자금액으로 시장의 시세를 주도해가는 경우만을 제외한다면, 주식시장에서 요령 있는 개미투자자의 수익률이 큰손이나 대형투자기관에 비해서 더 높게 얻어지기 유리한 것처럼 채권시장에서도 작은 규모의 투자가 일반적으로는 더 유리할 수 있다.

4. 불안한 기업의 채권을 편입할 때 매우 높은 수익률이 얻어졌다. 위에서 보여지듯이, 하이닉스 채권을 100% 편입한 펀드가 1년 수익률이 무려 52.13%에 달한다. 하이닉스가 불안할 때 하이닉스 채권을 싼 값에 사들인 것이 하이닉스의 상황이 호전되면서 채권가격 상승으로 큰 수익률이 얻어진 것이다. 그러나 최근 1년의 수익률이 52.13%인 이 채권형 펀드의 최근 3개월의 수익률은 -13.29%로 마이너스 수익률이다.

5. 후순위채권으로 운용하는 펀드도 역시 높은 수익률을 가져올 수 있음이 나타나 있다. 회사가 청산할 때 돈을 돌려받는 순위가 가장 낮은 채권인 후순위채권이 불리한 조건으로 인하여 수익률은 높게 나타난다. 물론 채권을 발행한 회사에 문제가 생겨나지 않고 정상영업을 계속해야지만 고수익률이 그대로 얻어진다. 'CBO후순위채단위형H-2'의 최근 12개월 수익률은 49.33%, 최근 6개월은 62.71%, 최근 3개월은 -14.34%, 최근 1개월은 2.19%의 수익률로서 기복이 매우 심하다.

6. 반면에, 이보다 규모가 훨씬 커서 순자산액이 672억 원인 'CJ 비전 CBO개인주식 10-1'은 최근 1년간 수익률 9.38%, 최근 6개월 2.75%, 최근 3개월 1.42%, 최근 1개월 0.33%의 수익률로서 기복이 훨씬 더 적다. 수익률은 매우 높으면서 기복이 심한 펀드와는 달리 안정성이 비교적 높은 회사의 후순위채를 편입한 결과로 여겨진다.

7. 하이일드와 후순위 채권형 펀드의 위 수익률 데이터에서 알 수 있는 중요사항이 고수익형 채권펀드는 주식과 마찬가지로 수이률의 등락이 시간에 따라서 크게 나타날 수 있다는 점이다. 이러한 사실로부터도 재테크의 세계에서 일어나는 현상은 어떤 투자대상에서나 다 마찬가지임을 알 수 있다.

채권을 직접투자하건, 간접투자하건 채권발행회사에 대한 판단은 투자자가 스스로 내리면서 투자하는 것이 스스로 위험관리를 하는 것에 해당한다. 아주 높은 고수익을 추구하는 간접투자를 하더라도, 내가 직접 하이닉스 채권을 매매하기는 곤란하여 그러한 채권을 편입하는 펀드를 찾아서 가입하는 식이 되어야 한다. 또는 아주 높은 수익률을 꿈꾸지는 않으면서, 위험률과 수익률 사이에서 스스로 적당한 선에서 타협하겠다면 그에 해당하는 펀드에 가입해야 한다. 판매수수료, 총신탁보수료, 환매제한여부, 환매수수료 등은 각 펀드마다 다르므로 일일이 확인해봐야 한다.

제대로 이해하지 못하고 있던 투자상품을 이야기들을 때, 자신에게는 잘 맞는 투자상품일 수도 있는데 평소 잘 모르고 있었고 과거에 해보지도 않던 투자이니까 막연한 선입견에 의해서 거부감을 느끼고 아예 귀담아들어 보려고도 하지 않는 것도 문제이지만, 이와는 정반대로 어느 날 갑자기 회사 측의 홍보성 이야기에만 이끌려 깊은 이해도 없이 덜컥 가입하는 것도 문제이다.

## 현대건설이 대우처럼 되지 않는다면

이 글은 필자가 인터넷 상에서 맨 처음 글쓰기를 시작했던 '이지인베스트'라는 사이트에 썼던 글이다. IMF 직후 현대건설 전환사채에 투자했던 사례로, 채권투자에서 나타나는 고위험 고수익 투자의 전형적인 사례이다. - 2000/10/18(이지인베스트)

현대건설 전환사채 투자는 필자 직접 경험으로는 IMF 이후로,

두 번째로 찾아온 채권투자를 통한 'High risk, High return'의 기회이다.

1. 첫 번째 기회는 IMF 직후였는데, 채권수익률이 30%를 넘어선 것을 보았다. 그 당시 필자는 채권을 살까말까 망설였다. 국가가 부도가 나느냐 여부로 모든 사람들이 가슴 졸이던 때이고 처음 당하는 일이라서 조심하는 마음에서 일단 그 시점은 지나갔다. 험악한 분위기가 다소나마 가라앉으면서 채권수익률이 하락하는 시점에서 20%대 수익률로 구입하였다. 그 뒤로 국가와 사회가 안정되는 분위기가 강화되면서 채권수익률이 더 하락하였다. 그러나 추가로 더 하락할 수 있으리라 생각이 들어서 20% 미만인 10%대 중반에서 한 번 더 구입을 하였다. 채권은 만기 때까지 보유를 전제로 한다면 사는 시점에서 수익률이 고정되므로 만기일인 몇 년 뒤까지 그러한 연평균 수익률을 얻을 수 있었다. 그러나 일부 채권은 만기일 이전에 매각을 하면서 구입당시 확정되어 있었던 연평균수익률보다 더 높은 수익률을 얻어낼 수 있었다.

2. 두 번째 기회가 바로 현대건설 전환사채이다. 지금 현대건설은 부도의 우려 때문에 주식과 채권이 모두 폭락한 상황이다. 만약 투기적인 매매를 하고 싶어서 현대건설 주식을 살 사람이라면 차라리 현대건설 전환사채를 사는 것이 좋아 보

인다. 현대건설이 앞으로 15개월 동안 부도가 나지 않고 대우처럼 되지도 않는다면 추천 가능한 종목이 현대건설 주식이 아니라 현대건설 전환사채가 될 수 있다. (현대건설이 우리나라를 대표하는 건설회사 중 하나로서 건설업계에서는 현대건설이라는 브랜드의 인지도가 높아서 존속하여 살려나갈 가치가 크다고 볼 수 있는 것이다. 또한 거대기업의 경우에는 우리나라만의 정치적인 상황도 고려할 수 있는 것이다.)

현대건설의 오늘 종가가 1,730원이며 현대건설 전환사채로서 다음 종목들이 아래 가격에 거래되고 있다.

| 종목명 | 발행일 | 만기일 | 현재가 | 표면금리 | 보장수익률 |
|---|---|---|---|---|---|
| 현대건설178무전 | 1999.04.12 | 2001.12.31 | 6,378원 | 1.00% | 8.50% |
| 현대건설187무전 | 1999.07.26 | 2001.12.31 | 5,980원 | 1.00% | 6.50% |

두 종목의 주식 전환가격은 각각 8,100원과 9,870원으로서 어차피 주식전환을 염두에 둔 투자는 불가능한 상태이다. 그러나 액면가가 10,000원인 종목들의 현재가격이 6,000원 근처이므로 현재 가격에 투자해서 만기일에 10,000원을 돌려받으면서 이들의 표면금리와 보장수익률까지 고려한다면 현재 상태에서 투자수익률은 무려 60%를 넘고 있다.

현대건설이 부도가 나지 않고 대우처럼 되지도 않는다면 전환사채의 경우, 만기일인 내년 말에 돌려받을 수 있는 금액이 확정되어 있는 반면, 주식의 경우에는 부도가 안 나는 경우라도 주가가 어떻게 될지는 모르는 일이다.

따라서 현대건설이 부도가 나지 않거나 대우처럼 되지 않을 확률이 높다고 바라보면서 현대건설 주식에 투자를 하고 싶은 경우라면 차라리 현대건설 전환사채에 투자하는 것이 현대건설의 미래 주가에 관계없이 큰 수익률을 확실히 고정시킬 수 있어서 더 현명한 선택이 될 수 있다.

## 그 뒤로 어떻게 되었나

그 뒤 약 5개월쯤 지나서 현대건설의 처리방향이 법정관리가 아닌 출자전환으로 가닥을 잡았다. 그 사이에는 현대건설 '법정관리' 가능성이 대두되기도 하였고 그로 인하여 현대건설 무보증CB는 더욱 크게 하락하기도 하였다. 그러다가 출자전환이 알려진 2001년 3월 29일에는 187회 무보증CB의 가격이 전일 종가 3,490원으로부터 6,500원으로 튀어 오른 가격으로 마감하였다.

178회 무보증CB도 '법정관리' 가능성으로 인하여 3월 28일에 한때 3,200원까지 폭락했다가 채권단이 출자전환 방침을 확정한 29일에 6,800원으로 종가를 형성하였다. 폭락으로부터 다시 회복되면서 하루 사이에 100% 가까운 급등이 나타난 것이다. 그 뒤 2001년 5월경에 현대건설 전환사채를 샀더라도 만기인 연말까지 남은 6개월 정도의 기간에 약 1백%의 투자수익률을 올릴 수 있었다.

# High risk, High return
## (5년간 170% 수익률)

앞에서 소개한 현대건설 전환사채의 사례는 IMF라는 특수상황에서만 나타날 수 있는 경우라고 생각할 지도 모르겠다. 하지만 여기서 소개하는 LG카드 전환사채의 사례처럼 앞으로도 얼마든지 비슷한 상황이 생겨날 수 있다. LG카드의 사례에서는 변화하는 상황에 따라 어떻게 판단하고 대처하는지를 눈여겨보기 바란다. - 2003/11/28(행복투자 카페)

채권투자를 통한 'High risk, High return'의 기회가 다시 찾아왔다. IMF 이후로, 세 번째로 찾아온 기회이다. 지금 LG카드의 후순위전환사채가 세 번째 기회이다. 구체적으로 살펴보면 다음과 같다.

LG카드 후순위전환사채의 종목이름은 'LG카드1054'이며 발행가 1만 원에, 발행조건은 다음과 같다.

- 발행일: 2003년 7월 21일
- 만기일: 2009년 1월 21일
- 전환가액: 17,713원
- 표면이율: 3.0%
- 만기보장수익률: 8.0%


발행가 기준으로, 1,000만 원 투자하여 만기일까지 보유할 때 받게 되는 총금액은 (세전)1,495.4만 원이다. 요즘 거래 가격인 5,500원에 사더라도 회사 생존 시, 5년 후까지 받게 될 총금액은

행복한 **주식투자**

역시 (세전)14,954원이다. 이는 172%의 수익률이 된다. 같은 수량을 8,000원에 사건, 2,000원에 사건 5년 후까지 받게 되는 총금액은 달라지지 않는다. 발행가 이하로 사서 매입한 가격보다 높은 가격에 매각할 때 발생하는 시세차익에 대해서는 세금이 없다. 이자에 대해서만 세금을 내게 되므로 싸게 사면 살수록 투자한 금액 대비 세후 받는 금액은 상대적으로 더 높아진다.

회사가 부도가 난 후 파산하여 빚잔치를 벌이고 정리한다면 투자금액 전체를 날리는 일이 발생할 수 있다. 그러한 사태까지 가지 않을 가능성이 크다는 시각이면서 그래도 최악의 경우에 자신의 자산에 큰 충격은 없을 정도의 범위 안에서 자산의 일부분을 투자하는 것이다.

부도가 나더라도 LG카드 회사는 그대로 파산 정리할 확률은 극히 적을 것이다. 여신기능과 수신기능을 동시에 가지고 있는 은행이 아니라 여신기능만 있는 카드회사가, 국민들에게 뿌려놓은 엄청난 카드빚 대금을 제대로 회수하지 못한 채 파산하면 사회적인 혼란은 그 충격이 너무 클 것이다. 최악의 경우가 오더라도 LG그룹에서 떨어져 나오면서 제3자가 인수하게 될 것이다.

앞으로 생길 수 있는 여러 경우들에 대해서 살펴보겠다.


1. LG그룹 소속 하에서 회사를 살리기 위한 대규모 증자를 앞으로 계속하면서 자본을 늘려갈 경우

주식수가 늘어나고 자본금이 늘어남에 따라 주가는 하락하게

될 것이다. 그에 따라 주식투자자는 주가하락으로 인한 손실이 생겨나지만 채권에 대해서는 아무 변화가 없다.

## 2. 외국계 회사나 국내 금융회사, 또는 기타 제3자가 이 회사를 인수할 경우

일반적으로는 제3자에게 인수되어서 회사가 안정을 찾게 된다면 경영권인수와 함께 채권도 인수되어서 채권보유자는 리스크가 사라진다. 지금까지의 사례에서는 매각 시 채무재조정에서 개인들은 제외되었는데 채무로서 후순위채가 등장하는 경우는 이번이 처음이라서 협상주체 간의 교섭력에 따라 해결 방안이 달라지리라 전망된다.

## 3. 감자를 할 경우

주식을 보유한 사람은 주식의 수량이 줄어들게 되고 으레 손해가 나게 되지만 채권을 보유한 사람은 만기 시까지 보유 시 아무 영향이 없다.

## 4. 부도가 난 다음에 채권단 공동관리에 들어갈 경우

개인에게는 원리금을 지급하는 것이 보통인데, 법정관리나 화의에 들어간다면 개인투자자가 보유한 것을 포함하여 모든 채권 채무가 동결되기 때문에 원금보장이 안 된다.

제3자에게 매각이 되면, 감자 등이 뒤따르면서 주식 보유자는 손해가 날 가능성이 크지만 채권보유자는 아무 영향 없이 큰 수익률을 그대로 확보할 가능성이 있다. 예상할 수 있는 최대위험은 부도가 난 후 법정관리나 화의에 들어가는 경우에 나타날 수 있다. 다만 대규모의 신용카드회사를 부도낸다는 것이 대외적으로 용인하기 힘든 일로서 사회적으로 큰 혼란을 초래하게 되니까 부도만큼은 나지 않도록 정부에서 지속적으로 노력을 하리라 예상된다. 그러나 그 어떤 사안에서도 미래의 일을 보장할 수 있는 경우는 없으므로 최악의 경우에도 큰 부담이 되지 않을 정도 금액의 범위에서 투자해야 하겠다.

 요즘도 LG카드 주식에 투기적으로 투자하는 사람들이 있다. 예전에 현대건설이 위험할 때와 마찬가지로, LG카드 주식에 투기적으로 투자하지 말고 전환사채에 투기적으로 투자하는 것이 더 낫다. 회사가 파산하여 정리한다면 주식보유자나 전환사채보유자나 모두 돈을 다 날린다. 그러나 회사가 어떤 형식으로건 살아나거나 제3자에게 매각이 될 경우에는 주식보유자는 주식 수량의 감소나 주가의 하락으로 인한 손실이 발생할 가능성이 높은 반면, 채권보유자는 아무 영향 없이 높은 수익률을 그대로 얻게 될 가능성이 있기 때문이다.

 LG카드 주식보유자는 손실이 나는데 전환사채보유자는 이익이 나는 경우를 미래 언젠가 볼 수 있을 것이다.

 LG카드1054 같은 전환사채는 여러 증권회사의 HTS를 통해 주식과 마찬가지로 매매할 수 있기 때문에 사고파는 것도 매우 편하다. 매수 후 반드시 만기일까지 보유하지 않고 도중에 얼마든지 쉽게 매도할 수도 있다. 시세차익을 남기고 팔 수도 있고, 겁난다 싶을 때에는 손절매를 해도 된다. 장중에 매수매도 호가, 일별 시가 고가 저가 종가, 일별거래량이나 거래대금 등도 주가데이터와 마찬가지 형식으로 HTS에서 다 보여주므로 주식매매와 똑같이 할 수 있어 편리하다. LG카드1054는 장중 거래가 매우 활발하고 유동성이 좋아서 사고팔기가 쉽다.

## 그 뒤로 어떻게 되었나

2009년 초가 만기인 LG카드 후순위채를 가지고 있는 사람들은 이번에 이자가 7월 21일에 계좌로 입금되었을 것이다. 발행가 1만 원 기준 표면이율 3%인 300원 이자에서 세금을 떼고 실제 254원 정도개(독자들이 이해하기 쉽도록 1만 원을 기준으로 바꾸었다) 현금잔고로 입금이 되어서, 6,000원대에서 매수한 기준가 대비하여서는 세후 4% 정도의 이자율을 얻었다. 채권 만기일인 2009년 초까지 부도가 안 난다면, 앞으로도 이와 똑같은 이자를 정기예금처럼 정기적으로 지급받게 된다. 그러다가 만기일에는 약정된 추가의 이자를 한꺼번에 받게 된다. 액면가인 1만 원보다 훨씬 싸게 산 투자자로서는 만기일에 액면가인 1만 원에 돌려받게 되어서 커다란 시세차익까지 얻게 될 것이다.

채권의 이자를 회사 측에서 지급하지 못한다면, 그것이 부도나는 것에 해당한다. 내수가 부진하고 경기가 침체되어 있어서 신용카드 사업이 잘 살아날지 여부는 장담을 못한다. 다만, 채권을 가진 입장에서는 회사 사업은 어렵더라도 부도만 나지 않으면 된다. 회사의 생존과 정상화를 향한 고비마다 진통을 겪으면서 산 넘고 산 넘으며 그때까지 그럭저럭 꾸려갈지, 막다른 골목으로 내몰리며 파산을 하게 될지 장담은 못하기 때문에 하이리스크 하이리턴으로 대해야 하는 투자이다.

하이리스크라 하더라도, 아무 하이리스크에나 무조건 도전하는 것은 무모하다. 정부은행인 산업은행으로 주인이 바뀐 상태라서, 도중에 포기하면 대외적으로 위신이 추락하고 비판받게 될 수 있으므로 어떻게 해서든지 살려놓을 가능성이 꽤 있다고 보고 투자 포트폴리오에 포함시키는 것이다.

현재 겪고 있는 어려움은 무차별적인 카드발급 남발과 고객의 신용을 바탕으로 하지 않는 무분별한 카드대출을 통하여 고수익을 추구하던 과거의 잘못된 영업으로 인하여 생긴 문제이다. 시장을 이미 확보한 신용카드 회사의 사업 자체는 부실문제를 해결하고 올바르게만 경영하면 기본적으로 들어오는 카드수수료 수입만 해도 확실하게 돈을 벌 수 있는 회사이다.

올해 카드수수료의 수익이 작년보다 크게 줄었어도 1분기 실적으로 볼 때 연간으로는 1조 원을 넘을 것으로 여겨진다. 따라서 잘못된 과거의 과정을 반성하고 청산을 해가더라도 올바르게 살려만 놓으면 잘 굴러갈 기업이므로 살릴 가치는 있다고 생각든다.

지금은 카드대출로 들어오는 이자수익인 여신금융수익이 카드수익과 맞먹을 정도인데 선진화된 경영기법으로 고객의 신용도를 고려하면서 대출의 운용전략을 잘 구사하느냐가 앞으로 중요할 것이다. 어느 정도 경영정상화를 이룬 다음에는 외국에 매각이 가능해질지도 모르지만 몇 년 뒤를 예단할 수 없는 것이라, 신용카드 관련하여 당장 나오는 뉴스에 귀 기울이게 되는 것이 현실이다.

최근에 안 좋은 내용의 보도 사례로는, 금감원의 6월말 집계에서 LG카드의 실질 연체율이 31.4%로 아직 매우 높은 수치로 나타났다고 보도되었다. 좋은 내용의 보도 사례로는, LG카드가 미국 메릴린치증권과 카드매출채권을 담보로 미화 4억 달러(약 5,000억 원) 규모의 ABS를 해외에서 발행하는 계약을 체결했다고 밝혔다. LG카드가 이미 지난 5월 이후 국내에서 마스터트러스터 방식으로 1조 2,050억 원의 ABS를 발행한 바 있는데 이번에 해외 ABS 발행에 성공할 경우 해외시장에서의 긍정적 평가를 바탕으로 향후 국내 자금조달에도 청신호가 켜질 것으로 예상한다는 보도가 나왔다. 경영을 타이트하게 잘해나가면서 아직까지 매우 높은 연체율을 개선해가고 경영지표들이 실질적으로 좋아져야지만 안심을 할 수 있을 터인데 내수경기가 좋지 않은 상황 하에서 짧은 시일 내 그런 성과를 기대하기는 힘들 것이다.

어떤 투자에서나 흔한 현상은, 기대수익이 높아지면 높아질수록 그만큼의 댓가를 지불해야 하는 것이다. 이때 기대수익이 높은 것 하나에만 집중투자하면 만약의 경우에 크게 위험해질 수 있으므로, 여러 군데 다양하게 분산투자해 놓음으로써 위험을 분산시켜야 한다.

# LG카드 도대체 어떻게
# 되어가나

계속해서 이어지는 LG카드 전환사채에 관한 글이다. 안정을 찾아가는 듯하던 LG카드 사태는 2004년 말에 LG그룹과 채권단 간에 줄다리기가 벌어지면서 청산이야기가 흘러나오게 되고, 이로 인해 투자자들을 불안하게 만들었다. 이 글은 불안을 느끼는 투자자들에게 당시의 상황을 어떻게 바라보고 대처할 것인지를 조언했던 글이다.
– 2004/12/28(텐인텐 카페)

LG카드채권을 보유하고 있는 분들은 LG카드청산 이야기가 공식적인 루트에서 흘러나오면서 몹시 불안한 나날일 것이다. 현재의 상황에서 LG카드문제를 각종 보도자료를 바탕으로 정리하였다. 앞으로 어떻게 흘러가는 것이 정상적이고 합리적일지는 아래 정리된 내용을 바탕으로 판단할 수 있겠다.

현재 벌어지고 있는 상황은 LG그룹이 보유하고 있는 LG카드에 대한 채권의 출자전환 문제를 놓고 LG그룹과 채권단 간에 신경전이 벌어지면서 협상의 주도권을 쥐기 위해 의도적으로 청산이야기를 흘리고 있는 상황으로 보인다. 포인트별로 요점을 정리해보았다.

### LG그룹의 무임승차 여부

LG카드의 최대 채권자는 LG그룹임. 채권단은 이미 3조 6,000억 원을 출자전환하여서 1조 원의 채권만 가지고 있음. 이에 반하여 LG그룹은 출자전환을 전혀 하지 않아서 1조 1,750억 원의 채권을 보유하고 있음. LG카드를 정상화시키는 1년 동안 LG그룹은 LG카드채권에 대해 시중금리보다 높은 7% 금리를 꼬박꼬박 받아왔음.

지금 상태에서 바라보자면 LG그룹의 출자전환 없이 채권단만에 의해서 LG카드를 정상화시키면 LG카드채권을 가장 많이 가지고 있는 LG그룹은 아무 손실 없이 무임승차하게 되는 셈임. 따라서 LG카드 정상화에 따른 혜택을 LG그룹이 얻기 위해서는 적절한 분담을 하자는 것이 채권단 요구임.

## LG그룹은 왜 거부하는가

LG그룹은 채권단이 이미 수조 원의 자금을 쏟아 부었기 때문에 절대로 LG카드를 청산시킬 수 없다고 확신하고 버티면 채권단이 LG카드를 알아서 살릴 것이라고 판단하고 있다는 것임. 시장원리에 맞지 않는다고 말하고 있고 법적으로는 출자전환할 의무가 없으므로, 안 해도 법적인 하자는 없어 떳떳하다고 생각할지도 모름.

정말로 마지막 순간이 되면 가장 아쉬운 측에서 총대를 메리라 예상하면서 거부하고 있는 것일 수도 있음. 또는 협상을 유리한 방향으로 이끌면서 출자금액을 최소로 낮추기 위해 끝까지 끌고 가려 하는 것일 수도 있음.

## LG카드가 회생하고 있는지 여부

- LG카드는 9월부터 흑자전환하여, 9월에 176억 원, 10월에 173억 원, 11월에 234억 원의 흑자를 냈음.
- 1개월 이상 연체금액: 7월 말 2조 4,680억 원에서 11월 말에는 1조 8,750억 원으로 크게 줄었음.
- 자산의 신규 연체진입률: 5%대로 떨어져서 자산건전성이 크게 개선되었음.
- 대환대출 잔액: 잠재적 연체자산으로 카드사 부실의 원인이었는데, 작년 말 7조 원대에서 2년 만에 3조 원대로 떨어졌음. 이러한 수치는 정상적으로 운영되던 2002년과 비슷한 수준임.

## 채권단이 LG그룹에 요구한 출자전환 금액의 근거

채권단에서는 청산할 경우 한 푼도 회수할 수 없는 채권의 우선 출자전환을 요구하는 것은 기업구조조정과정에서 으레 있어 왔음. 현재 LG그룹이 보유하고 있는 채권 1조 1,750억 원 중 5,000억 원은 후순위전환사채로 이는 청산 시 한 푼도 회수할 수 없는 채권임.

채권단이 LG그룹에 출자전환을 요구하였던 7,700억 원은, LG 계열사의 후순위전환사채 5,000억 원＋개인 대주주 보유채권 2,700억 원임. LG계열사의 후순위전환사채 5,000억 원은 LG카드회사가 청산될 때 한 푼도 건지지 못하는 돈인 반면, 이를 출자

전환하면 채권이 주식으로 바뀌어서 회사가 완전 정상화되었을 때 주식가치만큼은 건지게 됨. 따라서 이를 출자전환 금액으로 요청한 것임. 대주주가 보유한 채권 2,700억 원은 LG카드문제를 만들어냈던 도덕적 책임 분담 차원에서 반드시 출자전환되어야 한다는 입장을 채권단이 표명하는 것임.

### LG카드가 청산될 경우 어떤 손실과 문제가 나타나는가

• 개인, 연기금, 금융회사 등이 보유한 채권: 상당부분 휴지조각이 되어 피해액은 수조 원을 넘게 됨.

• 또 다시 연체율 상승, 신용불량자 증가: LG카드 전체회원 1,233만 명중 603만 명이 4개 이상의 복수카드를 소지하고 있는 상황임. LG카드가 사용정지되면 돌려막기가 어려워짐. 타 카드사들 입장에서는 자사카드로 이전될 것을 우려해 한도축소에 나서게 됨. 이에 따라 카드사마다 연체율이 상승하고 신용불량자가 늘어나게 됨. 한도축소로 인하여 가계신용 경색, 소비심리가 더욱 위축, 내수경기침체가 장기화되는 악순환이 일어나게 됨.

• 영세 가맹점 도산: LG카드 가맹점은 187만 개에 달하고 있음. LG카드가 청산절차에 들어가게 되면 가맹점들에 대한 대금지급이 중지됨. 대형가맹점이 아닌 영세가맹점 중 일부는 자금압박으로 인해 도산할 가능성이 있음. 도산하는 영세가맹점들이 나타나면 이들에 대한 대출금융기관들의 자금회수

가 어려워져 금융기관들도 어렵게 됨.

- 카드업계의 조달금리 상승: 다른 카드사들은 ABS 및 회사채 발행 시 금리가 크게 높아져 수익성이 악화됨. 경영정상화 지체됨.
- 연관산업 침체: 밴(VAN)사의 수익 중 많은 부분이 LG카드에서 나오므로 카드 연관산업에 침체 및 도산이 일어남.
- 실업자 양산: LG카드의 정규직, 계약직, 상담사 등 1만 명 이상의 실업자가 발생함. 그 외의 LG카드 관련 가맹점과 연관산업 인력들 수도 상당하며 모두 피해를 보게 됨.
- 정부입장: 내수침체와 서민경제의 어려움을 풀지 못해 힘들어하고 있는 정부입장에서는 더욱 힘들어짐.

### 정상화가치와 청산가치의 비교

LG카드가 정상화될 경우 3조 7,900억 원을 회수할 수 있을 것으로 예상되고, 청산될 경우 1조 9,500억 원이 회수됨. 즉 LG카드가 청산되면 1조 8,400억 원의 손실을 입게 됨. 자본확충만 이뤄지면 1~2년 내에 완전 정상화를 이뤄 제값에 매각될 수 있다는 것이 전문가들의 공통된 평가임. LG그룹은 출자전환을 하면 향후 7,500억 원을 회수할 수 있는 반면 청산할 경우에는 2,600억 원만 회수해 4,900억 원의 손실을 입는 것으로 세산됨. 그룹의 상징인 LG 브랜드에 심각한 이미지 타격도 있음. 도덕적 비난이 많을 것임.

투자자들을 불안에 떨게 만들고 관계 종사자들에게는 실업위기를 느끼게 하는 LG카드 '청산'이란 단어가 나오게 된 배경에는 채권단 입장에서는 LG그룹으로부터 가급적 큰 금액의 출자전환을 이끌어내기 위함이라는 것이 일반적인 관측으로 되어 있다. LG그룹이 응하지 않으면 청산시키는 것으로 미리 예정해두면 청산 시 한 푼도 건지지 못하는 후순위채권이 될 5,000억 원을 기본적으로 출자전환에 포함시킬 수 있는 것이다.

1. 만약에 어떤 내용으로건 타협안이 만들어지면서 출자전환이 이루어진다면, 어제 기록한 LG1054의 7,700원 가격은 앞으로 다시는 그 가격에 살 수 없는 가격이 되어서 7,700원 가격이 4년 뒤까지(세전) 14,500원을 돌려받아 4년 동안 88% 수익을 올릴 수 있는 기회가 될 것이다.

2. 만약에 LG그룹과 채권단 사이의 중재가 끝까지 도저히 이루어지지 않는다면 모두가 큰 손실로 끝나고 파국이 불가피할 것이다. 물론 이것은 현재 상황으로서는 현 사태에 과거사 책임이 있는 거대 채권보유자들이 줄다리기를 하다가 타협에 이르지 못하여 맞이하는 비합리적인 종말이다.

행복한 **주식투자**

## 그 뒤로 어떻게 되었나

LG그룹의 출자전환 금액을 놓고 벌어졌던 신경전은 결국 2004년 12월 31일에 5천억 원선으로 합의가 되면서 마무리되었다. 그 뒤 LG카드회사가 드디어 감자가 이루어지면서 LG카드 주식과 더불어 전환사채 채권도 한동안 거래가 정지되었다가 2005년 3월 22일에 거래가 재개된다. 거래 재개 첫 날 LG카드 전환사채의 종가는 11,342원으로 형성되었다.

2004년 12월 28일에 LG카드 전환사채를 7,700원에 매입했던 투자자들은 3개월 만에 47.30%의 수익을 달성할 수 있었다. LG카드 주식에 투기적인 매매를 시도했던 투자자들은 감자로 인해 큰 손실을 입었지만 전환사채는 채권이므로 아무런 손실을 입지 않았다.

LG카드는 2004년 4/4분기 실적부터 순이익이 1,365억 원 흑자로 전환하였으며 유상증자, 무상감자 등을 거치면서 자본잠식이 해소되었고 우량 카드회사로 거듭나게 된다. 그 뒤로는 치열한 인수경쟁을 거쳐 신한지주가 인수하게 된다.


# 보수적인 투자자,
# 6년간 연 6.2% 어때요?

- 2005/11/09(머니투데이)

자본주의 경제시스템이 발달하면서 여러 가지 다양한 방식으로 리스크를 분산하는 투자방법들이 많이 개발되어 있다. 하지만 손실가능성을 완벽하게 제로(0)로 배제하고 싶은 지극히 보수적인 투자자라면 가장 좋은 투자대상이 국고채이다. 정부가 부도날 가능성이 거의 없다고 보면 손실 가능성이 가장 적은 것이 국고채이기 때문이다. 일반적으로 사람들이 가장 많이 활용하는 시중 대형은행보다도 더 안전하다.

현재 국고채 연수익률은 1년짜리 4.53%, 3년짜리 5.10%, 5년짜리 5.39%, 20년짜리 5.64%이다. 안전성이 높은 또 다른 채권들의 연수익률은 통화채(1년) 4.54%, 회사채AA- 5.50%, 금융채 4.67%, CP 4.07%, CD 3.96%이다.

지난 1년 동안 국고채 3년짜리의 수익률은 다음 그림과 같이 변해왔다.

작년 12월말과 올해 5월말에 쌍바닥을 만든 뒤 상승하고 있는

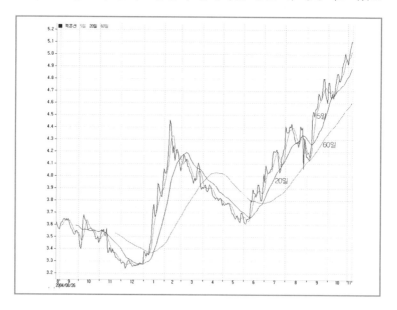

242                                                행복한 **주식투자**

모습을 보이고 있다. 이러한 국고채의 수익률 상승이 시중 금리의 전반적인 상승으로 이어지고 있는 상황이다. 일반적으로 채권투자에서는, 만약에 채권수익률이 장기적으로 지속적으로 크게 올라가리라고 예상되면 단기채권을 구입하였다가, 단기적으로 돌아오는 만기에 원리금을 받은 뒤 그때 가서 더 올라간 수익률의 채권을 다시 구입하는 방식으로 하면 된다.

만약에 채권수익률이 지속적으로 크게 내려가리라고 예상되면 장기채권을 구입하여서, 장기간에 걸친 높은 수익률을 확보해두면 좋다. 채권은 만기의 수익률이 채권 구입시점에서 미리 확정되는 것이기 때문이다. 또한 장기채권을 가지고 있다가 채권수익률이 내려가면 채권가격이 올라가게 되므로 올라간 가격에 도중에 매각하여 시세차익을 얻을 수도 있다(채권은 각 시점에서의 수익률이 내려가면 채권가격은 올라가고, 각 시점에서의 수익률이 올라가면 채권가격이 내려간다).

장내유가증권시장에서 소액단위로 거래되는 채권이 아니라면 평소에는 주식처럼 적은 금액으로 직접 사고팔기는 곤란한 편이므로 거액의 투자자이거나 아니면 간접투자의 형식을 취해야 한다. 그런데 최근에 국고채에 대한 투자효과에 플러스알파의 수익률이 얻어지는 간접투자 상품이 나왔다. 우리자산운용에서 운용하고 우리은행, 우리투자증권, 경남은행, 광주은행에서 판매하는 '우리 Power Income 파생상품 투자신탁 제1호'이다. 우리나라에서는 '크레디트 스위스(Credit Swiss)그룹'과 제휴해 처음 판매되는 것으로서, 한국 신용등급인 'A3' 등급(무디스 국제신용등급)을 획득한 장외파생상품에 투자한다고 한다.

만기일이 2011년 11월 22일까지로 6년 2주가 총 투자기간이며 장외파생상품을 활용하여서 '국고채금리 + 1.2%'에 해당하는 연수익률을 추구하는 것으로서 6년 동안 연 6.2%의 수익률이 거의 확정적이라고 한다. 국채수익률이 앞으로 어느 정도까지 올라갈지는 모르는 일이지만 6%를 훨씬 크게 넘어서까지 상승하기는 힘들 것이라고 예상한다면, 개인적인 경제상황과 투자성향이 뒤에 설명하는 것에 일치하는 투자자는 본 상품을 통하여 6년 동안의 6.2%의 수익률을 고정적으로 확보하는 것도 괜찮을 것이다. 국채수익률이 일시적으로는 6%보다 훨씬 더 크게 올라가더라도 나중에 다시 내려갈 수도 있으므로 장기투자에서는 평균적인 수익률로 계산하여 비교해야 한다. 지금은 금리가 올라가고 있더라도 몇 년 뒤에는 어떻게 될지 미리 알 수 없는 일이다.

판매기간은 11월 1일부터 11월 10일까지이고, 최저가입금액은 500만 원이며, 이자지급기준일은 2005년 11월 18일로서 이때부터 3개월마다 6년 동안 현금으로 지급된다. 중도환매 시 환매수수료는 환매금액의 8%로서 크기 때문에 여유자금이 많으면서 장기로 묻어두면서 이자를 수령할 목적으로만 투자해야 할 것이다.

위험기피 성향이 매우 높아서 투자성향이 매우 보수적인 투자자로서, 연금처럼 장기적으로 안정된 이자를 수령하고 싶은 경우라면 일반 예금들을 활용하는 것에 비해 나은 투자대상이라 하겠다. 전 금융기관 3,000만 원 한도 비과세로서 생계형 가입할 수 있다. 생계형 가입대상자 조건은 만 60세 이상이거나, 장애인, 국가유공자이다.

# 채권의 종류를 알고 싶다?

채권에 관련되는 투자를 할 때에는 채권용어를 정확히 알아야 하겠다. 채권용어에 대해 잘 모르는 사람들이 많아서 채권의 종류에 대한 기본사항을 설명한다.

### 회사채

상법상 주식회사로 되어 있는 회사에서 발행하는 채권으로 '지불의무증서'에 해당한다. 채권자는 주주들이 배당받는 것에 더 우선하여 이자를 지급받는다. 기업이 도산하거나 청산할 경우 주주들에 우선하여 기업자산에 대한 청구권을 갖는다. 무보증사채로 원리금을 상환받지 못할 위험이 있지만, 국공채에 비해서 수익률이 높다. 채권 이름에 주식회사 이름이 붙어 있으면 그 회사에서 발행한 회사채로 보면 된다.

### 국채

국가가 재정정책의 일환으로 발행하는 채권으로 정부가 원리금

지급보증을 하므로 당연히 국내 채권 중 안전성이 가장 높다. 따라서 시중실세금리를 결정하는 데 기준역할을 하고 있다. 은행예금은 보호한도가 5,000만 원인데, 국채는 무한도로 정부가 보증해주는 것이라서 대규모의 돈을 장기간 투자할 경우 이상적인 투자수단이라 하겠다.

국민주택채권1종, 국민주택채권2종, 외국환평형기금채권, 국고채권 등이 있다. 전 세계를 대상으로 한다면, 현재까지는 미국의 국채가 가장 안전하다고 볼 수 있으며 그래서 미국 국채의 이율이 매우 낮으면서도 여전히 가장 인기 있는 채권이다. 일본이 지난 십여 년 동안 내부경기는 위축되어 있으면서도 수출흑자는 크게 많이 내면서 벌어들이는 돈으로 미국 국채를 많이 사들여왔다. 일본이 보유한 엄청난 규모의 미국국채를 환매한다면 미국은 부도날 수도 있을 정도인데 경제적인 관계를 국채만으로 바라볼 수는 없고, 여러 가지 서로 물고 물리는 관계 때문에 일본이 그렇게 하지는 않을 것이다.

### 지방채

지방공공단체가 지방재정법에 의거하여 발행하는 채권으로 교통, 수도, 교육 같은 공공사업을 집행하기 위한 돈을 조달하기 위해서나 이미 발행되어 있는 지방채의 차환 등에 필요한 경비를 조달하고자 발행한다. 지방채는 지방자치단체의 신용도에 따라 위험도가 달라지지만 일반회사만큼 불안하지는 않다고 보면 된다. 도시철도공채(서울특별시, 부산광역시), 지역개발공채, 도로공채 등이 있다.

필자가 과거에 지방채에 실제로 직접 투자했던 사례로서,

- 1998년 4월, 경남지역 98-4 매입, 2001년 5월 출금, ― 3년의 총수익률 73.4%
- 1998년 4월, 부산교통 96-1,97-1 매입, 2001년 5월 출금 ― 3년의 총수익률 64.1%

요즘 지방채의 수익률은 서울도시철도 5.00%, 부산교통채권 5.02%이다.

## 특수채

특별한 법률에 의하여 설립된 기관인 한국전력이나 토지개발공사 같은 데에서 발행한 채권이다. 재경부장관의 발행승인을 받아서 발행되며, 거의 모든 특수채를 정부에서 원리금 상환을 보증하므로 국채처럼 안정성이 높다. 수익률은 국채보다 높은 편이다. 전력공사채권, 서울시지하공사채권, 도로공사채권, 전기통신공사채권, 기술개발금융채권, 토지개발채권, 수자원공사채권, 가스공사채권 등이 있다.

## 금융채

특별법에 의하여 설립된 한국산업은행, 한국은행, 중소기업은

행 등 특수금융기관이 장기대출자금을 조달하기 위해서 발행하는 채권으로 일종의 특수채이다. 한국은행이 통화조절을 위해서 발행하는 통화안정채권, 산업은행이 산업자금 조달을 위해 발행하는 산업금융채권, 중소기업을 지원하기 위한 중소기업금융채권 등이 있다.

특수법인 및 발행 금융기관이 지급을 보증하는 것들은 회사채보다 안정적이다.

### 환매조건부 채권

일정기간이 경과한 뒤에 일정한 가격으로 동일 채권을 다시 매수하거나 매도할 수 있는 것이다. 예를 들면, 금융기관이 보유하고 있는 국공채 등 채권을 고객이 매입하면 일정기간이 지난 뒤 이자를 가산하여 고객으로부터 다시 매입하겠다는 조건으로 운용되는 단기 저축상품이다. 예금자보호대상은 아니지만 국공채를 대상으로 투자되므로 안정성이 높은 편이다. 투자금액과 기간을 자유롭게 선택할 수 있는 확정금리 상품 중에서는 수익률이 비교적 높은 편으로 1개월~3개월의 단기 여유자금을 운용할 때 유리한 저축수단으로 알려져 있다.

### 기업어음(CP)

기업이 자금을 융통하기 위해 발행한 단기어음을 종합금융회사가 할인하여 매입한 후 이를 기관이나 일반투자자에게 다시 매출하는 단기상품이다. 종합금융회사의 지급 보증이 있으면 담보부 기업어음이라 하고, 없으면 무담보부 기업어음이라고 한다. 소액으로 투자할 수는 없고, 1억 원이나 그 이상의 큰 자금들만 대상으로 하므로 일반인은 관심을 가질 필요가 없다.

### 전환사채(CB)

회사채로 발행되지만 일정한 기간이 지난 후에는 특정가격에서 주식으로 전환할 수 있는 자격이 주어져서 주식과 채권의 양쪽 특성을 동시에 지닌 혼합상품이라 할 수 있다. 주가가 올라가서 전환가격보다 높아지면 전환사채를 주식으로 전환해 시세차익을 남길 수 있고, 주가가 전환가액보다 낮으면 만기까지 보유하여 확정이자를 받으면 된다. 일부 전환사채는 증권사의 HTS를 통하여 소액으로 쉽게 매입하거나 매도할 수 있기 때문에 일반투자자가 접근하기 쉽다. 아마 요즘은 대부분 증권사의 HTS에 전환사채의 매수매도호가 및 현재가메뉴와 주문메뉴가 있어서 그것을 이용하면 된다. 즉 일반투자자가 매매하기 가장 쉬운 채권이다.

### 신주인수권부사채(BW)

신주인수권이라 함은 일정기간 내에 일정수의 신주를 정해진 가격, 즉 행사가격으로 청구할 수 있는 권리이나. 일반석으로는 발행 3개월 후부터 권리를 행사할 수 있다. 전환사채와의 차이점은, 전환사채에서는 전환권을 행사하면 채권 자체가 완전히 주식으로 변한다. 그러나 신주인수권부사채는 권리를 행사하더라도 채권은 그대로 남아 있고 자기가 인수하는 신주에 대한 값만을 별도로 지불하는 것이다.

### 이자 지급방법에 따른 채권의 분류

- 이표채: 이자지급일에 이자를 지급받는 채권이다. 가장 쉬운 개념으로서, 대부분의 회사채가 이에 해당된다.
- 할인채: 액면금액에서 상환기일까지의 이자를 단리로 미리 할인하여 발행하는 채권이다. 예를 들어, 금액이 10만 원이고, 상환기일까지 지급받을 이자가 총 1만 원일 때 이표채는 10만 원에 사서 상환기일까지 1만 원의 이자를 지급일마다 나누어서 받는 것이며 할인채는 10만 원짜리를 1만 원의 이자를 미리 할인받아 9만 원에 사서, 만기일에 10만 원을 돌려받는 것이다.
- 단리채: 이자지급기간 동안에 단리로 이자가 지급되어, 만기 상환 시에 원금과 이자를 동시에 지급받는 것이다.
- 복리채: 이자지급기간 동안에 이자가 복리로 재투자되 만기 상환 시에 원금과 이자를 동시에 지급받는 것이다. 채권이자를 지급일마다 받아서 생활비나 다른 목적으로 사용하는 경우가 아니라면 복리채가 수익률 면에서 당연히 더 좋다.

# 벼랑 끝에서

벼랑 끝에 서본 적이 있는가? 실제의 벼랑이 아닌, 인생에서 어떤 순
간의 벼랑 끝에 서본 적이 있는가? 벼랑 끝에 선다는 것은 그 어떤 특정
상황이 벌어지면 극단적인 파국을 맞는다는 것을 말한다. 개인, 가정,
기관, 국가 등이 다른 주체자와 대립하는 상황에서 벼랑 끝에 서게 되는
경우가 가끔 생겨난다.

인생의 고비고비를 넘기면서 성공한 사람들의 이야기 속에는 벼랑 끝
에 서게 된 순간들이 흔히 등장한다. 사업에 크게 실패하여 죽으려는 마
음까지 가졌다가 다시 일어서서 이전보다 더 크게 성공한 실화들도 꽤
있다. 투자의 세계에서는 한때 깡통까지 찼다가 재기에 성공한 사람들
도 있다. 스포츠선수가 선수로서의 운명의 사활을 걸고 마지막으로 어
떤 경기를 치루는 것도 벼랑 끝에 서는 경우이다. 소위 말해서 마지막
승부라고 할 수 있다.

벼랑 끝에 서는 다양한 경우들은 성격상 크게 두 가지로 나눌 수 있다.

1. 혼자서 벼랑 끝에 설 때에 그 어떤 일을 단단한 정신력과 강력한 추
   진력을 가지고 밀고 나가는 새로운 출발점이 되기도 한다. (그러나

이와 같은 상황에서 과감하기만 하지 냉철함이 부족하다면 실제로 벼랑에서 떨어질 수도 있다.)

2. 둘이서 함께 벼랑 끝에 설 때에 여차하면 양쪽 다 동시에 벼랑으로 떨어지면서 함께 파멸하게 될 무모한 경우도 있다. 이때 벼랑 끝에서 한쪽은 죽음을 두려워하고 다른 쪽은 죽음을 불사한다면 후자가 승리하게 되어 있다. (그러나 둘다 죽음을 불사한다면 양쪽이 정말로 함께 벼랑에서 떨어질 수도 있다.)

이미 흑자전환하여 경영이 좋아지고 있고, 존속가치가 청산가치보다 훨씬 더 크고, 청산 시 관계되는 모든 사람들이 함께 크게 손해보는 LG카드를 증자시점에 임박하여 청산이라는 카드를 내세워서 맞서는 상황도 벼랑 끝 전술이다.

자기의 삶이 괴로울 정도로 불행하다고 느껴지거나, 주변 상황이 너무 힘들어서 아무리 노력해도 잘 안 되거나, 강하게 마음을 먹어도 몸은 도저히 안 따라주거나, 자신의 모습이 혐오스러워지는 상황들로부터 벗어나기 위한 최후의 처방으로서 자기 스스로 벼랑 끝에 서는 자세를 지녀볼 수도 있다. 벼랑에서 떨어져서 목숨을 잃는 것 이외에는 더 이상 잃을 것이 없다는 마음이, 다시 세상을 헤쳐 나가는 데 걸림돌이 되는 것들에 대한 두려움을 제거해줄 수 있다. 또한 정신적으로 추락할 때까지 추락하였다면 남은 것은 올라가는 일밖에 없다고 여기면 된다.

행복한 주식투자

## 벼랑 끝에서

행복투자 이건희

더 나아갈 수도
더 돌아설 수도 없는 벼랑 끝에 서서

눈물은 바람에 메말라
흔적마저 사라지고

더 이상의 눈물은 죄의 무게만을 더해갈 뿐

이제는 옷을 벗어 던져라.

발아래 안개 속에 잠든 채 꿈틀거리는
세상을 향하여, 벗어 던져라.

앙상한 가슴으로
칼끝보다 더 매서운 바람을 직접 맞아라.

가슴은 피를 흘려
썩은 피를 모두 흘려버려야 한다.

남은 나의 무게가

한줌의 소금의 무게밖에 안 될지라도


그러나 나는 벼랑 끝에 설 수 있다.


바람의 심판 속에 남을 수 있다.

부동산 리츠, 어떤 점이 좋은가 | 금싸라기 땅을 100만 원어치 사는 법 | 청계천 복원사업의
수혜 얻는 리츠 | 원금보장되는 어떤 투자 | 지금도 투자가 가능한 리츠상품은?

# 부동산 리츠, 어떤 점이 좋은가

아직도 부동산 리츠에 대해 잘 모르는 투자자들이 많다. 〈들어가는 말〉에서도 간단히 언급하였듯이 많은 사람들이 외면할 때 바로 거기에 기회가 있다는 것은 재테크의 가장 기초가 되는 진리이다. 아직 사람들이 부동산 리츠에 대해 잘 모르고 있기 때문에 실제의 가치에 비하여 저평가된 경우가 생겨나기도 하며, 바로 그 지점에 투자의 포인트가 있다.

리츠(REITs)란 'Real Estate Investment Trusts'의 약자로 우리말로는 '부동산투자신탁'이다. 매력적인 부동산이지만 덩치가 워낙 커서 소수의 사람이 구입하기 힘든 것을 여러 사람들이 공동으로 돈을 모아서 투자하는 것이 부동산 리츠이다. 부동산 리츠는 매입한 부동산을 임대영업을 하다가 일정기간이 지난 뒤(보통 5년)에는 소유한 부동산을 처분하면서 회사가 청산을 하게 된다. 리츠는 운영기간 동안 임대수익이 발생하면 100%를 모두 배당하는 것으로 되어 있으며 청산 시 매각차익이 발생하면 역시 이를 모두 배당한 뒤 청산하게 된다. 이러한 사업방식이 뮤추얼펀드와

흡사하기 때문에 흔히 부동산 뮤추얼펀드라고 불리기도 한다.

서울이나 대도시에서 위치가 좋은 곳의 상업용 빌딩이라서 임대수익률도 좋고 향후 가격이 올라갈 가능성까지 있는 물건이라면 안정성과 성장성을 동시에 갖춘 좋은 투자대상이겠지만, 투자규모가 너무 크기 때문에 개인투자자들이 대도시의 상업용 빌딩에 투자하기는 어렵다. 하지만 자본주의 시스템이 발달함에 따라 다양한 공동투자 방식이 등장하였는데, 대형 부동산에 일반 개인이 소액으로도 투자할 수 있는 방법이 바로 리츠이다.

리츠에 투자하면 부동산 임대수입과 청산 시 발생하는 매각차익을 배당금 형태로 지급받을 수 있기 때문에 부동산을 직접 구입하는 것과 똑같은 부동산 투자효과를 얻을 수 있다. 그러면서도 부동산을 구입할 때와 매각할 때, 보유 도중에 임대 관리할 때 따르는 번거로움을 리츠회사에서 대신 해주기 때문에 투자하는 것 이외에는 별 신경을 쓸 필요가 없다. 다소 큰 금액이나 소액자금에 이르기까지 자금 규모와 상관없이 투자할 수 있고, 주식시장을 통해서 쉽게 사고팔 수 있어서 환금성이 높다는 장점도 아울러 지니고 있다. 세제혜택도 주어진다. 혼자서 대형 부동산을 사는 것보다 공동투자 형식의 리츠를 통할 때에 장점이 많다.

현재 우리나라 주식시장에 상장되어 있는 리츠는 7개가 있다. 그런데 이들 대부분이 2002년부터 2003년 초반 사이에 설립된 상품들로서, 설립 이후 대체적으로 부동산 가격이 상승하여서 리츠가 편입한 부동산들의 실제 시세는 장부와 대비하여 상당히 올라 있는 경우들이 많다. 따라서 배당수익 이외에 청산 시점에서는 매각차익도 기대되고 있다.

리츠는 청산시점이 도래하였을 때 매각이 여의치 않으면 매입가격에서 감가상각을 반영한 가격으로 원매도자에게 재매각할 수 있는 풋백옵션이 있기도 하다. 이런 경우에는 5년의 보유기간 동안 매년 1.5% 감가상각비만큼 총 7.5%를 공제한 가격으로 재매도할 수 있는 권리가 보장된다. 그렇다면 리츠에서는 통상 매년 10% 가까운 임대수입이 발생하기 때문에 손해볼 가능성은 거의 없어진다. 이처럼 리츠는 개인적으로 직접 부동산에 투자하는 것보다 오히려 위험이 더 적은 상품이다.

### 부동산 리츠의 장점

1. 사고 싶은 부동산이지만 자신의 투자자금이 작아서 살 수 없는 경우에 소액자금으로도 살 수 있다.
2. 땅값이 매우 비싸면서 고급지역의 대형 빌딩도 얼마든지 살 수 있다.
3. 부동산을 사고파는 데 따르는 복잡한 절차를 자신이 직접 알아서 할 필요가 없다.
4. 건물 유지, 보수, 관리에 직접 신경 쓸 필요가 없다. 더욱이 내가 직접 건물 관리에 신경 쓰는 것보다 훨씬 더 관리가 잘 된다.
5. 임대사업을 할 때에 세입자 들어오고 나가는 것, 임대료 책

정하는 문제 등의 골치 아픈 것에도 신경 쓸 필요가 없다.

6. 리츠회사에서 건물을 관리하는 데 들어가는 지출경비를 임대수입에서 제하고도 내가 직접 임대를 놓는 것에 비하여 더 많은 임대수입을 올릴 수도 있다. 리츠 종류에 따라 다른데, 주식시장에 상장되는 리츠들 중 다수는 은행금리보다 충분히 높게끔 배당금을 지급한다.

7. 부동산 살 때에 취득세와 등록세가 만만치 않은데, 이를 면제받을 수 있다.

(1~7까지는 개인입장에서 부동산에 직접 투자할 때의 단점과 한계점을 리츠를 통해서 간접적으로 부동산에 투자하면서 해결되는 것들임.)

8. 큰 부동산인 경우에 갑자기 팔려고 하면 팔기가 힘든데 주식시장에 상장되니까 예기치 않게 현금이 필요해질 때 아무 때나 주식시장에서 팔 수 있다. 즉 부동산의 단점인 환금성 문제가 해결됨.

9. 배당금이 큰 기복 없이 유지되므로 해마다 은행금리 이상의 수입이 예상되어 채권의 장점을 가진다. 흔히 1년에 2차례 배당을 함.

10. 나중에 부동산 가격상승에 따른 시세차익이 나타나면 처분이익이 예상된다. 물론 이는 부동산 물건에 따라 결과가 달라지며 일반적인 부동산 경기에도 영향을 받음.

11. 일반 금융권 예금이자는 시간이 흐를수록 인플레이션만큼 불리해지는 반면 임대료 수입은 인플레이션만큼 올라갈 수

도 있다. 이는 물론 경기에 좌우됨. 임대용 부동산의 장점을
가짐.

이상을 종합해보면 리츠는 부동산, 주식, 채권의 장점들을 동시
에 가지고 있는 셈이다.

**부동산 리츠의 단점**

1. 부동산 가격의 하락이나 임대료 하락이 리스크라 할 수 있는
   데, 이는 어떤 부동산 투자에서나 당연히 공통으로 나타나는
   리스크임.
2. 일반적인 주식투자에서 느낄 수 있는 단기적인 큰 시세차익
   의 가능성은 희박하다. (단 장기적으로는 리츠에서 보유한 부동산 가
   격의 상승으로 큰 시세차익을 얻을 수도 있다.)

대형빌딩을 직접 사느냐, 리츠에 투자하느냐 하는 문제는 회사
를 직접 경영하면서 대주주가 되느냐, 주식에 투자하느냐의 문제
와 비슷하다. 주식회사를 직접 차리는 경우에는 회사운영에 직접
신경을 써야 하고 회사의 변화에 따른 모든 위험을 자신이 감당
해야 하며, 정리하여 처분하고 싶을 때 하루아침에 쉽게 처분하
지 못한다. 이와 마찬가지로, 대형빌딩을 직접 사는 경우에는 빌
딩관리에 직접 신경을 써야 하고 부동산시장 변화에 따른 모든
위험을 자신이 감당해야 하며, 정리하여 처분하고 싶을 때 하루

아침에 쉽게 처분하지 못하기도 한다. 그러나 단지 투자자로서 주주가 되면 이러한 단점들이 해결된다.

　미국에서는 1960년대에 리츠제도가 도입되었으나 처음 30년 동안은 투자자들로부터 큰 관심을 이끌어 내지 못했다. 미국 리츠시장의 규모는 1980년도에 22.98억 달러였고 1990년도에는 87.37억 달러였다. 1990년대 들어서 부동산 소유자가 리츠회사에 부동산을 넘길 때에 양도소득세 부과를 유예시켜주는 제도를 비롯하여 정부의 각종 지원책에 힘입어서 크게 활성화되기 시작하였다.

　리츠시장은 1996년도에 887.76억 달러, 2000년도 말에는 1,450억 달러 규모로 성장하게 되었다. 리츠가 기록한 수익률을 살펴보면 배당수익 약 7%와 시세차익 약 7~8%를 합하여 총괄 연평균 수익률은 14.5% 수준이다. 연간 발생하는 임대소득과 더불어 부동산 가격의 상승이 덧붙여질 수 있어 비교적 안전하면서도 장기 복리수익률 효과를 추구하며 장기투자하기에 무난하다는 것이 확인되어진다.

　물론 각 리츠에서 투자대상으로 하고 있는 부동산 물건의 선택과 국가 전체적인 경기에 따라서 가변성이 나타나므로 이는 투자자가 숙고해야 할 몫이다. 이는 역으로 말하면 리츠에 대한 선택과 투자에 대한 타이밍을 조절하는 노력을 기울인다면 전체 리츠의 장기간에 걸친 연평균 수익률을 크게 초과할 수도 있다는 이야기가 된다.

미국의 대형 펀드들은 투자의 위험 분산을 위해 흔히 운용자산의 10% 정도를 리츠에 투자하기도 한다. 나스닥과 다우지수가 크게 하락하던 2000년도에도 리츠주식지수는 오히려 17.74% 상승하였으며, 미국 최대 리츠회사인 '에퀴티 오피스'의 투자담당 부회장 피터 키스룩은 같은 해에 리츠에서 26%의 수익을 올리기도 하였다. 우리나라는 부동산 리츠가 시작된 지 얼마 안 되어서 규모가 미미하지만 미국 부동산시장에서 리츠가 차지하는 비중이 8% 정도에 달하듯이 앞으로 우리나라에서도 부동산 리츠가 성장할 여지는 크다고 여겨진다.

# 금싸라기 땅을 100만 원어치 사는 법

> 이 글은 2004년 당시 저평가 상태에 놓여 있던 부동산 리츠 상품인 코크렙2호를 소개했던 머니투데이 기고문이다. - 2004/09/29(머니투데이)

우리나라에서 최고의 금싸라기 땅인 명동 중심부의 평당 1억 2천만 원 하는 땅을 백만 원어치 투자하는 방법에 관하여 이야기하겠다.

현재 우리나라 주식시장에 상장되어 있는 리츠는 7개가 있다. 그중에서 코크렙2호만이 유일하게 현재 가격이 액면가인 5,000원보다 낮은 상태로서 4,625원이다. 2기 때 손실발생으로 배당을 하지 못하고 상황이 좋지 않아짐에 따라서 가격이 크게 하락한 것이다. 그러나 보유하고 있던 2개의 빌딩 중 상대적으로 가격이 작은 빌딩의 매각차익 발생으로 최근 3기 결산에서는 370원을 배당하였으며 임대상황도 좋아지고 있어서 이 리츠도 현재가격에 매수하여 청산 시까지 보유한다면 시중금리보다 충분히 높은 수익률을 얻을 수 있을 가능성이 크다.

코크렙2호의 투자전략은 단기시세차익을 노리는 투자가 아니라 저평가된 채권을 사서 이자를 타면서 만기 시까지 보유하는 것과 유사하다. 배당금을 받으면서 명동타워의 매각이 이루어져 청산할 때까지 보유하여 부동산 투자효과를 극대화하는 것이다. 4,625원에 매수 시 3년 뒤 청산을 가정할 때 그때까지 얻어지는 총수익금이 1,388원이 되면 30% 수익률이 된다. 그에 대한 정량적인 근거는 다음과 같다.


**부동산가치에 대한 검토**

올해 건설교통부가 발표한 공시지가에 의하면, 우리나라에서 가장 비싼 금싸라기 땅이 전부 다 명동지하철역 6번 출구에 있는 밀리오레 건물 입구에서부터 북쪽으로 뻗은 길가에 놓여 있다. 가장 비싼 토지의 공시지가는 다음과 같다.

- 1위: 평당 1억 3,851만 원, 충무로1가 24-2, 스타벅스 커피전문점 자리
- 2위: 평당 1억 2,900만 원, 충무로2가 66-13, 로이드 장신구

전문점 자리

- 동률 2위: 평당 1억 2,900만 원, 충무로2가 66-19 푸마 스포츠의류점 자리
- 5위: 평당 1억 2,560만 원, 명동2가 33-2, 우리은행 명동지점 자리

코크렙2호가 소유한 명동타워가 있는 자리는 명동2가 31-1, 31-12인데 토지의 평당 가격이 1억 2,170만 원이며 1위인 스타벅스와 5위인 우리은행 명동지점 사이에 놓여 있다. 우리나라에서 가장 비싼 땅들이 놓여 있는 명동중심부에 나가보면 평일 저녁이나 휴일 낮에 오고가는 사람들이 명동타워 앞길에 인산인해를 이루고 있다.

명동타워는 토지면적이 914평, 건물면적이 8,431평 정도 되며, 이를 장부가격으로 살펴보면 토지가 707.95억 원(85.8%), 건물이 116.9억 원(14.2%)이다. 즉 코크렙2호는 부동산 전체가격에서 건물가격이 차지하는 비중이 14.2%로 매우 작고 토지가 차지하는 비중이 매우 크다. 이는 세월의 흐름에 따라서 감가상각에 의한 자산가치 감소가 미미하다는 것을 의미하며 부동산을 매각할 때에도 사가려는 측에게 매력적인 요소가 될 것이다. 꽤 오래전인 1970년대에 건물이 지어져서 감가상각이 이미 많이 반영된 상태이다.

토지의 가격은 코크렙2호가 설립될 당시에 공시지가가 평당 1

억 164만 원이던 것이 작년에 평당 1억 1,115억 원으로 올랐고, 올해는 평당 1억 2,177만 원으로 올라서 현재는 설립당시에 비해서 20%나 올라 있다. 장부가격으로는 토지와 건물을 합친 부동산 전체가격이 824.8억 원인데 공시지가를 반영한 부동산가격은 1,229.4억 원이므로 장부가에 비해서 높은 가격에 팔릴 수 있는 가능성이 크다.

참고로, 코크렙에서 보유하고 있던 또 다른 부동산인 논현동의 하나로빌딩이 장부가격이 267.87억 원이었는데 올해 상반기에 314억 원에 팔려서 장부가보다 17% 높은 가격으로 매각되었다. 2002년부터 2003년 초반 사이에 설립된 리츠상품들은 설립 이후로 대체적으로 부동산가격이 상승하여서 배당수익 이외에 청산 시점에서 매각차익이 기대되는 바이다.

청산 시점에 부동산이 장부가 그대로 매각된다면 투자자가 청산 시에 돌려받는 부동산매각대금 역시 액면가 그대로인 5,000원이 된다. 장부가보다 오른 가격으로 매각이 된다면 투자자가 돌려받을 금액은 당연히 액면가보다 올라가게 되는데, 이때는 레버리지 효과가 발생하게 된다. 코크렙2호의 레버리지 효과가 얼마나 되는지 계산해보면, 부동산의 장부가격이 824.85억 원인데 반해 자본금은 560억 원이므로 부동산 매각 시 레버리지 효과는 824.8/560=1.473배가 된다. 최초에 부동산 매입 시 자체 자금만으로 매입한 것이 아니라 부동산의 장부가격과 자본금의 차이만큼 대출을 일으켜 매입한 것이기 때문에 레버리지 효과가 발생하는 것이다.

명동타워까지 장부가보다 17% 높은 가격으로 매각된다면 주주
에게 돌아오는 실질효과는 17%×1.473＝25.04%가 될 것이다.


**임대가치에 대한 검토**

본 명동타워에는 주차장도 잘 구비되어 있으며, 실제 임대가능
면적은 약 6,380여 평이다. 서울에서 유동인구가 가장 많은 곳이
기 때문에 상업지역으로서의 임대료도 가장 비싼 곳에 해당한다.

그런데도 지난 2기에 손실이 발생한 것은 왜일까? 그 원인을
조사하여 구조적인 것인지 아니면 일시적인 것으로서 향후에는
해소되는 것인지를 파악하는 것이 본 투자의 판단 포인트가 될
것이다.

원래 명동타워의 소유주는 ㈜신원이었는데, 경영의 어려움을
타개하고자 구조조정을 실시하면서 2002년에 명동타워를 구조조
정 리츠인 코크렙2호에 매각하고 재임대하여 계속 사용해왔다.
그러다 보니 ㈜신원의 워크아웃상태로 인한 어려움의 파급효과
로 주변 빌딩보다 공실률이 높은 상황이 발생하였던 것이다.

그런데 최근 상황에 변화가 생겼다. 우선 건물이 예전보다 깨끗
하게 잘 리모델링되었고, 이후 우량임차인들이 새로 들어온 것이
다. 지금 현재 건물의 임대상황은 다음과 같이 되어 있다.

1층에서 4층까지 넓은 면적을 차지하고 있는 백화점 유투존부
문은 빌딩 전체의 임대가능면적 중 45%를 차지하고 있으며 국

내 유명 유통업체인 ㈜삼성물산과 5년간 책임임대계약을 체결한 상태로 이부분의 공실위험은 없는 상태이다. 4층 일부에는 '민들레영토' 19호점이 지난 8월 18일에 오픈하여 입점해 있기도 하다.

15층에서 22층까지에는 휴레스트 웰빙클럽이 지난 5월 20일에 오픈하였다. 대형빌딩의 8개층 이상을 점유하면서 총면적이 3,000평이 넘어서 국내 최대의 휘트니스센터이다. 정부투자기관인 한국군사문제연구원에서 100% 출자한 탄탄한 회사로서 최첨단 장비와 시설을 갖추고 헬스케어를 기반으로 한 맞춤형 전문프로그램을 운영하면서 고객들의 건강관리를 해주는 곳이다. 정부투자기관 소유이므로 안전한 우량임차인인 셈이다.

유투존의 옆쪽에 있는 빌딩 입구의 1층과 2층에는 지난 7월 16일부터 커피빈이 입점하여 영업을 시작했다. 명동타워에 입점한 커피빈은 전용면적 300평 규모에 600석을 갖춘 초대형 매장으로서 웬만한 커피숍 10개 규모로 전 세계 커피빈 매장 중 가장 큰 규모이다. 역시 최고의 우량임차인이다.

이상과 같이, 전체 빌딩의 대부분을 우량업체인 유투존과 휴레스트 웰빙클럽이 차지하여서 앞으로는 큰 공실률로 더 이상 늘어날 가능성은 적다고 여겨진다. 커피빈까지 포함하여 모두가 탄탄한 업체들이라서 앞으로 임대료수입도 안정화될 것으로 추측된다. 현재 공실률은 13.9%로서, 이미 바닥을 치고 살아나는 과정이다. 7, 8층을 비롯하여 일부 층이 아직 비어 있는 상태이지만 임차인유치를 위해 회사 측에서 노력하리라 기대되는데 현재 상태만으로도 배당을 줄만한 임대수입이 발생할 것으로 파악된다.

이처럼 이전과는 상황이 달라졌다는 것을 파악하는 것이 본 투자의 포인트라고 하겠다.

### 영업이익과 순이익 예측

명동타워에서 발생한 영업수익-영업비용=영업이익이 2기에는 44.23억-19.40억=24.82억이었고 3기에는 38.73억-13.79억=24.94억이었는데 우량업체들이 입점한 뒤인 4기에는 영업이익이 이보다 더 나아지리라 예상된다. 영업비용 중에서는 정상적인 관리비, 수수료, 수도광열비 외에 대손상각비가 큰 비중을 차지하였는데 기업회계기준에 따라 창업비를 2기에 주로 상각함에 따라 2기의 이익이 더 크게 줄어들게 되었다. 대손상각비가 2기에 14.3억 원이나 잡혔는데, 이 부분이 적자발생의 한 원인을 차지하였다. 대손상각비는 3기에 이미 2.4억 원으로 줄어들었고 앞으로는 더욱 미미하게 되어 영업이익에 부담으로 작용하지 않게 된다.

영업외비용에서는 이자비용이 거의 대부분을 차지하는데 원래는 단기차입금 160억 원과 장기차입금 288.6억 원을 합쳐 총 차입금이 448.6억 원이던 것이 최근에 하나로빌딩을 매각하여 들어온 현금으로 부채의 상당부분을 갚아버려서 장기차입금만 223.61억 원이 남게 되어 이자 나가는 부채가 절반으로 줄었다. 이중에서 이율 8%의 차입금이 183.61억 원이고 이율 7.2%의 차입금이 40억 원으로서 한 기에 해당하는 6개월 치 이자는 약 8.8억 원 정도이다. 이자 관련 비용이 2기에 17.2억 원, 3기에 13.9억 원 발생한 것에 비해서 4기부터는 크게 감소하여 순이익 발생에 그만큼 기여할 것이다. 3기에는 하나로빌딩 매각이익에 의한 부동산처분이익 45.3억 원의 효과로 배당을 370원 하였는데 앞으로는 정상적인 영업이익만으로 안정된 배당이 예상된다.

한 기에 해당하는 6개월 치 손익계산서는 앞으로 대략 다음과 같은 수준으로 예상된다.

- 임대료수익 35억 + 관리수익 7억 + 기타수익 1억 = 영업수익 43억 ①
- 수수료 2억 + 관리비 4억 + 수도광열비 4억 + 세금과공과 2억 + 감가상각 2억 + 기타 1억 = 영업비용 15억 ②
- 이자수익 + 잡이익 = 영업외수익 2억 ③
- 이자비용 9억 + 기타잡손실 1억 = 영업외비용 10억 ④
- 예상경상이익 = ① - ② + ③ - ④ = 20억

배당가능이익은 당기순이익에서 이익준비금을 차감한 금액으로 규정되는데 적립된 이익준비금은 청산 시 배당 가능하다. 소득세규정에 의하면 본 회사는 배당가능액의 90% 이상을 배당할 경우 당해 사업년도의 소득금액 계산 시 소득공제된다.

앞으로 9기까지만 존속하고 3년 뒤 시점에서 청산한다고 가정한다면 그때까지 얻어지는 총수익금은 아래 3가지 수익을 더하면 된다.

- 액면가 5,000원과 매수한 시가의 차이에 의한 시세차익: 5,000-4,625=375원
- 청산 시에 발생할 매각차익: 450원 이상(800원 이상 가능할 수 있음)
- 배당금수익: 연평균 250원×보유연수 3년(가정)=750원

4,625원에 매수하여 3년 뒤 청산할 때까지 얻어지는 총수익금이 1,388원이 넘으면 수익률이 30%가 넘게 되며 위 계산에서처럼 그 이상도 달성가능해 보인다. 다만 일반 부동산투자에서처럼 불확실성은 언제라도 나타날 수 있는데, 변동성이 있더라도 상대적인 가치가 큰 부동산을 가지고 있는 리츠에서는 시세차익을 겨냥하면서 투자하는 일반 주식에서만큼 가격하락의 위험성이 아주 크지는 않다.

### 그 뒤로 어떻게 되었나

위의 글을 통해 소개한 지 1년 만에 코크렙2호는 명동타워를 좋은 조건에 매각하게 되어 예정보다 2년 일찍 청산절차에 들어가게 되었다.

955억 원에 명동타워의 매각이 이루어져 장부가 827억 원 대비하여 128억 원의 차익이 발생함으로써 투자수익을 높여주었다. 구체적으로는, 2005년 9월 8일에 배당금이 세금공제 후 주당 1,082원씩 투자자의 계좌에 입금되었다. 9월 20일에는 자본금, 기존에 적립해놓은 이익준비금, 명동타워 매각차익 등의 수익금을 정산하여 주당 5,070원씩이 지급되었다. 2004년 9월 29일의 기준 가격 4,625원에 대하여 2005년 9월 20일까지 배당금과 정산금액을 합하여 총 6,152원이 현금으로 회수되어 주당 1,527원의 이익이 확보된 것이다. 33%의 세후 순수익률이 1년 만에 얻어진 것이다.

# 청계천 복원사업의 수혜 얻는 리츠

〈들어가는 말〉에서 간단히 사례로 언급했던 리츠 코크렙1호를 2003년 7월에 '행복투자 카페'에 소개했던 글이다. – 2003/07/21(행복투자 카페)

현재 상장되어 있는 부동산 리츠 종목들과 최근에 공모하는 부동산 리츠 종목들 중에서 이미 상장되어 있는 코크렙1호에 투자할 만하다. 코크렙1호는 중구 장교동의 장교빌딩, 마포구 동교동의 대아빌딩, 여의도의 대한빌딩 3개의 부동산을 구입하여 임대영업을 하는 회사이다.

취득가격은 장교빌딩 1,838억 원, 대아빌딩 243억 원, 대한빌딩

231억 원이다. 연간임대료가 장교빌딩에서는 183억 원, 대아빌딩에서는 22억 원, 대한빌딩에서는 20억 원이 들어온다.

지금 3개 빌딩에 거의 100% 가까운 임대가 이루어지고 있고 임대소득에서 여러 비용을 공제한 후 공동투자자들에게 배분하는 배당수익률은 연 10%에 달한다. 임대용 부동산을 가진 사람들은 알겠지만 요즘 연 10% 이상의 임대수입을 거둘 수 있는 부동산을 구입하기가 쉽지 않다.

부동산 리츠는 임대영업을 하다가 5년 뒤에는 소유한 부동산을 처분하면서 회사가 청산하는 것으로 되어 있다. 부동산을 처분할 때 부동산의 가격이 하락할 위험이 존재하지만 이는 반대로 부동산의 가격이 상승할 가능성이 존재하는 것과 마찬가지이다. 부동산투자에서 일반적으로 나타나는 리스크와 수익성 사이의 관계가 똑같이 존재할 뿐이다. 그러나 본 리츠는 청산시점이 도래하였을 때 매각이 여의치 않는다면 장교빌딩 및 대한빌딩을 매입가격에서 감가상각을 반영한 가격으로 원매도자에게 재매각할 수 있는 풋백옵션이 있다.

따라서 개인적으로 부동산을 구입하였다가 처분하는 경우에 비하여 오히려 리스크가 더 적다고 볼 수 있다. 더욱이 개인으로서 큰 빌딩을 소유할 때에는 빌딩을 유지 및 관리하는 데 아무래도 어려움이 수반되어지는데 리츠 회사에서 해주기 때문에 건물 관련하여 신경 쓸 것이 전혀 없다. 또한 리츠에는 세금 관련되는 혜택이 존재하기 때문에 개인이 빌딩을 직접 사서 투자하는 것보다 오히려 나은 투자방법이 될 수 있다.

코크랩1호의 장교빌딩은 청계천 2가에 있으며 청계천 고가와 삼일로 고가가 갈라지는 곳에 있기 때문에 향후 크게 좋아질 위치에 있다. 빌딩 바로 앞에서 진행되는 청계천 복원사업이 2년쯤 뒤에 마무리되고 나면 본 빌딩 앞에 놓여 있던 고가도로가 사라지고 청계천의 지정학적 가치가 상승함에 따라 본 빌딩도 가치가 높아지리라 예상된다. 따라서 본 리츠에 투자함으로써 청계천에 위치한 유망 빌딩에 투자하는 효과가 얻어지는 것이다.

코크랩1호의 대아빌딩은 서울 서부지역의 중심지인 신촌에서 양화대교로 이어지는 8차선 대로인 양화대로변의 신흥 고층빌딩가에 위치해 있고 근처에 고층빌딩이 지속적으로 세워지고 있다. 본 지역을 향후 서울 서부지역의 테헤란로와 같이 중심지역이 될 것이라는 이야기도 있다.

상암동의 디지털미디어시티 조성이 완료되면 상암동으로 들어가는 입구에 해당하는 본 지역이 명실상부한 서부지역의 주요 상업지구로서 위치를 구축하리라 예상된다. 또한 대아빌딩 바로 앞에는 2호선 전철과 신공항철도의 환승역이 세워지리라 예상된다. 이러한 것들이 완료되는 것은 코크랩1호의 청산시점 이후이지만 미래에 확실하게 긍정적인 변화가 나타날 지역의 부동산이 투자 가치상 더 좋은 것이다.

한국의 부자들 중 60% 이상이 부동산 임대소득을 주수입원으로 하고 있다. 일반 서민입장에서 덩치가 큰 부동산을 구입할 수 없다 하더라도 이러한 부동산 리츠를 잘 골라서 참여함에 따라서 '부동산투자＋부동산임대수입' 효과를 부자들과 똑같이 거둘 수 있는 것이다. 코크렙1호에서 6개월마다 나오는 배당금을 다시 코크렙1호를 주식시장에서 추가로 사들이는 식으로 하면 6개월마다 재투자하는 복리투자가 된다.

## 그 뒤로 어떻게 되었나

위 글이 올라간 시점인 2003년 7월 21일의 종가는 5,060원이었다. 부동산의 가치가 올라감에 따라 주가도 꾸준히 올라서 2007년 3월 21일에는 2.5배 오른 가격인 12,650원을 기록하였다. 절대 차익으로는 7,590원이고 수익률로는 150%에 해당한다. 배당은 6개월마다 주어지며 2003년 12월 말이 제3기 배당기준일이다. 이때부터 2006년 말 기준인 제9기의 배당까지 주어진 배당금의 총합계가 258원+278원+228원+316원+316원+326원+346원=2,068원이 된다. 배당금은 연평균 591원으로서 5,060원 대비해서는 11.7%에 달하는 높은 임대소득이 된 셈이다. 3년 반 동안의 총 배당금 수익에 최종적인 시세차익을 더하면 총 9,658원의 수익이 얻어진 셈이며 이는 190%의 수익률에 달한다.

3년 반 만에 이런 큰 수익을 얻을 수 있었던 것은 탄탄한 임대수익이 꾸준히 들어오면서 빌딩가치가 크게 올라갔기 때문이다. 코크렙1호는 2007년 3월에 중구 장교동의 장교빌딩을 3,500억 원에 매각하였는데 이를 매입가격인 1,827억 원과 비교하면 91.48%의 수익을 낸 것이다. 마포구 동교동의 대아빌딩은 241억 원에 매입해 464억 원에 매도함으로써 92.2%

의 차익을 얻고, 229억 원에 매입한 영등포구 여의도의 대한빌딩은 466
억 원에 매도하여 103.1%의 차익을 얻음으로써 3개의 빌딩 모두에서 높
은 수익률을 얻어냈다.

# 원금보장되는 어떤 투자

대한항공이 구조조정을 하느라 매각한 부동산을 보유하고 있는 부동산 리츠인 교보메
리츠를 '텐인텐 카페'에 소개했던 글이다. - 2006/09/13(텐인텐 카페)

### 교보메리츠의 설립

'교보메리츠'는 2002년 1월경에 상장된 리츠이다. 내년 초가
되면 존속 예정기간인 5년이 되어 보유 부동산을 매각하고 청산
할 예정으로 있다. 교보메리츠는 대한항공의 기업구조조정용 부
동산을 매입한 후 다시 대한항공에 재임대하는 조건부방식으로
운용되어 왔다. 주요 발기인은 교보생명보험 주식회사(428억 원 출
자, 50.95% 지분), 동양화재해상보험 주식회사(25억 원 출자, 2.98% 지
분), 메리츠증권 주식회사(20억 원 출자, 2.38% 지분)이다.

### 배당금

교보메리츠는 2002년 여름에 국내 부동산 리츠 회사 중에서 최
초로 배당이 이루어졌으며 최초 배당금은 201원으로서, 연 환산

8.02%였다. 최근 3년 동안 6개월마다의 배당금은 197원→209원→203원→218원→228원→242원으로 안정되게 늘어났으며 가장 최근인 올해 6월말 기준의 배당금 242원은 연 환산 9.68%에 달한다. 현재 주가가 액면가인 5천 원에 머물고 있으므로, 만약에 청산되지 않고 계속 존속하는 회사로 가정한다면 연 10%에 육박하는 배당수익률이 얻어지는 회사이다.

### 부동산 현황

부동산 현황은,

- 서울 강서구 등촌동 653-25, 7층짜리 빌딩, 토지 4,379m², 건물 18,339m², 장부가 319.4억 원
- 부산 북구 덕천1동 358-1 주거용아파트, 토지 4,536m², 건물 5,387m², 100세대수, 장부가 39.9억 원
- 부산 동래구 사직동 15-5, 주거용아파트, 토지 4,614m², 건물 7,986m², 78세대, 장부가 68.0억 원
- 경남 김해시 내동 121-2 주거용아파트, 토지 41,446m², 건물 60,409m², 936세대, 장부가 410.6억 원
- 합계: 토지 54,975m², 건물 92,121m², 장부가 838.0억 원

### 앞으로 회사 청산 시

교보메리츠는 5년 청산형의 한시적 명목회사로서, 청산시점(2007년 1월임)에서는 보유 부동산을 시장에서 적극적으로 매각하

는 것으로 되어 있다. 처분이 이루어지지 않을 경우에는 매각선택권(풋백옵션)을 행사하여 대한항공 측에 매도할 수 있는 것으로 되어 있다.

본 회사는 배당가능 이익의 100%를 모두 배당하는 것으로 되어 있으며 청산 시에는 그동안 적립된 이익준비금을 함께 배당하기로 되어 있다.

### 최악의 경우

시중에서 매각이 안 되어서 대한항공 측에 풋백옵션을 행사하여 넘길 때 5년 동안 매년 1.5%의 감가상각비만큼 총 7.5%의 금액을 공제한 가격으로 매도한다고 가정하면 손실금액이 약 63억 원 발생한다.

한편, 앞으로 6개월쯤 뒤에 받을, 임대수익에 기반한 배당금 총액이 지난 결산기와 같다고 가정하면 회사 순이익에 해당하는 40.68억 원이다.

또한 그동안 적립하여 가지고 있는 이익준비금이 22.56억 원 있다. 이 금액도 청산 시 배당금으로 주어지므로 순이익에 의한 배당금과 이익준비금에 의한 배당금을 합치면 63억 원이 되므로 풋백옵션으로 대한항공 측에 매각할 때 발생하는 손실이 정확하게 만회된다. 따라서 최악의 경우에 원금 보장은 되는 것이다.

## 최악의 경우가 아닐 때

본 리츠에서 보유한 부동산의 전부 혹은 일부가 시중에서 매각이 이루어진다면 부동산 시세가 5년 전에 비해서 거의 대부분 올랐기 때문에 장부가보다 높은 가격에서 매각이 가능할 것이다. 그렇게 판단하는 이유를 아래에 살펴보자.

### 서울 등촌동 KAL Building

지하 3층~지상 7층 건물로서 공항로 대로변에 위치해 있는데, 지하철 9호선이 개통되면 인근에 지하철역이 생긴다. 최근에 강서구 지역에서 공항 가는 쪽으로는 마곡지구 영향으로 인한 부동산 가격 상승효과도 나타나 있다. 토지의 공시지가가 리츠 설립 당시에 평당 670만 원이었는데, 지금은 두 배로 뛰어올라서 평당 1,320만 원이다.

### 부산광역시 동래구 사직동 삼익아파트(1979년 준공)

총 300세대 단지 중 총 78세대의 아파트를 보유하고 있다. 용적률 153.51%, 건폐율 13.78%이다.

### 부산광역시 북구 덕천동 사원아파트(1978년 준공)

소형평형의 100세대 작은 아파트이지만, 28년이 넘은 오래된 아파트로서 용적률 115.13%, 건폐율 25.11%로서 용적률이 매우 작기 때문에 언젠가 재건축시 용적률을 높일 수 있는 미래가치는 있을 것이다.

### 김해시 내동 KAL아파트(1990년 준공)

아파트 11개 동이며, 18평과 23평으로 이루어졌다. 용적률 152.37%, 건폐율 11.28%이다. 토지의 공시지가는 리츠 설립당시 평당 99만 원이던 것이, 지금은 평당 129만 원으로 30% 올랐다. 부산 김해 간 경전철 공사가 올해 2월에 착공되어 2010년 8월에 운행 예정으로 되어 있는데 이 경전철이 내동 KAL아파트 근처를 지나게 된다. 이 아파트 바로 앞에 연지조각공원과 호수가 있으며, 인근에 '연지' 역이 생길 예정이다. 이 경전철은 부산지하철 2·3호선과 환승체계를 갖춰서 부산으로의 진입을 용이하게 해줄 것이다. 3~10분 간격으로 운행되며 부산 김해 간을 30분대에 주파하게 된다.

부산권 아파트들은 소형평형의 아파트이고, 부산권에서 최근에 아파트 가격이 제자리에 머물러 있지만, 그래도 리츠 설립 당시인 5년 전과 비교하거나, 몇 가지 측면에서 길게 바라보면 지금보다 특별히 더 못할 것은 없다.

서울 등촌동의 공항로 대로변의 빌딩은 가치가 분명 올라가 있을 것이므로, 리츠에서 소유한 부동산의 전체 가치의 합은 설립 당시보다 지금이 올라가 있을 것으로 추정된다.

## 결론적으로 5,000원에 매입하는 경우를 기준으로 하면

1. 시중에서 매각이 안 되어서 대한항공 측에 풋백옵션을 행사할 때 장부가 이하로 매각이 이루어져 손실이 발생하더라도 앞으로 발생할 순이익과 미리 적립된 이익준비금으로 전부 만회가 되어서 최악의 경우에도 원금보장이 되는 셈이다.

2. 장부가로 매각된다면, 6개월 뒤 배당금이 (이익준비금＋순이익)/주식수＝(22.56억＋40.68억)/16,800,000주＝376원으로서 6개월 동안의 수익률이 376/5000＝7.5%, 연 환산 수익률로는 15%가 된다.

3. 장부가보다 높은 가격으로 매각되는 것이 생긴다면, 그만큼 수익률은 더 올라가게 된다.

최근에 감정평가사 3개 회사가 들어가서 교보메리츠에서 보유한 부동산에 대한 감정평가액이 조만간 나올 것 같다. 감정가가 나온 뒤에는 감정가를 바탕으로 11월 정도부터 시중에서 매각이 진행되리라 예상되며, 풋백옵션으로는 대한항공 측이 얼마 가격에 되사갈 수 있을지도 함께 타진이 이루어지리라 예상된다. 부동산의 감정가는 당연히 5년 전의 장부가보다 높게 나오리라 예상된다.

## 그 뒤로 어떻게 되었나

교보메리츠의 부동산은 대한항공이 재매수해 가져가는 것으로 확정되었으며 매각가격은 장부가인 796억 원 근처의 가격인 790억 원으로 확정되었다. 따라서 장부가 매각을 가정하였을 때 예상했던 수익률이 얻어지게 되었다. 다만 일반투자자들에게 커다란 아쉬움을 남기는 것은 그동안 부동산 가치가 많이 올라서 매각 시 시세차익까지 당연히 얻어질 수 있는 상황이었음에도 불구하고 시세차익이 전혀 얻어지지 않게끔 매각되었다는 점이다. 애초의 원매도자였던 대한항공 측에 되파는 가격을 마치 경매에서 헐값으로 매각되는 수준의 너무 싼 가격으로 결정함으로써 합리적인 판단을 하며 투자하였던 많은 투자자들을 실망시켰다.

〈머니투데이〉 2006년 11월 29일 기사에서도 다음과 같이 문제점을 지적했다. "(부동산 자산 운용을 담당하였던 코리츠) 관계자는 '리츠 성격상 아파트를 가구별로 매각하는 것이 불가능해 한꺼번에 되팔다보니 매각차익을 기대하기 힘들었다'고 설명했다. 한 부동산펀드 관계자는 '대한항공이 일부 사택으로 쓰고 있는 이 아파트는 재건축 추진설이 나돌면서 집값이 크게 올랐다며 아무리 전체 사택을 일괄 매각한다고 해도 시세차익 없이 2002년 시세대로 넘긴 것은 납득하기 힘들다'고 지적했다."

필자가 구체적으로 살펴본 바에 의하면 다음과 같다.

• 부산시 사직동 삼익아파트: 총 300세대의 단지 중 본 리츠에서 소유한 것은 26평형x12세대, 32평x48세대, 34평x18세대, 총 78세대. 이들 각 평형별 2006년 평균매매가 부동산뱅크에 따르면, 1억 3,000만 원, 1억 6,100만 원, 1억 7,750만 원이라서 78가구의 총 가격은 124.83억

원. 장부가가 64.88억 원이므로 시세차익은 59.95억 원에 달하고 이는 장부가 대비 92.4% 수익률.

• 부산시 덕천동 KAL아파트: 본 아파트와 붙어 있는 시영아파트 13평형은 한효맨션, KAL아파트와 같이 조합을 결성하여 재건축조합 설립 추진 중. 용적률 260%로 새로운 아파트 설립 예상. 시영아파트 13평형은 2006년 매매평균가격이 6,900만 원인데, 함께 재건축이 예상되는 17평 KAL아파트의 가격을 6,500만 원으로 잡는다면 총 65억 원이 되어서 장부가 대비하여 26.89억 원 차익. 이는 70.6%의 수익률.

• 김해시 내동의 KAL아파트: 준공년도 1990년, 18평형×744세대, 23평형×192세대, 총 936세대이며 현 장부가는 391.52억 원. 본 아파트 단지 바로 뒤쪽에 붙어 있는 홍익아파트는 준공년도 1990년, 21평형×708세대로서 2006년 매매평균가격이 5,050만 원. 이를 KAL아파트에 적용시키더라도 총 465.44억 원. 장부가 대비하여 73.92억 원 많은 가격. 더욱이 홍익아파트보다 아파트 단지의 대지 규모가 훨씬 더 넓으며 위치도 더 좋기 때문에 평당 가치를 더 높게 쳐야할 것이므로 이런 계산값보다 실제로는 현실가치가 더 크다고 봐야함. 12,559평의 토지가격은 리츠 설립당시보다 30% 상승.

• 서울 강서구 등촌동 KAL빌딩: 공항로 대로변에 위치해 있으면서 지하철 9호선 지하철역이 생기고 마곡지구 영향으로 인하여 미래의 건물 가치도 상승. 토지 1,327평, 건물 5,557평, 장부가 319.4억 원인데, 토지

의 공시지가가 리츠 설립당시보다 86.25억 원 올라서 97% 수익률.

위에 살펴본 바와 같이, 교보메리츠에 편입된 모든 부동산 가격이 지난 5년 동안 상승하였다. 장부가인 797.57억 원 대비하여 실제 현실가치는 30% 이상 상승하여 그 차익이 250억 원에 달하는 데에도 불구하고 5년 전 가격 이하로 매각한 것은 지나치게 할인하여 판 것으로 볼 수 있다.

구체적인 매각과정을 들여다보면, 아파트 수백가구의 매각을 2006년 10월 16일에 입찰공고 하여 10월 25일에 입찰마감하는 방식으로 불과 10일 만에 진행해버렸다. 수백가구의 아파트 단지가 리츠에 포함되어 있기에 최소한 만기 수개월 전부터 다양한 채널을 통하여 편입된 각 부동산의 매수자를 찾는 노력을 기울여야 했다. 왜냐하면 아예 처음부터 대한항공 측에 현시세보다 크게 낮은 장부가 수준으로 쉽게 되돌려줄 생각을 가지고 있지 않았나 하는 모럴 해저드의 의심을 받을 수도 있기 때문이다.

투자자로서는, 결과적으로 교보메리츠에 대한 투자가 원 소개글에서 제시했던 경우의 수 중에서 2번에 해당되어 6개월 만에 연 환산 15%의 수익률을 거두었다. 그 이상의 수익을 기대했던 것이 사실이므로 아쉬움이 남는 결과이긴 하지만 이 정도로도 작은 수익률은 아니다.

여기서 얻게 된 연 15%의 수익률에 대해 어떻게 생각하는가? 만약 이 수익률이 작게 느껴진다면 그런 사람은 자신이 부자가 될 소질이 약한 것이 아닌가 의심해봐야 한다. 여기서 중요한 포인트는 연 15%의 수익률이 6개월이라는 단기간에 실현되었고, 거의 무위험 수익률이었다는 점이다. 최악의 경우(경우의 수 1번)가 발생하더라도 원금이 보장되는 투자였으므로 안심하고 큰 금액을 투자할 수 있었다. 실제로도 리츠 운용사의 모럴 해저드가 의심되는 상황이 발생했음에도 불구하고 연 15%라는 괜찮은 수익을 거둘 수 있었다는 점을 눈여겨봐야 한다. 만약 리츠 운용사가 제대로 매각 노력을 기울였다면 큰 초과수익을 거둘 수도 있었다. 이처럼 여러 가지 경우의 수를 충분히 검토함으로써 투자위험을 거의 회피할 수 있고 충분히 고수익을 노려볼 수 있다는 점이 부동산 리츠 투자의 매력이다.

# 지금도 투자가 가능한 리츠상품은?

유레스메리츠(2007년 5월 29일 기준 종가 4,955원)는 자본금 500억 원으로 2003년 7월에 설립되어 8월에 증권거래소에 상장된 부동산 리츠이다. 유레스메리츠에서 편입한 부동산은 세이브존 성남점, 세이브존 대전점, 세이브존 노원점, ㈜장유워터피아 소유의 장유워터피아(온천시설 및 실내워터파크)이며, 세이브존아이앤씨 및 장유워터피아에 책임임대를 하고 있다.

- 세이브존 성남점: 성남시 수정구 신흥동 2463-5, 6F/4B, 대지 1,891.6평, 건물연면적 10,037.4평
- 세이브존 대전점: 대전시 서구 삼천동 991, 5F/2B, 건물언면적 10,810.5평(건물만 소유)
- 세이브존 노원점: 서울시 노원구 하계동 284, 5F/2B, 건물연

면적 6,385.6평(건물만 소유)

- 한신스포츠센터: 서울시 노원구 하계동 256-5, 2F/3B, 대지 558.2평, 건물연면적 1,744.0평
- 장유워터피아: 경남 김해시 장유면 삼문리 562-12외, 2F/2B, 대지 3,421.9평, 건물연면적 2,874.5평

유레스메리츠의 지난 7기(2007년 3월) 배당금은 249원으로 연환산 수익률이 10%가 넘는다(249원×연2회=498원, 498원/4,955원=10.05%). 리츠의 가격이 액면가인 5,000원에도 못 미치도록 되어 있는 이유가 무엇인지 알아보는 것이 이번 투자의 포인트이다.

유레스메리츠에서 문제가 되는 것은 장유워터피아이다. 장유워터피아는 영업상황이 좋지 않아서 2004년 12월부터 임대료가 체납되기 시작하였고 임대료에 대한 매출채권에 대해 75%의 대손충당금 설정을 하고 있다. 이에 2007년 4월에는 임시주주총회의 승인을 얻어서 장유워터피아의 임대차계약 해지 및 중도매각을 추진하기로 결정하였다.

대지의 공시가격도 계속 내려서 장부가격 이하로 떨어져 있는 상태이다. 김해시의 도시기본계획에 장유워터피아 소유 부지 약 2만 평을 근린공원에서 유원지로 용도변경하는 것이 들어 있지만 건설교통부로부터 기본계획 승인 예정일이 늦춰지고 있는 실정이다. 용도변경이 되면 지가의 상승이 예상됨에도 불구하고 승인 여부에 불확실성도 따르고 장유워터피아의 재무상황이 안 좋아

서 매각선택권에 응하기 힘드리라 판단되어 중도매각을 결정한 것이다.

예비감정평가금액은 2007년 2월에 실시한 결과에서 158.9억 원으로 나왔다. 회사 측에서는 보수적으로 추정하는 예상 매각가격을 김해시 최근 4년 평균 시설별 낙찰가율을 적용한 98.51억 원으로 보고 있다. 만약에 이러한 예상 가격으로 매각이 이루어진다면 장부가격(165.9억 원)에 비하여 60억 원 이상 매각 손실이 발생할 것이다. 현재 그 지역 부동산시장의 상황으로 미루어볼 때 회사 측의 추정 가격보다도 더 낮은 가격에 매각될 가능성도 있다.

이러한 사정으로 인하여 배당수익률이 좋음에도 불구하고 유레스메리츠의 가격이 오르지 못하고 있는 것이다. 그렇다면 유레스메리츠는 투자대상으로 부적합한 것일까? 다른 부동산들을 함께 살펴볼 필요성이 있다.

건물만이 아니라 토지까지 소유하고 있는 세이브존 성남점과 한신스포츠센터는 토지가격만으로도 공시가격이 장부가보다 크게 올라가 있는 상태이다. 2007년 6월 말 기준으로, 세이브존 성남점은 장부가격 251.95억 원에 공시지가가 432.71억 원이며 한신스포츠센터는 장부가격 21.14억 원에 공시지가가 39.30억 원이다. 두 개를 합하면 토지의 공시가격과 장부가격 차이가 198.9억 원에 달한다.

이는 김해시 장유면의 부동산 장부가격인 165.9억 원 전체보다도 33억 원이 더 큰 금액이다. 즉 김해시 부동산을 완전히 공짜로 다른 데로 넘긴다 해도 회사 전체로는 실제 자산 총계가 자본금보다 크다는 이야기가 된다. 본 리츠의 자본금이 500억 원이므로, 장부가나 감정가가 160억 원 근처인 워터피아를 17억 원에만 팔아도 서울 및 성남시 소재의 상업용 토지를 공시가격으로 환산했을 때의 자산 총계가 자본금의 110%를 넘게 된다. 만약에 67억 원에 판다면 실제 자산 총계가 자본금의 120%를 넘게 되어서 리츠 청산 시 예상되는 부동산 매각 순이익율은 20%를 예상할 수 있다.

그러나 여기에 덧붙여 세이브존이 영업하고 있는 부동산을 세이브존에 매각 시 혹시라도 가격을 낮추어서 매각할 리스크는 감안해야 할 것이다. (세이브존의 부동산은 일반고객들을 대상으로 소매업을 하는 곳이므로 앞서 대한항공의 경우와는 다르지 않을까 생각해보자. 하지만 어느 정도의 리스크는 감안해야 할 것이다.)

한편, 토지가 아닌 건물 측면을 살펴보자면, 상업용 건물에서는 그 건물에서 장사가 잘 되느냐 여부에 따라서 건물의 가치가 영향을 받다. 세이브존은 본 리츠에서 건물을 소유하고 있는 성남점, 대전점, 노원점 이외에 광명점과 부천상동점도 있다. 그들 중 본 리츠에서 소유한 부동산 세 곳에서 이루어지는 영업의 비중이 절반을 훨씬 넘는다. 가장 큰 비중으로 매출이 발생하는 곳은 성남점이다. 이런 사실을 참고로 하면서 세이브존아이앤씨 회사의 전체 실적을 보면 될 것이다.

**세이브존아이앤씨 최근년도 실적**(단위: 억 원)

| 구분 | 2002년 | 2003년 | 2004년 | 2005년 | 2006년 |
|------|--------|--------|--------|--------|--------|
| 매출액 | 637.0 | 1,144.0 | 1,260.4 | 1,289.8 | 1,453.9 |
| 영업이익 | 59.7 | 80.0 | 20.4 | 55.5 | 46.4 |
| 순이익 | 22.4 | 20.1 | 5.6 | 38.3 | 53.8 |

이와 같이 영업을 잘 하고 수익도 계속 잘 내왔기 때문에 건물 가치가 하락해 있을 가능성은 최소한 없어 보인다.

성남시는 향후 발전가능성이 큰 곳으로 인정받는 지역으로서 부동산 가격도 크게 올라가 있는 지역이다. 세이브존은 성남시에서도 중심가에 자리 잡고 영업을 잘하고 있는 상태이다. 투자자로서 향후 예상되는 수익에는 부동산 매각 차익 이외에 청산 시까지 들어올 임대수입도 포함시켜야 한다. 임대수입에 기반한 배당금은 제1기(2004년 3월)부터 제7기(2007년 3월)까지 268원→210원→263원→211원→269원→219원→249원이었다.

현 시점에서 유레스메리츠를 매입하여 만기 시(2008년 8월경)까지 보유한다면 시중 금리보다 높은 배당수익률을 얻으면서 만기 청산 시 매각차익도 가능하다고 생각된다. 유레스메리츠의 전체 자산상태를 따져보면 장유워터피아로부터 생겨날 수 있는 손실을 다른 쪽의 이익이 충분히 커버해주고도 남는다는 사실을 알 수 있다. 시장에서는 장유워터피아로부터 생겨날 손실에 대한 우려감으로 유레스메리츠의 가격이 액면가 이하에서 거래되고 있지만, 이러한 사실을 두려워만 할 것이 아니라 여기서 기회를 발견할 줄 알아야 한다.

# 부부싸움하는 장소로 추천할 곳

어떤 전업투자자가 낮에 계속해서 모니터를 바라보면서 투자를 하다 보면 스트레스가 심해지고 시황 변화에 심리적으로 크게 마음이 흔들린다고 얘기하는 것을 들은 적이 있다. 의지로 노력해도 잘 안 된다는 것이다. 투자에서는 심리조절을 잘 못하면 낭패를 보기 쉽다. 그 사람은 그럴 때에는 심리적인 안정을 얻는 데 도움이 되는 곳으로 가서 마음을 다스린다고 한다.

어떤 일에서건 심리적인 동요를 극복하려는 노력보다 더 우선적으로 필요하고 더 쉬운 방법은, 심리적인 동요가 적은 길을 따르는 것이다. 학교, 직장, 각종 영업장소, 종교기관 등 미리 정해진 특정한 행위가 행해지는 장소마다 그 행위를 하는 데 도움이 되게끔 분위기를 유지하는 것도 그래서이다. 결혼하면서 살 때에 부부싸움을 안 하면 좋겠지만, 부처님 가운데 토막 같은 사람들이라도 부부싸움하는 일은 생겨나곤 한다. 부부싸움이 약하게 진행되는 것으로 그치면 다행이지만 처음에는 그다지 심한 싸움의 형태는 아니었는데, 싸우다 보니 격렬하게 확대되는 경우가 생기기도 한다.

작고 사소하게 끝날 수 있는 부부싸움은 별 상관없지만 격렬한 부부싸움은 피할 수 있다면 피하는 게 좋다. 싸움이 격렬해지다 보면 언성이 크게 높아지기 쉽고 그러면서 어차피 피차 서로 잘 알면서 살아오던 상대방의 인간성과 생활습성까지 새삼 거론하게 되기도 한다. 또한 애당초 싸움의 원인이 되었던 일에 직접 연관성이 없는 과거 일까지 들추어내기도 하고, 상대방 집안 식구들이 입에 오르내리기도 하며, 기타 주고받는 말의 범위가 필요 이상으로 확대되기도 한다. 이와 같이 싸움이 격렬해지다 보면 심리적으로 안정감을 잃어서 할 말 못할 말을 하게 되고 그것은 상대방 가슴에 상처를 주고 모멸감을 주어서 싸움이 끝난 뒤에도 마음 깊이 흔적을 남아 있게 한다. 때로는 자식들에게 부부가 격렬하게 싸우는 모습을 보여주어서 아이들에게도 정신적으로 영향을 주기도 한다.

부부싸움에 불필요할 정도로 심리적인 동요가 일어나는 것을 막기 위한 방법 중 하나는 피차 좋지 않은 감정이 고조되고 있다고 느껴지면 집이 아닌 다른 곳으로 재빨리 장소를 이동해서 싸우는 것이다. 부부싸움하는 장소로서 추천할 곳은 아름다운 음악이 흘러나오고 인테리어가 화사한 분위기 좋은 카페이다. 그런 곳에 가서 싸우면 심리적으로 안정감을 가지고 조용하게 대화를 나누는 데 도움이 된다. 설사 싸움에서 당장 합의점은 도출이 안 되더라도 격렬한 싸움으로 확대되거나 불필요하고 거친 말을 주고받는 일은 최소한도로 막아지게 된다. 또한 장소를 이동하는 도중에 다소 감정이 누그러지기도 한다.

부부싸움하는 장소로 또 하나 추천할 곳은 결혼 전에 사이좋게 데이트하던 추억의 장소라고 기억하고 있는 곳이다. 그곳에 가서 예전에 우리가 그렇게 다정하고 서로 좋아했는데 지금은 왜 이럴까를 차분히 생각하면 서로 양보하고 상대방 입장을 배려할 수 있는 여지가 조금은 더 늘어나게 된다. 처음 만났을 때 상대방을 향하여 설레던 마음이 힘든 현실세계를 살아오면서 흔들리게 된 것임을 자각하면 마음이 누그러진다. 시간은 흘러갔어도 처음과 같은 마음으로 애틋한 감정을 얼마든지 다시 이끌어낼 수도 있으며, 또는 과거 젊은 시절의 아름다운 감정이 지금은 다른 형태로 변화되어 세월의 깊이를 바탕으로 하는 인간적인 감정으로 성숙해져 있음을 느낄 수도 있다.

## ▌때 늦은 시월에
행복투자 이건희

지금은 때 늦은 시월이지만
당신을 처음 본 날 심었던 나무의 가지 끝에서는
불어오는 바람 없이 나뭇잎 하나
흔들리고 있습니다

긴 여름해 마주하며
혼자서 자라던 나무는
내려다보는 세상이 아름다웠고

하늘과 나무 사이 거리만큼 떨어진 곳에서
당신은 이 가을을 기다리고 있었겠지요

그리움은 한곳에만 뿌리를 내렸기에
보고 싶은 맘으로 더해지는 키만큼
그림자는 길어집니다

.

# 부동산보다 부동산주가
# 더 좋은 이유

땅투자의 안전성과 관련하여 '땅은 거짓말을 하지 않는다'는 말을 종종 듣곤 한다. 땅이 어디 도망갈 리도 없고 불타 없어질 리도 없으며, 땅에 돈을 묻어두면 시간이 걸릴지라도 결국은 땅값이 올라 돈을 벌게 된다는 뜻이다. 하지만 땅투자는 보통 규모가 커서 웬만한 일반투자자들은 쉽게 엄두를 내기 어렵다. 이런 경우 직접적인 땅투자 대신 땅의 가치가 높으면서도 그에 비하여 주가는 낮게 형성되어 있는 땅주식(?)에 투자를 하는 것이 직접 땅투자하는 것보다 안전하면서도 고수익을 낼 수 있는 투자법이 된다.

주식시장에 상장되어 있는 회사들 중에는 건물을 대도시의 중심 상업지구에 소유하고 있는 회사들도 많다. 이런 경우에는 도심의 상업지역이 **발달함**에 따라서 건물 기치도 올라기곤 한다. 이러한 회사의 주식에 투자하면 부동산 리츠에 투자하는 것과는 또 다른 스타일로 부동산에 대한 간접적인 투자효과를 얻어낼 수 있다.

  예를 들어보겠다. 원림은 현재 시가총액이 240억 원(2007년 5월 10일 기준)인 반면 회사가 보유한 토지의 공시지가 합계가 345억 원(2006년 말 기준)이다. 이 토지 위에 있는 건물의 장부가가 117억 원이다. 만약 240억 원을 들여 원림의 주식 100%를 모두 사들이게 되면 462억 원 상당의 부동산을 사들인 것과 같게 된다. 이 경우 462억 원 상당의 부동산을 거의 절반가격인 240억 원에 사는 셈이 된다. 더욱이 여기서 언급하고 있는 부동산 가격들은 공시지가와 장부가이다. 좋은 위치의 부동산들은 모두 시세가 공시지가보다 훨씬 높게 형성된다. 결국 원림의 부동산 시세는 462억 원보다도 훨씬 높을 것이다.

  만약 누군가가 여러분에게 462억 원이 넘는 부동산을 240억 원에 팔겠다고 제안한다면 여러분은 어떤 반응을 보일 것인가? 제정신인 사람이라면 누가 462억 원이 넘는 부동산을 240억 원에 팔까? 여러분은 아마 거짓말이거나 사기를 치는 것이라고 생각하지 않을까 싶다. 하지만 주식시장에서는 이와 비슷한 일들이 꽤 자주 벌어진다. 주식은 위험한 것이라고 무조건 멀리하는 사람들의 선입견이 비합리적일 정도로 저평가된 주가를 만들어내는 것이다. 앞에서도 설명한 것처럼 사람들이 멀리하는 투자대상에서야말로 좋은 투자기회를 찾을 수 있는 법이다.

  원림은 성장성이 낮은 분야의 회사이지만 산업용포장재인 PP Bag을 만드는 회사로서 시장점유율이 60%에 달하여서 사업의 안정성이 있고, 서초동의 빌딩을 비롯하여, 보유한 부동산으로부터 상당한 임대수입이 해마다 들어오고 있어서 수익 구조의 안정성도 높다. 꾸준히 이익을 내줌에 따라 이를 바탕으로 매년 배당을 하고 있는데, 배당금은 1999년부터 2006년까지 지난 7년 동안에 350원→500원→250원→250원→300원→350원→250원으로서 적절한 범위 안에서 배당금이 유지되어 왔다. 2006년의 경우를 예로 들면 이 회사는 20억 원의 순이익을 올려 5억 5천만 원을 배당에 사용하고 남는 이익금 14억 5천만 원은 회사 내에 계속 쌓아 갔다.

원림이라는 부동산 자산주에 투자하는 경우를 직접 땅에 투자하는 경우와 비교해보자. 땅투자의 목적은 매입한 땅의 가격이 올라 시세차익을 보려는 것이다. 부동산 자산주의 경우에도 보유하고 있는 부동산의 가격이 오르면 '자본잉여금'이 증대되는 효과가 얻어진다. 또한 원림처럼, 보유한 부동산에서 매년 상당한 임대수입이 들어오면 무위험 수익에 의하여 '이익잉여금'이 늘어나는 셈이다. 거기에 더하여 회사 고유의 일반 영업에서 생겨나는 이익도 '이익잉여금'에 추가된다. 그러면서 회사의 자본총계는 장기적으로 안전하게 꾸준히 늘어날 수 있는 것이다. 주식시장에서는 이를 반영하여 주식의 가격도 올라갈 가능성이 커지게 된다.

대다수의 투자자들이 회사 영업의 성장성만을 주로 바라보면서 투자를 하면, 성장성이 낮은 회사 중에서 시가총액이 자산가치보다 훨씬 낮게 저평가되어 있는 주식이 나타나곤 한다. 그러나 결국은 시차를 두고 저평가된 갭 부분만큼 상승하는 현상이 역사적으로 드러나 있다. 즉 저평가된 부동산 자산주에 투자하게 되면 주식 가격이 올라 시세차익을 보게 될 가능성이 높다.

원림 주식의 일부를 매입하는 것은 부동산의 일정지분을 매입하는 것과 같다고 볼 수 있다. 원림 주식을 매입하게 되면 부동산을 시세대로 사는 것보다 최소한 48% 이상 할인된 가격에 구입하는 것과 같다. 생산성 있는 활용이 당장 이루어지지 않고 있는 땅에 투자하는 방식의 단순한 땅투자에서는 들어오는 수익은 없는 상태에서 오를 때까지 무한정 기다려야만 한다. 이에 비하여 원림의 주식을 사면 그 회사 부동산의 지분을 48% 이상 할인된 가격에 사는 것일 뿐더러 매년 안정적인 순이익이 발생하는 사업을 공짜로, 덤으로 얹어 받는 것과도 같다. 그러면서 매년 배당금을 받으면서 회사 자산이 늘어나는 것을 지켜볼 수 있는 것이다.

땅의 경우는 급전이 필요하여 갑자기 팔려고 하면 제때에 제 값으로 팔기가 어려운 편이다. 이에 비하여 주식은 환금성이 보장된다. 아무 때나 현금화하고 싶은 때 며칠 안으로 현금화가 된다. 이렇게 따져보면 땅에 직접 투자하는 것보다 부동산 주식 투자 쪽이 훨씬 안전하면서도 수익성도 더 높은 투자수단이라는 점을 알 수 있다. 저평가되어 있는 부동산 자산주에 투자를 하는 것이 직접 땅에 투자하는 것보다 나을 수 있다고 설명한 것은 이러한 이유들 때문이다. 이런 회사는 오늘 당장 청산을 한다고 해도 돈이 남게 되기 때문에 주주로서 손해를 볼 일이 없어 안전한 투자라고 할 수 있다.

필자는 그동안 인터넷을 통하여 이러한 부동산 자산주의 매입을 추천해왔고 대부분이 높은 수익을 냈다. 예로 든 원림의 경우처럼 주식시장에는 회사가 보유한 부동산의 가치에도 크게 못 미치는 헐값에 거래되는 주식들이 존재하는 때가 있다.

주식투자에 익숙한 사람들에게는 부동산 자산주의 개념이 꽤 알려져 있어서 이들은 적극적인 투자에 나서고 있다. 이들 중에는 이미 재산을 축적한 투자자들이 많다. 그에 비하여 보통사람들은 아직도 주식투자 자체에 대한 의구심을 떨쳐버리지 못하여 부동산 자산주에도 적극적으로 투자하지 못하곤 한다. 이러한 이유로 인하여 부동산 자산주들이 종종 정상적인 가치에 비하여 할인되어 거래되는 것이며, 바로 이 지점에 안전한 대박의 기회가 존재하는 것이다.

이러한 설명에도 불구하고 '내 땅'을 갖고 있는 것과 '주식'을 갖고 있는 것은 다르지 않느냐고 생각할지 모르겠다. 하지만 이는 실용성이 뒷받침되지 않는 막연한 감성이다. 부동산 주식에 투자할 때에 유리한 점들은 더 있다. 부동산을 직접 사고팔 때에는 상당한 세금과 비용부담이 무시 못 할 정도이지만 부동산 주식을 사고팔 때에는 그렇지 않다. 아무리 차익이 많이 났더라도 양도소득세도 없다. 부동산의 직접 매매와는 달리 사는 데 있어서 자격조건이나 제약이 뒤따르는 경우도 없다. 여러 가지 측면에서 유리한 투자수단임을 알 수 있다. '내 땅을 소유한다'고 하는 막연한 소유관념과 '주식은 위험한 것'이라는 고정관념이 적극적인 투자를 가로막고 있을 뿐이다.

미국 같은 선진 주식시장을 보면 PBR<1인 주식(주식의 시가총액이 회사가 보유한 자산의 가치보다 작은 주식)이 우리나라와는 달리 별로 없는 편이다. 반면에 우리 주식시장에는 아직도 이렇게 저평가된 자산주들이 많이 있기 때문에 미국의 전설적인 투자자 워렌 버핏도 한국 주식시장에 대해 관심을 기울이는 것이다. 근래 들어서는 자산가치 대비하여 저평가된 종목에 실제로 투자까지 하게 된 것이다. 워렌 버핏은 한국 주식시장에 대하여 언급하면서 말하길, 한국 주식시장에 아쉬운 점이 하나 있다면 그것은 그 규모가 작기 때문에 자신이 더 큰 투자를 하지 못하는 것뿐이라고 한다. 워렌 버핏이 운용하는 자산은 워낙 크기 때문에 그의 투자규모에 비해 만족할 만큼 한국 주식을 사들이지 못하는 것이다.

이에 비하여, 운용하는 자산이 적은 개인투자자들은 얼마든지 원하는 만큼 투자가 가능하다. 이 점에 있어서 여러분들은 워렌 버핏보다 수익률을 올리기 훨씬 유리한 위치에 있다고 할 수 있다. 다만 그러한 점을 깨닫지 못하고 개인투자자로서의 이점을 살리지 못하는 것뿐이다. 우리의 주식시장에 PBR<1인 주식들이 아직도 많다는 것은 아직도 좋은 기회가 많다는 이야기이다. 적극적인 투자를 통하여 행복한 투자자가 되기 위해서는 합리적인 분석과 판단을 통해 막연한 관념을 극복할 수 있어야만 한다. 다

음의 글들을 통해 저평가된 부동산 자산주에 대한 투자 호흡을 익혀보길 바란다.

# 부동산 자산주가 왜 뜰까

<머니투데이>에 기고했던 이 글은 부동산 자산주 가격상승의 원인을 분석한 글이다. 부동산 자산주의 가격상승은 주기적으로 나타나지만 지금도 주식시장에는 저평가된 부동산 자산주들이 존재한다. 아직도 기회는 남아 있다. - 2005/10/11(머니투데이)

최근 들어 주식시장에서 서부트럭터미널, BYC, KCTC 등을 비롯하여 부동산을 많이 보유한 자산주들 중에서 큰 폭으로 상승하는 종목들이 나타나고 있다. 이러한 현상이 우연에 의한 일시적인 것인지, 아니면 시대적인 상황 하에서 추세적으로 나타나는 현상인지를 살펴본다면, 후자일 가능성이 커 보인다.

주식시장에서 부동산 자산주들이 돌풍을 일으킨 것은 1993년 하반기에 성창기업이 연속 상한가의 새로운 기록을 세우면서 상승한 것이 최초의 계기였다. 성창기업은 1993년 10월 9일의 종가 23,000원에서 출발하여 10일간 연속 상한가, 하루 조정 후, 다시 11월 20일까지 25일간 연속 상한가를 기록하면서 79,000원까지 올랐다. 그 당시에는 상한가 제한폭이 지금보다 무척 작았기 때문에 총 35일간의 상한가에 비해서는 상승폭이 작았던 편이다. 그 뒤로 부동산 자산주들이 돌아가면서 큰 폭으로 상승하는 현상이 확산되면서 방림, 경방, 롯데칠성, 만호제강, 삼부토건 등을 비롯하여 다수의 부동산 자산주들의 시세분출 현상이 상당히 오랫동안 이어졌다. 그때와 지금을 비교하면 다음과 같은 관점에서 시대적인 상황이 상당히 비슷한 편이다.

## 1. 대세상승 연장선상에 있다는 점

1992년 8월부터 주식시장이 상승하면서 1년 이상 대세상승 추세선 상에 놓여 있었다. 지금도 상당한 기간 동안 이어져오는 대세상승 추세선 상에 놓여 있는 상태이다. 기관이 선호하는 대형 우량주나 인기 있는 성장주가 아닌 보수적인 종목인 자산주에 투자하려면 주식시장의 대세적인 안정이 뒷받침되어야지만 투자자들로서 불안감이 적어진다. 또한 대세상승 주기 속에서 기관들이 주도적으로 매수하는 종목들이 앞서서 크게 오른 뒤에는 그런 것들을 뒤따라 매수하기 부담스러워하는 일부 일반투자자들이 자연스레 기관성 매수와 관계없는 종목군들에도 눈을 돌리게 된다.

## 2. 가치주 투자 열풍이 앞서서 나타났다는 점

1993년 하반기부터 자산주가 관심을 끌기 이전에 1991년 하반기부터 중소형주 중에서 저PER주들이 새로운 저PER주 혁명을 일으키면서 크게 상승을 하였다. 주당순이익에 비해서 주가가 크게 저평가된 종목들에 대한 가치투자가 새롭게 등장함에 따라 거래량이 적던 저PER주 소형주들에도 매수세가 들어오는 현상이 주식시장에 확산된 것이다. 이러한 학습효과에 의해서 주당순이익이 아닌, 주당순자산에 비해서 주가가 크게 저평가된 종목들로서 평소에 거래량이 적던 중소형주라도 기꺼이 투자자들이 들어올 수 있게 된 것이다.

지금도 이와 비슷한 상황인 것이다. 즉 올해 들어서 자산주 상승이 나타나기 이전부터 고배당 종목이나 주당순이익에 비해서 주가가 크게 저평가되어 있던 중소형주들이 지수의 상승폭을 크게 초과하면서 상승하는 현상이 이미 나타났던 것이다. 가치투자 현상이 확산되면서 저PER주에서 저PBR주로 상승열기가 확산된다는 점에서 그 당시와 지금이 비슷한 것이다.

### 3. 부동산 대세상승 시기를 지나왔다는 점

1990년대 초반까지 부동산 대세상승이 몇 년 이어지면서 부동산 가격이 크게 상승을 하였다. 과다한 상승에 따른 후유증이 나타나고 정부의 각종 조치와 더불어서 그 뒤로 조정에 들어갔다. 부동산 대세상승기를 지나오면서 토지를 비롯하여 부동산을 많이 보유한 회사들은 실제 자산이 크게 늘어나게 되었다.

자산 중에서도 재고자산, 매출채권 등을 비롯하여 미래가치가 불확실한 자산에 비해서 부동산은 확실한 자산이라는 인식이 자리 잡게 되었다. 지금도 비슷한 상황인 것이다. 부동산 대세상승이 몇 년 이어지면서 부동산 가격이 크게 상승을 한 뒤 정부의 각종 조치와 더불어서 지금은 조정을 보이는 시점인 것이다.

## 4. 부동산개발가치와 임대가치가 사회적으로 인정받는다는 점

부동산 자산주에 해당하는 회사들이 보유한 부동산은 아파트가 아니라 토지, 공장건물, 상업용 건물 등이다. 공장을 하던 부지는 일반적으로 면적이 넓기 때문에 아파트를 짓거나 임의의 용도로 개발하면서 토지가치를 더욱 높이기에 매우 적합하다. 부동산 대세상승기를 한번 거쳐 가면 개발이 많이 이루어져 대도시 근처에는 큰 면적으로 비어 있는 땅이 많이 줄어든다. 따라서 공장과 같은 대규모 토지는 미래의 개발가치에 주목이 될 수 있는 상황이 된다. 경기에 대한 확실한 믿음이 적은 시기에는 위치가 좋은 곳에 있는 상업용 건물처럼 임대수익을 가져오는 부동산을 통한 안정된 수익 확보에도 사람들이 가치를 두게 된다.

부동산 자산주들 경우에 부동산의 장부가격에 비해서 공시지가가 더 높은 회사들이 꽤 있으며 이러한 것은 재무제표상 나타나 있는 외형적인 자본총계에는 반영되어 있지 않다. 아래에 저PBR 주이면서 동시에 장부가격보다 공시지가가 충분히 더 높은 대표적인 회사들의 '공시지가와 장부가액의 차이', '그것을 감안한 수정된 주당순자산', '현재주가', '수정된 PBR(주가/주당순자산)'을 순서대로 나타냈다. 현재주가는 10월 7일 종가를 기준으로 하였으며 자산수치는 백 원 단위까지 표시하였다. PBR이 작을수록 자산에 비해서 주가가 저평가되어 있는 것이다.

삼영모방: 차액 63억, 주당순자산 24,700원, 주가 4,425원, PBR=0.18

대한화섬: 차액 207억, 주당순자산 228,400원, 주가 49,050원, PBR=0.21

선창산업: 차액 211억, 주당순자산 104,100원, 주가 21,950원, PBR=0.21

대한방직: 차액 299억, 주당순자산 107,300원, 주가 23,050원, PBR=0.21

아세아제지: 차액 107억, 주당순자산 24,800원, 주가 5,180원, PBR=0.21

만호제강: 차액 56억, 주당순자산 198,500원, 주가 44,200원, PBR=0.22

삼양통상: 차액 63억, 주당순자산 66,700원, 주가 17,950원, PBR=0.27

유화: 차액 97억, 주당순자산 19,300원, 주가 5,300원, PBR=0.27

삼양중기: 차액 124억, 주당순자산 51,700원, 주가 15,900원, PBR=0.31

남영L&F: 차액 134억, 주당순자산 76,400원, 주가 23,450원, PBR=0.31

서주관광개발: 차액 213억, 주당순자산 122,900원, 주가 38,450원, PBR=0.31

신영와코루: 차액 225억, 주당순자산 212,900원, 주가 76,400원, PBR=0.36

해성산업: 차액 280억, 주당순자산 13,140원, 주가 5,170원, PBR=0.39

조흥: 차액 62억, 주당순자산 144,400원, 주가 55,600원, PBR=0.39

BYC: 차액 885억, 주당순자산 354,300원, 주가 149,500원, PBR=0.42

동산진흥: 차액 112억, 주당순자산 39,200원, 주가 17,250원, PBR=0.44

삼부토건: 차액 686억, 주당순자산 49,200원, 주가 23,500원, PBR=0.48

조선선재: 차액 26억, 주당순자산 92,400원, 주가 44,700원, PBR=0.48

고려제강: 차액 65억, 주당순자산 56,300원, 주가 29,650원, PBR=0.53

KCTC: 차액 19억, 주당순자산 248,700원, 주가 134,000원, PBR=0.54

성창기업: 차액 442억, 주당순자산 26,800원, 주가 15,700원, PBR=0.59

대한제분: 차액 210억, 주당순자산 229,200원, 주가 136,000원, PBR=0.59

서부트럭터미널: 차액 625억, 주당순자산 101,100원, 주가 82,150원,

PBR=0.81

이들 종목은 자산가치에 비해서 주가가 저평가되어 있는 저 PBR주로서 주당순자산가치를 함께 나타내었다. 현재의 순자산이 많더라도 차입금이 많은 회사인 경우에는 금융비용이 해마다 크게 발생하여 앞으로 시중금리가 올라가고 영업 수익성이 저하될 때에는 자산감소 효과가 커질 수 있으므로 그런 점까지 감안하여 살펴보는 것이 필요하다.

공시지가와 장부가액의 차이가 절대적으로 큰 경우로는 BYC 885억, 삼부토건 686억, 서부트럭터미널 625억, 성창기업 442억이 대표적이다. 공시지가와 장부가액의 차액이 주당순자산을 상대적으로 증가시키는 효과가 큰 경우로는, 서부트럭터미널이 외형적인 주당순자산이 57,400원인 반면, 토지의 공시지가를 고려하여 수정된 주당순자산은 101,100원으로서 주당순자산이 76% 증가한다. 공시지가를 고려할 때 주당순자산이 증가하는 정도가 큰 회사로서 동산진흥이 69%, 유화 61%, 서주관광개발 53% 등이 있다.

위에 보면 대한방직, 대한화섬, 삼영모방, BYC 등을 비롯하여 섬유회사들이 상당히 많이 포함되어 있는 것은, 과거에 대도시 근처에 공장 부지를 가지고 있었는데 도시가 넓어지면서 부동산 가치가 올라간 경우가 흔했기 때문이다. 또한 서주관광개발(반포동), 해성산업(서초동, 북창동), 동산진흥(서초동), 유화(역삼동) 등은 서울의 강남권과 같은 요지의 상업지구에 건물을 소유하고 있는 회사들이며, KCTC(양재동, 부산 우암동)와 서부트럭터미널(신정동)처럼 화물운송에 관련되는 회사들은 대도시 주변에 터미널이나 창고부지 등을 대규모로 가지고 있는 경우이다. 선창산업과 성창기업 같은 회사들은 합판이나 목재 등을 다량으로 취급하기 위해서 부산과 인천과 같은 항구도시에 넓은 땅이 필요했기 때문이다.

실제 회사의 미래 청산가치는 자본총계로부터 계산되는 주당순자산만으로 예측하기는 힘들다. 자산 중에서,

- 매출채권은 실제로 얼마큼 회수될지,
- 유가증권은 얼마의 매도가격으로 환산되는 것이 적합한지,
- 재고자산은 미래 처분가치가 얼마가 될지,
- 기계장치 또한 매각 시에 얼마를 받을 수 있을지,

이런 것들을 미리 신뢰성 있게 알기 힘든 경우가 많다.

이에 반하여, 자산 중에서 현금화 시 가치 추산이 다른 것보다 상대적으로 확실한 것은 현금성자산과 부동산이라 하겠다. 부동산은 매각 시 때로는 장부가격이나 공시지가보다 높은 가격에 매각되는 경우도 흔하다. 회사의 청산가치는 경기가 불안할 때 조명을 받기에 더 유리하다. 경기가 불확실하여 실적은 미래에 어떻게 변할지 예측하기 힘들어도 부동산 같은 자산의 가치는 크게 변하지 않는다는 점도 회사가치를 평가하는 데 신뢰성을 준다고 할 수 있다. 또한 M&A 가치에서도 순자산가치는 중요한 부분을 차지한다고 볼 수 있다.

## 그 뒤로 어떻게 되었나

그로부터 1년 반이 경과하는 동안에 위 종목들이 그 당시 주가 대비하여 기록했던 최대수익률(2007년 3월 30일 기준으로)을 조사해보면 다음과 같다.


삼영모방: 주가 4,425원 → 17,350원(2005.12.19) __ 최대수익률 292%

대한화섬: 주가 49,050원 → 230,000원(2006.9.20) __ 최대수익률 369%

선창산업: 주가 21,950원 → 37,950원(2007.3.22) __ 최대수익률 73%

대한방직: 주가 23,050원 → 98,300원(2006.11.8) __ 최대수익률 326%


아세아제지: 주가 5,180원 → 17,100원(2007.3.30) __ 최대수익률 230%

만호제강: 주가 44,200원 → 61,400원(2007.3.30) __ 최대수익률 39%

삼양통상: 주가 17,950원 → 26,000원(2007.3.30) __ 최대수익률 45%

유화: 주가 5,300원 → 9,990원(2006.2.21) __ 최대수익률 88%


삼양중기: 주가 15,900원 → 44,300원(2006.3.30) __ 최대수익률 179%

남영L&F: 주가 23,450원 → 42,300원(2007.3.9) __ 최대수익률 80%

서주관광개발: 주가 38,450원 → 128,200원(2006.12.12) __ 최대수익률 233%

신영와코루: 주가 76,400원 → 112,500원(2006.3.27) __ 최대수익률 47%


해성산업: 주가 5,170원 → 6,430원(2005.12.22) __ 최대수익률 24%

조흥: 주가 55,600원 → 63,500원(2006.12.27) __ 최대수익률 14%

행복한 주식투자

BYC: 주가 149,500원 → 182,000원(2007.3.29) _ 최대수익률 22%

동산진흥: 주가 17,250원 → 55,300원(2006.12.15) _ 최대수익률 221%


삼부토건: 주가 23,500원 → 35,000원(2006.5.12) _ 최대수익률 49%

조선선재: 주가 44,700원 → 66,500원(2005.11.30) _ 최대수익률 49%

고려제강: 주가 29,650원 → 31,150원(2007.2.14) _ 최대수익률 5%

KCTC: 주가 134,000원 → 389,500원(2006.11.20) _ 최대수익률 191%


성창기업: 주가 15,700원 → 29,950원(2005.3.27) _ 최대수익률 91%

대한제분: 주가 136,000원 → 238,000원(2007.1.12) _ 최대수익률 75%

서부트럭터미널: 주가 8,215원 → 14,600원(2007.2.16) _ 최대수익률 78%


위 리스트에 열거한 최대수익률은 최고점의 주가를 기준으로 한 것뿐이며, 구체적인 매수시점, 보유 기간, 투자금액, 최고점 근처에서의 거래량을 감안한 환금성, 분할매매의 수준 등에 따라서 실제 투자 수익률은 크게 달라진다. 여기에서 보면 총 23개 종목 중에서, 2배 이상 올라서 100% 이상 수익을 내주었던 종목들이 삼영모방 292%, 대한화섬 369%, 대한방직 326%, 아세아제지 230% 삼양중기 179%, 서주관광개발 233%, 동산진흥 221%, KCTC 191% 등 8개 종목이나 들어 있어서 그 확률은 1/3을 넘어선다.

# 이보다 더 보수적일 수는 없다
## (자산주 선택)

2003년 당시에 최고로 저평가된 부동산 자산주를 소개했던 글이다. 이 글을 읽고서 그처럼 심한 저평가 상태가 존재했던 것은 다 지난 옛날의 이야기가 아닌가 하고 생각할지 모르겠다. 하지만 1장의 대한화섬의 사례, 삼호개발의 사례를 읽어보면 그 뒤로도 극심한 저평가 사례가 나오고 있음을 알 수 있을 것이다. 이처럼 저평가된 주식은 지금도 존재하고 있으며, 주가가 하락하거나 자산이 늘어나면 미래에도 새로 생겨날 수 있다. 중요한 것은 이를 알아보는 안목과 투자원리이다. - 2003/06/05, 2003/08/22(행복투자 카페)

자산가치에 비해서 가장 저평가된 거래소 종목으로서 삼양중기를 선정한 이유를 설명하겠다. 자산가치에 비해서 주가가 저평가되어 있는 종목들에 대한 보고가 가끔 매체에 등장한다. 그러나 자산가치에 대한 평가는 외형적으로 드러나는 것이 아니라 가장 보수적인 관점에서 자산과 부채의 구성을 고려하는 것이 가장 확실하고 안전하다.

지금 현재 재무제표상 주당순자산이 얼마이고 청산가치가 얼마라고 나타나 있어도 막상 그 회사가 실질적으로 청산할 경우에는 청산 후 남는 자산이 크게 달라지는 경우가 비일비재하다. 따라서 여기에서는 가장 보수적이고 가장 확실하게 자산주를 평가하기 위해서 자산항목 중에서는 '현금 및 현금등가물＋단기금융상품＋토지＋건물'만을 고려하고 부채항목 중에서는 갚아야 할 돈은 모두 다 고려한다.

또한 토지와 건물은 실제로 팔려고 할 때 장부상의 가격보다 더 적게 받으면서 팔게 되는 경우도 있고 오히려 더 받고 팔 수 있는 경우가 있으므로 이점도 고려하여 최소한의 실제 매매가치로 고려한다. 즉, 자산은 실질적으로 현금화될 때의 가치를 최소로 잡고, 부채는 최대로 잡으면서, '최소자산－최대부채' 그 차이를 계산해서 시가총액과 비교를 한다. 이와 같이 하여 "이보다 더 보수적일 수는 없다"라는 판단방식으로 살펴보자.

　보수적으로 걸러내는 내용을 구체적으로 짚어보면 다음과 같다. 자산항목 중에서는 필자가 '현금 및 현금등가물＋단기금융상품＋토지＋건물' 만을 고려하겠다고 하였는데 나머지 자산항목들은 회사가 청산될 때에 다음과 같은 변동이 생기면서 장부상에 기록되어 있던 것보다 자산이 실질적으로 줄어드는 경우가 생겨나기도 한다.


- 매출채권: 대손충당금을 미리 설정해서 대차대조표에 반영하기는 하지만 실제로 나중에 회수되는 매출채권은 장부상의 금액보다 줄어들곤 한다.
- 미수금: 미수금도 제대로 받지 못하는 경우가 생겨난다.
- 재고자산: 재고자산을 현금화할 때에, 장부상 잡혀 있는 재고자산 금액보다 줄어드는 경우가 많다. IT회사에서 정보통신제품 재고가 많이 쌓여 있고, 재고자산으로 잡혀 있어도 지나간 구형 제품은 실질적으로 거의 값을 못 받는 경우가 많다. 의류회사에서도 자산항목 중에서 재고자산이 큰 비중을

차지하는 경우가 많은데 지나간 유행의 옷은 나중에 헐값으로 처리될 수밖에 없는 경우가 많다.

• 투자유가증권: 회사 측에서 보유한 타 회사의 유가증권이 휴지조각 되는 경우도 있다.

• 기계장치: 감가상각이 되고 있기는 하지만, 실제로 기계장치가 매각될 때 감가상각된 장부상의 값조차 못 받는 경우도 있다.

이런 측면에서 가장 보수적으로 자산가치를 따져보았을 때에 현재 주가에 비해서 자산가치가 가장 높은 회사가 삼양중기이다. '(현금 및 현금등가물＋단기금융상품＋토지＋건물－부채총계)/시가총액'의 비(ratio)가 삼양중기는 350억 원/80억 원으로서 약 4.4배이다. 이러한 관점에서 삼양중기를 능가하는 회사는 찾기 힘들 것이다. 마찬가지 계산으로 자산가치에 비해서 가장 저평가된 코스닥 종목은 해성산업으로서 그 비가 3.88배이다.

상장회사 중에서 자산주로서 유명한 선창산업 같은 경우에는 필자가 여기에서 따지는 방식으로 하였을 때 그 비가 446억 원/232억 원으로서 약 1.9배이다. 선창산업은 보유한 부동산이 크지만, 부채로서 단기차입금이 364억 원에, 장기차입금이 1,601억 원이나 있다.

주당순자산 비율인 **PBR**이 가장 낮은 상장회사는 대한화섬인데 필자가 여기에서 따지는 비가 1,077억 원/240억 원으로서 약

4.4배로 삼양중기와 비슷하다. 부채도 삼양중기처럼 거의 없어서 이자비용이 지불되는 것도 거의 없다. 그러나 대한화섬과 삼양중기를 비교할 때 다음과 같은 이유로 삼양중기가 우위이다. 대한화섬은 토지가 957억 원에 건물이 570억 원으로서 부동산 중 건물이 상당한 비중을 차지하는 반면 삼양중기는 토지가 339억 원에 건물이 불과 35억 원으로서 부동산 중 토지가 대부분을 차지하고 있다.

또한 삼양중기가 소유한 부동산이 위치해 있는 곳은 부천시 경인전철의 소사역에서 도보로 10분 정도 거리에 위치해 있고 4차선 대로변에 있다. 삼양중기의 부지 바로 앞에는 소사구청이 있고 바로 옆에는 커다란 상업용 건물이 있으며 바로 뒤에는 지금 대규모로 SK건설의 스카이뷰아파트가 공사 중에 있다. 즉, 매각하려고 마음만 먹으면 얼마든지 좋은 값으로 팔 수 있는 위치에 있는 큰 규모의 땅이라는 것이다. 더욱이 부지 바로 뒤에 짓고 있는 SK아파트가 1~2년 뒤쯤 완공되고 나면 삼양중기 부지의 가치는 더 높아질 것으로 예상된다(다음 페이지 지도의 위치는 이곳임).

대한화섬은 대규모로 공장을 운영하고 있고 매출액도 매우 큰 회사인데 만약에 영업에서 대규모 적자가 지속되면 자산이 줄어들 위험이 있다. 실제로 2000년, 2001년에는 순이익이 주당 2만 원대의 대규모 손실을 기록하였다. 그 유명한 자산주인 대한방직과 충남방적 같은 회사도 대규모 부동산의 보유로 인한 주당순자산이 주가에 비해서 매우 높았지만 영업에서 대규모 적자가 지속

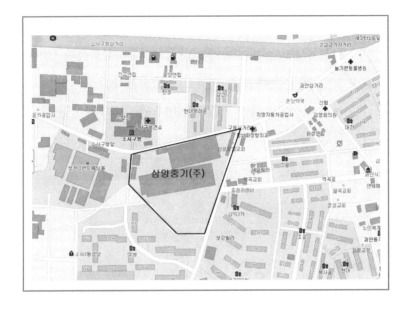

되면서 회사의 자산가치 여력이 계속해서 줄어들어왔다. 이에 반해서 삼양중기는 산업체로부터 기계장치를 주문받아서 제작하여 납품하는 회사이기 때문에 보수적으로 경영한다면 막대한 자산가치를 그대로 잘 유지할 수 있다.

유명한 자산주인 경우에 부채도 많다면 기업의 수익성이 떨어지거나 영업이 잘 안되는 시기에는 부채에 대한 부담이 커지게 되고, 이자비용이 증대되기가 쉬운데 삼양중기는 이자가 지불되는 부채가 완전 제로이다. 작년까지 우리은행으로부터 석유사업기금으로 있던 840만 원이 이자나가는 부채의 전부였는데, 올해 3월에 갚음으로써 완벽한 무차입경영이 이루어지고 있다. 무차입경영에 관련된 보도 중에, 이자비용이 이자수입보다 적어서 실질적 무차입경영이 이루어지고 있는 종목이라는 소개도 나오곤 하지만 본 회사는 이자가 지불되는 부채가 아예 없는 것이다.

'(현금 및 현금등가물＋단기금융상품＋토지＋건물－부채총계)/시가총액'의 비가 삼양중기는 350억 원/80억 원으로서 약 4.4배라 하였는데 위 계산에서 자산항목 중 제외시킨 것으로서, '매출채권' 중 대손충당금을 제외한 66.3억 원도 현대중공업, 삼양제넥스, 포스코건설 등 우량회사들의 매출채권이 포함되어 있으므로 아무리 최악의 경우라도 모두다 손실로 가정한 것은 필자가 너무 보수적으로 잡았다.

또한 자산항목 중 '투자유가증권'도 동일방직과 경방 등 초우량회사의 주식이므로 이 또한 아무리 최악의 경우라도 모두 다 손실로 가정한 것은 너무 보수적으로 잡은 거다. 즉 삼양중기의 경우 외형적인 '자산총계/시가총액'＝583억/80억＝7.3배에서 실제로도 크게 벗어나지 않을 거라는 이야기이다. 더욱이 이자가 지불되는 부채가 전혀 없는 회사로서 미래에 별 위험부담 없이, 실질적 자산가치에 비해서 이 정도로 저평가된 채 버려진 종목은 주식시장에서 찾아보기 힘들다.

삼양중기에 출자한 회사나 삼양중기가 출자한 회사들이 모두다 초우량회사라서 관계사와 관련한 리스크가 발생할 확률이 거의 없다. 삼양중기의 최대주주로는 삼양사가 27%, 삼양제넥스가 3.5% 지분을 가지고 있어서 초우량회사들이 최대주주이다.

현재 주가수준(6,450원)에서는 팔 사람도 별로 없어서 평소에 거래량이 매우 적은 상태이지만, 그래도 매물은 가끔 나오고 있으므로 소액투자에 국한하여, 인내심을 가지고 매물이 나올 때마다 매수해둔다면, 오르고 내리는 장의 흐름에 신경 쓰지 않아도 되는 장기투자로서 적합하다고 본다.

## 그 뒤로 어떻게 되었나

글을 작성한 시점인 2003년 6월 5일 및 8월 22일부터 2005년 1월까지의 기간에는 주가가 6천 원~7천 원의 박스권을 유지하였다. 그러다가 2005년 1월부터 거래량이 늘어나면서 주가가 상승하기 시작하였고, 그 뒤로 1년여 동안 꾸준히 오른 결과 2006년 3월 27일에는 4만 4천 원을 넘는 고점을 기록하였다.

회사로부터는 주물소재사업부문의 자산, 부채 및 관련 인원 등을 (가칭)카스코주식회사에 2005년 6월 30일자로 양도한다는 발표가 나왔다. 양도가액은 25억 8천3백만 원이다. 양수회사는 삼양중기가 지분참여하면서 LS전선 및 두산엔진과 함께 설립하는 것이다. 주물소재사업부문의 선박엔진부품 및 각종 산업기계 주물 등의 생산판매 영업은 지방에 설립하는 신규 회사로 이전시키고 부천시의 공장부지는 높은 자산가치를 활용하려는 의미로 추측되는 것이다.

한편, 저평가된 회사인 삼양중기에 대한 사모펀드의 매집이 이루어져서 지분경쟁까지 나타나게 되었다. 한셋사모기업인수1호는 2006년 2월부터 지분을 늘리기 시작하여 8개월여 만에 14% 이상으로 끌어올렸다. 이에 삼양중기 최대주주인 삼양사는 지분을 추가로 늘리면서 경영권 분쟁 가능성에 대한 보도까지 나왔다. 한셋투자자문이 자산가치가 높은 회사에 대한 경영참여 목적으로 취득한 삼양중기 지분 14.27% 가운데 대부분인 13.50%를 2007년 1월 19일에 삼양중기 계열사인 삼양제넥스에 되팔아서 그린메일(Green Mail)에 성공한 사례로 기록되었다. (그린메일이란 외부 세력이 특정 기업의 상당 지분을 확보한 후 경영참여를 선언하고 대주주에게 압박을 가하여 매입 단가보다 비싼 값에 되사주도록 요구하는 투자 기법임. 그린메일의 유래는, 대주주에게 보유주식을 높은 가격에 팔기 위한 목적으로 편지를 보내는데 달러가 초록색이어서 그린메일이라는 이름이 붙여졌음. 공갈·갈취를 뜻하는 블랙메일(black mail)의 메일과 미국 달러지폐의 색깔인 그린(green)의 합성어로 미국 증권시장에서 널리 사용됨.)

부천시에서는 소사지구, 원미지구, 고강지구에서 뉴타운사업을 예정하고 있는데, 삼양중기가 있는 부지는 소사지구에 속한다. 뉴타운 사업지구 내에 위치해 있어서 결국은 공장을 이전하게 되리라 예상된다.

# 생산활동 중단, 부동산 매각하며 사업 변신

- 2005/09/29,10/11,10/14(텐인텐 카페)

## 2005년 9월 29일 글

아직까지 액면가 미만 종목 중에, 부동산 자산주로서 차입금이 전혀 없어 재무적인 위험성이 없는 삼영모방(현재는 삼영홀딩스로 회사명이 변경되었다)이 드물게 남아 있음. 회사 영업을 계속 축소시켜 가고 있는데, 회사청산 시 주주에게 돌아올 금액은 아무리 보수적으로 잡아도 현재 주가(4,240원)의 2~3배에 달함(청산한다는 뜻이 아니라 자산상태가 그렇다는 것임).

## 2005년 10월 11일 글

일단 작년과 올해를 볼 때에 순이익은 적자라도 현금흐름은 상당한 흑자이다. 이 회사의 사업부문은 원래 모직물, 의류, 사류 3개였다. 사류부문을 2003년 3월 31일 매각, 의류부문을 2004년 12월 31일 폐쇄, 모직부문은 아직 남아 있기는 한데, 이 또한 축소 중이다.

모직부문의 내수는 작년 상반기 12.5억 매출에서, 올해 상반기에는 3.9억으로 줄어든 것을 보면 모직부문에서도 내수는 이미 어느 정도 철수 과정에 있는 게 아닌가 추측도 된다. 현재 사업을 줄이거나 폐쇄시켜가는 과정이라서 외형적 실적에는 재고자산평가손실, 감가상각비, 조업도손실, 유휴자산감가상각비 등이 이익의 계산에 마이너스로 들어가면서 적자가 확대되어 나타나는 것이다. 이에 따라 순이익은 적자라도 현금흐름은 상당한 흑자인 것이다. 작년에는 연간 순이익은 54.1억 적자인데, 현금흐름은 오히려 43.8억 흑자였다. 올해 상반기에는 순이익은 33.3억 적자인데, 현금흐름은 34.5억 흑자였다. 또한 다음 자산 상태를 살펴보더라도 쉽게 큰 염려를 할 상황은 아니다. 주요 자산의 현재 금액을 나타냈고, 화살표시 다음에는 청산 가정금액을 나타냈다.

- 현금: 44.6억 → 44.6억
- 토지, 공시지가: 130.0억 → 130.0억
- 건물: 101.7억 → 50.8억(절반의 금액으로 대폭 줄여서 잡음)
- 보증금: 8.1억 → 8.1억
- 매출채권: 33.8억 → 16.9억(이미 대손충당금이 반영된 금액이지만 대폭 절반으로 줄임)
- 재고자산: 53.6억 → 26.8억(절반만이 현금화되어진다고 가정)
- 구축물: 31.9억 → 0억(감가상각이 반영되어 있지만 전부다 사라진다고 봄)

화살표 다음의 금액을 전부다 더하면, 청산 시 회수 금액은 277.2억이다. 이에 반하여 부채의 총계가 20.8억에 불과하다(부채에 차입금은 거의 없어서 이자 지불되는 비용도 별로 없다). 따라서 순수하게 남을 금액은 256.4억이다. 현재 시가총액이 71억이므로 3.6배에 달한다. 위 계산에서 더욱더 보수적으로 보면서 화살표 다음의 금액을 더 줄이더라도 대충 3배 근처가 된다.

적자가 지속되면서 자본총계가 지난 3년 동안 419억 → 364억 → 331억으로 줄어들고 있는데, 현재의 331억을 기준으로 한다면 PBR은 71억/331억=0.21이다.

더욱 보수적으로 잡기 위해 앞으로 적자가 좀더 지속되면서 사라질 자산을 미리 반영하여 감하더라도, 재무제표에 반영되지 않은 토지의 실제 가격상승분이 또 있으니 미래의 자산총계가 200억은 넘으리라 예상되는 것이다.

기존의 사업을 폐쇄하면서 새로운 사업 구상에 대한 윤곽이 보도되는 것이 전혀 없는데 매출액을 계속 줄여가서, 조만간 매출총액이 자본금보다도 아래로 줄어들 것 같다. 모직물수출 30억 원대 정도가 매출로 남게 될 것 같다. 따라서 자본금이 80억 원인 회사가 이대로 지속되기는 아마도 힘드리라 여겨진다. 다른 사업에 진출하거나, 회사를 청산하거나, 다른 업체에서 M&A하거나, 언젠가 이 셋 중 하나로 될 가능성이 커 보인다. 어떻게 되어갈지 장기적으로 지켜보면 흥미로울 것 같다.

## 2005년 10월 14일 글

자신의 포트폴리오에 들어온 종목은 보도내용과 공시사항을 수시로 점검해보는 것이 습관화되면 좋다. 요즘이야 세상이 편리하고 좋아져서, 특별히 신경 쓸 필요 없이 일간신문을 습관적으로 보듯이 HTS나 인터넷에서 확인해보면 되므로 번거로울 것도 없다. 삼영모방에서 생산활동이 중단되어 있는 도봉동 공장 부지의 '자산양수도 신고서' 공시가 오늘 나왔다.

• 양수 · 도하고자 하는 자산에 관한 사항: 서울시 도봉구 도봉

동 62-4, 62-12 공장용지 401평 및 749평

- 자산양수자: ㈜수화정보통신
- 자산양도자: 삼영모방공업주식회사
- 처분가액 : 100.6억 원
- 처분목적: 공장이전 후의 유휴 잔여부지 매각
- 처분예정일: 2005년 10월 14일
- 잔금수령 예정일: 2006년 1월 31일

지난 번 글에서 삼영모방의 실자산총계를 평가하면서 도봉동 부지의 부동산가격은 공시지가인 59.31억 원으로 간주하였다. 그런데 이번에 매각 가격이 100.6억 원으로 결정되었으므로 예상보다 41.3억 원 더 많은 금액이 현금으로 들어오게 되었다. 따라서 향후 회사에 어떤 변화가 나타날 때 즉, 신규사업 진출이나 M&A 등이 이루어질 때 더 유리한 상황이 되었다.

주가가 며칠동안 다소 올라서 주가 5,700원에 시가총액이 91억 원으로 늘어났지만 이번 도봉동 부지 매각으로 윗 글에서 보수적으로 예상하였던 실자산 256.4억 원이 300억 원으로 증가하였다. 시가총액과의 차이는 3배에 달하기 때문에 장기적으로 지켜보기에 가격 측면에서는 아직도 부담이 별로 없다.

## 그 뒤로 어떻게 되었나

첫 번째 글 올라간 시점에서 4,240원, 두 번째 글 올라간 시점에서 4,510 원, 세 번째 글 올라간 시점에서 5,700원이던 주가가 그 뒤 상승 후 조정 을 거치면서 두 달쯤 후인 12월 19일에는 17,350원을 기록하였다. 회사는 부동산을 매각하여 들어오는 막대한 현금을 확보하면서 다른 신규 사업에 진출하였다.

삼영모방 회사 측에서는 컴퓨터 및 소프트웨어 개발업체인 ㈜프로피아를 계열회사로 추가한다고 2006년 4월 5일에 공시했다. ㈜프로피아 발행주 식의 100%를 인수한 것이다. 또한 회사명까지도 아예 ㈜삼영홀딩스로 바 꾸어서 2006년 4월 18일에 변경상장하였다. 4월 21일에는 ㈜삼영홀딩스 가 ㈜프로피아를 합병비율 1:0으로 흡수합병한다는 발표를 하였다. 그 뒤 에 삼영홀딩스는 2006년 11월 27일에 동양반도체와 바우스(코드전산화솔 루션)에 대한 총판계약(국내)을 체결했다고 27일 공시함으로써 IT상품의 매출에 주력하려는 모습을 나타내었다.

반면에 모직물부문의 총 매출액은 2006년 결산에서 55.2억 원으로서, 2005년도의 104.8억, 2004년도의 248.7억에 비하여 큰 폭으로 해마다 감소하는 모습을 나타내었다. 생산직원은 2006년 말 기준으로 불과 4명 만 남겨둔 상태이며, 2005년 말 18명, 2004년 말 42명으로부터 해마다 크게 줄여왔다. 섬유부문은 거의 폐쇄를 향해 가고 있다고 볼 수 있다. 이 로서 2006년도의 회사 총 매출액 중 섬유부문은 13.3억, IT사업부문은 47.2억 원으로서 IT사업회사로 변신하게 된 것이다.

아직까지 생산이 약간 이루어지고 있는 경기도 연천 공장은 1만 7천5백여 평 토지의 장부가가 52.0억 원에 공시지가는 76.8억 원이다. 서울에서 의 정부 지나서 연천시내로 가는 3번 국도변에 위치해 있으며 경원선의 전곡역이 가깝다. 경원선은 현재 소요산까지 복선이 개통되어 있는데 종로에서 소요산역까지는 1시간, 소요산역에서 전곡까지는 10분 걸린다.

삼영홀딩스 부지의 바로 옆에는 백병원이 붙어 있다. 한탄강 유원지가 인접해 있고 서울에서 거리가 가까운 편이지만 서울의 동북쪽이라는 위치상 아직까지는 경기도에서 가장 소외되어 있다. 그러나 남북긴장이 크게 완화되는 시기에는 지금보다 크게 빛을 볼 가능성이 있다. 현재 약간의 생산활동하고 있는 것이 중단되면 완전 유휴 부동산으로 남게 될 것이다.

# 강남의 삼성타운, 롯데타운 수혜받을 회사

- 2006/12/03(텐인텐 카페)

삼성그룹에서는 강남역 사거리 근처 서초구 서초동 일대의 7,700여 평에 연면적 11만 7,977평 규모의 32, 34, 44층, 3개동으로 구성된 '삼성타운'을 건립 중에 있다. 서초동의 삼성타운에는 삼성그룹 주요 계열사들이 내년 4월에 입주할 예정이며 삼성전자, 삼성물산, 삼성생명 등 3개사가 이곳으로 이전하는 것이 확정되어 있다. 삼성생명 빌딩은 내년 4월경에 완공되고, 삼성물산 빌딩은 내년 12월경에, 가장 높은 43층 규모의 삼성전자 사옥은

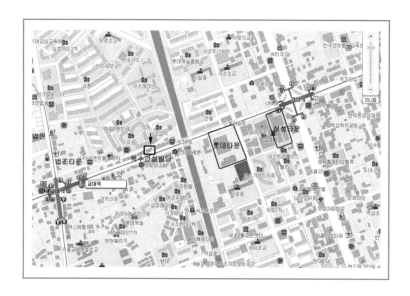

2008년 3월에 공사가 완료될 예정이다.

이에 따라 주변 상가는 매매 가격이 평당 최고 1억 원까지 오르고 있고 좀처럼 가격이 오르지 않는 것으로 알려져 있던 오피스텔에도 웃돈이 붙고 있다고 한다. 한편, 삼성타운 바로 옆에는 롯데타운이 지어지리라 예상되고 있다. 롯데그룹에서 소유하고 있는 서초동의 롯데칠성음료 물류센터 부지에 주거시설, 업무시설, 판매시설 등이 결합된 복합단지인 롯데타운을 개발하는 방안을 추진하고 있다.

코스닥시장의 등록회사인 특수건설이 소유한 부동산이 바로 이곳에 인접해 있다. 강남에서 땅값이 가장 비싼 강남역 사거리와 교대역 사이의 대로변에 위치해 있다.

서초동 일대에서 삼성타운, 롯데타운 근처 아파트들의 가격이 크게 오르고 매물도 품귀현상이다. 서울의 강북 사대문안 중심지에서 과거에 나타났던 현상이나 세계적인 대도시에서 나타났던 과거의 현상들을 보면, 최고의 업무지역, 사무지역으로 부상하는 지역에 바로 인접한 곳에서는 유동인구의 큰 폭 증가로 길게 본다면, 주거용 일반 아파트보다 사무실용 건물과 상업용 부동산의 가치 상승이 더욱 돋보이게 되어간다. 특수건설 빌딩의 서쪽에는 법원과 법조타운이 위치해 있어서 고급 사무실에 대한 수요가 많은 지역으로 동쪽에 대규모의 삼성타운, 롯데타운이 위치하게 되면, 그 중간에 놓인 이 지역의 업무용 부동산에 대한 수요는 더욱 늘어나서 제한되어 있는 구역 안에서 대체수단 없이 희소가치 증대로 그 가치가 더욱 커지리라 예상된다.

특수건설이 소유한 서초동 소재 부동산의 토지는 346.5평이고 건물은 1,055.5평이다. 이번주 종가 3,050원을 기준으로 하더라도, 시가총액은 195억 원인데 특수건설 빌딩은 '토지 공시지가 160억 원 + 건물 장부가 13.26억 원 = 173.26억 원'으로서 빌딩 하나의 서류상 가격이 시가총액에 거의 육박한다.

건물 1,055평에 대한 장부가가 13.26억 원이라서, 평당으로 환산하면 125.6만 원에 불과하므로 입지여건을 감안할 때, 실제 가격은 장부가보다 훨씬 더 높으리라 여겨진다. 삼성타운이나 롯데타운이 아직 자리를 잡은 것도 아니므로 향후 이 건물의 가치 상승은 미래에도 꾸준히 이루어지리라 예측할 수 있다.

특수건설의 현재 장부상의 자본총계는 389.4억 원인데, 소유한 토지의 공시지가와 장부가와의 차이인 120.63억 원을 더하면 자본총계는 510억 원에 달한다. 물론 실제 자산은 그 이상 될 것이다. 시가총액 195억 원에서 저PBR인 부동산 자산주일 뿐만 아니라 매년 순이익 창출능력도 크고, 배당금도 적은 편은 아니므로 투자하기에 더욱 부담이 적다. 유보율이 1,000%가 넘고 재무구조가 초우량이다.

서울 서초구 서초동의 부동산 이외에도, 용인시 기흥읍 하갈리에 약 1,000평 가까이 되는 토지가 있고 충남 아산시 선장면에는 2만 2천 평이 넘는 토지가 있다.

영업구조도 지극히 안정적이라서 1998년부터 2005년까지의 실적은,

- 매출액: 591.8억→ 538.1억→ 512.4억→ 712.9억→ 698.2억 → 721.5억→ 730.5억→ 716.9억
- 영업이익: 40.76억→ 54.58억→ 39.23억→ 90.22억→ 62.09억→ 60.32억→ 67.47억→ 69.26억
- 경상이익: 44.97억→ 57.24억→ 35.22억→ 78.71억→ 65.29억→ 63.33억→ 66.68억→ 76.86억
- 순이익: 30.98억→ 24.34억→ 23.40억→ 53.84억→ 44.86억 → 43.47억→ 46.97억→ 54.90억

경기의 기복에 큰 영향 없이 꾸준하게 이익 창출되는 회사임을 알 수 있다.

해마다 늘어가는 이익잉여금으로 인하여 자본총계가 지속적으

로 늘어나는 추세이다.

- 자본총계: 113.5억→ 134.9억→ 145.1억→ 202.1억→ 246.3
억→ 283.6억→ 326.1억→ 373.9억

이와 같이 해마다 회사의 재산이 늘어나고 있으며, 여기에는 부동산 가격 상승분은 반영되지도 않은 것이다.

올해 3분기까지의 실적에서는 작년 동기 대비하여 매출은 10% 증가하면서도, 원가가 늘어나서 순이익은 37% 감소하였다. 수준 잔고가 수년째 큰 기복이 없이 유지되고 있어서 향후 사업 성과에서 본질적으로 큰 변동은 없으리라 예상된다. 작년 순이익 기준으로는 PER이 3.5이고, 올해에는 PER이 5 근처가 되겠지만 지난 과거로부터 지금까지 연평균 실적을 감안하면 충분한 저PER 주 상태가 이어지고 있는 것이다.

배당금이 연 110원으로서, 3,050원 주가에서는 연 배당수익률이 3.6%로서 평범한 정도이긴 하지만 배당가능 이익 규모에 비하여 배당성향이 10%대로 너무 낮은 상태이다. 회사의 자산이 상당폭 증가하고 있으므로 장기적으로는 배당금을 늘려갈 여력이 충분하다.

본 회사는 기초 토목 전문기업이면서도 이름만큼이나, 일반 건설회사와는 달리 철도, 도로 지하 횡단 구조물, 지하철, 교량, 전력구, 통신구 등에서 고난도 특수시공을 요하는 공사를 맡아서 첨단공법에 의한 정밀시공을 하는 전문 업체라서 관급공사 위주로 안정적인 공사물량을 계속 확보해가리라 예상할 수 있다. 현재까지도 한국철도시설공단, 한국전력공사, 한국철도공사 등으로부터 해마다 변함없이 꾸준하게 수주 물량을 받아내고 있다.

최근에 생겨난 특기사항으로서, 지난 10월 하순에 특수건설의 김종온 회장이 74세로 별세하였다. 김종온 회장의 지분은 12.28%였는데 두 아들인 김중헌 부사장이 23.44%, 김도헌 전무이사가 23.19%의 지분을 보유하고 있는 상태라서 아버지 존재하에서는 기업에 대한 지배력이 거의 똑같은 상태였다. 회장의 지분 12.28%가 어떻게 상속되고, 그 이후로는 어떻게 될지도 궁금하다.

## 그 뒤로 어떻게 되었나

당시에 3,050원이던 주가가 급등하여 2007년 5월 15일 현재 6,750원의 주가를 기록하고 있다. 회사의 장부상 자본총계는 2006년 말에는 411.2억 원으로서 그 전해의 373.9억 원에 비하여 양호하게 늘어났다. 현금 및 현금등가물에 단기금융상품을 더한 현금성자산은 224.8억으로 늘어났다. 삼성타운이 들어서는 것과 관련하여 그 일대의 관심은 점차 고조되고 있다. 3월 20일자 SBS뉴스에는 다음과 같은 보도가 나왔다.

"서울 서초동 삼성타운은 지하철 2호선 강남역과 잇닿은 핵심 상권에 연면적 20만 평이 넘는 초고층빌딩 3개 동으로 이뤄진다. 이 가운데 삼성생명 사옥인 A동 입주가 다음달 초 시작되면서 본격적인 강남 삼성시대를 예고하고 있다. 이에 따라 주변 부동산도 지각변동을 하고 있는데, 서초동과 역삼동 일대 강남역 상권은 탄탄한 구매력을 갖춘 삼성맨의 지갑을 겨냥해 곳곳에 새단장 바람이 불고 있다.

[선종필/상가뉴스레이다 대표 : 삼성타운은 약 11만 명의 유동인구 발생효과가 있을 것으로 파악된다. 또, 삼성타운 직접 유동인구 발생 요인 3만, 또 유관 기업에서 발생되는 요인 6만해서 약 11만 명 정도가 직접적으로 파생효과가 있는 유동인구 발생 요소로 파악하고 있다.] 가장 먼저 주목할 것은 상권내 지각 변동이 일기 시작했다는 것이다. 삼성타운 뒤편으로 우성아파트 앞 사거리까지 오피스 상권이 형성되고 있고, 이 일대 음식점들을 중심으로 낡은 상가들의 업종들도 '주택가형'에서 '오피스형'으로 바뀌고 있다.

[인근 부동산 중개업자 : 예전에는 자그마한 음식점 이런 게 주류를 이뤘는데, 최근에는 테이크아웃, 퓨전 음식점, 전문 커피숍, 대형식당 이렇게 바뀌고 있어요.] 부동산 가격도 치솟고 있다. 작년까지만 해도 모텔촌이 몰려있던 삼성타운 건너편 역삼 2동 일대는 오피스 건물들로 교체 바람이 불고 있다. 점포 권리금은 삼성타운 조성 계획이 발표된 3년 전보다 2배 정도 뛰었고 오피스텔은 물론 강남에서 고전을 면치 못했던 호텔형 오피스텔 레지던스 분양가도 상승세이다.

[인근 부동산 중개업자 : 삼성은 우리도 놀라요. 이럴 줄 알았으면 정말… 다른 돈을 뭘 빌려서라도 상가를 잡았겠죠. 근데 이렇게 천지개벽할 줄은 몰랐어요.] 삼성타운 조성은 지역 상권 활성화는 물론이고, 여러 가지 인구 유입의 효과와 크게는 지역 전체적인 경제 활성화 효과를 기대해볼 수 있다."

# 서울, 수도권에서 포텐셜 높은 산업지구의 부동산 자산주

요즘 폭락장에서도 오히려 신고가 내주는 종목들이 여러 개 있다. 중소형주 중에서 자산가치가 우량한 종목들이 신고가 종목 속에 나타나고 있다.

동국실업은 회사 규모 대비 현금과 부동산이 동시에 많으면서 자산가치 대비 매우 저평가되어 있는 종목으로서 그동안 주식시장의 급등락에도 별 영향 없이 저점을 완만히 높여가는 모습이 매집이 계속 진행되는 형태였다. 2007년 3월 2일에는 상한가로 마감하면서 드디어 신고가를 내었다. 정확히 표현하면 단순히 52주 신고가가 아니라 2002년 6월 17일 이후의 신고가이기 때문에 4년 9개월만의 신고가이다. 지난 5년간 보유하던 모든 투자자들이 이익이 나 있는 상태가 되었으며 모든 매물벽을 넘어선 것이다. 그럼에도 시장에서는 아직까지 언급되는 것이 별로 없이 조용한 것 같다.

경인전자는 배당수익률이 해마다 양호하고 차입금이 전혀 없는 저PBR 종목으로서 장기적으로 거의 횡보에 가까운 상태만 지속되었었는데 이번에 서울 가산디지털단지에 소유하고 있는 부동산을 개발하거나 매각을 검토하는 재료로 크게 올랐다. 2007년 3월에 도달한 주가는 2000년 이후 7년 신고가이고 일단은 조정 가능성이 있어 보인다. 경인전자는 그 지역에 소유하고 있던 부지를 아파트형 공장으로 개발할 목적으로 부동산 개발업체 '케이아이 디벨로브먼트'를 설립하여 계열사로 추가하였다.

서울이 거의 다 상업지구와 주택지구로 변하면서 산업시설이 들어설 수 있는 지구가 많이 사라졌기 때문에 가산디지털단지는 상대적으로 가치를 계속 지니게 될 것이다. 부가가치가 높은 사업을 하는 업체들은 지방보다 임대료가 비싸더라도 양질의 인력자원을 확보하고 영업에 유리하기 위해서는 가산디지탈단지 같은 곳을 선호하는 것이다.

과거에 봉제, 섬유, 전통화학 업종 등이 밀집해 있던 구로공단이 전통제조업 사양화로 공동화되어가다가 디지털산업, 벤처기업 단지로서 탈바꿈하고 있는 것이다. 서울 안에 있고 지하철역까지 가까이 있어서 대졸의 엔지니어들과 고학력의 전문인력을 확보하기 수월하기 때문에 영업을 위한 본사, 연구개발센터 등을 이 지역에 두면서 생산기지나 협력업체는 인천, 안산, 수도권 남부 지역의 공단을 활용하는 사례가 늘어나고 있다.

또한 서부간선도로, 서해안고속도로, 제2경인고속도로 등을 통하여 그러한 공단 지역에 가기가 용이하기 때문에 완벽한 입지 조건을 갖추었다고 볼 수 있다.

가산동에는 이미 벤처기업 및 중소제조업체 2천여 개가 모여 있으며 디지털TV, 로봇, 카메라폰모듈, 모바일콘텐츠 업체 등을 비롯하여 각종 정보기술(IT), 바이오 등 여러 분야의 유수한 벤처기업들이 계속 모여들고 있다. 가산동에 본사를 두고 있는 코스닥 상장 벤처기업도 30개 가까이 된다.

한편 LG전자가 가산디지털단지 근처에 20층 규모의 종합연구 단지를 완공하는 것으로 인하여 연구개발 인력 간의 정보교환이 활성화되기 유리해졌다. 같은 지역 안에서 벤처기업들의 네트워크 형성이 이루어지면서 우리나라 IT벤처 클러스터의 중심지가 되리라 전망된다.

가산디지털단지는 전국을 대상으로 하는 패션 아울렛 상권으로도 성장하고 있으며 '마리오아웃렛' 등 대형 아웃렛몰이 15개 넘게 생겨나 있고 제일모직 등 독립 브랜드 매장도 수십 군데에 달하고 있다. 금천구에서는 2만 1,800평 규모의 가산지구를 디지털산업단지와 연계한 상업·문화·금융·위락중심지로 육성하는 계획을 가지고 있다. 디지털2단지는 패션 디자인 유통전문단지로, 3단지는 첨단 디지털밸리로 더욱 특화 육성할 예정이다. 배후 지원시설인 중소기업지원센터와 전시관, 비즈니스호텔, 오피스파크 등을 조성할 예정이고 영어마을과 특목고 유치를 위한 용지도 개발 계획안에 포함시켰다.

최근에는 가산디지털산업단지 일대에 방송유관업체들이 몰려들면서 '방송 메카'로도 부상하고 있다. 방송채널사용사업자(PP)인 재능방송은 분당에 있는 사옥을 가산디지털산업단지내 아파트 공장으로 이전하고 지상파DMB사업자인 한국DMB는 가산동에서 방송을 개국했다. 의료전문 PP인 메디TV, 데이터방송채널(DP)인 겜채널 등도 이곳에서 방송사업을 펼치고 있다.

디지털방송 솔루션 업체인 디티브이인터랙티브, 데이터방송 솔루션 전문업체인 에어코드, SI업체 비젼엠텍, 방송장비 및 솔루션 업체인 에이스텔, 트래픽컨트롤시스템(TCS) 업체인 씨아이에스테크놀로지, TPEG송술시스템 업체인 아이샛, 데이터방송 애플리케이션 업체인 CMP, 방송 계측기 업체 휴먼텍 등 솔루션, 장비 등 기술 기반을 가진 업체들도 이곳으로 입주하여 같은 곳에서 방송 관련 업체들 사이의 협력 관계를 도모하며 사업하는 환경이 조성되고 있다.

동국실업도 가산디지털단지 내에 부동산을 소유하고 있다. 1호선과 7호선이 교차하는 가산디지털 전철역과 불과 5분 거리 이내라서 위치가 매우 좋다. 동국실업이 소유한 토지의 총 장부가격이 245억 원인데, 공시지가는 이보다 100억이나 더 많다. 그중에서 가산디지탈단지 내 부동산은 토지의 장부가격이 95.7억 원이고 실제 가치는 당연히 이보다 훨씬 더 크다. 동국실업은 군포역 앞에도 부동산을 소유하고 있는데 장부가격은 81.1억 원이고 이 역시 실제 가치는 더 크다. 삼양통상의 부동산과 매우 가까이 위치해 있다.

군포역 앞 당정동 공업지역에 몇 차례 가본 적이 있는데 그곳은 아직까지는 큰 변화가 없다. 그러나 동쪽으로는 평촌, 북쪽으로는 안양, 서쪽으로는 산본, 남쪽으로는 수원과 붙이 있으면서 인산, 인천, 송도국제도시 등과도 가깝다는 지리적 이점이 크다. 고급인력들이 많이 거주하는 대도시 및 생산업체들이 있는 큰 공단

지역들과 연계성이 좋기 때문에 위치상 미래의 발전 포텐셜이 매우 높은 지역이다.

서울 및 서울 근처에서는 산업체가 들어갈 수 있는 지역으로서 가산디지털단지와 군포지구 등이 앞으로 그 가치를 이어가리라 예상된다. 따라서 그 지역에 부동산을 소유한 회사들이 주식투자 관심의 대상이 될 수 있었던 것이다. 군포에 부동산을 가지고 있는 기업 중에서는 보령제약의 1만 평 토지가 용도변경 가능성이 있어서 미래의 자산가치가 주가에 반영되어 2006년 초에는 주가가 5만 원대까지 올라갔던 적도 있다. 보령제약 토지의 장부가액은 230억 원이지만 시장가액은 1천억 원을 넘는다고 한다.

자금 여유가 아주 많은 사람이라면 군포시 당정동 일대에서 공장건물이 있는 공업용 부동산을 직접 사서 임대료 받으면서 묻어두면 장기적으로는 좋은 부동산 투자성과를 거둘 수도 있을 것이다. 세월이 흘러가면서 결국은 그 지역에 변화가 점차 나타나게 될 것이고 그러면서 부동산 가격이 올라가게 될 것이다.

# 부동산이 분산투자되어 있는 저PBR주

- 2006/05/25, 05/26(행복투자 카페)

평소에는 매물이 적은 종목이 충분히 저평가인 가격대에 있을 때에는 급락장세라도 매수해두기 괜찮을 것이다.

원림은 산업용포장재인 PP Bag을 만드는 회사이다. 시장점유율이 60%에 달한 사업의 안정성이 높은 회사로서 7,640원 주가에서 PBR이 0.31에 불과한 자산주이다.

원림이 보유한 부동산은 토지의 공시지가가 총 317억 원이고 건물이 117억 원이다. 현재 시가총액 167억에 비하여 토지가격만 2배에 달한다. 특이한 점은 부동산이 가격 면에서 특정 부동산에 집중되어 있지 않고 전국 각지에 나름대로 활용도가 있는 곳들에 적당히 흩어져 있어서, 부동산 분산투자 효과가 좋다.

건물을 제외한 토지의 현황은 다음과 같다. 하나만을 제외하고는 대부분 공장용 부지이다.

- 서울 서초구 서초동: 372평(공시지가 79.2억)
- 서울 금천구 가산동: 1,346평(공시지가 61.3억)
- 경남 양산시 교동: 13,115평(공시지가 114.3억)
- 대구시 수성구 사월동: 3,605평(공시지가 23.2억)
- 충북 진천군 광혜원면: 12,925평(공시지가 32.0억)
- 전북 김제시 하동 : 5,511평(공시지가 7.3억)
- 토지의 공시지가 합계 : 36,864평(공시지가 317.2억)

이중에서 서울 서초구 서초동에 위치한 부동산은 경부고속도로의 서초IC에서 서쪽으로 나와서 남부순환로로 들어서면 10차선 대로변의 길가에 위치해 있다. 여기에 번듯하게 서 있는 원림빌딩을 지나가면서 볼 수 있다. 서울 금천구 가산동의 부동산은 가산디지털밸리 지역에 위치해 있다.

여섯 군데에 있는 토지에 함께 소재해 있는 건물은 장부가가 총 117.2억 원이다. 그중에서 서울 서초구 서초동에 있는 원림빌딩은 상업용 건물로서 장부가가 35.5억 원인데, 강남권으로 위치가 좋기 때문에 실제 가격은 훨씬 더 나가리라 추정된다.

원림은 지분을 소유한 관계회사가 3개로 분산되어 있다. 한빛창업투자(지분율 27.95%, 장부가 52.0억), ㈜스타바이오(지분율 25.0%, 장부가 21.9억), 투데이홀딩스(지분율 45.0%, 장부가 11.9억) 이중에서 투데이홀딩스는 적자를 내고 있어서 회사 상태가 좋지 않은 것 같고 다른 두 개의 회사는 이익을 내고 있다.

회사 전체로 바라볼 때의 수익원도 다변화되어 있다. 2005년 분야별 얻어진 이익은 다음과 같이 분산되어 있다.

- 제조업의 영업이익 24.5억
- 임대업의 순수입 14.2억(임대수입-임대관리비)
- 외환관련 순이익 18.0억(외환차익-외환차손＋외화환산이익-외화환산손실)
- 관계회사 지분법이익 11.2억

## 그 뒤로 어떻게 되었나

건물을 제외한 토지의 공시지가는 2005년 말 대비하여 2006년 말에 다음과 같이 변하였다.

- 서울 서초구 서초동: 372평(공시지가 79.2억 → 93.3억)
- 서울 금천구 가산동: 1,346평(공시지가 61.3억 → 74.6억)
- 경남 양산시 교동: 13,115평(공시지가 114.3억 → 108.6억)
- 대구시 수성구 사월동: 3,605평(공시지가 23.2억 → 25.6억)
- 충북 진천군 광혜원면: 12,925평(공시지가 32.0억 → 35.7억)
- 전북 김제시 하동: 5,511평(공시지가 7.3억 → 7.3억)
- 토지의 공시지가 합계 : 36,864평(공시지가 317.2억 → 345.0억)

즉 토지 전체의 공시지가 합계가 27.8억 원 늘어났다. 양산시에 소재한 부동산처럼 가격이 하락한 곳도 있었지만 모든 토지를 전부다 합하면 8.8% 증가한 것이다. 일부가 하락하더라도 전체적으로는 증가하는 결과가 나타나는 것이 여러 군데 분산투자하는 것의 장점이 된다.

어떤 자산이건 특정 대상에 치우쳐 있지 않고 여러 군데 분산되어 있을수록 안전성이 높기 마련이다. 수익성 측면에서는, 세월이 흘러가다보면 그 중에서 어떤 자산의 가격이 먼저 크게 오르고 다른 자산은 뒤늦게 오르기도 한다. 따라서 장기로 보유 시에 비교적 큰 기복 없이 꾸준히 자산이 늘어나는 효과를 거두기에 좋은 것이다. 배당금은 2000년부터 20006년까지 7년 동안 350원→500원→250원→250원→300원→350원→250원으로 꾸준히 유지되어 왔다.

2006년 5월 소개 당시 7,640원이던 주가는 꾸준히 올라서 2007년 5월 15일에는 12,600원으로서 1년 만에 65%의 투자수익이 발생하였다.

# 부동산이 크게 분산되어 있는
# 또 다른 저PBR주의 사례

회사에서 보유한 부동산이 여러 군데 분산되어 있는 회사들은 많다. 그중에서도 BYC가 대표적이다. 각 부동산별로 2006년 말 기준 토지의 공시가격은 다음과 같다.

- 서울 영등포구 대림동(본사): 482.6억
- 서울 금천구 가리봉동(구로공장): 224.2억
- 전북 전주시 팔복동 외(전주공장): 123.6억
- 전북 완주군 이서면 은교리(이서공장): 78.5억
- 기타 전국 각지(영업소 등): 1,162.8억
- 안양시 안양동(용지): 129.0억
- 부천시 상동(용지): 98.3억
- 서울 동대문구 장안동(장안시장): 180.0억
- 토지 및 용지 공시지가 합계: 2,479.1억(장부가는 1,631.5억)

위에서 기타 전국 각지로만 나타낸 BYC의 영업소는 전국의 대도시 및 중소도시들에 골고루 분포되어 있다. 그 수가 무척 많기 때문에 부동산이 엄청나게 분산되어 있는 것이다. 특히 전국 각지에 흩어져 있는 영업소 등의 부동산이 차지하는 토지가격은 1천억 원이 넘어서 전체 토지 가격의 절반에 육박한다. 토지가 아닌 건물은 총 651.0억 원의 장부가를 지니고 있다.

2006년 말 기준으로도 청주시, 충주시, 보령시, 평택시, 의정부시 등에 매장을 자체적으로 건설하고 있듯이 부동산을 꾸준히 늘려가는 것으로 파악된다. 토지만을 공시지가로 환산하였을 때 2006년 말 기준의 자본총계는 2,269.1억 원에서 3,116.7억 원으로 늘어난다. 164,000원의 주가를 기준으로 하면 시가총액이 1천억 원을 약간 상회하고 실질 PBR은 0.38에 불과하다. 보유한 부동산 중 가장 가치가 많이 나가는 부동산은 서울 영등포구 대림동에서 지하철 2호선 구로디지털단지역 바로 앞에 있는 본사이다. 그럼에도 회사가 보유한 전체 토지 가격에서 본사의 토지가격이 차지하는 비중은 19.5%에 불과하다.

차입금이 미미하면서 부채비율이 30%대에 불과하고 유보율이 5천%가 넘는 초우량회사임에도 불구하고 투자자입장에서 바라볼 때에는 이 종목이 가지는 큰 결점이 있다. 그것은 배당을 쥐꼬리만큼 한다는 것이다. 주당순이익은 18,000원에 달하면서 배당은 주당 불과 750원만 하는 최악의 배당을 주주들에게 하는 것이다. 배당성향이 5%대로서 초우량회사치고는 주식시장에서 찾기 힘들 정도로 배당에 인색한 회사이다.

배당에는 인색한 회사라도 배당금을 지급하는 대신에 그 돈으로 성장성 있는 사업을 구축하는 데 자금을 활용하면 성장주로서의 매력이 생겨날 수 있다. 그런데 이 회사는 내의사업 이외에는 신규 사업에 진출하지 않아서 매출액이 정체되거나 줄어들고 있는 상황이다. 따라서 투자자 입장에서는 회사의 자산가치가 아무리 우량하더라도 장기보유하는 과정에서 배당수익률이(16만 원대 주가기준) 연 0.5%밖에 되지 않는다는 점이 꺼려질 수 있다.

BYC에서 지분을 소유하고 있지 않은 관계회사가 무려 30개 가까이 비상장회사로 있다. 반면에 BYC의 지분은 여러 특수관계인들이 나누어서 소유하고 있다. 2006년도에 특수관계인 회사로부터 BYC에 들어온 수익은 302.7억 원인 반면에 BYC로부터 특수관계인의 회사로 지불된 비용은 483.8억 원에 달한다.

BYC에서 지속적으로 늘려가고 있는 빌딩과 매장 등의 건설뿐만 아니라 섬유와 의류의 봉제, 재단, 포장, 제품판매, 광고물제작, 간판제작, 점포임대 등도 특수관계에 있는 비상장회사에서 맡아서 하는 내부 거래가 많다는 점은 투자매력도 측면에서 흠이 되고 있다. BYC의 지분을 소유하고 있는 여러 특수관계인들이 BYC 회사와의 영업적인 거래를 통하여 이익을 취하는 관계에 있기 때문에 다른 소액주주들에게도 지불되어져야 하는 배당은 적게 하려는 동기가 될 수도 있는 일이다.

BYC처럼 내의류를 만드는 신영와코루도 부동산이 상당히 나뉘어져 분포되어 있는 회사이다. 특이한 점은 공장을 지방보다는 주로 서울 안의 여러 군데 설립하였다는 점이다. 서울에서 1970년대에 주로 건설하였기 때문에 그동안에 토지 가격이 꽤 올라 있다. 토지 및 용지의 총 장부가는 509.5억이며 공시지가 합계는 840.6억이다. 구체적인 내역은 다음과 같다.

△서울 구로 1공장: 234.5억, △서울 구로 3공장: 170.8억, △서울 마포 공장: 47.5억, △서울 사당 공장: 94.1억, △서울 북가좌 공장: 22.6억, △서울 대림동 창고: 55.7억, △서울 잠원동 사옥: 126.9억, △서울외 사택: 12.0억, △대전 지점: 10.6억, △광주 지점: 15.4억, △강릉 공장: 26.5억, △제주 사옥: 24.1억

# 경영이 어려워진 부동산 자산주에 투자하여 대박

> 저평가된 부동산 자산주에 대한 투자가 매우 안전한 투자수단임을 입증하는 사례들이 최근에 나타났다. 회사의 영업실적 부진이 누적되어 회사가 부도가 났음에도 불구하고 그 회사의 투자자들이 대박을 맞게 된 경우이다. 이러한 사례를 살펴보면 회사가 지니고 있는 저평가된 부동산 자산의 가치가 투자의 안전성을 담보해주는 든든한 버팀목이 되고 있음을 알 수 있다.

국제상사는 1998년 9월에 회사재산보전처분 결정, 1999년 1월에 회사정리절차(법정관리) 개시결정이 내려졌고 2000년 3월에 회사정리계획 인가결정이 내려졌던 회사이다. 주가는 2000년부터 2005년까지 2천 원을 전후로 한 가격에서 움직였으며 거래정지되던 날인 2005년 3월 24일에는 1,430원으로 마감하였다.

그런데 그 뒤 2007년 1월에 법정관리 종결을 결정하기 직전에 거래가가 1,430원이었던 구주주들의 주식을 5천 원에 매입하는 유상소각을 실시하게 된다. 이에 따라 국제상사를 2천 원 전후로 하여서 매입해두었던 주주들은 2년여 만에 200~300%의 대박을

얻게 된 것이다. 주식회사 이랜드의 경우는 2002년 6월 이후로 국제상사 지분을 약 550억 원을 들여서 사들였다가 260억 원이 남는 차액을 남기고 팔기도 했다.

보통은 회사가 어려워지고 법정관리에 들어갔다가 채권단으로부터 다른 기업으로 주인이 넘어가게 될 때에 무상감자를 통하여 기존 주주들은 큰 손해를 입는 결과가 얻어지곤 한다. 그러나 국제상사에서는 기존 주주들이 대박을 얻게 된 이유가 양질의 큰 부동산을 보유하고 있었기 때문이다. 서울, 경남 김해, 인천, 성남시 등에 보유한 토지의 장부가는 748.9억 원인데 공시지가는 1,820.5억 원이었다. 그 차이는 1,071.6억 원에 달한다.

2006년 말 재무제표 상으로는 자본금 1,572.7억 원에 자본총계가 859.2억 원으로서 자본잠식인 상태이지만 토지의 가격만을 현실화하여 반영하더라도 실질자본총계가 자본금을 넘어서는 것이다. 이에 따라 구주주의 주식을 액면가 5천 원에 유상감자를 하게 되었다. 국제상사가 서울 용산에 보유한 국제빌딩은 토지 15,595평에 건물은 7,856평이다. 건물의 장부가는 252.9억 원이지만 강북에서 뜨고 있는 인기지역에 위치해 있기 때문에 빌딩의 가치도 장부가보다는 더 크리라 추정된다.

법정관리 상태에 있던 구주주 유상감자를 실시한 후에는 유상증자를 통해 E1에게 신주가 발행되면서 새로운 주인이 들어서게 되었다. 회사가 새로운 주인을 맞아서 변신하기 이전에 기존의 주주들은 유상감자를 통하여 큰 수익을 이미 거둘 수 있었던 것이다.

6.25 전쟁이 종결된 직후인 1954년 12월에 방적기 1만추로 설립되어 역사가 오랜 기업인 충남방적은 채산성이 악화되면서 적자가 누적되어 경영 어려움에 빠졌다. 결국 2002년 12월에 회사정리절차 개시결정이 내려졌고 2003년 9월에 회사정리계획안 인가결정, 2003년 10월에 회사정리계획에 의한 80% 감자 실시, 2004년 1월~2005년 2월에 제3자 배정 유상증자가 이루어졌다. 주가는 2003년~2004년에 계속 하락하여서 2004년 11월에는 850원까지 내려갔었다가 거래정지되기 직전인 2005년 3월 11일에는 2,365원으로 마감하였다. 적자가 수년 동안 지속됨에 따라서 2006년 1분기에는 자본금 229.5억 원인 회사가 자본총계는 271.5억 원으로 줄어들어서 자본잠식 직전의 상태까지 되었다.

그러나 충남방적이 보유하고 있는 대규모 부동산의 가치에 주목한 투자자들이 관리종목으로 거래정지된 본 회사의 주식을 확보하는 경쟁이 2006년에 벌어졌다. BNP인베스트먼트와 오라이언앤컴퍼니가 충남방적 1,768,092주(38.50% 지분)를 주당 3,000원에 6월 20일부터 7월 10일까지 공개 매수한다고 선언했다. 기존에 보통주를 보유하고 있다가 공개매수를 통하여 지분을 42.49%로 늘리려 했던 것이다.

그 뒤를 이어서 씨에프에이지 에프에스(CFAG-FS) 기업구조조정조합은 충남방적 주식의 최소 51%(2,341,929주)에서 최대 70%(3,214,412주)를 주당 4,000원에 6월 28일부터 7월 27일까지

공개매수하겠다고 밝혔다. BNP인베트스먼트와 오라이언앤컴퍼니 컨소시엄이 앞서서 선언한 공개매수가보다 높게 부른 것이다. 그러자 BNP인베트스먼트와 오라이언앤컴퍼니 컨소시엄은 다시 또 공개매수가를 5,250원으로 더 올려서 8월 15일까지 20일간 공개매수에 나선다고 밝혔다. 이와 같이 경쟁적으로 공개매수가를 높여가는 공개매수전이 나타난 이유는 충남방적이 보유한 부동산 때문이다. 거래정지 전에 본 종목을 사서 보유하고 있던 투자자는 공개매수에 응하여서 100~400%의 수익을 낼 수 있었다.

충청권 및 대전권의 개발가치가 높아짐에 따라서 1천억 원대에 달하는 대전 유성구 원내동 공장 부지가 성공적으로 매각되었고, 아직도 경기도 오산과 충남권의 천안, 예산, 논산 등지에 공시가격 427.8억 원(장부가 156.1억 원)에 달하는 토지를 보유하고 있다. 대전의 부지 매각만으로도 정리채무 대부분을 변제하면서 재무적으로 나아지게 되었던 것이다. 자본잠식 직전까지 갔던 회사가 현금성자산이 5백억에 자본총계가 자본금의 3배 정도로 늘어났다.

법정관리단은 기업매각절차에 들어가서 우선협상대상자를 선정하는 과정을 추진하게 됨에 따라 향후 어떤 기업에서 충남방적을 인수하여 새로운 기업으로 탈바꿈시킬지 여부가 남아 있는 문제라 하겠다. 그러나 기존의 투자자로서는 커다란 부동산 가치에 대한 매력으로 인하여 야기된 컨소시엄들의 공개매수 시에 이미 대박으로 투자자자금을 회수할 수 있었던 것이다.

# 토지비율이 높은 회사

회사의 자본총계 중에서 토지가 차지하는 비율이 높은 회사들이 있다. 이러한 회사들을 주목해서 살펴보면 저평가된 부동산주를 찾아낼 수 있는 실마리가 보인다.

회사에서 보유한 부동산 가격의 상승에 따라서 주식 가치가 크게 증가하기 위해서는 부동산의 절대금액이 무조건 크다고 좋은 것은 아니다. 회사의 자본총계 및 시가총액 대비한 상대적인 부동산 금액이 커야지 부동산 가격의 상승효과가 그 회사의 주당가치 상승에 크게 영향을 미친다.

다음의 표에서는 회사에서 보유한 토지의 가격이 회사의 자본총계에서 큰 비중을 차지하는 회사 일부를 수록하였다. 실질 PBR은 자산 중에서 토지의 가격을 장부가가 아닌 공시지가로 바꾸었을 경우의 PBR이다. 토지비율은 공시지가와 자본총계의 비로 정의하였다. 실제 계산은 '공시지가/(자본총계-장부가+공시지가)'로 하여서 토지가격은 장부가가 아닌 공시지가로 환산한 자본총계를 기준으로 하였다. 주당자산증가액은 '토지공시지가×0.1/주식수'로서 토지가격이 10% 상승할 때에 주당순자산이 얼마나 늘어나는가를 나타냈다. 그 옆의 주가상승효과는 '주당자산증가액/주가'이다.

여기에서 보면 작은 규모의 중소형회사들이 대부분을 차지하고 있지만 시가총액이 조 단위에 달하는 초대형 회사 중에서도 KT, KT&G, 신세계, 대우조선, 한진중공업, 동양제철화학, 효성 등을

토지비율 높은 회사(단위: 억 원)

| 종목명 | 코드번호 | 주가 | PBR | 시가총액 | 자본금 | 자본총계 | 토지 장부가 | 토지 공시지가 | | | | | 토지 비율 | 주당자산 상승률 | 이익 잉여금 증가 |
| | | | | | | | | 1998 | 2006 | 증가액 | 상승률 | 주당가치 상승 | | | |
|---|---|---|---|---|---|---|---|---|---|---|---|---|---|---|---|
| 경인전자 | 009140 | 13,050 | 0.58 | 205 | 79 | 355 | 73 | 61 | 159 | 98 | 160% | 6,236 | 36% | 1,014 | −17 |
| 동국실업 | 001620 | 11,750 | 0.58 | 309 | 132 | 534 | 245 | 328 | 345 | 17 | 5% | 650 | 54% | 1,311 | 13 |
| 삼양통상 | 002170 | 25,000 | 0.39 | 750 | 150 | 1,918 | 556 | 573 | 881 | 308 | 54% | 10,270 | 39% | 2,937 | 79 |
| 영풍제지 | 006740 | 20,450 | 0.56 | 454 | 111 | 815 | 84 | 61 | 151 | 90 | 148% | 4,041 | 17% | 678 | 398 |
| 특수건설 | 026150 | 4,100 | 0.07 | 26 | 32 | 389 | 90 | 91 | 236 | 145 | 160% | 22,688 | 44% | 3,688 | 262 |
| 한일철강 | 002220 | 22,900 | 0.54 | 467 | 102 | 865 | 434 | 493 | 834 | 341 | 69% | 16,716 | 66% | 4,088 | −32 |
| 해성산업 | 034810 | 4,460 | 0.42 | 436 | 49 | 1,032 | 700 | 664 | 1,152 | 488 | 73% | 4,990 | 78% | 1,178 | 203 |
| 동산진흥 | 031960 | 30,550 | 1.14 | 214 | 35 | 188 | 51 | 94 | 219 | 126 | 134% | 17,929 | 62% | 3,129 | 70 |
| 태창기업 | 007490 | 8,890 | 0.61 | 92 | 52 | 152 | 327 | 312 | 293 | −19 | −6% | −1,827 | 249% | 2,817 | −438 |
| 삼양중기 | 008720 | 29,600 | 0.65 | 361 | 61 | 552 | 339 | 317 | 646 | 329 | 104% | 26,967 | 75% | 5,295 | 8 |
| 삼환기업 | 000360 | 23,600 | 0.59 | 2,790 | 591 | 4,746 | 1,470 | 1,465 | 1,518 | 53 | 4% | 448 | 32% | 1,284 | 1,274 |
| 삼환까뮤 | 013700 | 7,580 | 0.33 | 341 | 225 | 1,036 | 360 | 360 | 442 | 82 | 23% | 1,822 | 40% | 982 | 57 |
| 삼부토건 | 001470 | 34,100 | 0.76 | 2,578 | 378 | 3,377 | 1,753 | 2,073 | 1,753 | −320 | −15% | −4,233 | 52% | 2,319 | 632 |
| 선창산업 | 002820 | 35,050 | 0.37 | 701 | 100 | 1,887 | 1,027 | 1,124 | 1,405 | 281 | 25% | 14,050 | 62% | 7,025 | 245 |
| 건설화학 | 000860 | 14,950 | 0.45 | 972 | 65 | 2,148 | 747 | 395 | 1,223 | 828 | 210% | 12,738 | 47% | 1,882 | 1,047 |
| 부산산업 | 011390 | 17,150 | 0.70 | 178 | 52 | 253 | 167 | 167 | 242 | 75 | 45% | 7,212 | 74% | 2,327 | 21 |
| 신성통상 | 005390 | 4,185 | 0.42 | 601 | 718 | 1,436 | 303 | 521 | 696 | 175 | 34% | 1,219 | 38% | 485 | 48 |
| 만호제강 | 001080 | 57,200 | 0.29 | 469 | 41 | 1,599 | 577 | 755 | 736 | −19 | −3% | −2,317 | 42% | 8,976 | 107 |
| 대성산업 | 005620 | 86,200 | 1.01 | 4,413 | 256 | 4,388 | 2,912 | 2,044 | 3,746 | 1,702 | 83% | 33,242 | 72% | 7,316 | 1,743 |
| 대림요업 | 005750 | 2,580 | 0.63 | 387 | 150 | 614 | 74 | 341 | 516 | 175 | 51% | 1,167 | 49% | 344 | 237 |
| 삼룡물산 | 014970 | 24,350 | 0.93 | 244 | 50 | 262 | 127 | 92 | 321 | 229 | 249% | 22,900 | 70% | 3,210 | 137 |
| 대한화섬 | 003830 | 129,000 | 0.59 | 1,703 | 66 | 2,869 | 986 | 1,168 | 1,214 | 46 | 4% | 3,485 | 39% | 9,197 | −770 |
| 보령제약 | 003850 | 39,000 | 1.03 | 1,108 | 142 | 1,079 | 274 | 244 | 412 | 168 | 69% | 5,915 | 34% | 1,451 | 407 |
| KCTC | 009070 | 32,700 | 0.99 | 981 | 150 | 992 | 629 | 493 | 749 | 256 | 52% | 8,533 | 67% | 2,497 | 125 |
| BYC | 001460 | 166,500 | 0.45 | 1,032 | 31 | 2,269 | 1,631 | 836 | 2,479 | 1,643 | 197% | 265,000 | 80% | 39,984 | 912 |
| 원림 | 005820 | 9,700 | 0.42 | 213 | 110 | 512 | 295 | 213 | 345 | 132 | 62% | 6,000 | 61% | 1,568 | 123 |
| 혜인 | 003010 | 3,970 | 0.60 | 492 | 62 | 814 | 150 | 250 | 328 | 78 | 31% | 629 | 33% | 265 | 295 |
| 유화 | 005690 | 7,350 | 0.61 | 97 | 66 | 159 | 267 | 385 | 427 | 42 | 11% | 3,182 | 134% | 3,235 | 17 |
| 풍산 | 005810 | 21,450 | 0.69 | 6,864 | 1600 | 9,967 | 3,545 | 2,243 | 2,975 | 732 | 33% | 2,288 | 32% | 930 | 3,950 |
| 남성 | 004270 | 10,200 | 0.60 | 369 | 181 | 611 | 204 | 192 | 281 | 89 | 46% | 2,459 | 41% | 776 | −3 |

토지비율 높은 회사(단위: 억 원)

| 종목명 | 코드번호 | 주가 | PBR | 시가총액 | 자본금 | 자본총계 | 토지 장부가 | 토지 공시지가 | | | | | 토지 비율 | 주당자산 상승률 | 이익 잉여금 증가 |
| | | | | | | | | 1998 | 2006 | 증가액 | 상승률 | 주당가치 상승 | | | |
|---|---|---|---|---|---|---|---|---|---|---|---|---|---|---|---|
| ┤산 | 079650 | 29,600 | 0.54 | 118 | 20 | 218 | 17 | 140 | 162 | 22 | 16% | 5,500 | 45% | 4,050 | 21 |
| ┨주관광┤발 | 016140 | 52,000 | 0.68 | 260 | 50 | 382 | 461 | 383 | 766 | 383 | 100% | 76,600 | 111% | 15,320 | 85 |
| ┤부트럭┤미널 | 006730 | 12,700 | 2.23 | 1,829 | 72 | 820 | 820 | 598 | 1,536 | 938 | 157% | 6,514 | 100% | 1,067 | 18 |
| ┨일┤멘트 | 003300 | 86,800 | 0.71 | 6,545 | 377 | 9,155 | 2,103 | 1,338 | 2,103 | 765 | 57% | 10,146 | 23% | 2,789 | 3,631 |

주) (1)주가: 4월 2일 기준 (2)금액단위: 억 원 (3)토지비율= 공시지가/(자본총계-장부가+공시지가) (4)주당자산상승률: 토지 10% 상승 기준

비롯하여 토지비율이 높은 회사들이 여러 개 있다. KT와 KT&G 는 각각 1998년 12월 23일과 1999년 10월 8일에 한국증권거래소 에 상장되어서 민영화된 업체이다. 일반에게 지분이 나누어지기 이전에는 정부가 대주주인 공기업이었다. 영업의 특성상 전국 각 지에 많은 본부와 사업소를 두고 있었는데 정부에서 소유한 공기 업으로서 대도시의 요지에 자리를 차지하기 유리하였다.

초대형 회사 중에 신세계, 롯데쇼핑, 현대백화점, 롯데미도파 등이 포함되어 있는 것은 대도시 도심권에 대규모 부동산인 백화 점을 소유하고 있기 때문이다. 이보다 규모가 작은 백화점인 그 랜드백화점은 토지비율이 94%에 달한다. 이는 메이저 백화점에 비하여 자본금 대비한 자본총계가 작기 때문에 토지비율이 상대 적으로 높게 나타난 것이다.

설립된 역사가 오래된 섬유관련 제조업 회사들 다수도 토지비 율이 높다. 땅값이 싸던 시절에 대도시 주변의 부지에서 사업을

시작한 이래로 세월이 흐름에 따라 도시가 팽창하면서 공장이던 지역이 도심권으로 흡수되었다. 그에 따라 땅값이 크게 올라서 오늘날 대단한 부동산 자산주가 되었다. 경방은 일제시절인 1919년에 경성방직주식회사로 출발하여 상장회사 중에서 역사가 가장 오래된 회사 중 하나이다. (경방의 종목 코드번호인 000050보다 앞서는 코드번호를 가진 회사는 동화약품과 효성기계 단 두 회사밖에 없다. 동화약품은 조선시대인 1897년에 동화약방이란 이름으로 시작하여 국내최초의 신약인 활명수로 영업을 한 회사이고, 효성기계는 경방과 비슷한 시기인 1917년에 창업한 대전피혁이란 이름의 회사가 1996년에 효성기계를 흡수한 것이다.)

일신방직, BYC, 동일방직, 태창기업, 남영L&F, 방림은 각각의 설립년도가 1951년, 1955년, 1955년, 1956년, 1957년, 1962년이다. 이처럼 설립된 역사가 매우 오래되었고 그 당시부터 현재의 대도시권에 공장부지를 크게 가지고 있었기에 섬유업종이 사양 산업이 되어서 채산성이 떨어진 뒤에도 막대한 자산인 부동산을 바탕으로 살아남기에 유리하였다.

토지비율이 10%인 회사라면 토지가격이 100% 올라갈 때에 자본총계는 10% 늘어나고, 토지비율이 50%인 회사라면 토지가격이 100% 올라갈 때에 자본총계가 50% 늘어나는 결과이다. 표를 보면 토지비율이 100% 근처인 회사들도 있다. 토지가격이 자본총계 금액보다 많으면 토지비율이 100%를 넘게 된다.

중앙에너비스, 홍구석유 같은 회사들은 주유소를 운영하는 회사라서 영업을 위한 주요 자산이 주유소라는 부동산으로 이루어진다. 대도시의 대로변에 주유소를 보유하고 있기 때문에 토지가격은 더 많이 나가게 되어 있고 그래서 토지비율이 100% 수준에 달한다. 중앙에너비스는 거의 서울을 중심으로 15개의 주유소를 운영하고 있고 홍구석유는 대구 경북지역에 19개의 주유소를 운영하여서 전국 시장점유율이 5%를 넘어선다. 대형기업인 SK네트웍스나 중견기업인 대성산업도 대로변에서 에너지판매업을 하는 것이 토지비율이 높아지는 데 기여한다.

토지비율이 100%에 달하는 회사로서 서부트럭터미널은 서울 신정동 남부순환도로 변에 화물터미널 22,000평, 인천 연수구 동천동에 15,000평의 터미널에서 주차장, 주유소 운영, 임대사업을 하고 있어서 토지 비율이 높을 수밖에 없다. 그 외에도 천일고속, 한진, KCTC 등을 비롯하여 운수창고업을 하는 회사들이 창고, 터미널 등의 용도로 토지를 많이 보유하고 있어서 토지비율이 높은 편이다.

서주관광개발은 서울에서 강남권인 서초구 반포동의 요지에 서울팔래스 호텔을 소유하고 있고 분당에도 전철역 앞에 상가건물을 소유하고 있어서 회사의 고유 영업자체가 부동산을 기반으로 한 것이다. 호텔신라도 호텔을 보유하면서 영업을 하지만 토지비율이 훨씬 더 낮은 이유는 규모 및 위치상 토지보다는 건물이 더 큰 비중을 차지하고 있기 때문이다.

토지비율이 높으면서도 PBR이 낮을수록 토지가격 상승에 따른 주당순자산 증가 효과가 크게 나타난다. 초대형주 중에서는 롯데쇼핑의 경우가 토지가격이 10% 올라가면 주당자산은 13,816원이 증가하게 되고, PBR 1.1에서는 주가상승효과가 4.1%로 나타난다.

중소형주 중에는 토지가격 10% 상승시의 주가상승효과가 10%가 넘는 기업들도 다수 있다. 이런 종목들은 보유한 토지의 가격이 올라감에 따라 주가상승 잠재력이 커지게 된다. 해성산업은 서울 강북의 중심지인 시청 근처의 북창동과 강남의 중심지인 강남대로변에 소유한 큰 빌딩을 중심으로 부동산임대업을 하기 때문에 토지비율이 매우 높다. 부채비율이 10%대이고 유보율이 2,000%에 달하는 초우량한 재무구조임에도 불구하고 성장성 있는 다른 사업을 하는 것은 없어서 주식시장에서 다소 소외되어 왔다. 이에 따라 주가가 상대적으로 낮은 수준으로 PBR이 아주 낮은 상태에 주로 머물렀다. 높은 토지 비율에 PBR은 낮아서 토지가격 10% 상승시의 주당자산증가액 및 주가상승효과가 모두 크게 나타난다.

주식시장에서 주가는 항상 변해가는 것이므로 PBR도 함께 변해간다. 재무적으로 안정되어 있으면서도 토지비율이 높은 회사가 주식시장의 변동성에 따라서 어느 시점에는 충분히 낮은 PBR인 상태가 되기도 한다. 이런 때에 매수하여 두었다가 자산가치 대비하여 저평가된 주가가 어느 정도 회복되어진 후 매도하는 전략을 구사하면 좋은 수익률을 올릴 수 있다.

회사의 순이익은 어느 해에 좋았다가 그 다음 해에는 수십% 이상 크게 줄어들거나 심지어 적자 전환하는 경우도 흔하다. 하지만 정상적인 부동산 가격은 갑자기 그 다음 해에 수십% 이상 하락하는 경우를 상상하기 힘들다. 주가와 주당순이익의 상대적인 비에 의하여 결정되는 PER를 바라보면서 투자할 때에는 회사의 이익변화에 크게 신경써야 한다. 이익이 늘어나면서 미래의 PER이 감소하는 효과가 나타나면 주식을 사고, 이익이 줄어들면서 미래의 PER이 증가하는 효과가 나타나면 주식을 파는 방법이 보편적이다.

반면에 주가와 주당순자산의 상대적인 비에 의하여 결정되는 PBR을 바라보면서 투자할 때에는 주가가 내려가면 PBR이 작아져서 매력적이 되고 주가가 올라가면 PBR이 커지므로 주가의 변화를 바라보면서 투자하는 요령으로 접근하면 된다. 큰 폭의 적자만 아니라면 토지비율이 높은 회사의 자산가치가 1년 만에 크게 줄어들기는 힘드므로 주가가 하락해가면 미래의 PBR이 낮아지리라 예상해도 큰 무리가 없다.

여기에다가 그 기업이 보유한 부동산의 사용가치가 미래에 더 증가할 수 있는지 여부까지 보면 금상첨화가 된다. 토지비율이 65%로 높은 중소기업인 한일철강은 2006년 말 기준으로 1년만의 토지 공시가격 상승률이 22.5%로 크게 나타났다. 여기에는 서울 강서구 가양동에 보유한 5,793평의 부지가 가장 크게 기여하였다. 한일철강의 부지는 지하철 9호선이 지나는 대로변에 위치해 있으며 350m 거리에 전철역이 들어서기 때문에 토지의 가치가 크게 상승할 수밖에 없다. 더욱이 배후에는 마곡단지도 들어서게 되어 있어서 지역의 발전이 꾸준히 이루어지리라 예상되는 곳이다.

30대 기업 중에서는 보유한 토지의 공시가격이 전년 대비하여 2006년 말에 가장 많이 상승한 기업으로 삼성전자가 34.0% 증가, GS건설이 28% 증가, 삼성중공업은 24.3% 증가, 국민은행은 23.45% 증가, SK텔레콤은 22.8% 증가하였다. 삼성전자는 수도권인 수원, 기흥 등지에 공장부지로서 큰 규모의 땅이 있고, 국민은행은 서울과 수도권의 상업지구에 무척 많은 지점을 가지고 있어서 공시가격 상승률이 크게 나타났다. 반면에 POSCO는 지방의 소도시인 포항과 광양에 공장을 가지고 있어서 공시가격 상승률이 6.0% 증가에 그쳤다. 이런 사실로부터 부동산 자산주라도 위치와 그 지역의 미래에 대한 판단이 중요함을 알 수 있다.

# 인간과 나무

예전에 어떤 분이 "증권투자에서 자신이 돈을 벌게 되면 다른 사람은 돈을 잃게 되는데, 그에 대해서 마음이 불편할 수도 있는 일 아닌가." 하는 철학적인 의문을 필자에게 제기하였다. 이런 의문을 가지는 분은 심성이 선하신 분임에 틀림없다. 남에게 피해 입히는 일 하는 것은 절대로 꺼릴 성품으로 추측된다.

이러한 의문에 대해서 "공정한 경쟁이니까 누가 손해나든지 그것은 그 사람의 능력 부족의 소치이니 어쩔 수 없다."라는 답보다는, "증권시장에서는 자신은 이익이 나면서 상대방은 손해나는 경우도 있지만, 다 함께 이익이 나는 경우도 많다."라고 말하는 것이 적절한 답일 것이다. 장기 상승 추세선상에서 두 사람만이 매매한다고 가정할 때, 나는 100원에 사서 110원에 팔고, 상대는 110원에 사서 120원에 팔고, 나는 다시 120원에 사서 130원에 팔 수도 있는 일이다. 또는 두 사람이 지분을 절반씩 나누어서 보유를 지속한다면 상승 추세에서 시가총액이 늘어나는 만큼 두 사람이 똑같이 자산이 늘어난다. 물론 상황에 따라서는 이와 정반대의 결과가 나타나기도 한다.

지구상에서는 적자생존이 당연하며 동물만이 아니라 인간도 예외는 아니라고 누구나 인정한다. 더욱이 자본주의 사회에서는 약육강식의 원리가 기본이 되어야 한다는 생각을 가진 사람들이 드물지 않다. 이 세상을 정글로 비유하면서, 남보다 유리하게 살아가기 위해서는 정글의 법칙을 터득해야 한다는 식으로 애기하는 경우들도 있다.

그러나 '약육강식의 생존 방식'과 '더불어 사는 생존 방식'이 언제나 대척점에 놓여야 하는 것은 아니다. 적절한 경쟁을 통해서 자극을 받으면서 더불어 사는 생존 방식을 인간은 터득해왔다. 인간이 동물보다 우월해질 수 있었고 지구를 지배하는 존재가 될 수 있었던 배경에는 더불어 사는 생존 방식을 많이 활용할 수 있었던 것이 중요한 요인으로 작용했다. 동물이나 곤충들이 함께 무리지어 행동을 하면서 생존을 유리하게 하는 경우들이 많기는 하지만 인간에 비해서는 지극히 제한적이며 낮은 수준에 그친다.

단순한 약육강식보다는 더불어 사는 방식이 발전을 이루어가는 데에 종종 더 유리하다는 것은, 각자가 따로 따로 농사를 지을 때보다 함께 힘을 합하여 농사를 지을 때 더 많은 수확을 얻게 된다는 사실로부터 쉽게 이해할 수 있다. 농사만이 아니라 문명의 발전이 인간들끼리 힘을 합하여서 더불어 사는 방식으로 이루어져 왔다.

겉으로만 보면, 다른 사람의 땅을 빼앗거나 다른 사람이 농사지은 수확물을 빼앗는 식의 이야기가 인류 역사의 상당 부분을 차지하는 것 같지만 실상은 꼭 그렇지는 않다. 으레 역사에서는 아름답고 좋은 이야기보다는 더럽고 거친 이야기들이 더 많이 다루어지는 것뿐이다. 지금 당장 주변에서 쉽게 볼 수 있는 신문이나 TV 등 언론기관의 보도 내용에서도 좋지 않은 이야기들이 더 많은 비중을 차지하는 것으로부터도 알 수 있다. 그렇다고 우리 주변이 그런 안 좋은 상황에 의해서 지배되는 것은 분명 아니다. 유괴범 보도가 나왔다고 해서 유괴당하는 아이들이 이 세상 아이들의 절반을 넘는 것은 아니다. 1,000명의 아이들 중 한 명이 유괴되었을 때 그 내용을 역사는 기록하고 다루는 식이지 999명이 유괴되지 않았다는 식으로 역사가 기록하는 것은 아니다.

우리가 꼭 상대방을 죽여야지만 내가 살 수 있는 것은 아니고, 상대방은 손해가 나야지만 내가 이익이 나는 것은 아니다. 나도 살고 상대방도 살 때 궁극적으로는 자신이나 상대방이나 전체적으로는 더 발전하는 결과가 얻어질 가능성이 크다. 경쟁은 함께 앞서거니 뒤서거니 하면서 발전하기 위한 경쟁일 때 궁극적으로는 승자에게도 더 좋은 결과가 얻어지게 되는 것이며, 상대방이 죽어 없어지게 되는 경쟁에서는 승자는 일시적으로 좋을 뿐, 결국은 생존하기 힘들어진다. 왜냐하면 공생이 아닌 홀로 생존해서는 발전적 경쟁이 사라졌기에 발전을 지속해나가기 힘들어지며 새로운 변화에 혼자서 대응하기 힘들어지기 때문이다.

아무리 강자라도 모든 일에서, 모든 상황에서 강자는 없다. 내가 부족한 부분을 채워줄 다른 존재가 있어야 자신도 좋아질 수 있는 것이다. 다른 존재에 의한 도움이 잘 뒷받침될 때에 강자도 더욱 발전할 수 있으므로 자신에게 도움을 줄 수 있는 다른 존재의 발전이 결국 강자에게도 발전을 더욱 가져온다. 이는 부부 사이의 관계에서나, 직장 안에서 여러 구성원들 사이 관계에서나, 국가 안에서 여러 기업들 사이 관계에서도 다 마찬가지이다.

오직 이기느냐 지느냐의 방식만으로 발전이 이루어질 수 있는 것이 아니라 함께 발전함으로써 함께 이기는 길도 있음을 되새겨, 아래의 시에서처럼, 땅으로 뻗어나갈 것인가, 하늘로 뻗어나갈 것인가의 비유로 보면 어떨까 싶다.

## 인간과 나무
행복투자 이건희

나무는 추우나 더우나
항상 창밖에서 오직 한자리를 지키고 서 있을 뿐이다.

인간은 창밖의 나무를 바라보지만
나무는 방안에 웅크린 인간들을 들여다보지 않는다.

밖으로 뛰쳐나온 인간의 꿈은 땅으로 퍼져가지만
나무의 꿈은 하늘로 뻗어나간다.

땅으로 퍼져나가는 인간은
자기들끼리 싸우지만

하늘로 뻗어나가는 나무는

자기들끼리 싸우지 않는다.


내가 더 넓은 땅을 차지하기 위해

누군가의 땅을 빼앗고

누군가를 울려야 하지만


나무는 하늘로 더 높이 뻗어가기 위해

누구와도 다툴 필요가 없다.


인간은 죽어서 무덤을 남기고 싶어 하지만

죽어서도 누군가 나를 기억해주길 바라고

이 세상에 존재하지도 않는 나의 이름 석 자 앞에서

누군가 묵념 올리거나 절하길 바라지만


나무는 죽고 난 후

아무런 상징의 표상을 남기려 하지 않는다.

건강한 양분의 흙이 되어

다른 나무들 뿌리 사이사이 스며들 뿐이다.

# 8장
## 최고의 내부자 정보를
## 활용하는 투자수단,
# 대주주와 동업할 만한 주식

대주주 가문의 일원이 되거나 동업하는 마음으로 주식투자하기 | 선친의 가업을 이어받아
발전시키는 회사 | 특이한 증권회사 | 초우량주 집중 탐구 | 대주주의 주식 증여 보며 투자할
수 있는 사례 | 대주주가 대량으로 주식 취득하는 것에 주목

# 대주주 가문의 일원이 되거나
# 동업하는 마음으로 주식투자하기

주식시장에서는 미공개 상태인 내부자정보를 이용하여 사전에 주식을 매집함으로써 큰 시세차익을 올린 세력들이 적발되었다는 뉴스가 가끔 전해지곤 한다. 이 뉴스를 들을 때 혹시 나도 내부자정보를 알 수 있다면 얼마나 좋을까, 하고 생각해본 적이 없는가? 그렇다면 필자가 여기서 최고의 내부자정보를 알려드리겠다. 그것은 대주주 일가가 자기 돈으로 계속 사들이는 회사의 주식을 같이 사는 것이다.

주식시장에 상장된 회사들 중에는 그 주식이 최대주주 및 그 가족, 친지 등 꽤 많은 특수관계인들에게 골고루 분산되어 있으면서 그 전체 지분율이 매우 높은 경우들이 있다. 이런 회사가 안정되게 실적을 내고 우량하다면, 그리고 지배주주 일가가 계속해서 회사 주식을 사들이고 있다면, 그 회사 주식을 일반 소액주주가 사서 보유하면 대주주 가문의 일원이 되는 것과 비슷한 효과가 얻어진다.

이런 회사는 경영자인 최대주주가 가문을 대표하여 그 회사를 경영하는 셈이 되고, 다른 가족 친지들은 경영의 성과로 얻어지는 수익을 배당의 형태로 취하는 셈이 된다. 이런 회사의 주식을 지배주주 일가가 계속해서 사들이고 있다면 옆에서 같이 사서 보유할 때 손해 보기 어려운 구조가 된다.

대주주와 그 일가는 바보가 아니다. 대주주가 자기 돈을 들여서 회사 주식을 매입할 때에 일부러 비싼 값으로 매입하기를 바라지는 않을 것이다. 회사의 대주주는 누구보다도 회사의 내부 사정을 잘 알기 때문에 회사 실제 상황에 비하여 충분히 주가가 낮다고 판단하거나, 가까운 미래에 회사의 상황이 크게 좋아질 것이 분명하기 때문에 매입한다고 추정하는 것이 타당하다. 혹시 주식시장의 전반적인 상황이 안 좋아져서 주가의 하락압력이 가해지더라도 지배주주 측에서는 배당을 늘리거나 자사주를 매입 소각하는 등 주가방어를 위한 조치를 취할 가능성이 생겨난다.

이러한 회사의 주식은, 주식에 투자한다는 생각이 아니라 대주주 가족의 일원으로서 지분을 함께 소유한다는 개념으로 접근하면 좋다. 그렇게 되면 시장 분위기에 휩쓸리지 않게 되고, 주가가 떨어질수록 불안해지는 것이 아니라 오히려 추가매입을 고려할 정도로 여유 있게 장기투자할 수 있다. 실제 사례를 통해서도 대주주 일가와 함께 가는 주식투자는 안전성과 고수익성을 겸비한 것이었음이 종종 드러난다. '대주주와 동업하는 주식'이 '안전한 대박'의 범주에 드는 이유이다.

다만 회사의 영업상황이란 것이 회사 경영자도 예측하기 힘든 변수에 의해서 좌우될 수도 있으므로 대주주가 산다고 무조건 쫓아가면서 산다고 좋은 것은 아니며, 사고 난 뒤에도 회사의 영업실적 변화를 추적해가야 할 것이다. 또 하나 주의할 것은 대주주 지분이 취약하여 적대적 M&A의 위협이 느껴질 때에는 주가가 높은 수준에서도 경영권 방어를 위해서 매입하기도 하므로 유의해야 한다. 또 대주주가 매도한다고 하여 무조건 회피할 것도 아니다. 대주주의 매도가 회사의 실적 전망이나 재무상황과는 관계없는 경우도 있다. 개인적으로 자금이 많이 필요할 때 현금을 조달하기 위하여 지분 중 일부를 팔 수도 있는 것이다.

또 하나의 투자 참고사항으로는, 대주주 가족들의 내부적인 사정이 주식시장에 반영되는 경우들도 있어서 그런 점을 투자에 참고해도 좋다. 예를 들어서 대주주의 자손에 대한 주식 증여, 상속 등이 이루어질 때에 내야 하는 증여세나 상속세 금액이 주가에 의해서 결정된다는 사실도 투자에 참고가 되는 경우가 있다.

## 선친의 가업을 이어받아 발전시키는 회사

대주주와 동업할 만한 회사로서 첫 번째로 거론할 만한 회사는 미원상사이다. 미원상사는 미원을 만드는 미원그룹(현 대상그룹)과는 무관한 회사이다.

미원상사는 대량으로 수요가 있는 제품을 생산하는 대형 회사가 아니라 소량 다품종을 생산하는 정밀화학 회사로서 중소기업이다. 1959년에 황산을 판매하는 회사로 시작한 이래로 화학제품이라는 회사의 중심축을 유지하면서 시대의 변화에 따라서 적절하게 대응하면서 발전해온 타의 귀감이 되는 회사이다.

기업 변천사를 살펴보면 우리나라 회사들 중에서 어떤 품목을 다루는 회사로 시작하여 사업을 잘 하다가 그 품목의 부가가치가 떨어지고 수익성이 하락하면 전혀 새로운 분야의 사업으로 눈을 돌리는 사례가 비일비재하였다. 다른 분야로 진출하여 성공하는 사례도 있지만 나중에는 어려움을 겪게 된 사례가 무척 많다. 그 이유는 원래 하던 사업 분야의 전문성과는 전혀 무관한 사업을 하다보면 새로운 사람들을 영입해 온다 하더라도 기술적인 능력에서 허점이 생기기 쉽고, 경험이 많지 않은 분야라서 경영에서의 판단 능력이 부족하기 쉽기 때문이다.

가장 좋은 것은 기존의 전문성을 살리면서 품목의 큰 틀은 바꾸지 않은 채 시대의 변화에 맞추어서 새로운 제품을 만들어내고 부가가치를 높여가는 것이다. 예를 들어서, 칼국수의 인기가 높고 많이 팔리는 시절에 칼국수 사업을 하던 사람이 칼국수 인기가 떨어지면서 수익성이 줄어들었을 때 어떤 선택을 하는가이다. 이때 청바지가 유행하면서 청바지 시장이 무척 넓어진다고 해서 청바지 만드는 사업으로 전환할 것인가, 아니면 칼국수가 아닌 만두 사업을 할 것인가의 문제가 된다. 사회 전체적으로 보면 청바지 사업이 분명 돈이 훨씬 더 벌린다 하더라도 칼국수 사업을 오래 하면서 경험과 전문성이 쌓인 사람은 청바지보다는 만두를 선택하는 것이 현명하다.

우리나라에서 1960년대, 1970년대에 봉제의류 산업이 크게 육성되면서 그 당시로서는 막대한 수출액을 올리면서 큰 돈을 벌었다. 나중에 우리나라 봉제의류산업의 채산성이 낮아지면서 퇴조되어갔을 때 상당수의 회사들이 어려움에 시달리게 되거나 아예 업종전환을 하였다. 새로운 사업의 분야에 진출하거나 아예 업종전환을 한 회사들 중에서는 성공한 회사들도 있지만 상당수의 회사들은 과거에 벌어놓았던 돈을 투여하면서 처음에는 사업을 잘 살려나가다가 결국에는 큰 어려움에 봉착하였다.

봉제의류 사업을 하다가 전기전자 제품과 같은 다른 분야의 제조업이나 서비스업으로 진출하였다가 나중에 부도나서 문을 닫거나 채권단으로 넘어갔던 회사들이 무척 많았다. 그런 회사들은 같은 의류분야이면서도 경제수준이 높아지는 시대에 부가가치를 높일 수 있는 패션이나 기타 의류 관련 사업을 개발하고 에너지를 집중 투여하여 회사를 변모시키는 것이 바람직했다. 기존 사업의 채산성이 떨어질 때에 기존의 전문성과 경험이 도움이 되어지는 분야이면서도 변화되는 환경 속에서 새롭게 수익성이 얻어질 수 있는 아이템을 찾아낼 수 있는 것이다.

유럽을 보면 그 옛날에 하던 사업분야를 지속하는 회사들이 있다. 큰 틀에서의 사업분야는 변하지 않았지만 세부 분야에서는 새로운 시대에 부가가치를 만들어 낼 수 있는 쪽으로 진화함으로써 대대손손 가업을 잘 이어갈 수 있는 것이다. 우리나라에서도 그러한 분위기가 자리 잡아가는 것이 안정적이면서 지속적으로 국가가 성장하는 데에도 도움이 될 것이다. 오직 고속성장만을 최우선으로 추구하는 시대에는 어떤 것이 돈 잘 벌린다 싶으면 그것으로 몰려가고, 다른 것이 부상하여 돈 잘 벌린다 싶으면 다른 것으로 몰려가는 것도 어느 정도 필요하다. 그러나 그런 것으로부터 벗어나는 시대에는 안정적인 지속성장을 겨냥하는 것이 점차 중요해진다.

이 세상 그 어떤 것이라도 우리가 살아가는 데 다 필요한 것이므로 무엇을 하느냐보다는, 무엇을 하든지 간에 어떻게 하느냐가 더 중요하다. 선진국에 다가갈수록 더 그러하다. 그런 면에서 요즘 어떤 전공분야가 인기가 있다, 어떤 직업, 어떤 사업이 돈을 잘 번다고 해서 그것 아니면 다른 것은 아예 하지 않으려는 사람들이 늘어나는 것은 바람직하지 않은 현상이다.

미원상사는 설립 당시의 사회 환경 속에서 돈 벌기 좋았던 황산을 사업아이템으로 하다가 황산의 수익성이 하락하게 되었어도 화학업종이 아닌 다른 데로 눈을 돌리지 않았다. 화학물질의 제조를 지속하면서 사회적으로 수요가 늘어나고 수익성이 새롭게 늘어날 수 있는 쪽으로 사업을 넓혀갔던 것이다. 설립 후 50년 가까이 한 분야에서만 꾸준히 발전을 추구해옴으로써 지금은 많은 경험과 노하우를 자체적으로 쌓아 가지게 되었다.

이 회사는 외국에 의존하지 않는 독자적인 기술력을 가지고 있는데 한 분야에서만 정진해 왔기에 그렇게 된 것이리라 추측된다. 탄탄한 회사로서 소리 없이 오랜 세월 성장을 지속해온 비결이 무엇인지를 짐작할 수 있다. 1959년 회사 설립 이래로 회사 이름을 바꾼 적이 한 번도 없다. 전통을 소중히 여기면서 성장하겠다는 의도를 알 수 있다.

유명한 대형 화학회사로서 역사가 오래된 회사로는 1957년에 한국나이롱주식회사라는 이름으로 설립된 현재의 코오롱이 있다. 우리나라에 대규모 중화학공업이 태동한 것은 1961년에 충주비료공장이 준공되고 1964년에 울산정유공장이 가동된 시점을 전후로 한 1960년대 초로 보아야 한다. 대규모 화학회사가 거의 없던 시절에 화학제품 중에서 가장 기초 물질에 해당하는 황산을 판매하는 회사를 미원상사의 창업주가 설립한 것이다. 옛날에는 미원상사라고 하면 그 유명한 조미료인 미원을 만드는 미원그룹 계열사로 착각했던 사람들도 있었다. 회사 이름에 미원이 들어가지만 전북의 재벌기업인 미원그룹(현 대상그룹)과는 전혀 무관하다.

1963년에는 인천에 황산을 생산하는 공장을 준공하였는데, 황산은 가장 센 산의 성질을 지녀서 물질을 변화시키는 성능이 강력하기 때문에 지금까지도 세계 어디에서나 사용량이 가장 많은 화학제품 중 하나이다. 다만 지금은 부가가치가 낮아졌고 강한 화학성질을 가진 물질이라서 제품을 다루는 과정상의 문제로 인하여 후발국가에서 생산하는 추세이다. 미원상사는 우리나라에서 자동차를 생산하는 것에 발맞추어서 1967년부터는 분말 유황을 생산하기 시작하였다. 분말 유황은 국내외 유명 타이어 생산업체와 고무제조 업체에 공급되어진다.

우리나라 국민소득이 작고 생활수준이 낮던 시절에는 화학산업의 기초 원료인 황산을 생산하고 판매하다가, 점차 경제수준이 올라가면서 새롭게 수요가 생겨나는 분야의 화학물질로 제품을 넓혀간 것이다. 치약, 비누, 세탁세제, 샴푸, 화장품 등 각종 생활용품의 사용이 늘어남에 따라서 미원상사에서는 그러한 생활용품의 생산에 필요로 하는 화학물질을 만들기 시작하였다.

가정용 세제에 주원료로 사용되는 알킬벤젠슬폰산을 국내 최초로 1971년에 인천공장에서 생산하기 시작하였다. 그 뒤로 다국적 세제 생산업체를 비롯하여 국내 및 해외의 여러 업체에 공급하여 왔다. 1976년에는 계면활성제를 확대 생산하기 시작하였다. 인천에서 생산하던 황산은 1975년에 울산에 공장을 세워 생산하기 시작하였다. 석유화학산업을 핵심 산업으로 하는 제2차 경제개발 5개년 계획(1967~1971)이 실행되면서 울산 지구에 석유화학단지가 조성되었던 것이다.

인천 근처에 반월산업단지가 조성됨에 따라서 1982년에는 인천공장을 반월로 이전하였고, 그곳에서 1985년부터 도료첨가제를 생산하기 시작하였다. 우리나라에서 자동차산업, 조선산업, 건설산업 등을 비롯하여 각종 산업이 크게 육성되고 국내에서 생산되는 제조품들이 늘어나면서 페인트 사용량이 크게 늘어나게 되었다. 페인트 사용량이 늘어나면 페인트를 생산하는 회사만 돈 벌게 되는 것이 아니라 페인트 제조 과정에 들어가는 각종 첨가제를 생산하는 회사도 돈 벌게 된다. 미원상사는 도료첨가제의 수요가 늘어나는 것에 발맞추어서 그쪽 분야의 생산제품을 확대해갔다.

그 뒤로도 1989년 SLS 파우더 생산(반월), 1990년 산화방지제(MIANTO) 생산(반월), 1992년 폴리우레탄(MINOL) 생산(반월), 1993년 산화방지제와 자외선안정제 생산(평택, 아시아첨가제), 1994년 FRU 생산(울산), 1994년 감광제 생산(반월), 1995년 PP시트 생산(전주), 1997년 모노머 공장(전주), 1998년 반월공장 도료첨가제 생산시설 전주로 이전, 2000년 감광제공장 준공(전주), 2004년 조치원공장 준공. 이와 같이 변모해왔다.

현재는 기능화학사업부, 생활화학사업부, 특수화학사업부, 전자재료사업부, 폴리머첨가제사업부로 사업영역이 확대되어졌다. 각 사업부마다 다양한 제품을 생산하여 회사 전체로서 취급하는 품목이 무척 많다. 우리나라에서 전자산업이 발달하는 것을 보고는 전자재료사업으로도 진출한 것이다. 전자재료사업에서는 반도체, LCD, PDP, CRT 등 디스플레이분야에 사용되는 포토레지스트에 필요한 화학물질과 PS판 및 CTP 등의 인쇄분야, 실크스크린분야에 사용되는 감광제, 감광액을 생산한다.

최근에 개발한 제품으로서, 올해 4월에는 노화를 억제시켜주고

피부에 에너지원이 되는 로얄젤리 추출물을 제품화하였다. 그리고 해양콜라겐을 특정 효소로 가수분해시킨 제품도 출시하였는데 이는 천연 항산화제로 알려져 있는 비타민C나 E보다 뛰어난 지방산화억제 효과를 나타낸다고 한다.

이와 같이 화학전문회사로서 어떤 분야에서 어떤 화학물질이 필요로 되어지든지 연구, 개발하고 생산할 수 있는 능력을 갖추어감에 따라 회사의 안정적인 성장과 발전이 가능한 것이다. 어떤 종류의 전방산업이 뜨고 어떤 제품을 대중들이 선호하게 되든지 새로운 제품의 생산 시 필요로 되어지는 재료, 부품을 만들어 낼 수 있도록 후방산업의 능력을 갖추는 것도 기업의 훌륭한 장기 생존전략이다.

미원상사 창업주는 또 한 가지 현명한 선택을 하였는데, 후계자인 아들의 학업 전공을 경영으로 하지 않고 회사에서 다루는 품목과 관련된 분야인 화학공학으로 한 것이다. 우리나라에서는 기업체를 설립하여 CEO로서 회사를 잘 이끌어간 사람들은 물려줄 자손이 경영을 전공하게 하는 경우가 가장 흔하다. 미국에서는 경영, 법학, 의학 등의 분야에는 다른 전공을 공부한 사람들이 진출하는 것을 바람직하다고 바라본다. 경영의 대상이 되는 것을 직접 전공하고, 법 적용의 대상에 관련된 분야를 직접 전공한 사람은 경영을 하거나 법적인 판단을 내릴 때 대상의 근본에 대한 깊은 이해를 바탕으로 한 혜안을 지닐 수 있다.

다른 조건이 다 똑같다고 가정하면, 음식점을 경영하는 데 있어서 음식 만드는 것을 전공한 사람이 그렇지 않은 사람보다 더 잘할 수 있다. 게임회사를 경영하려면 게임 만드는 것에 전문성을 가진 사람이 그렇지 않은 사람보다 더 잘할 수 있다. 환경에 관련된 사건을 법으로 판단하려면 환경을 전공한 사람이 그렇지 않은 사람보다 더 유리하다.

그런 면에서 우리나라 최대주주이면서 최고경영자인 분들은 자식들의 대학 전공을 처음부터 경영학이 아니라 자신들이 주력으로 이끌어가려는 회사의 핵심사업과 관련된 것을 선택하게 하는 것이 현명할 수 있음을 인식하면 좋을 것이다. 회사의 주력 업종 분야에서 대학의 전공과 경험을 쌓은 다음에 경영학을 공부하거나 경영수업을 받게 하는 것이 가장 좋은 순서이다. 그것이 업종의 주변 환경이 변화할 때 잘 적응하면서 회사를 발전시켜가는 능력을 갖추는 것이다. 그렇지 못하면, 기존 사업이 사양화될 때에 전혀 다른 분야가 뜨는 것을 보면 새롭게 그쪽으로 진출하려는 충동을 강하게 느끼게 된다.

엔터테인먼트회사의 최대주주 경영자는 자식을 예능을 전공시키고, 패션회사의 최대주주 경영자는 자식을 의류학을 전공시키고, 전자회사의 최대주주 경영자는 자식을 전자공학을 전공시키고, 자동차회사의 최대주주 경영자는 자식을 기계공학을 전공시키면 바람직하다. 미원상사의 현재 CEO는 회사의 사업 분야에서 학사와 석사까지 한 다음에 경영수업을 쌓으면서 기업을 물려받았기에 변함없이 한 분야로 회사를 잘 발전시키는 데 더 유리했을 것이다.

이 회사의 지분 구조를 살펴보면, CEO인 최대주주의 지분은 18.63%이며 친인척 약 20여 명이 지분을 나누어 가지고 있다. CEO는 가족들을 대표해서 기업을 잘 경영해나가고 경영의 성과를 배당의 형태로 가족들에게 골고루 나누어주는 셈이다.

이 회사는 우리나라 주식시장에서 유일하게 3개월마다 배당을 한다. 9월 말 결산법인으로서, 2006년 12월 말 기준으로 주당 300원, 2007년 3월 말 기준으로도 주당 300원 배당하였다. 연말에는 분기보다 좀더 많이 배당하는 경향이 있다. 나이 어린 조카들도 지분을 골고루 가지고 있는데 조카들 중 가장 적은 지분은 0.05%로서 1,132주, 가장 많은 지분은 0.7%로서 14,792주를 보유하고 있다. 1,132주를 가지고 있는 조카는 3개월마다 339,600원을 배당받고, 14,792주 가지고 있는 조카는 3개월마다 4,438,800원을 배당받는다.

창업주는 죽은 뒤에도 아들이 가업을 잘 이어가게끔 신경을 썼고, 손자들은 배당을 통해서 용돈이나 생활비, 학비 등을 받을 수 있게 배려한 것이다. 지분 분포는 최대주주(CEO) 18.63%, 어머니 4.33%, 배우자 2.86%, 아들 2.75%, 아들 2.46%, 매제 2.35%, 동생 5.39%, 매제 0.90%, 동생 5.22%, 제수 0.33%, 처남 0.15%, 조카 0.62%, 조카 0.34%, 조카 0.70%, 조카 0.63%, 조카 0.29%, 조카 0.27%, 조카 0.05%로 되어 있다. 일반주주로서 이 회사 주식을 가지고 있으면 이들 가족 속에 포함되면서 이들 가족과 똑같이 배당을 타고 기업 발전의 과실을 함께 누려가는 셈이다.

미원상사는 자사주를 꾸준히 사들이면서 소각을 함으로써 주주 이익을 높여온 대표적인 회사이다. 자사주를 사들인 기업 중 소각하는 경우보다 계속 보유하는 경우가 훨씬 더 많다. 자사주 매입을 통해서 일시적인 주가 안정과 주가부양을 노리는 경우가 많은 것이다. 나중에 주가가 오른 뒤에 차익을 얻으면서 되팔게 되면 주주가치 제고가 이루어지는 것이 아니라 반대의 효과가 나타나는 셈이다. 싼 값에 일반주주들의 주식을 회사에서 사들였다가 비싼 값에 일반에게 되파는 것이기 때문이다. 그에 반하여 미원상사는 자사주를 꾸준히 사들이면서 이익소각을 병행함으로써 장기적인 관점에서의 주주이익을 계속 높여온 것이다. 이익소각 시에는 발행주식수는 줄어들지만 자본금은 변하지 않는다. 원래 자본금 80억 원에 발행주식수가 160만주였다.

- 2000년 11월: 20만주 소각, 발행주식수 160만주→140만주(자본금 80억 원 불변)
- 2003년 7월: 20만주 소각, 발행주식수 140만주→120만주(자본금 80억 원 불변)
- 2005년 4월: 주당 0.8873334주 무상증자, 발행주식수 120만주→226만 4,800주(자본금 133억 2,400만 원으로 증가)
- 2006년 5월: 3만 4,800주 소각, 226만 4,800주→223만주

- 2006년 7월: 3만주 소각, 223만주→220만주
- 2006년 8월: 10만주 소각, 220만주→210만주

이와 같이 자사주를 취득하여 이익소각을 하고, 무상증자를 하여 발행주식수가 늘어난 뒤 자사주로 취득하여 다시 이익소각하는 것을 지속해왔다. 앞에서 보았듯이, 회사에 많은 주변 가족들이 골고루 함께 주주로 참여되어 있어서 가문의 회사라고 여기면서 주주가치 증대를 위한 방향으로 진행되어 올 수 있었을 것이다.

회사에서는 사원들에 대한 배려도 있어서 2002년에는 우리사주조합원에게 장기주식저축에 가입할 수 있게 돈을 빌려주었다. 그 당시 미원상사 우리사주조합에서는 전체 직원의 90%에 달하는 272명이 총 발행주식 120만주 가운데 24만 6,000여주(장기주식저축 포함)를 보유했다. 조합에 예탁된 주식은 퇴직하기 전에는 팔 수 없으며, 정년퇴직 시는 5년 전까지 팔 수 없다. 그러나 이 회사는 사원들이 우리사주 사들인 돈에 대해서 예금금리보다 훨씬 높은 배당수익률을 얻을 수 있도록 배당을 해왔고, 이익소각과 무상증자를 통해서 주당가치를 높게 해준 것이다. 이사회가 회사 경영에 실질적인 영향력을 미칠 수 있게 하였고 사외이사의 참여도를 높임으로써 대표이사 독주를 견제하는 장치도 갖춘 모범적인 회사로도 알려져 있다.

# 특이한 증권회사

지배주주 일가가 계속해서 끊임없이 주식을 사들이는 회사로서 유화증권이 있다. 유화증권은 제목 그대로 특이한 증권회사이다. 고객을 상대로 얻어지는 수수료 수입의 비중이 작고, 요즘 다른 증권사들만큼 다양한 방향으로 영업에 대한 전략을 적극적으로 강화하는 편도 아니라서 어찌 보면 회사가 가문의 재산을 관리하기 위해 존재한다고 볼 수도 있다. - 2003/11/20(행복투자 카페)

유화증권에 대해서 조사하고 검토해본 결과 중 일부를 설명하겠다. 모든 증권사 데이터를 소개하기는 힘들어서 비교하기 위한 증권사로 대신증권만을 편의상 예로 들었다. 국내 유명 대형증권사들 대부분이 특성상 유화증권이 아닌 대신증권과 유사하다고 보면 된다. 유화증권은 자본금이 742억 원으로 대신증권의 자본금 3,739억 원의 1/5 수준이다.

## 1. 수익구조

유화증권은 수익구조가 상당히 특이한 증권회사이다. 고객을 대상으로 하여 얻어지는 수수료 수입보다 회사 자체의 자산을 직접 운용해서 얻는 수익이 훨씬 더 큰 회사이다. 고객의 위탁자산을 운용하기 위한 회사라기보다는 자체적인 자산을 운용하기 위한 회사에 가깝다. 이번 반기실적을 예로 들겠다.

아래는 이번에만 해당하는 것이 아니라 과거에도 이런 식으로 영업이 변화되어온 회사이다. 아래에서 각 분야별 순이익은 '이익(또는 수익)－손실(또는 비용)'을 차감하여 계산한 결과이며, 비율은 전체수익에서 차지하는 비중이다.

- 수수료 순이익 : 53.7억(27.2%)
- 이자 순이익 : 70.1억(35.6%)
- 증권매매 순이익 : 26.4억(13.4%)
- 파생상품매매 순이익 : 19.0억(9.6%)
- 임대료 수익 : 27.9억(14.2%)
- 수익합계 : 197.1억(100.0%)

비교를 하기 위해서 국내 대표적인 대형증권사 중 하나인 대신증권의 수익구조를 살펴보겠다.

- 수수료 순이익 : 1,406.1억(80.5%)
- 이자 순이익 : 169.5억(9.7%)
- 증권매매 순이익 : 99.3억(5.7%)
- 파생상품매매 순이익 : −1.0억(−0.1%)
- 임대료 수익 : 73.2억(4.2%)
- 수익합계 : 1,747.1억(100.0%)

위에서 보이듯이 유화증권의 경우, 수수료 순수입이 53.7억으로 전체수익에서 차지하는 비중이 27.2%인 반면, 수수료가 아닌 다른 네 분야 수익의 합은 72.8%에 달한다. 대신증권의 경우는,

행복한 **주식투자**

수수료 순수입이 1,406.1억으로 무려 80.5%를 차지하고 다른 네 분야 수익의 합은 19.5%에 불과하다. 즉 대신증권은 거의 수수료 수입에 의존하는 회사이며 대부분의 대형 유명증권사들이 이러하다.

증권사의 고객수수료 수입이 줄어들 경우에는 수수료에 의해서 유지되는 증권사는 힘들어질 터이지만 유화증권은 수수료 수입에 비해서 '이자수입＋증권매매이익＋파생상품매매이익＋임대료수익'이 훨씬 더 큰 회사라서 수수료 수입이 줄어드는 것에 따른 영향이 적을 것이다. 즉, 유화증권은 회사 자체의 유동성자산과 고정자산을 운용하면서 수익을 내고 있고, 그로 인하여 자산을 해마다 늘려가는 회사라고 파악된다.

한편, 유화증권의 대주주 및 그 관계자들은 넉넉한 배당금을 통하여 이익을 취하고 있고, 배당금을 지급해주는 모체 회사가 날로 자산을 늘려가고 있으므로 안전하게 주주로서 남아 있을 수 있을 것이다. 일반투자자는 이 종목 주식을 보유함으로써 대주주 및 관계자들이 얻는 이득을 함께 얻을 수 있다.

## 2. 비교적 안정자산으로 자산운용의 포트폴리오를 구성

주식시장에 관련된 매매 수익을 보면, 대신증권은 현물주식매매에 의한 수익이 거의 전부를 차지하고 파생상품 거래는 거의 안 하는 편이다. 그런데 유화증권은 현물주식매매의 수익비중이 작고 파생상품의 거래에 의한 수익비중이 크게 나타나는 시기도 있다. 현물주식매매에 의한 수익이 주류를 이루면 주식시장이 총체적인 하락국면에서는 주식운용에서 큰 손실을 낼 수밖에 없다. 그러나 파생상품시장을 적절히 이용해나가는 경우는 상승장이건 하락장이건 관계없이 수익을 낼 수 있다.

또한 단기매매증권 순이익 구조에서, 유화증권은 주식매매이익이 4.3억, 채권매매이익이 19.0억, 대신증권은 주식매매이익이 102.2억, 채권매매이익이 9.2억으로서 유화증권은 일반현물주식보다는 채권 운용을 통하여 이익을 더 많이 냈으며 대신증권은 일반현물주식 운용에 치중하여 채권의 운용수익은 상대적으로 미미하다.

이와 같은 것들을 미루어볼 때 금융시장의 상황이 어떻게 변하더라도 유화증권이 더 안정적인 수익을 낼 수 있도록 자산운용이 이루어지고 있음을 알 수 있다.

한편, 유화증권은 토지가 189억, 건물이 408억이 있는데 이로부터 임대수익이 해마다 일정금액 꾸준히 들어온다. 임대료 수입만으로도 자본금의 7.6%(앞에서 제시한 임대료 수입은 반기의 실적임)에 해당한다. 대신증권은 토지가 2,902억, 건물이 3,045억이 있는데 이로부터 들어오는 임대수익은 자본금의 3.8%에 해당한다.

한편, 소유한 부동산가격을 기준으로 환산할 경우의 임대료 수입은 유화증권은 연 9.4%이며 대신증권은 2.5%이다. 매우 큰 차이이다. 즉 유화증권은 부동산을 통한 임대료 수익을 상당히 거두는 편이며 이에 비하여 대신증권은 그러지 못한 셈이다. 유화

증권은 소유한 부동산을 통하여 시중금리 이상의 임대료 수입을
해마다 거두는 셈이다.

### 3. 관리비용

유화증권은 판매비와 관리비가 99.5억이며 이중에서 급여액이
거의 절반인 40.3억을 차지한다. 그나마 급여액은 해마다 줄어드
는 것으로 나타나 인건비를 축소시켜나가는 것으로 보인다. 반
면, 대신증권은 판매비와 관리비가 1,300.6억에 달하며 이중에서
급여액은 227.9억을 차지한다. 급여액은 작년보다 늘어난 상태이
다. 또한 급여액이 아닌 판매비와 관리비가 매우 큰 것은 대형증
권사를 유지하기 위해서 많은 비용이 들기 때문이다.

유화증권의 자본금은 742억 원으로서 판매비와 관리비는 자본
금의 13%에 불과하다. 대신증권의 자본금은 3,739억 원으로서
판매비와 관리비는 자본금의 35%에 달한다. 즉 회사의 규모를
기준으로 하여도 대신증권이 상대적으로 훨씬 더 많은 판매비와
관리비용을 소요하는 회사이다.

### 4. 회사의 자산가치

금융회사는 제조회사에 비하여 주당순자산이 특히 더 큰 의미
를 가진다. 제조회사는 주가에 비해서 주당순자산이 매우 높아도
재고자산, 미수금, 기계, 장치 등의 자산에서 미래가치가 줄어들
게 되거나 불확실성이 높은 자산이 많으면 회사가 청산할 때 실

제 자산은 크게 줄어들게 된다.

그러나 금융회사에서 현금성자산에 의해서 주로 자산이 이루어지는 경우에는 주당순자산의 의미가 매우 중요하게 평가된다. 따라서 주가에 비해서 주당순자산이 높은 금융회사는 실질청산가치와 M&A가치도 크다.

주당순자산이 유화증권은 21,649원이며, 대신증권은 16,724원이다. 반면 주가는 유화증권의 주가가 대신증권의 주가보다 훨씬 더 낮기 때문에 오늘종가를 기준으로 할 때, 주가/주당순자산은 유화증권이 0.3187에 불과하고 대신증권은 1.0703이다. 따라서 자산가치 대비해서도 유화증권이 매우 저평가되어 있는 셈이다.

유화증권에서는 국공채를 1,500억 원어치나 보유하고 있고 그를 포함한 단기유가증권의 전체금액은 2,475억 원에 달한다. 현금과도 같은 자산이다. 임대수입을 얻고 있는 오피스빌딩 부동산은 500억 원이 넘는다.


## 5. 배당금

증권사의 순이익은 주식시장 상황에 따라서 크게 오르락내리락하므로 배당금도 순이익 정도에 따라서 기복이 해마다 크기 마련이다. 지난 10여 년 동안, 주식시장이 어떤 상황이든지 해마다 배당을 거르지 않은 증권사는 많지 않은데 유화증권이 바로 그러한 증권사이다. 또한 이 회사는 소액주주를 우대하여 대주주보다 더 많은 배당금을 지급한다.

지난 5년 동안 유화증권 소액주주에게 지급된 보통주의 배당금은 다음과 같다. 450원→1,250원→600원→1,000원→300원.

내년 3월 결산까지 아직 몇 개월이 남아있지만 반기순이익이 75억 원으로서, 이미 지난 결산기의 순이익 59억 원을 크게 넘어선 상태라서 앞으로의 결산실적은 지난 결산실적보다 크게 좋을 것이 거의 분명하다. 따라서 최소한 500원~600원의 배당이 예상된다. (그 뒤로 2004년 3월 말 배당금이 600원 지급되었음.)

## 6. 투자전략

우선주는 보통주보다 50원을 더 배당하며 주가는 오히려 1,000원 정도가 더 싸기 때문에 배당수익률은 우선주가 보통주보다 더 높다. 유화증권은 소외주로서 주식시장에서 증권주들의 주가가 오를 때에도 주가의 상승탄력이 매우 낮은 편이라서 시세차익을 노리는 투자를 하기에는 대신증권에 비해서 더 불리하다. 그러나 장기투자 목적으로서 주식을 묻어둔 채 배당금을 타는 목적으로 투자한다면 우선주를 추천할 수 있다. 최근의 시세인 5,500원에 매수한다면 해마다 기복은 있더라도, 수년 이상 장기보유를 할 때 연평균 10% 이상의 배당수익률이 예상된다.

## 그 뒤로 어떻게 되었나

2003년 11월 21일부터 2007년 5월 17일까지 유화증권 우선주는 주가가 5,510원에서 11,200원으로 올라서 시세차익은 5,690원이다. 2004년부터 2005년까지 네 번 주어진 배당금의 합계는 650원+550원+750원+600원=2,550원이다. 시세차익과 배당금을 합치면 실제 최종 수익은 13,750원이 된다. 149.5%가 실질 수익률이 된다.

장기보유 목적으로 거론한 유화증권우선주는 이 기간 동안에 주가가 103.3% 올랐다. 이에 반하여 대신증권보통주는 29.0% 올랐다. 같은 기간 동안 종합주가지수는 109.6% 올라서, 유화증권우선주는 종합주가지수와 비슷한 정도 올랐고, 대신증권보통주는 훨씬 적게 올랐다. 대신증권보통주는 장기보유보다는 주식시장이 오르는 시기에만 매매하는 것이 더 좋았음을 알 수 있다.

## 유화증권의 지분 구조

유화증권의 주식 소유 현황은 2007년 5월 17일 기준으로 다음 표와 같다. 창업자인 최대주주 및 창업자의 아들로서 현재 대표이사의 지분을 더하면 28.98%이고, 다른 여러 가족 친지들이 지분을 골고루 보유하고 있다. 대주주 및 관계자들의 지분을 합하면 70.55%이다. 보통주와 우선주로 세분하면, 보통주는 67.47%, 우선주는 80.54% 보유하고 있다. 이 회사에서 발생하는 이익을 가문의 여러 사람들이 골고루 배당의 형태로 나누어 가지는 셈이다.

특기할 점으로 대주주와 특수관계인들은 이 회사 주식을 지난 수년간 계속

사들이고 있다. 1998년 3월 31일 기준 회계년도 이전에 최대주주 및 그 특수관계인이 소유한 주식은 보통주 42.99%(4,698,988주), 우선주 11.49%(1,656,771주)였다. 해마다 지속적으로 회사 주식을 사들여서 2007년 5월 17일에는 보통주 67.47%(7,651,433주), 우선주 80.54%(2,814,966주)로 크게 늘어났다. 대주주 및 가족, 친지, 관계자들이 계속 주식을 사서 늘려온 이유는 회사 청산 시의 자산가치가 그만큼 우량하고 배당수익을 해마다 충분히 얻어낼 수 있기 때문이다. 일반주주로서 이 회사 주식을 소유하면 재산이 많은 가문의 일원처럼 그 혜택을 얻을 수 있는 것이다.

| 성명 | 생년월일 또는 사업자등록번호 | | 최대주주와의 관계 | 보통주 | | 우선주 | | 합계 | |
|---|---|---|---|---|---|---|---|---|---|
| | | | | 주식수 | 비율 | 주식수 | 비율 | 주식수 | 비율 |
| 윤장섭 | 생년월일 | 220531 | 본인 | 1,948,793 | 17.18 | 608,545 | 17.41 | 2,557,338 | 17.24 |
| 박정윤 | 생년월일 | 241124 | 친인척 | 52,840 | 0.47 | 11,690 | 0.33 | 64,530 | 0.43 |
| 김정숙 | 생년월일 | 471201 | 친인척 | 367,187 | 3.24 | 30,000 | 0.86 | 397,187 | 2.68 |
| 윤재동 | 생년월일 | 480327 | 친인척 | 409,016 | 3.61 | 97,886 | 2.80 | 506,902 | 3.42 |
| 윤재륜 | 생년월일 | 540427 | 친인척 | 206,922 | 1.82 | 13,002 | 0.37 | 219,924 | 1.48 |
| 오윤선 | 생년월일 | 560122 | 친인척 | 25,601 | 0.23 | 50 | 0.00 | 25,651 | 0.17 |
| 윤경립 | 생년월일 | 570610 | 임원 | 1,708,814 | 15.07 | 32,861 | 0.94 | 1,741,675 | 11.74 |
| 안지원 | 생년월일 | 600906 | 친인척 | 113,848 | 1.00 | 62,180 | 1.78 | 176,028 | 1.19 |
| 윤정선 | 생년월일 | 761211 | 친인척 | 602 | 0.01 | 0 | 0.00 | 602 | 0.00 |
| 윤영선 | 생년월일 | 781216 | 친인척 | 602 | 0.01 | 0 | 0.00 | 602 | 0.00 |
| 윤선영 | 생년월일 | 790312 | 친인척 | 10,044 | 0.09 | 0 | 0.00 | 10,044 | 0.07 |
| 윤보현 | 생년월일 | 820603 | 친인척 | 68,587 | 0.60 | 196,904 | 5.63 | 265,491 | 1.79 |
| 윤혜선 | 생년월일 | 860408 | 친인척 | 20,562 | 0.18 | 0 | 0.00 | 20,562 | 0.14 |
| 윤승현 | 생년월일 | 890619 | 친인척 | 341,070 | 3.01 | 33,350 | 0.95 | 374,420 | 2.52 |
| 윤서연 | 생년월일 | 910215 | 친인척 | 20,000 | 0.18 | 0 | 0.00 | 20,000 | 0.13 |
| 윤대섭 | 생년월일 | 300413 | 친인척 | 801,366 | 7.07 | 357,717 | 10.23 | 1,159,083 | 7.81 |
| 박연진 | 생년월일 | 670301 | 친인척 | 60,300 | 0.53 | 27,540 | 0.79 | 87,840 | 0.59 |

| 성명 | 생년월일 또는 사업자등록번호 | | 최대주주와의 관계 | 보통주 | | 우선주 | | 합계 | |
|---|---|---|---|---|---|---|---|---|---|
| | | | | 주식수 | 비율 | 주식수 | 비율 | 주식수 | 비율 |
| 이병휘 | 생년월일 | 610809 | 임원 | 100,000 | 0.88 | 0 | 0.00 | 100,000 | 0.( |
| YunClaire | 외국인등록 | 003797 | 친인척 | 18,224 | 0.16 | 2,830 | 0.08 | 21,054 | 0.1 |
| YunJanice | 외국인등록 | 003796 | 친인척 | 18,214 | 0.16 | 2,830 | 0.08 | 21,044 | 0.1 |
| YunGrace | 외국인등록 | 003795 | 친인척 | 18,214 | 0.16 | 2,830 | 0.08 | 21,044 | 0.1 |
| 성보문화재단 | 사업자등록 | 120-82-00498 | 기타 | 367,024 | 3.24 | 547,281 | 15.66 | 914,305 | 6.1 |
| 성보화학 | 사업자등록 | 128-81-00011 | 기타 | 56,453 | 0.50 | 104,610 | 2.99 | 161,063 | 1.0 |
| 유화증권 | 사업자등록 | 116-81-00100 | 자사주등 | 374,450 | 3.30 | 435,000 | 12.45 | 809,450 | 5.4 |
| 윤수현 | 생년월일 | 900420 | 친인척 | 120,600 | 1.06 | 55,080 | 1.58 | 175,680 | 1.1 |
| 윤태현 | 생년월일 | 930120 | 친인척 | 422,100 | 3.72 | 192,780 | 5.52 | 614,880 | 4.1 |
| 합계 | | | | 7,651,433 | 67.47 | 2,814,966 | 80.54 | 10,466,399 | 70.5 |

# 초우량주 집중 탐구

이 글에서 소개하는 삼양통상은 창업주의 3세가 지속적으로 지분을 늘려가고 있는 회사이다. 아울러 삼양통상의 창업주가 속한 김해 허씨 가문은 한국 기업사에서 중요한 축을 이룬다. 이 가문의 역사를 통하여 한국 기업사를 바라볼 수 있을 정도이다. – 2006/07/25(행복투자 카페)

초우량회사인 삼양통상은 신발사업부문을 삼호산업주식회사에 양도하게 되었고, 관련 사실들은 다음과 같다.

**양도회사**

삼양통상주식회사(서울시 강남구 역삼동 소재, 대표이사 허남각)

**양수회사**

삼호산업주식회사(부산시 해운대구 반여동 소재, 대표이사 박연구)


**양도부문**

주문자생산방식(OEM)으로 운동용 신발을 생산하여 전량 나이키 사에 공급하고 있는 신발사업 및 영업권으로, 삼양통상이 100% 출자하여 운영중인 베트남 현지 생산 법인인 SAMYANG VIETNAM CO., LTD. 지분 전부.


**양도금액**

베트남법인의 지분평가액 123.02억＋영업권 112.56억＝236.58억 원.

이중에서, 지분평가액 123억 원은 현재 재무제표상 '지분법적용투자주식'에 잡혀 있는 장부가와 일치하고 영업권 112억 원은 재무제표상에 나타나 있지 않던 무형의 가치가 현금화되는 것이다. 총 236억의 매각가는 현재 실사중인데 7월 말경 실사종료와 함께 최종 금액이 결정날 것으로 추정되고 현재 계약금 20%는 유입되었으며, 실사결과에 따라 총금액이 축소될 여지는 있다.


**양수회사인 삼호산업**

한국 본사에서 나이키 사로부터 주문자생산방식(OEM)으로 오더 수주, 샘플개발, 자재발송업무를 관장하고 중국 현지법인인

QINGDAO SAMHO CO., LTD.에서 생산주문을 함. 중국현지법인은 제품을 대량생산하여 본 회사에 납품하고, 회사는 본제품을 나이키 사에 중계수출하고 있음.

### 삼호산업에서 양수하는 이유의 추정

나이키 신발제조는 중국 청도지방과 남부지방, 베트남, 태국, 인도네시아 등에서 주로 이루어지고 있으며, 이들 해외공장의 모기업은 한국과 대만계가 주로 차지하고 있음. 한국에서 삼양통상의 신발사업부와 삼호산업이 똑같이 이러한 회사에 해당하는데, 삼호산업이 삼양통상의 해당 사업부문을 인수하면 규모의 경제가 이루어지고 업무 효율성 증대로 인하여 시너지 효과가 얻어질 것이다. 따라서 영업권을 비싼 돈을 주면서도 양수하는 것으로 추정된다.

### 삼양통상에서 양도 이후 나타날 효과의 추정

1. 신발사업부가 작년 매출액은 965억 원이었는데, 영업이익은 22억 정도 흑자인 반면 경상이익과 순이익이 16.84억 적자였다. 따라서 본 사업부 매각으로 앞으로 경상이익과 순이익이 증가하는 효과가 나타나는 셈이다.

2. 현금 236억 원(마이너스 알파)이 들어오게 되어 현재 338억 원에 달하는 현금성자산이 더욱 크게 늘어날 것이다. 재무제표

상에 나타나 있지 않던 영업권 112억 원이 현금화되어 자산 총계가 늘어나게 된다.

3. 크게 유입되는 현금의 일부가 배당금으로 지급된다면 올해 배당금이 크게 늘어날 가능성도 있다. 회사 정책상 매각이익을 그냥 현금으로 유보시키면서 회사 안에 쌓아 놓더라도 원래 이 회사 배당금이 해마다 750원이었으므로, 현주가에서의 배당수익률 4.0%는 기본적으로 유지된다.

4. 기존 사업이 축소되면서, 현금과 자산은 더 크게 늘어나므로 신규사업을 모색할 가능성이 커짐.

5. 기존 사업 중 남는 주요사업은 피혁부문으로, 올해 1분기 실적이 수출 94.3억 원, 내수 152.3억 원이다.

제품의 내수가격은 2005년→올해 분기: 1,642원→2,195원

제품의 수출가격은 2005년→올해 분기: 1,970원→1,983원

재료비 중 가장 큰 비중을 원피가격이 차지하는데, 원피가격의 변화 동향은 2003년→2005년→올해 분기: 70,204원→63,568원→63,004원이다. 즉 제품가격은 상향조정되는 반면, 원재료가격은 하향안정세라서 수익성이 괜찮게 유지될 것 같다.

6. 삼양통상의 자산가치: 주식시장에서 매우 저평가되어 있는 알짜배기 자산주에 속한다. 구체적으로,

- 시가총액: 552억 원(주가 18,400원에서)
- 현재 장부상 자본총계: 1,829억 원
- 현금성자산: 338억 원(신발사업부 양도로 들어오는 현금이 200억 정도 증가하리라 예상)
- 토지 장부가: 556.9억 원(공시지가: 826.3억 원, 서울 창동, 경기도 군포시, 반월, 부산 등지)
- 차입금: 단기차입금 126.8억(연 이자율 5% 내외), 장기차입금 1억(연 이자율 3%)
- 공시지가 반영시: 실질 자본총계 2,098억 원(신발사업부 영업권 양도로 100억 원 정도 더 증가하리라 예상)
- 실질 PBR=0.26(신발사업부 양도 이전의 수치임)

위에 보면 알 수 있듯이 현금성자산과 부동산이 동시에 많은 대표적인 회사이다.


**삼양통상 회사의 가문**

현재 삼양통상의 대표이사이자 1대주주인 허남각 씨는 나이가 68세이다. 그 아버지인 허정구 씨가 삼양통상의 창업주인데, 그는 이병철 회장과 함께 삼성그룹을 창업하여 이병철 회장의 동지로서 삼성을 키워간 인물이다. 또 그 아버지인 허만정 씨는 구인회 씨와 함께 LG그룹을 창업한 인물로서 사돈관계인 구씨 일가

와 허씨 일가가 LG그룹을 50년 이상 키워냈다. 삼양통상은 현재 GS그룹의 주요 회사에 속한다.

## 2대 주주의 지속적인 지분 매입

삼양통상의 현 대표이사인 허남각 씨의 장남이면서 현재 2대 주주인 허준홍 씨(31세, 고려대 경영학과 출신) 지분이 2001년 말 18만주, 2002년 말 21만주, 2003년 말 24만주, 2004년 말 30만주, 2005년 말 33만주, 2006년 7월 현재 36만주이다. 장내 매수를 통하여 장기적으로 꾸준히 지분을 늘려오고 있다.

허준홍 씨는 GS그룹의 GS칼텍스에 입사하여 다니고 있고, 삼양통상의 (비상근)이사도 겸직하고 있는데 지분를 늘려가는 이유로는 나중에 아버지로부터 경영권을 승계하기 위한 포석이 들어 있으리라 추정된다. 훗날 젊은피가 경영에 깊이 간여하게 될 때에는, 막대한 자산을 바탕으로 새로운 변화를 추구할 수도 있지 않을까 생각해볼 수도 있다.

### 가문의 영광

삼양통상의 창업주인 허정구 씨는 이병철 회장과 함께 삼성그룹을 창업하여 이병철 회장과 동지로서 회사를 키워간 인물이다. 그 아버지인 허만정 씨는 LG그룹의 창업주이고 삼양통상은 현재 GS그룹에 속한 회사임을 모르는 사람들이 많을 것이다. 그 가문의 역사를 간략이 설명하면 다음과 같다.

- 기존의 LG그룹은 락희화학공업사(LG화학 전신)과 금성사(LG전자 전신)를 모태기업으로 하면서 구씨 일가와 허씨 일가가 60년 가까이 공동경영하면서 일구어낸 그룹이다. 창업주인 구인회 씨와 허만정 씨는 사돈 관계이다. 구씨 집안은 경영전면에 나섰던 반면, 허씨 집안은 '안살림'에 치중하면서 '은둔의 경영자'로 통해왔다.

- 허만정 씨의 아들 8명이 모두 기업인의 길을 걸었고, 그들의 아들들 대부분이 LG 계열사의 최고경영자(CEO)나 임원으로 일하면서도 언론인 터뷰에 나서는 경우가 없었다.

- 그러다 허준구 LG건설 명예회장이 2002년에 타계한 뒤 구씨 측은 전자 · 통신 · 화학 · 금융계열사를 관할하는 LG그룹으로, 허씨 측은 건설 · 정유 · 유통 계열사를 관할하는 GS그룹으로 계열분리하였다. 이들 그룹 기업들의 경영인은 현재 3세로 내려오고 있다.

- GS그룹은 그동안 잘 알려지지 않았던 친족 회사들을 계열로 편입시키며 50여 개의 계열사를 가진 재계 7위 규모의 그룹으로 탄생하였다. GS그룹회사 중 주식시장에 상장되어 있는 주요회사가 GS(홀딩스), GS건설, GS홈쇼핑, 삼양통상이다.


## 허씨 가문의 원조

- 김해 허씨 문중은 한국에서 가장 돈 많은 가문 가운데 하나였으며, 그 가문의 허만정 씨는 경남 진주의 만석꾼이었다.

- 허만정 씨는 1947년 젊은 사업가 구인회 씨에게 거액을 투자, 그룹의 모태가 된 '락희화학공업사'를 창업하면서 60년 가까이 이어져온 동업이 시작되었다.

- 허만정 씨가 3남인 허준구 씨의 경영수업을 구인회 씨에게 부탁하면서 사업자금을 내놓은 것이다. 허만정 씨의 아들이 8명인데, 허준구 씨의

다른 형제들도 LG그룹 경영에 합류하였다.

## 1세대

■ 허만정 씨의,

- 장남 허정구 씨: 삼양통상을 창업하였다. 고 이병철 회장, 고 조홍제 효성그룹 창업주와 함께 삼성을 공동 창업한 사람으로서 삼성그룹의 주력사로 성장한 제일제당과 제일모직 창업의 주역으로 활동했음. 이병철 회장에 이어서 1960년에는 삼성물산 대표이사 역임.
- 2남 허학구 씨: LG전선부사장 역임.
- 3남 허준구 씨: LG그룹의 중심인물이 됨.
- 4남 허신구 씨: 금성사 사장, 럭키 사장, 그룹 부회장, 럭키석유화학 회장 등 역임. 한국 최초의 합성세제인 '하이타이' 개발의 주역임.
- 5남 허완구 씨: LG그룹 육상운송 담당하는 승산그룹 회장. '와사등'으로 유명한 시인 겸 사업가 김광균 씨 딸과 결혼.
- 6남 허승효 씨: 조명전문업체인 알토 회장.
- 7남 허승표 씨: 인텍웨이브 회장.
- 8남 허승조 씨: LG유통(GS리테일) 사장, 태광그룹 창업주 고 이임룡 회장의 장녀와 결혼. 허 사장의 처가는 장상준 전 동국제강 회장, 양택식 전 서울시장, 한광호 한국베링거인겔하임 명예회장, 신선호(롯데 신격호 회장 셋째 동생) 일본 산사스식품 사장 등과 혼사를 맺었음.

## 2세대

■ 허정구씨의,

- 장남 허남각 씨: 현재 삼양통상의 1대 주주이자 대표이사. 이화여대 문헌정보학과 교수 구자영 씨와 결혼.

- 차남 허동수 씨: GS칼텍스 회장, 김선집 전 동양물산 회장의 장녀와 결혼.
- 3남 허광수 씨: 삼양인터내셔널 회장, 김동조 전 외무부장관 딸과 결혼
  (현대중공업 회장인 정몽준 씨 부인의 언니이기도 함).
- 장녀 허영자 씨: 벽산그룹 김희철 회장과 결혼.

■ 허준구씨의,
- 장남 허창수 씨: 그룹회장이면서 지주회사인 GS홀딩스와 GS건설의 대
  표이사. 이철승 전 상공부 차관의 딸과 결혼.
- 2남 허정수 씨: 전 LG전자 상무, 현 GS네오텍 사장.
- 3남 허진수 씨: 전 LG에너지 대표이사, 현 GS칼텍스 부사장.
- 4남 허명수 씨: GS건설 부사장, 노재현 전 국방부장관의 딸과 결혼.
- 5남 허태수 씨: GS홈쇼핑 부사장, 이한동 전 국무총리의 장녀와 결혼.

■ 허학구 씨의 장남 허전수 씨: 코스닥 등록기업인 새로닉스 회장.
■ 허신구 씨의,
- 장남 허경수 씨: 코스닥 등록기업인 코스모화학 등을 주력으로 한 '코스
  모그룹' 회장.
- 2남 허연수 씨: LG유통(GS리테일) 상무.

## 3세대

■ 허남각 씨의,
- 장녀 허정윤 씨: 전 강원산업 회장 정문원 씨 아들과 결혼, 정문원 씨
  조카사위가 현대차그룹 정몽구 회장의 장남.
- 장남인 허준홍 씨: GS칼텍스에 입사하였고, 삼양통상의 사외이사도 겸
  직하고 있음. 아버지 허남각 회장에 이은 삼양통상 2대 주주이며, 지분

추가매입 지속. 경영권 승계 위한 준비로 보임.

- ■ 허동수 씨 막내딸: 아세아시멘트회장 차남과 결혼.
- ■ 허영자 씨의 아들 김성식 씨: 벽산 사장.
- ■ 허광수 씨 외동딸 허유정 씨: 조선일보 사장 아들과 결혼.

이처럼 김해 허씨 가문의 역사를 살펴보면 한국 정재계의 네트워크와 기업사 자체를 바라볼 수 있다.

# 대주주의 주식 증여 보며 투자할 수 있는 사례

이 글에서 소개하는 여러 기업의 사례들을 통하여 대주주의 관점에 서는 것이 투자에 있어서 얼마나 유리한 결과를 가져올 수 있는지 알 수 있다. 대주주의 이해관계라는 관점에서 주가의 변동을 바라보면 투자기회의 포착이 가능하다.

상장회사의 대주주가 자식이나 다른 사람에게 주식을 넘기면서 증여세를 합법적으로 적게 내려면 주식시장에서 주가가 낮게 유지될수록 유리하다. 비상장주식이 아니라 불특정 다수가 주식을 사고팔 수 있는 시장에 상장되어 있는 주식은 시장에서 거래되는 가격을 기준으로 증여세가 부과되기 때문이다.

보유한 주식수가 많은 대주주가 다른 사람에게 상당량의 주식을 증여할 때에는 흔히 세금이 많이 부과된다. 대주주의 후계자가 주식을 넘겨받게 되는 시점에 세금을 가급적 적게 내고자 한다면 주가가 올라가기를 바라지는 않을 것이다. 이에 따라 어떤 합법적인 방법을 통해서 주가가 올라가기에 불리해지거나 주가 상승이 억제될 수도 있다. 주가가 기업가치만큼 오르지 못하고 주식시장에서 저평가되어 있는 종목 중에서 가끔 이와 비슷한 경우가 나타난다. 이를 역으로 바라보면, 저평가되어 있던 종목이 대주주로부터 주식의 증여가 끝나면 주가 상승이 원활해질 수도 있는 것이다. 대주주의 나이가 상당히 많은 회사이면서 저평가 상태에 머물러 있는 종목이라면 이러한 관점에서 들여다 볼 수도 있다.

실제 사례로서, 예전에 필자가 저평가 종목으로서 관심을 가졌었고 결국 좋은 수익률을 내주었던 영풍정밀도 그러한 회사이다. 최창걸 대표이사는 1941년 11월 11일생이고, 최창영 이사는 1944년 7월 7일 생으로서, 대표이사 나이는 64세였다. 2005년 1월까지는 대주주 지분 구도가 서린상사 202,881주(지분율 12.88%), 최창걸 167,796주(지분율 12.88%), 최창영, 최창근, 최창규 똑같이 70,000주(지분율 4.45%)로 구성되어 있었다. 그러다가 2005년 2월 2일~3일에 최창걸 대표이사와 최창영 이사의 지분이 완전히 0주로 줄어들면서 전부 다 대표이사 아들에게로 넘어가서 David Choi 지분은 369,878주로 되었다. David Choi 측에서 주식을 받아간 가격은 6,640원이었다.

이 회사는 원래 재무적으로 지극히 안정된 회사로서 2003년 주당순이익이 1,168원, 주당순자산이 18,868원이었고 2004년 주당순이익은 1,707원, 주당순자산은 22,303원이었다. 2005년 2월 시점에서는 2004년 결산실적이 나오지 않은 상태였으므로 2003년 재무정보를 기준으로 David Choi 신임 대주주의 취득가액인 6,640원을 분석해보면 PER=5.7에 PBR=0.35이었다.

매우 저평가되어 있음에도 불구하고 2004년 9월부터 2005년 1월 말까지 주가가 6천 원대에서 횡보하였고 하루 평균 거래대금은 불과 1천만 원 근처에 머물러 있었다. 하루 3주, 18주 거래된 날도 있었고 심지어 거래량이 전혀 없는 날도 있었다. 거래량이 극히 적어 일반투자자들은 사고팔기 힘들다면서 투자를 외면했었다.

수개월 이상 6천 원대에서 오랫동안 주가가 장기횡보하다가 2005년 2월 초에 기존 대주주 측으로부터 아들로 주식이 넘어간 이후 3월 말부터 6월 말까지는 주가가 8천 원대로 약간 올라간 상태에서 유지되었다. 그 뒤로 12월 말까지는 주가가 계속 올라서 1만 8천 원대에 도달하였다.

또 다른 사례인 경방은 전통산업 회사로서 수익성은 적지만 자산가치가 매우 높아서 저PBR주인 회사였다. 주가가 2만 원대에 머물던 시절인 2002년 1월 17일에 김각중 회장(1925년생)이 68,520주를 두 아들 김준(현 부사장), 김담(현 진무이사)에게 물려주어서 지분이 각각 6.48%와 6.30%로 늘어나게 되었다.

경방의 주가는 2003년 7월까지 2만 원대에서 오르락내리락 하면서 횡보하였는데, 이 기간 동안에 두 아들의 지분은 추가로 늘어나서 각각 9.86%, 9.75%가 되었다. 2003년 말에는 각각 11.19%, 11.08%까지 추가로 더 늘어났다. 그 뒤로 현재까지 두 사람의 지분이 거의 그대로 유지되고 있으며 김각중 회장은 0.4%인 8,332주만 보유한 채로 있다. 즉 두 아들의 주식이 늘어난 것은 주가가 2만 원대에서 횡보하던 기간이었음을 알 수 있다. 원하는 지분만큼 확보된 뒤에는 주가가 계속 올라서 2004년 4월에는 6만 원까지 올랐다. 그리고 주가 조정이 2004년 여름까지 이루어진 후에 2006년 1월 2일에는 18만 원까지 도달하였다.

주당 순자산이 외형적으로 18만 원이 넘고 실제 부동산 가치로는 그보다 더 많은 회사이므로 3만 원 이하에서 대부분의 지분을 확보한 것은 회사 가치 대비 무척 싼 값으로 주식을 넘겨받은 것이다. 경방이 차입금이 많고 실적에서는 적자와 소폭 흑자를 오락가락하기 때문에 주가에 할인될 요소가 있었지만 그런 점을 감안하더라도 자산가치 대비하여 상당한 저PBR 상태에서 대주주로서 필요한 지분을 두 아들은 확보한 것이다.

영풍정밀과 경방의 사례에서 보듯이, 대주주인 기존의 회장이나 사장으로부터 새로운 대주주로 주식이 넘어가게 하면서 회사 경영지배권을 변동시키는 과정에서 주가가 저평가된 상태로 머무르다가, 후계자의 지분이 충분히 확보된 후에는 주가 상승이 원활하게 이루어질 수 있는 것이다.

대주주로부터 자손으로 주식이 이동되는 최근 사례로는 과거 경방처럼 저PBR주인 '서산'이 있다. 서산은 대주주 및 특수관계인의 지분 분포가 원래 다음과 같았다.

회장 염홍섭(1931년 12월 16일생, 현 76세) 213,944주(53.49%)

대표이사 염명곤(1964년생, 회장 아들) 18,862주(4.71%)

이송직(처) 9,730주(2.43%), 김봉재(사위) 16,702주(4.18%), 염창곤(아들) 838주(0.21%)

그런데 2006년 11월부터 변동이 생겨나고 있다.

- 2006년 11월 22일 김봉재(사위)가 염명곤(아들) 대표이사에게 증여: 8,000주
- 2006년 12월 22일 염홍섭 회장이 염명곤 대표이사에게 증여: 128,364주
- 2007년 1월 22일 김봉재 지분 전량을 염명곤 대표이사가 장외매수: 8,702주(단가 2만 5천 원)
- 2007년 1월 26일 염홍섭 회장이 염명곤 대표이사에게 증여: 41,580주
- 2007년 1월 26일 염홍섭 회장이 김수아(며느리)에게 증여: 40,000주

이로서 기존 최대주주인 염홍섭 회장의 지분은 213,944주에서

4,000주로 줄어들면서 나머지는 전량 아들과 며느리에게 증여되었다.

서산은 자본총계가 외형적으로 218.1억 원이며, 공시지가를 감안한 실질 자본총계는 363.4억 원에 달한다. 현재 26,750원 주가에서의 시가총액 107억 원 대비하면 실질 PBR이 0.29에 불과하다. 서산이 전남 광주시에 보유한 토지의 장부가액이 17.58억 원인데, 공시지가는 162.87억 원에 이르고 있다. 차입금은 광주은행으로부터 연 5.39% 이자율의 20억 원이 전부이다.

한 가지 더 특기 사항이, 광주방송을 72만주(9% 지분) 보유하고 있으면서 광주방송의 3대 지배주주라는 점이다. 광주방송은 차입금이 전혀 없는 우량회사이고 순이익이 2004년 66.9억 원, 2005년 63.6억 원인 알찬 회사이다. 서산의 한 가지 흠은 2005년에 적자를 기록하였다는 점인데, 2004년까지는 연간 20억 원대 흑자였다. 2007년이나 2008년부터 다시 흑자로 돌아설 수만 있다면 금상첨화가 될 것이다.

당장의 실적은 그렇다 하더라도 자산의 대부분이 광주방송의 3대 주주로서 보유한 지분법적용투자주식과 광주시의 토지로 이루어져 있으며 부채비율 33%, 유보율이 1,000%에 근접하는 초우량재무구조이다. 따라서 투자의 위험은 거의 없어 보인다. 2007년 3월 8일에 부동산임대업을 사업목적에 추가한다는 공시가 나온 것을 보면 부동산을 활용할 예정으로 추측된다.

실질 PBR이 0.29에 불과한 종목으로서 주가는 2만 원대에서 장

행복한 **주식투자**

기간 횡보하고 있다. 최대 지분을 보유한 대주주로부터 아들내외로 주식이 증여되었기 때문에 장기적인 관점에서는 회사 내부 사정에 관련하여 주가상승에 대한 걸림돌이 사라지고 있는 셈이다.

주식시장에서 거래가 이루어지지 않는 비상장주식을 증여하게 되면, 1주당 평가액의 산출 시 흔히 아래의 가액을 참고로 한다.

1주당 가액 = '1주당 순손익액' / '금융시장에서 형성되는 평균 이자율을 참작하여 재정경제부령이 정하는 율'

1주당 가액 = '당해 법인의 순자산가액' / '발행주식 총수'

서산이 코스닥에 등록되어 회사 가치보다 낮은 가격에서 거래되지 않고, 그냥 비상장회사인 상태에서 주식 증여가 이루어졌다면 높은 주당 자산가치로 인하여 증여세를 더 많이 내게 되었을 것이다.

---

### 추가의 사례

또 다른 사례는 조선선재이다. 2005년 12월까지의 최대주주는 장세명 대표이사(1946년 2월 21일생)로서 보유 지분은 204,130주(34.02%)였다. 직계가족 지분으로서 부인 지분 16,530주(2.75%)만 있었고 장원영(1975년 8월 26일생, 현 대표이사), 장준영(1977년 7월 22일생) 두 아들의 지분은 없었다.

조선선재는 명문 재벌가인 동국제강그룹에 속한다. 동국제강그룹의 장경호 창업회장의 장남인 장상준 회장의 아들이 조선선재의 장세명 전 대표이사이다. 즉 재벌 3세 집안인 것이다. 조선선재의 지분 중 99,706주 (16.62%)는 동국산업이 보유하고 있다.

장세명 전 대표이사가 지난 2005년 12월 2일에 59세로 타계하면서 2005년 12월 13일에는 불과 30세인 장남 장원영 현 대표이사로 기업이 승계된 것이다. 아들은 보스톤 대학교 경제학과를 졸업하였고 조선선재의 기획조정실본부장으로 일하면서 준비를 하고 있었지만 아버지가 너무 일찍 돌아감으로써 더 많은 경험을 쌓기 전에 기업을 물려받게 되었다.

그 시점을 전후로 해서 기업의 지분 변동이 활발히 일어났다. 장세명 전 대표이사가 돌아가기 직전에 지분 일부를 장내에서 매도하였다.

2005년 11월 09일 204,130-1,250=202,880주(처분단가 50,276원)

2005년 11월 24일 202,880-1,800=201,080주(처분단가 44,997원)

한편, 아들인 장원영 현 대표이사는 선임된 직후에 아버지 생전에 매도한 가격보다 훨씬 낮게 내려간 가격에서 장내매수를 통하여 지분을 취득하기 시작했다.

2005년 12월 15일 0주+4,100주=4,100주(취득단가 38,190원)

2005년 12월 16일 4,100+6,150=10,250주(취득단가 35,073원)

2005년 12월 19일 10,250+1,580=11,830주(취득단가 35,175원)

2005년 12월 26일 11,830+3,640=15,470주(취득단가 35,677원)

2006년 1월 6일 15,470+8,220=23,690주(취득단가 34,367원)


조선선재의 2004년과 2005년 주당순이익은 각각 9,967원과 7,671원이었고 주당순자산은 각각 84,447원과 90,820원이었으므로 PER이 4~5에 불과하고 PBR은 0.4를 전후로 한 매우 싼 가격으로 장원영 대표이사가 취득한 셈이다.

이 종목은 매도 매수 호가 공백이 크고 주문량도 평소에 극히 적은 종목이다. 하루 거래량이 몇백주 단위인 날이 가장 많고 거래가 전혀 이루어지지 않은 날도 있는 이런 종목은 많은 수량을 확보하려면 주가가 올라갈 수밖에 없다. 그런데 주가가 올라가게 되기는커녕 심지어 하락하게 되면서 23,690주나 사들인 것은 참으로 신기한 일이다.

그 뒤의 변동은, 17만여 주가 상속되었고, 추가의 장내매수도 또 이루어졌다.


2006년 5월 23일 23,690+171,080=194,770주(상속)

2006년 6월 19일 194,770+11,980=206,750주(장내매수, 취득단가 32,365원)

한편, 대표이사 동생(장준영)의 지분은 0주에서 2006년 3월21일에는 9,990주로 늘어났고,

2006년 3월 21일 0주+9,990=9,990주(장내매수, 취득단가 35,620원)

2006년 5월 23일 9,990+30,000=39,990주(상속)


이에 따라 장원영 대표이사의 지분은 206,750주(34.46%), 대표이사의 동생인 장준영의 지분은 39,990주(6.67%)로 취득완료되었다.

상속을 통하여 지분이 넘어가는 동안에 주가는 3만 원대라는 매우 저평가된 가격에 머물러 있었던 것이다. 형제 합하여 수만 주에 달하는 장내 매수가 이루어지는 동안에, 시장에서 평소 거래량이 몇백 주 수준인 거래 부진한 종목의 주가가 건드려지지 않고 3만 원대에 계속 머물렀던 신기한

일이 있었던 것이다.

대주주 관련되는 모든 지분 이동과 장내매수가 완료된 후 몇 달이 지나서 2006년 9월경부터는 주가가 꾸준히 올라서 2007년 3월 9일 현재 5만 원대까지 도달해 있다. 그럼에도 2006년 실적이 워낙 크게 좋아져서 여전히 저PER, 저PBR주인 상태이다.

전년 대비하여, 매출액 12.9%, 영업이익 23.5%, 경상이익 37.0%, 순이익 42.2%의 증가를 나타내어서 PER이 지금도 4.8에 불과하며, 자본총계는 614.8억으로 PBR은 0.5이다. 토지공시지가 감안 시 PBR은 0.46, 현금 101.7억 원에 차입금은 20억 원에 불과하고 부채비율 27%, 유보율 2,000%가 넘는 초우량 재무구조이다.

## 주식증여세 적게 내기 위해 주가가 올라가길 바라는 경우

대주주 측에서 주식증여가 이루어질 경우, 증여세 금액의 결정을 위한 산정기준일에 해당하는 기간에는 주가가 올라가지 않기를 바랄 것이다. 그런데 증여세를 현금으로 내지 않고 주식으로 대신 내는 경우(물납) 주가가 올라가길 바라게 될 수가 있다. 이때에는 증여세 산정 기준일이 지난 이후에는 주가가 올라갈수록 세금으로 낼 주식수가 줄어들어 유리해진다. 다음의 보도자료를 참고로 보겠다.

[연합인포맥스 2006-11-30] "정용진 신세계 부사장이 29일 부회장으로

전격 승진, 경영 전면에 나섬으로써 주가 부양 기대가 커지고 있다. 정 부회장이 지난 9월 아버지인 정재은 명예회장으로부터 증여받은 지분 (4.46%, 84만주)에 대한 증여세(약 4천100억 원) 일부를 주식으로 물납할 것이라는 전망에 따라 주가 부양책을 내놓지 않겠느냐는 기대가 깔려 있다. 30일 박종렬 교보증권 연구원은 '정 부회장이 증여세 일부를 주식으로 물납할 것으로 보이는 만큼 대주주 지분 방어 차원에서라도 주가 부양을 위한 IR을 강화할 것으로 기대한다'고 밝혔다. 현행 세법상 증여액은 증여일 전후 60일의 주가를 평균해서 산출한다. 정 부회장의 경우 증여세 산정 기준일은 지난 7일로 끝난 상태이며, 주식 물납으로 내부 방침을 정할 경우 신세계 주가가 더 오른다면 실제 납부해야 할 주식수는 그만큼 줄어들게 된다. 그러나 최근 신세계 주가가 많이 올랐기 때문에 IR 강화에 따른 주가 부양에는 한계가 있을 것이라는 지적도 있다. 장기적인 관점에서 정 부회장 체제 이행에 따른 경영권 안정과 사업부 역량 강화에 따른 기업가치 제고 효과는 주목할 필요가 있을 것으로 보인다."

# 대주주가 대량으로
# 주식 취득하는 것에 주목

KTB의 최근 사례도 대주주와 공동보조를 취하는 것이 투자에서 유익한 결과를 가져올 수 있음을 보여준다.

국내 최대의 창투사는 KTB네트워크이다. 미래와사람의 권성문 회장 외 특수관계인은 장외매수 등을 통해 KTB네트워크의 지분율을 종전 11.38%에서 16.77%로 늘렸다고 2007년 3월 12일 공시했다. 변경사유는 주식 취득을 통한 경영안정이라고 밝혔다. KTB네트워크가 보유하고 있던 800만주 중 320만주 정도를 대량으로 장외에서 넘긴 것이며, 이중에서 권성문 회장이 개인적으로 사들인 것은 300만주이다. 넘긴 가격은 2007년 3월 6일 당일의 종가인 4,945원이다. 이로서 권성문 회장이 소유한 KTB네트워크의 주식은 기존의 289만 6,946주에 300만주를 추가하여 589만 6,946주로 늘어났다. KTB는 자사주를 2000년도에 650만주를 주당 8,599원에 취득한 적도 있었다.

권성문 회장이 4,945원의 종가로 장외에서 300만주를 받아간 시점을 다음의 차트에서 보면 주가가 하락조정을 마무리하고 돌

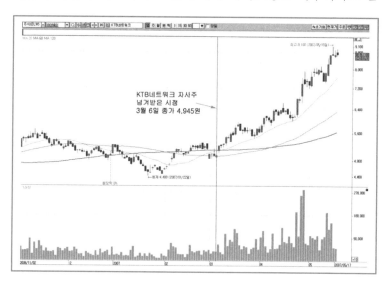

행복한 **주식투자**

아서는 초기에 해당함을 알 수 있다. 바로 그 다음날부터 주가는 상승을 지속하여서 약 3달 만에 두 배로 올랐다.

회사를 잘 아는 대주주가 자사주를 받아가는 시점은 가급적 대주주 측에 유리하게끔 선택하려 할 것이다. 일반주주가 대주주의 생각을 읽으면 대주주와 비슷한 투자효과를 거둘 수 있다. 겉으로 드러나지 않는 생각이야 알 수 없지만, 회사의 주식을 대량으로 대주주가 취득하는 것을 본다면 대주주가 향후 주가 전망을 좋게 볼 가능성이 크다고 여길 수 있다.

권성문 회장은 우리나라에서 전문적인 기업인수합병을 통해 거액을 벌어들인 최초의 인물이라 할 수 있다. 1995년 1월에 자본금 3억 원으로 주식회사 한국M&A를 설립하여 기업을 사고파는 일을 도와주는 기업 매수·합병 전문회사를 국내 최초로 세웠다. 설립이후 1년 남짓한 기간 동안 20건 정도의 M&A 중개료 수입만 20억~30억에 달하였다. 1996년 11월에는 봉제의류 수출회사인 군자산업 창업주의 지분을 인수하여 회사명을 '미래와사람'으로 변경하면서 지주회사로 전환시켰다.

1998년에는 냉각캔 제조기술 라이센스 계약이라는 재료 발표를 통해서 '미래와사람' 주가를 크게 올라가게 하였다. 1월 초에 4,660원이던 주가가 2월 말에 4만 원까지 치솟아서 당대 최고의 급등 화제주가 되었다. 급등 시에 유상증자를 통해서 큰 돈을 조달했다. 냉각캔 기술은 현실성이 없는 것으로 나중에 드러났다. 1999년 3월에는 신기술사업금융회사로 설립되어 있던 KTB 회사의 정부보유지분 10.2%를 '미래와사람'이 인수하였다. 공기업이던 KTB의 민영화가 추진되던 그 당시에는 IMF를 지나면서 투자손실이 누적되어 부실채권이 쌓이고 어려운 상태였다. 이에 따라 경영권과 함께 최대주주가 되는 지분을 액면가 근처로 인수할 수 있었다. KTB네트워크는 민영된 이후 코스닥 시장이 활황을 나타내면서 크게 성장하게 되었다.

권성문 회장은 자금면에서 어려움을 겪고 있던 ㈜인터넷경매의 지분을 1999년에 인수하면서 경영권을 획득하였다. 회사는 옥션으로 이름을 바꾼 후 괄목할 만한 성장을 하면서 코스닥에 등록되었다. 권성문 회장은 옥션의 지분을 인수가격의 5배 가격인 주당 2만 4천 원에 팔아서 600억 원의 차익을 실현하였다. 옥션은 2001년에 미국의 유명 경매업체인 이베이에 매각되어서 국내 닷컴기업의 해외매각으로는 최초의 사례로 기록되었다.

권성문 회장이 기업의 인수합병이나 투자에서 대박을 터뜨린 최근 사례로는 온라인 구인 구직 서비스를 제공하는 잡코리아를 1998년부터 2003년까지 총 20여 억 원을 투자하여 지분 65.43%인 226만여 주를 취득하였다. 당시에는 무명의 작은 기업이었던 잡코리아가 2005년에는 매출 170억 원에 순이익 40억 원을 바라보는 업체로 성장하였다. 권성문 회장은 이 시점에서 지분을 미국 몬스터월드와이드에 1,000억여 원에 매각하여서 6년 만에 634억 원의 차익을 실현하였다.

# 아버지

부모가 된 후 부모의 마음을 알았을 때 이미 때는 늦은 경우가 많다. 요즘은 옛날과는 달리 가정생활이 아이 위주로 돌아가는 집이 많아 1년 내내 어린이날이라는 말도 있다. 지금은 자식들이 부모에게 신경 쓰는 부분이 크게 줄어들었으므로 어버이날만큼은 공휴일로 해서 어버이에 대한 생각을 되새기도록 유도하는 것이 더 필요한 시대이다. 공휴일이어야지 자식이 일을 하지 않고 부모와 함께 많은 시간을 보낼 수 있다.

부모는 힘들게 일하며 허리 휘청 돈 벌면서 대학생 아들의 등록금 대주고 돈 아끼느라고 싸구려 대중음식점에만 가는데, 돈도 안 버는 아들은 용돈 받는 것을 당연히 알고 서슴없이 돈 쓰는 경우들을 흔하게 볼 수 있다. 연로해진 부모는 궂은 일 마다하지 않으면서 돈을 버는데 젊은 아들은 마음에 드는 일 아니면 하지 않겠다고 자존심 세우면서 차라리 실업자로 있기도 한다. 부모는 고생하면서 힘들게 자식을 키웠는데 자신은 위로부터 받은 사랑을 아래로 물려줄 생각을 하지 않고 자식으로 인해 힘든 것은 피하겠다는 사람들도 있다. 대부분은 부모가 되어봐야 부모의 진정한 마음을 알게 되지만 조금이라도 일찍 알수록 나중에 후회하는 일이 적으리라 여겨진다. 부모로 살아가는 과정은 좀더 다양한 삶의 체험을 겪으면서 인간적으로 성숙해지는 과정이 아닐까 싶다.

## 아버지
행복투자 이건희

나는 아버지가 된 후부터
이 세상 아버지들을 존경하게 되었다.

엄마의 품안에서 놀고 있을 적
아버지는 내가 밖에 나와 기댈 수 있는
커다란 나무
그러나 뿌리는 거친 땅속
바위를 뚫고 뻗어나가야 함을 알지 못했다.

공부에 지쳐 땀 흘리고 있을 때
무성한 잎사귀들로 그늘을 만들어 주셨다.
그늘 위에서 홀로 땡볕을 가로막고 있는
당신의 몸은 까맣게 타 들어가고 있었다.

나는 아버지가 된 후부터
아버지가 그리워지기 시작했다.

눈으로만 지켜보시던
축축한 가슴속 말씀이
아버지가 영원히 건너간
망각의 강을 되돌아와
이제야 귀에 들려온다.

내게는 언제나 동화 속 용감한 기사처럼 보였지만
잠든 아들 곁에 돌아앉으시면
깊은 산 계곡처럼 내려앉은 어깨 위에 어리는
우수의 구름을 알지 못했다.

세상 사람들과의 단거리 경주로 가쁜 숨 몰아쉴 때
창백해진 얼굴에 물 뿌려 주시던 아버지
당신은 장거리 경주에 탈진 상태인 채
내 곁을 지켜주신 줄 몰랐었지.

이 세상의 모든 아버지들이
다 위대한 것은 아니련만
그리움 속의 아버지는
모두 다 위대한 걸까.

이제 아버지 어느 먼 여행길에서

문득 돌아오신 것처럼

내 앞에 나타나신다 해도

내가 해 드릴 수 있는 건

아무것도 없으리.


당신의 가슴속 휩쓸고 지나갔던

無後한 세월의 강물이

이제 내 가슴속에도

똑같은 깊이로 흘러들어 오고 있다는 걸

느낄 수 있을 뿐.

# 9장

# 2,000포인트 시대의 새로운 투자전략, 저평가 성장주

# 새로운 투자전략

2007년에 한국의 증시 여건은 상당한 변화를 겪었다. 그 변화를 한마디로 요약하자면 2천 포인트 시대의 개막이라고 할 수 있겠다. 이어지는 글에서 자세히 살펴보겠지만, 이러한 증시 여건의 변화로 인해 과거와 다른 투자패턴이 필요하다.

구체적으로 말하자면, 이제는 대형주 투자를 상대적으로 유리한 투자로 권할 수 있는 상황이 되었다. 최근의 증시상황을 보면 대형주 중에서도 역사상 신고가를 돌파하는 종목들이 꾸준히 생겨나고 있는데, 역사상 신고가를 돌파하고 나서 예전 고가의 몇 배로 오르는 종목들도 다수 탄생하는 상황이다.

이러한 상황 속에서는 이제 막 역사상 신고가를 돌파하는 종목의 경우에 주변 정황, 기업실적 변화, 수급동향 등이 따라준다면 큰 부담을 가지기보다는 오히려 긍정적인 시각에서 바라볼 수 있는 것이다. 그런 경우에는 일시적인 하락조정에도 크게 겁먹지 않고 투자할 수 있는 여건이 되었다.

대형주 중에서 조선주나 소재업종 중에서 주가 수준이 높게 올라온 종목들도 있지만 금융주, 자동차주, IT주 등을 비롯하여 주가 수준이 아직 큰 부담 없는 대형주들도 많다.

지금의 시장상황은 대형주들의 움직임이 상대적으로 우세한 장세로 변화되고 있다. 이러한 여건의 변화를 반영하여 투자 포트폴리오에서 대형주 비중을 늘려가는 것이 필요해 보인다.

투자 대상으로서 고려할 만한 대형주로서는 먼저, 장기간에 걸쳐 회사의 실적이 꾸준히 증가하는 대형주들이 있다. 이러한 종목의 상승 모습을 주봉차트로 살펴보면(주봉차트는 각자가 HTS에서 가로축을 최소한 3년 이상으로 설정해서 보길 바란다) 수년에 걸쳐 차트가 장기적으로 안정된 상승추세를 이어가고 있는 경우들이 많다. 불안한 상승의 모습이 없고 안정된 장기 상승 추세임을 보여준다.

이런 종목들의 경우 회사의 우량한 실적 증가에 바탕을 둔 상승이므로 주식시장의 급락에서도 크게 불안해할 이유가 없다. 일시적인 주식시장 과열에 의한 단기 상투만 피해서 산다면 장기보유를 통해서 시중금리를 충분히 초과하는 투자수익률이 얻어진다고 봐도 무리가 없다. 왜냐하면 회사의 성장률이 시중금리를 충분히 초과하기 때문이다.

두 번째로는 현재의 사업분야에서도 이미 좋은 실적을 내고 있으면서, 시대의 흐름에 맞는 미래의 성장성이 유망한 산업으로 사업영역을 넓혀가는 대형주들이 있다.

신규 사업분야에만 의존하면서 주식투자를 하게 되면 현재의 실적 대비해서는 지나치게 높은 주가에 해당하는 높은 PER 상태로 투자가 이루어지곤 해서 전통적인 가치투자하는 사람들에게는 부담이 될 수도 있다.

하지만 현재의 사업 자체가 잘 짜여진 포트폴리오 속에 실적이 탄탄하게 개선되고 있다면 안전한 투자가 가능하게 된다. 안전성과 성장성이 동시에 추구되는 셈이다. 가치의 개념을 현재 실적과 현재의 자산만을 기준으로 바라볼 필요는 없는 것이다. 미래에 달성해갈 가치도 가치이다.

대형주도 상승추세선 상에서는 실적호전이 뒷받침되고 시대명분이 분명하고 장기적인 성장성 재료가 있으면 PER이 20~30은 무난히 유지된다. PER이 20~30이라면 현재의 실적 대비해서는 저평가라고 할 수 없지만, 미래의 성장성에 비해서는 저평가라고 할 수 있는 대형주들이 있다. 그런 의미에서 9장에서 소개하는 회사들에 '2,000포인트 시대의 새로운 투자전략, 저평가 성장주'라는 타이틀을 붙여보았다.


# 주가 2,000시대, 대형주 비중 높여라

종합주가지수가 2007년 7월 말에 사상 최초로 2천 포인트를 넘었다가 조정을 받는 와중에 미국발 서브프라임 사태의 영향이 확산되면서 하락이 가속화되었고, 그 결과 1,600대 초반까지 하락을 했었다.

많은 우려의 목소리들이 나왔지만 이는 제한적인 수준의 문제일 뿐, 큰 시각으로는 글로벌 경제의 펀더멘탈상 근본적 변화는 아니기 때문에 적절한 대응만으로도 시장의 장기적인 추세에 본질적 훼손 없이 무사히 지나갈 수 있었다.

지금까지 증시 역사상 대세 상승 과정에서 나타나는 일시적인 급락은 매우 좋은 매수 기회를 제공해주는 것임을 다시 한번 확인할 수 있었다.

이제 1,600대 초반에서 중기적인 바닥을 찍고 주식시장이 대세 상승의 장기 추세선을 따라 재차 상승하면서 2천 포인트를 재탈환하였다. 단기 조정이야 언제라도 올 수 있지만, 2007년 9월 중순부터는 시장 전체의 거래대금도 증가하는 추세를 나타내고 있기 때문에, 중기 추세도 안정되게 유지될 가능성이 높은 상태이다. 그렇다면 2천 포인트 시대가 안정되게 자리를 잡아가리라 예상할 수 있는 것이다.

한편, 일반투자자로서는 새로운 고민을 해야 하는 상황이 온 것인지도 모른다. 어쩌면 이미 시작되었을지도 모른다. 종합주가지수는 상승하면서도 자신의 계좌의 수익률은 시장의 상승률을 밑돌 수도 있기 때문이다.

2천 포인트에 안착한 이후에는, 수익률 면에서 시장의 중심 방향이 어디로 향하는가를 파악하는 것이 시장의 전체적인 상승 여부를 파악하는 것보다 더 중요해질 수도 있다.

일단, 지난 3년간(2004년 10월 6일~2007년 10월 9일)의 거래소 업종

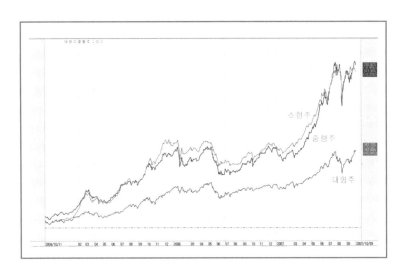

별 차트 현황을 살펴보겠다. 종합주가지수, 대형주, 중형주, 소형
주 차트를 비교해보면 소형주가 가장 높은 상승률을 나타내었다.

2004년 10월 6일로부터 약 1년 2개월이 지난 2005년 12월 2일
까지 종합주가지수의 상승률은 47.6%였다. 규모별로 보면 상승
률이, 대형주는 44.4%, 중형주는 107.4%, 소형주는 150.9%였
다. 종합주가지수의 상승률이나 대형주의 상승률보다 소형주의
상승률은 압도적으로 높아서 무려 3배에 달했다. 이 당시까지 많
은 전문가들은 소형주는 피하고 대형주를 사라고 말했었다.

그러나 시장에 나타난 결과를 보면, 그 이전부터 관심을 별로
모으지 못해서 저평가되어 있던 소형주, 가치주, 고배당주 등을
중심으로 큰 폭의 상승이 꾸준히 나타났다.

이러한 종목들에 투자하던 개인투자자들은 시장의 상승률보다
훨씬 높은 수익률을 거두었다. 펀드 시장에서도 가치주와 소형주

등에 투자하는 펀드들 중에서 상대적으로 매우 높은 수익률을 나타내는 펀드들이 등장하였다.

　그로부터 다시 약 2년 지난 지금, 누적수익률 면에서는 소형주가 아직도 가장 높은 상태이지만 중형주나 대형주와의 격차가 점차 줄어들고 있음이 보인다. 저평가된 가치주와 고배당주들은 회사의 상태가 변함이 없더라도 주가가 올라갈수록 저평가된 정도가 줄어들게 되고 배당수익률이 하락하게 되므로 투자매력도가 점차 낮아지기 때문에 나타난 현상으로 볼 수 있다.

　기준일을 2004년 10월 6일이 아니라 2005년 12월 2일로 바꾸어서, 지금까지 약 1년 10개월 동안의 상승률을 살펴본다면, 종합주가지수는 53.7%가 상승하였다. 대형주는 52.3%, 중형주는 71.5%, 소형주는 50.8%의 상승률이다.

　즉 최근 3년간의 누적수익률 면에서는 여전히 소형주, 중형주, 대형주의 순서이지만, 최근 1년 10개월의 상승률은 중형주, 대형주, 소형주로 바뀌었던 것이다. 시장의 상승률을 초과할 수 있는 확률이 2~3년 전에는 소형주에서 가장 높게 나타난 반면, 상대적으로 높은 수익률의 가능성이 점차 중형주로 이전되어 온 것이다.

　한편 다음 차트에서는 시장의 급락이 나타나기 직전인 2007년 8월 1일 이후의 수익률 변화를 살펴보겠다. 8월 17일에 저점을 찍었을 때의 손실률은 중형주가 가장 컸었다. 즉 그동안 최대의 상승률을 기록하였던 업종이 최근 급락장에서는 최대의 손실률을 나타냈던 것이다.

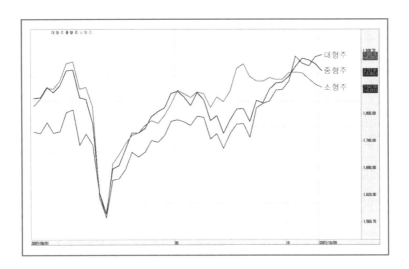

  그 뒤 시장이 다시 상승하면서 10월 9일까지 나타낸 누적수익률은, 종합주가지수가 8.49%, 대형주 9.68%, 중형주 3.83%, 소형주 1.93%이다. 급락장에서 중형주에 비해서 대형주의 하락폭이 상대적으로 적었던 것과 마찬가지로, 시장이 상승 추세로 복귀한 뒤의 누적수익률이 현재로서는 대형주에서 가장 높게 나타나고 있는 것이다.

  더욱이 9월 중순 이후 대형주의 움직임은 중형주나 소형주에 비해서 더욱 탄탄한 것으로 관찰된다. 시간이 갈수록 소형주의 힘이 상대적으로 약화되어지고 있고, 중형주도 대형주보다는 다소 뒤떨어지는 모습이다. 이러한 현상이 일시적인지 새로운 현상이 시장에서 자리 잡는 초동기인지는 아직까지 확신할 수는 없다.

  그러나 주식시장에서는 어떤 현상이 오래 지배하다가 점차 새로운 현상이 자리를 잡아가고, 새로운 현상이 다시 오랫동안 시장을 지배하는 경우가 흔히 나타난다. 이런 관점에서, 현재 관찰되고 있는 현상이 일시적이 아니라 앞으로도 상당기간 시장을 지배할 수 있을 가능성에도 무게를 둘 필요성이 있다.

이는 시장에서 그동안 무척 오랜 기간에 걸쳐 대량으로 매도를 지속하던 외국인이 중립으로 돌아서는 경향을 나타내고 있고, 펀드에서는 수익률을 제고하기 위해서 기존에 많이 편입되었던 대형주들을 계속 매수하거나 또는 수익률을 관리함에 따라 강화될 수 있는 현상이다.

소형주 중에서 상당수 종목들이 최근 몇 년 동안 저평가된 상태로부터 시장수익률을 크게 초과하면서 주가가 워낙 많이 올라왔기 때문에, 저평가라는 이유로 매기를 모으기에는 점차 부담이 따르고 있는 것도 대형주로 매수세가 늘어나는 데 기여할 것이다.

예전에는 작은 종목들 중에서 PER이 10 이하이거나 PBR이 1 이하인 종목들이 많았지만 그동안 주가의 큰 폭 상승으로 PER과 PBR이 상당히 올라간 종목들이 꽤 늘어났다.

작은 종목들 중에서 과거에 잘 올랐던 종목이라고 앞으로도 여전히 그들 종목을 무조건 투자대상으로 하기보다는, 아직도 PER과 PBR이 충분히 낮은 종목들을 잘 찾아서 그들 종목으로만 투자를 국한하는 것이 좋을 것 같다. 그러면서 투자 포트폴리오 상으로는 대형주의 비중을 더 높이는 것이 앞으로의 장세에 유리한 대응 방법이 될 수 있겠다.

행복한 **주식투자**

대형주 업종은 전체적인 시세 움직임 면에서는 상당 기간 동안 중형주나 소형주에 비하여 상대적으로 뒤떨어졌지만, 조선업종이나 소재업종처럼 제한된 범위 내에서는 수년 동안 꾸준히 주가가 상승하여 큰 폭의 시세 분출을 한 종목군들도 있다.

그러나 이들처럼 PER과 PBR이 상당히 높은 수준까지 올라온 종목들이 아니라, 상승률이 상대적으로 저조하였던 대형주 중에서는 가치 대비하여 주가 수준이 부담 없을 종목들도 존재하고 있다.

이런 종목들은 시간의 문제일 뿐, 대세상승이 유효하다면 결국은 지금보다 더 큰 시세를 내줄 가능성이 크다. 개인투자자라면 대형주 중에서 펀드에서 관리에 힘을 쓸 만한 기존의 주도 종목군에 일부 투자를 하면서도, 미래에 새로운 매기 집중이 가능한 종목군에 비중을 늘려가는 것이 향후 수익률 제고를 위해서 유리할 듯하다.

예를 들어서, 주가수준이 부담 없고 꾸준한 성장성도 예견되는 금융업종 중 우량 종목들을 조정 시마다 매수를 하면서 기존의 포트폴리오를 변화시켜가는 것을 고려해볼 만하다

또한 투자자금이 넉넉하다면 시장의 상승률을 웃돌 수 있는 수익률을 추구하기 위해서 지수나 대형주들에 대하여 상승방향으로 파생상품 투자를 하는 것도 고려할 수 있다. 다만 가끔 나타나는 단기적인 하락에 큰 충격 없이 견디기 위해서는 파생상품에 대한 투자는 전체 투자자금의 일부에 국한해야 할 것이다.

# 약 6년 만에 최고의 상승률이
# 나타난 종목들

- 2007/10/10(텐인텐)

주식시장이 사상 최고점을 또다시 돌파한 날, 거래소에서 대형주 상승률 1.39%, 중형주 상승률 0.88%인데, 반면에 소형주 상승률은 0.15%이다. 양극화의 무서움은 과거에도 여러 번 있었다. 앞으로도 계속 이렇게 진행된다고 확신한다는 뜻은 아니지만, 가능성을 염두에 둔 대비는 투자에서 꼭 필요로 하는 리스크 관리에 해당한다. 사람이 살면서도 다 함께 별 볼일 없이 살 때에는 차라리 심리적으로 괜찮다. 그런데 다른 사람은 잘 나가고 잘 먹고 잘 사는데, 나만 별 볼일 없으면 그것이 가장 견디기 힘들다. 투자의 세계에서도 가끔은 그런 현상이 나타난다.

자신이 종목을 고르는 능력이 뛰어나고 투자하는 기술이 뛰어난 것보다 훨씬 더 중요한 것이 투자의 풀(pool)이 전체적으로, 평균적으로 상승할 가능성이 높아야 하는 것이다. 전체적으로, 평균적으로 상승할 가능성이 높은 곳에서 적당히 투자를 잘할 때의 결과가 전체적으로, 평균적으로 상승할 가능성이 낮은 곳에서 아주 뛰어나게 투자를 잘할 때의 결과보다 오히려 더 우세하다.

이는 어디에서나 적용되는 것으로서 일례로, 아파트가 전체적으로 상승하는 국면에서는 대충 투자해도 결국에는 수익을 내주곤 한다. 강남 아파트 급등기에 별로 오르지 않던 강북의 아파트나 소외 아파트 단지들도 결국 2006년에 크게 올랐다. 그러나 전체적으로 하락조정을 이어가는 시기에서는 남다르게 아주 뛰어나게 잘해도 수익을 잘 얻어 낼 확률은 실제로 크게 줄어든다.

주식투자에서도 가장 큰 그림이라면 대세를 보는 것인데, 대세 하락기에 뛰어나게 투자를 잘하는 경우보다 대세상승 시에 그럭저럭 투자하는 것이 더욱 좋은 결과를 가져온다. 조금 더 그림의 범위를 줄여서 잡는다면, 같은 대세 안에서도 어떤 부류에서 장기적인 상승의 가능성이 크게 나타나고 있는가를 보는 것이 종목군 구분 없이 투자를 잘하려고 애쓰는 것보다 더 중요하다.

지난 시간 동안 대형주 전체적으로는 평균수익의 기댓값이 소형주에 크게 못 미치던 시기가 있었다. 글로벌 시장이 전체적으로 상승하는 시기이면서도, 우리나라 주식시장이 상승하는 데 유리했던 조건 중 하나는 저평가라는 화두였다.

그래서 저평가 중에서도 가장 저평가된 종목들이 주로 들어 있던 부류가 상승에 더 유리했던 것이다. 또한 아직 대세상승이 많이 지속된 것이 아닌 시기에 시중의 유동성도 아주 크게 늘어나지는 않은 상태라서 상대적으로 작은 종목들이 올라가기에 유리한 환경이었다.

저평가되어 있는 가치주와 배당수익률이 높은 종목들은 안전마진이 확보되어 있었고, 그런 종목들이 일부 대형주를 제외하고는 일반적으로는 대형주보다 훨씬 높은 수익률을 가져왔다. 펀드 중에서도 가치주, 소형주, 배당주 등에 투자하는 펀드들이 높은 수익률을 올리는 결과를 보여주었다. 투자의 패러다임이 바뀌어 가고 있는지 여부는 자주 신경을 쓸 필요는 없지만 몇 년 단위 정도로는 신경을 쓸 필요가 있는 것이다.

과거에 저평가되어 있던 종목들 주가가 올라오면서 저평가 정도가 크게 해소되고 배당수익률도 상대적으로 하락하면서 애초에 투자 배경이 되었던 이유들이 줄어들게 되었다. 물론 저평가된 종목이야 늘 존재하지만 확률을 높이는 것이 중요한 것이다. 저평가된 가치주와 배당주들이 많이 존재하면서, 그들이 평균적으로 상승하기 유리한 상황에서는 그들 종목들 여러 개에 분산투자해 두면 일부는 먼저 오르고 일부는 나중에라도 오르면서 시장 수익률을 크게 초과하는 것이 가능했던 것이다.

그 뒤로 거의 모든 국가의 주식시장이 계속 상승하였고, 우리나라 주식시장으로도 자금이 계속 들어왔으며 펀드로의 자금 유입은 아직까지도 이어지고 있다. 시장이 크게 올라서 저평가가 많이 해소되었고, 시장의 유동성이 강화되면서부터는 좀더 덩치가 큰 종목들이 올라가기에 좋은 환경으로 점차 변모되어 온 것이다. 대형주 내에서 상대적으로 투자매력도가 높아지는 종목들이 늘어나면서부터 강화되는 시중의 유동성을 바탕으로 대형주 내에서 매기가 확산될 여건이 조성되어 온 셈이다.

2007년 10월 10일 장이 끝난 결과를 살펴보니까 삼성SDI가 가격제한폭 가까이 오르면서, 전일대비 14.00% 상승으로 마감하였다. 초대형주가 마치 가벼운 개별종목 오르듯이 오른 것이다. 이는 2002년 3월 12일의 상한가(14.88% 상승률) 이후로 나타난 최고의 상승률이다. 5년 7개월 만의 기록인 셈이다.

또한 무겁기로 유명하던 SK텔레콤도 8.6% 오르면서 52주 신고가를 갱신했다. 이는 2001년 12월 5일의 9.2% 상승률 이후로 최고의 상승률이다. 5년 10개월 만의 기록인 셈이다.

지난 수년 동안 초대형주 중에서도 주가 움직임이 가장 별 볼일 없던 종목들이 무려 약 6년 만에 최고의 상승을 한 것이다.

이들이 앞으로도 곧바로 계속 상승하겠다는 뜻이 아니라 장세의 전체적인 변화의 방향을 느끼는 것이 중요하다는 뜻이다.

나뭇잎 하나가 떨어지는 것으로부터 가을이 가고 있다는 계절의 변화를 알아차리는 것이나 아직은 얼어붙은 땅에서 싹이 하나 나오는 것을 보고 봄이 오고 있다는 계절의 변화를 알아차리는 것을 음미해볼 필요도 있다.

지난 수년 동안 소형주들이 돌아가면서 오르듯이 2천 포인트 시대에는 돌아가면서 오르는 종목들이 대형주에서 나타날지 모르는 일이다. KT나 한국전력도 앞으로 늦어도 1년 안에 신고가를 내줄 수 있다. SK텔레콤이나 KT와 같은 통신주는 지난 수년 동안 대형주 중에서도 특히 소외되어 왔던 종목들로서 가치 대비해서는 충분히 저평가되어 있는 셈이다. 다만 성장성에 대한 의구심 때문에 시장의 관심권에서 멀어져 있었다. 통신업계에 관련된 재료들이 부각되면 가치 대비하여 저평가되어 있는 주가가 올라가는 데 걸림돌이 해소될 것이다.

이런 부분들을 고려하는 투자는 예전에 저평가 가치주인 작은 종목들 여러 개에 분산한 후, 그중 일부는 제외되더라도 대부분은 늦어도 1년 안에 한번은 크게 오르리라 예상해서 묻어두는 투자와 비교된다.


# 과거는 흘러갔다

주식투자가 돈버는 것을 넘어서는 가치가 있고 주식시장을 바라보는 것이 흥미로운 것은 주식시장에서는 사람이 살아가면서 겪게 될 수 있는 많은 일들이 그대로 똑같이 나타나며 삶의 지혜를 많이 배울 수 있기 때문이다. 다만, 그런 것까지 느끼고 배우느냐, 그냥 돈 버는 것에만 신경을 쏟느냐를 선택하는 문제이다. 사람이 과거에 마음이 묶여 있으면 현실에서 실리적으로 이롭지 않은 경우가 흔하다.

과거에 마음이 묶여 있는 것은 실리적인 면에서 현명하지 않다는 진리는 주식시장에서도 확인이 된다. 이미 지난 과거를 통해서 뭔가를 느끼고 배워서 미래를 예측하는 데 도움을 얻어내야 하는 것이지 과거에 마음 자체가 묶여 있는 것은 자신에게 도움이 되지 않는다.

주식투자를 대형우량주에 장기투자로 하면 큰 수익을 얻는다는 이야기가 있었다. 그러나 그런 이야기에 필자는 다음과 같은 식으로 이의를 제기해왔다.

"지금 와서 '과거에 삼성전자에 장기투자하면 이만큼 큰 수익을 얻었을 텐데' 라는 말은 누구나 할 수 있는 말이다. 과거 시점에서 그런 말을 했어야 했다. 지금 어떤 주식에 몇 년 이상 장기투자하면 큰 수익을 얻을지를 얘기하지 못하고 지난 과거만을 거론하면서 이야기하는 것은 별 의미가 없는 것이다."

장기투자라고 해서 어떤 주식이건 무조건 묻어두는 장기투자가 꼭 바람직하다고 보지는 않는다. 3개월 단위 정도로는 기업의 상황과 시장의 장기 흐름에 어떤 변화가 있는지 여부를 살펴보는 것이 필요하다고 본다.

어떤 시점에서 어떤 이유로 좋아서 매수한 종목이라도 나중에 기업에 본질적 변화가 나타나거나 또는 그 기업은 큰 변화가 없어도 주변 상황이 크게 달라진다면 그에 맞는 적절한 대응도 모색하는 것이 좋다.

처음에 장기투자까지 염두에 두고 샀지만, 3개월마다의 점검에서 큰 이상이 없으면 3개월이 이어지고 또 이어지면서 3년이 갈 수도 있고, 그 이상 얼마든지 갈 수도 있는 것이다. 그러나 처음의 상황과 너무 많이 달라졌다면 도중하차도 얼마든지 용인해야 한다. 매도를 두려워해서는 주식투자를 요령 있게 하기 힘들다 3개월 단위로 기업실적이 발표되니까 대략 3개월을 기준으로 이야기를 한 것이며 경우에 따라서는 그보다 더 짧아질 수도 있고 더 길어질 수도 있다.

앞서 대형주와 소형주의 양극화 패턴을 이야기했었는데 대형주 내에서도 양극화가 심화되어 가는 모습이다. 이런 모습도 일시적인 모습이 아니고 추세적으로 더 진행될지도 모른다. 그런 가능성도 충분히 염두에 두어야 한다.

2007년 10월 16일 시장이 많이 하락하기는 했지만, 장기추세로 본다면 삼성전자(종가 515,000원)는 무려 2년 3개월의 신저가를 깨고 내려갔다. 하이닉스(종가 26,700원)는 1년 4개월의 신저가를 깨고 내려갔다. 2년 3개월 동안 종합주가지수만 하더라도 2배로 올라왔는데 삼성전자는 그 당시 가격으로 되돌아가 있는 것이다.

반면에, 한국가스공사(종가 67,500원)는 역사상 신고가를 갱신했다. 지금이라도 삼성전자, 하이닉스는 팔고 한국가스공사로 갈아타는 것을 고려할 수도 있다. 삼성전자, 하이닉스도 당연히 다시 오르기는 한다. 다만 중요한 것은, 장기추세 측면에서 시장을 초과하는 상승을 할 수 있느냐 여부이다.

주식투자의 기본에 원래, 신고가 종목은 사고 신저가 종목은 파는 것이 들어 있다. 중장기 문제가 아니라 일시적인 악재로 인한 단기적인 지나친 급락으로 신저가까지 만든 경우에는 저점에서 대량거래가 터지면 악재 해소 후 빠른 속도로 크게 오르는 경우들도 있다. 그러나 하향추세선을 그리면서 신저가를 내는 종목은 박스권 움직임을 벗어나서 추세적인 상승으로 오르기에는 많은 에너지가 필요하기 때문에 자칫하면 기회비용을 잃게 된다.

삼성전자가 2007년 3분기에 엄청나게 큰 이익을 낸 것으로 발표했다. 그럼에도 주가가 힘을 못 쓰고 시장을 초과하는 상승은 커녕 시장을 초과하는 하락을 하는 것에 주목해야 한다.

자신이 그 회사의 대주주도 아니고 경영자도 아닌데 특정 종목에 너무 집착할 필요는 없다. 주식투자의 가장 큰 장점 중 하나는, 아무 때나 어떤 회사의 주주로 들어갈 수도 있고, 아무 때나 곧바로 그 회사 주주의 위치를 버릴 수도 있는 것이다. 자신이 대주주이거나 경영자이면 아무 때나 그 회사를 팔아치우고 다른 회사를 차릴 수 없지만 소액투자자로서 주주라면 그 회사보다 더 나은 것이 보인다면 옮겨가면 된다. 아니면 일단 팔고서 새로운 포트폴리오를 구상하면서 투자를 잠시 쉬어도 된다. 주식투자의 그런 장점을 썩히면서, 한번 주주로 들어간 회사라고 해서 주가가 살아날 때까지 무조건 주주로 그대로 머물러 있겠다고 고집할 필요는 없다.

시장을 주도하는 것이 기존의 IT에 의해서가 아님은 한참 전부터 이미 드러나 있는 상황이다. 꼭 누가 어떤 종목들은 이제부터 버리고, 어떤 종목들을 밀어주면서 가자고 말해서 시장이 그렇게 움직여가는 것은 아니다. 설사 어디에선가 그렇게 의도적으로 나온다 해도, 시대적인 상황과 경제의 실제 흐름과 다른 방향이라면 일시적인 효과만 내고 만다.

기존의 반도체 사업은 정점을 지났다고 봐야 할 것이다. 회사가 실적이 좋고 투자대상으로 여전히 좋기는 하더라도 과거처럼 무조건 묻어만 두면 결국은 신고가를 또다시 돌파하는 시대는 지났다. 삼성전자는 이제는 주식시장 상황에 따라서 적절히 사고파는 트레이딩이 필요한 종목이 되었다.

하락폭이 깊어지면 반발매수세가 들어와서 다시 오르게 될 터인데 상승 시마다 뒤늦게라도 매도하겠다는 매물로 인하여 상승에는 저항이 많이 걸리게 된다. 반대로 신고가 종목은 상승 시에 가격 부담으로 쫓아 사지 못했다가도 하락 시에는 조정 시 매수하자는 매수세로 인하여 하락이 제한되어지기 유리하다.

대형주도 상승추세선 상에서는 실적호전이 뒷받침되고 시대명분이 분명하고 장기적인 성장성 재료가 있으면 PER이 20~30은 무난히 유지된다. 예컨대 앞으로 장기보유하기에는 삼성전자보다는 한국가스공사가 더 나으며 한국가스공사는 에너지 관련주, 자원개발 관련주로서 시대에도 부합되는 종목이다.

약 3년 전에 자산주들이 돌아가면서 오르기 시작할 때 인천에 큰 부동산을 보유한 동양제철화학은 자산가치 대비 저평가 자산주로 출발하여 주가가 오르기 시작했었는데 3년 만에 주가가 20배 올라서 27만 원대까지 오를 수 있었던 이유를 생각해볼 필요가 있다.

저평가 자산주에서는 주가가 몇 배 오르면 저평가가 해소되기 때문에 그 이유만으로 그 이상 오르긴 힘들다. 그러나 동양제철화학은 그 뒤로 실적호전이 이루어지고 성장성 재료도 나타나면서 여기까지 오를 수 있었던 것이다. 이 종목에 요즘에는 태양에너지 재료까지 가세하였다.

에너지와 관련한 재료들은 워낙 다양하고, 관련되는 회사들도 광범위하게 분포되어 있으며 실제적으로 에너지 가격 상승이 추세적으로 이어지는 시대이므로 주식시장에서도 에너지와 관련되는 종목들에 대한 투자는 항상은 아니라도 가끔씩은 관심을 가지면서 투자를 이어가기에 괜찮다고 생각한다.

IT 제품이 점점 더 빠르고 짧은 사이클로 움직이는 것과는 달리 에너지 문제는 무척 긴 사이클로 오랜 세월에 걸쳐 점점 더 중요해지는 것이므로 장기적인 측면에서 관심두기에 더욱 적합하다. 다만 주식시장에서는 가격이 기간 대비해서 너무 많이 오르기도 하고, 그러면 조정도 불가피하므로 그런 것을 감안하면서 투자템포를 어느 정도 조절할 수 있다면 지금 시대에는 반도체보다는 에너지 분야가 역동적으로 투자하기에 더 낫다.

반도체 분야는 일단은 성장성을 겨냥한 투자보다는 보수적인 성향의 투자분야로 바뀌어가고 있다. 보수적인 투자분야는 박스권 매매를 기본축으로 하는 것이 좋다.

# 실적호전 업종 중에서 – 항공주 1

- 2007/04/25(행복투자 카페)

투자에서 실적은 기본적으로 항상 중요시 여겨야 한다. 매수해

둔 종목의 실적변화는 스스로 꼭 확인해야 한다. 매수하던 시점에서의 전망보다 실적기대치가 훨씬 더 나빠지게 되었을 때 보유를 무조건 지속할 것인가, 상황에 따라서 보유 여부를 결정할 것인가, 일부라도 매도를 해둘 것인가, 전량 매도할 것인가 등에 대해서 생각해야 한다.

　필자 같은 경우는 실적이 매우 크게 감소하고, 특히 적자전환 전망이라도 나온다면 항상은 아니지만, 대개는 보유 비중을 일단 크게 축소시켜 놓는 경우가 많다. 그러나 아래와 같이 몇 가지 고려사항을 참고로 하여 경우마다 약간씩 다르게 고려해야 하겠다.

- 주가가 어느 정도 하락 시에 배당수익률이 어느 정도 수준이 되는지
- 매수시점에서 워낙 저평가여서, 실적이 줄어들어도 저평가 상태가 유지되는지
- 실적은 줄어들어도 일시적으로 보여서 다음 반기 이후에는 회복이 가능할지
- 실적보다는 다른 재료나 자산가치 등으로 주가가 움직일 수 있는 종목인지
- 시장의 세력이 그 종목의 주가를 유지시켜 가려는 의도가 보이는지
- 현재의 실적과는 무관한 새로운 성장성이 부각되고 있는지
- 실적 감소가 충분히 선반영되어 매도 물량이 이미 충분히 소화된 상태인지
- 그 종목의 투자비중이 충분히 작아서 장기관점에서 묻어두어도 될지

- 전체 포트폴리오의 성격상 일단 부담 없는 비중 선에서는 유지하는 것
  도 괜찮을지
- 실적감소로 주가가 크게 하락 시 오히려 추가매수할지
- 부분적으로 매도하였다가 매도분은 훗날 상황을 보면서 재매수 여부를
  판단할지
- 기회비용을 고려하여 일단 전량 매도하였다가 시장에서 인정받을 때쯤
  다시 관심가질지

실적이 좋아지는 업종으로서 항공주에 관심을 가지고 대한항공과 아시아나항공에 분할하여 투자하는 것을 고려할 만하다.

### 분할 진입 전략

비슷한 분야의 비슷한 성격에 초점을 맞추어서 투자할 때 선도주와 후발주, 고가주와 저가주, 대형주와 중소형주, 블루칩과 옐로칩 등으로 최소한 두 개 이상으로 동시에 들어가는 것이 전략상 좋다.

그래서 이번에는 대한항공과 아시아나항공에 분할하는 것이다. 대한항공과 아시아나항공은 매수 후 10% 이상 하락하면 추가매수하겠다는 분할매수 전략을 미리 염두에 두어도 될 것이다.

### PER과 PBR

2007년 4월 25일 종가 기준으로 PER이 대한항공이 7.89, 아시

아나항공이 9.85로서, 올해에는 실적이 더 좋아지리라 전망되고 있으므로 PER의 부담이 없다. 대한항공은 PBR이 1미만으로서 우량대형주 중에서는 PBR도 낮은 편이다.

## 실적전망의 뒷받침

- 환율 하락으로 항공기로 여객하는 사람의 증가.
- 배가 아닌 항공기로 이동되는 전자제품, 기계, 섬유제품 등의 화물 교역량 증가.
- 미국 비자 면제, FTA타결, 한국 유럽연합(EU) 협상 시작으로 장기수요 증가.
- (서비스수지 적자 확대로 우리나라로서는 슬픈 현실이지만) 골프, 해외 연수, 단기해외여행 증가.
- 미국 대형 항공사들이 미국국내선과 대서양노선에 주력하므로 한미 노선에 경쟁우려 적음.
- 인천국제공항의 꾸준한 성장 전망.
- 유가가 상승하더라도 유류할증료 제도에 의해 안정적인 운항 원가 유지.

## 차트 상으로

대한항공은 주봉을 보면, 2006년 초부터 2007년 4월 초까지 1년 넘게 장기 박스권을 유지하고 있었다. 그러다가 4월 초에 박스권을 상향 돌파한 것이다. 이제 막 박스권을 상향돌파하였기에 상승기간 측면에서 부담이 적다.

특히 대형주의 신규매수 대상으로서, 소외당하고 있는 블루칩 종목에 들어가기 부담스럽고 그렇다고 조선업종처럼 몇 배 오른 대형주에 들어가기도 부담스러운 투자자들이나 기관들에게 다가 가기 쉬운 투자대상이라 하겠다.

아시아나항공은 작년 초 8,780원의 고점을 형성한 이후에 작년 상반기에는 7천 원~8천 원 사이에서 거래 밀집 구간을 형성하였 고 작년 하반기에는 6천 원~7천 원 사이에서 거래 밀집 구간을 형성하였다. 이러한 거래 밀집 구간을 단계적으로 돌파해나가는 시도가 이어질 것 같다.

이 두 종목은 매수 후, 만약에 10% 이상 하락하면 추가매수하 겠다는 분할매수 전략을 염두에 두고, 만약에 하락하지 않으면 매수한 것만으로 이익을 내도 될 것이다.

# 항공주 2

- 2007/05/03(행복투자 카페)

대한항공이 2007년 4월 신고가를 갱신하였다. 일반적인 신고가 가 아니라 역사상 신고가를 최근 들어서 갱신하기 시작한 것이 다. 대한항공의 이전 역사상 고점은 1989년 4월의 37,700원이었 다. 무려 18년 만에 공교롭게도 똑같은 4월인 2007년 4월에 18년 전 고가를 돌파한 것이다.

역사상 신고가를 돌파한 뒤 엄청나게 오른 뒤라면 크게 부담이 될 수도 있지만 현재 수준에서는 중장기적인 추가 상승 여력이 충분할 가능성이 있다고 여겨진다. 대한항공이 현재 주가 수준이 단기적으로는 부담스럽게 보이지만 큰 그림으로는 큰 부담은 아닐 수도 있는 것이다.

아시아나항공도 2006년에 기록하였던 고점을 앞으로 돌파하여서 역사상 신고가를 갱신할 가능성이 있다고 본다. 아시아나항공의 이번 1분기 실적의 대폭 호전에 이어서 2007년 5월 3일에는 대한항공의 1분기 실적이 보도되었는데 전년동기 대비 매출액 10.7% 증가에, 영업이익 66.1% 증가라는 뛰어난 실적증가를 나타내었다.

일반투자자들은 단기적인 주가 움직임에 흔히 좌우되어서, 대한항공과 아시아나항공 둘 다 최근에 단기 고점을 넘어서자 매도하는 경향으로 나타나 있다. 그러나 4월 이후 기관과 외국인은 전반적으로는 매수하는 경향을 나타내고 있다. 특히 기금 쪽에서 두 종목 다 적극적으로 대량 매수하고 있다.

한진해운, 현대상선 같은 해운주도 두어 달째 잘 오르고 있다. 하늘로 가는 주식은 높이 올라가고 바다로 가는 종목은 순항하고 있는 셈이다.

# 왜 나는 보험회사에 투자하는가

– 2007/09/10(텐인텐 카페)

일반적으로 후진국에서 정말 가난하고 못살 때에는 미래위험이 더 크면서도 못사는 살림에 보험료 내는 돈이 아까우니 보험에 가입할 생각을 잘 안 한다. 일반적으로는 국민소득이 적당히 늘어날 때에 사람들 심리상 미래의 위험관리에 신경 쓸 여지도 생겨나서 보험시장은 확대된다.

그런 면에서 우리나라는 보험시장이 성장해가고 있는 단계로 볼 수 있다. 그렇게 보험료 수입은 늘어나면서, 반면에 보험금을 지급할 만한 상황은 반대로 차차 줄어들게 된다. 사람들이 건강 관리에도 더 신경을 쓰고, 자동차 운전문화도 선진화되어 가면서 자동차 사고 확률도 줄어들고 있다. 산업현장에서의 위험한 환경도 줄어들고, 각종 안전에 대한 관념이 늘어나면서 대비책도 강화되고 있다. 이렇게 되면서 보험금을 탈 만한 상황 발생빈도가 떨어지게 된다. 수입은 늘어나면서 지출이 줄어들면 보험회사의 수익성은 올라가게 된다.

또한 보험회사에서 세월이 흘러가면서 회사 내 자산이 증가하게 되면 자산 운용 수입이 해마다 늘어나게 된다. 이와 같이 보험회사에 대한 투자는 장기투자로서 적합한 요소가 많음을 이해할 수 있다.

삼성화재 경우를 예로 들자면 실적이 뚜렷하게 좋아지고 있음을 볼 수 있다.

2007 회계년도 1분기(4~6월) 실적이 전년 동기 대비하여,

- 영업수익 : 2조 5,986억 원으로 15% 증가
- 영업이익 : 1,735억 원으로 52.5% 증가
- 순이익 : 1,141억 원으로 40.2% 증가

원수보험료(매출)는 2조 2,065억 원을 거두어서 14.3% 증가했는데 일반보험에서 4.9% 감소하였으나 장기보험과 자동차보험에서 각각 14.1%, 22.2% 증가했다. 전체 손해율은 78.0%로 3.3% 줄어들었고 자동차보험 손해율은 69.9%로 4.9% 줄어들어서 좋아졌다. 우리나라에서 자동차 사고위험이 줄어들고 있음을 여기서도 알 수 있다.

또한 자산운용측면에서는 투자영업이익이 1,883억 원으로 전년 동기 대비 22.5% 늘어났다. 투자이익률도 0.4% 증가한 4.8%를 기록했다.

이상은 4월~6월 동안의 1분기 실적이고, 그 이후 7월 한 달 동안의 실적만을 보면, 전년 동기 대비하여 매출액 15.5% 증가, 영업이익 48% 증가, 순이익 47.1% 증가로 실적 호조세가 지속되고 있음을 알 수 있다. 삼성화재는 리스크 관리가 점점 더 안정적으로 되어가고 있고 업계 최고의 경영효율을 달성하면서 앞으로 초우량 금융회사로 발돋움한다는 계획을 최근에 발표한 바 있다.

지난 3년간의 주봉차트를 보아도 장기적으로 안정된 상승추세

를 이어가고 있음이 나타나 있다. 주봉차트는 각자가 HTS에서 가로축을 최소한 3년 이상으로 설정해서 보길 바란다. 차트가 아주 예쁘다. 불안한 상승의 모습이 없고 안정된 장기 상승 추세임을 볼 수 있다.

회사의 우량한 실적 증가에 바탕을 둔 상승이므로 주식시장의 급락에서도 크게 불안해할 이유가 없다. 일시적인 주식시장 과열에 의한 단기 상투만 피해서 산다면 장기보유를 통해서 시중금리를 충분히 초과하는 투자수익률이 얻어지리라 봐도 무리가 없을 종목이다. 왜냐하면 회사의 성장률이 시중금리를 충분히 초과하기 때문이다.

# 비료회사의 가치를 다시 보는 이유

비료회사인 남해화학이 지난 3일간 급등해서 단기과열이 심해졌고, 그에 따라 하락조정 가능성이 생겨났지만, 거래량이 크게 분출한 것이 눈에 들어온다.

여기서 더 오른다 내린다, 산다 판다, 이익이다 손실이다, 이런 것에만 신경을 쓸 것이 아니라, 비료업종을 둘러싼 시대적인 상황이 새롭게 변해가는 것을 인식할 필요가 있겠다.

근래 들어서 대체에너지인 바이오연료가 각광받음에 따라서 바이오연료 생산의 원료가 되는 농산물 수요가 크게 늘어나고 있는 것이다. 그에 따라 농산물 가격이 상승하면서 농업이 과거와는 다르게 성장성 산업으로 변화되는 과정에 있다. 국제 곡물재고가 줄어들고 비료가격이 크게 올라가는 상황에 크게 수혜를 입는 회사가 바로 남해화학이다.

몇십 년 전에는 지구가 미래에 겪을 최대의 재앙으로서 식량부족을 으레 거론하였다. 인구는 기하급수적으로 늘어나는데 식량생산은 그에 따라가지 못해서 식량 부족이 심해지면서 굶어죽거나 전쟁이 나는 등 지구에 큰 혼란이 초래되리라 염려하였다. 필자가 어렸을 때만 해도 그런 시각이 존재했었다. 그 당시 식량 생산 현황으로는 분명 그러한 예상이 타당성이 있었다.

그 뒤 인구는 예상처럼 기하급수적으로 크게 늘어났다. 그러나 식량부족으로 지구가 큰 어려움에 봉착한다는 생각은 벌써 사라졌다. 그 이유는 식량생산의 급증 때문이었다. 지구상에서 식량의 생산이 예전의 우려와는 달리 크게 늘어나게 된 이유는 농산물 품종이 지속적으로 개량된 것과 더불어 비료의 개발과 비료의 사용으로 인하여 단위면적당 생산량이 크게 증가하였기 때문이다. 인류가 기아에 허덕이고 식량이 모자라서 전쟁으로 지구가 피바다가 될 것을 막아주게 된 아주 고마운 제품이 바로 비료인 것이다.

해방 직후 우리나라에서는 연간 약 2억 5천만 달러의 원조자금을 받고 있었는데, 그중의 무려 40%에 해당하는 1억 달러가 비료 수입에 사용되고 있었다. 국민들이 보릿고개 없이 먹고 살기 위해서는 농사를 충분히 지어야 했고, 비료가 그만큼 가장 중요한 수입 품목이었던 것이다.

그래서 국가에서는 1955년부터 충주비료공장, 1958년부터는 나주비료공장을 지었다. 이것이 우리나라 산업화의 효시이다. 지금 우리나라가 세계적으로 뻗어가는 산업국가가 될 수 있던 원동력의 출발이 비료회사였던 것이다.

비료가 예전에 인류에게 이렇게 중요한 제품이다 보니(지금도 변함없이 무척 중요하지만) 그 당시에는 최고의 인기 회사로서 비료회사가 대표적이었다. 현재 우리나라 엔지니어링 업계의 연륜 깊은 분들 중 1960년대에 비료회사에서 일한 사람들이 꽤 있다.

필자가 초등학교 시절에 사회 교과목에서도 국내 산업에 대해서는 비료산업을 대표적으로 배웠다. 우리나라에 비료공장이 어디에 있는가가 시험문제에 나오는 전형적인 문제였다. 충주비료, 나주비료, 북한의 흥남비료 등을 외웠던 기억이 아직도 남아 있다.

1974년에는 정부의 중화학공업 육성정책에 의하여 단일 공장으로서는 국내에서 최대 규모의 비료 생산설비를 갖춘 남해화학이 설립된다.

이 회사를 통하여 국내에 자급자족만 할 뿐 아니라 해외에도 수출하고 있으며 남북경협에 의하여 북한에도 비료를 공급하고 있다. 그래서 주식시장에서는 남북관계 개선의 수혜주로도 가끔 거론되고 있는 것이다.

충주비료와 나주비료는 세월이 많이 흐르면서 노후화되어 훗날 폐쇄되었고 지금은 남해화학이 농협 인수량의 절대량을 공급하고 있는 국내 최대의 비료생산 및 판매업체가 되어 있다.

남해화학은 1990년대 말까지만 해도, 예를 들어서 1999년만 해도 매출액 6,276.1억 원에, 영업이익 884.1억, 순이익 753.7억 원에 달하는 고수익 업체였다. 그러나 수익성이 계속 하향곡선을 그리면서 2005년에는 매출은 7,164.7억으로 늘어나 있으면서도, 영업이익은 80.7억, 순이익은 37.0억 원, 2006년에는 매출은 7,223.8억에 영업이익은 53.6억, 순이익은 71.7억 원으로 1/10 토막으로 줄어든 것이다.

지금이야 비료회사하면, 그까짓 저부가가치 회사라고 여길지 몰라도 과거에는 최고의 회사였음을 상기할 필요성이 있다. 왜냐하면 역사에서 구체적인 대상은 달라지지만 그 특성은 반복되기 때문이다. 우리가 역사를 공부하는 이유가 거기에 있다.

주식투자는 회사에 대해서 투자를 하는 것이고, 회사의 현재와 미래를 판단하면서 투자하는 것이다. 현재는 알 수 있지만 미래는 누구도 모른다. 미래를 내다보는 힘을 기르기 위해서 역사를 공부하는 것이 필요한 것이다.

지금 최고의 인기 있는 회사가 미래에는 어떻게 될지 아무도 장담 못한다. 왕년에 최고로 돈 많이 벌면서 미국의 주식시장에서 최고로 인기 좋았던 철도회사가 세월이 흐르면서 어떻게 되었는지, 폴라로이드 회사는 어떻게 되었는지, 주식시장을 통해서 얼마든지 공부할 수가 있다.

행복한 **주식투자**

최근 들어 삼성SDI가 다시 살아날 수 있으리라는 예감을 주고 있지만 과거와 같은 아이템이 아니라 과거와는 다른 새로운 방향의 아이템을 통해서이다. 과거에 대단한 순이익을 내던 회사가 실적하락 추세로 전환하여 그 추세가 몇 년 이어지다가 작년에는 적자 전환까지 하면서 주가가 자산가치보다도 훨씬 그 아래로 추락하는 수모까지 겪었다. 지금도 삼성SDI 주가는 주당순자산보다도 낮은 상태이다.

지금 투자자들은 삼성전자만을 최고로 알고 있으며, 감히 삼성SDI를 비교한다는 것은 어불성설이라고 할 것이다. 그러나 1988년 이전까지만 해도 삼성전관(지금의 삼성SDI)의 주가가 삼성전자보다 더 높았다. 지금도 그 당시 상황을 필자는 기억한다. 삼성그룹 최고의 전자주는 삼성전자가 아니라 삼성전관이었다.

아주 옛날도 아니다. 불과 20년 전 일이다. 그 당시에 삼성전자와 삼성SDI의 위치가 미래에 역전되면서 오늘날처럼 반대방향으로 극심하게 벌어지리라 예상했던 전문가는 없었다.

이런 과거의 역사를 통해서 뭔가를 느끼고 배울 수 있는 것이다. 즉, 지금의 투자에서 10년 뒤까지 그 회사가 어떠하리라고 확신하면서 투자를 할 수가 있을까. 어떤 주식이든지 자식에게까지 물려주겠다고 지금부터 다짐을 하는 것이 적절한지 생각해볼 필요가 있다. 결과적으로는 몇 년 이상 장기로 가게 되는 과정에서도 한해 한해 짐김해가면서 나가야 할 것이다. 더욱이 세상에서 많은 것들의 변화의 사이클은 점점 더 빨라지고 있다.

주변 환경의 변화가 추세적으로 이어지는 경우에는 기업의 수익성도 추세적으로 변해간다. 그러다가 주변 환경에 새로운 변화가 나타나고 이전과는 다른 모멘텀이 나타나게 되면 기업이 새롭게 리모델링되는 것처럼 수익성도 새로운 방향으로 전환되기도 한다. 그동안 매출액은 다소 늘면서도 수익성은 하염없이 하락하던 남해화학이 작년에 바닥을 찍고 2007년부터는 실적이 좋아지고 있는 것이다. 주식시장에서 과거의 시각으로 기업을 바라보고, 고정관념을 가지고 바라보는 것은 시장을 능가하는 투자를 하는 데 있어서 방해요인이 된다.

서로 연관되는 분야에서는 비슷한 경제적인 효과가 나타나는 것도 관찰된다. 미국에서 농사를 주로 짓는 중부 평야지대에 있는 인디애나 주 농장지역 부동산이 작년에 가격이 16% 올랐으며 역시 농사로 주로 먹고사는 서북부의 아이다호 주는 35%나 올랐다고 한다. 반면에 전 세계에서 가장 비싼 땅의 대표적인 뉴욕 소호지역 부동산은 12%, 런던 금융중심지는 11% 상승하는 것에 그쳤다. 미국과 아르헨티나 농장 토지 가격 상승률이 뉴욕의 맨해튼과 런던 중심가의 부동산 가격 상승률을 앞지른 것이다.

지구상에서 원유 가격 급등이 바이오연료 생산을 촉진시키면서 부동산시장에 이런 변화가 나타나리라 예상했던 사람은 없었다. 미국 전체로는 농지 가격이 작년에 평균 15%나 올랐고, 세계 2위 곡물 수출국인 아르헨티나의 옥수수 농장 가격은 27%나 급등하였다고 한다. 비교가 되는 것이, 지난 세월 무려 15년 동안에 걸쳐 미국에서 농지가격이 오른 폭이 10.9%이다. 연평균 상승률이 0.7%에 불과했던 것이다.

동서냉전 및 이데올로기 시대 종식→세계 경제의 글로벌화 촉진→중국, 인도 등 인구가 가장 많은 후진국들의 산업화 및 경제 발전→에너지 사용량의 급증→원유 가격의 지속적 상승→대체에너지의 필요성 절실→바이오연료의 생산 확대→곡물 수요 증가, 재고량 감소→곡물 가격 상승, 경작지 가치 상승→농업의 부가가치 상승→비료 가격 상승→남해화학의 주가 상승. 이런 식으로 시대의 흐름이 꼬리를 물면서 주식시장에서 소외주이고 인기 없던 농업주이자 비료회사인 남해화학의 주가 급등으로 이어지는 것이다.

남해화학은 국내에서는 1위이고 세계 3위권의 비료업체라는 점에서 실적 면에서 가장 큰 수혜를 받을 수밖에 없다. 재무적으로도 부채비율 80% 근처로 우수하다. 지분 구조면에서는 농협 지분이 56%에 달하는 회사로서 사기업으로의 M&A 가능성도 주가 상승에 탄력을 더해준 요소로 작용하였다.


## 어떤 성격의 분야가 시대를 주도해가는 데 유리한가


현실 경제생활과 실물시장에서만이 아니라 주식시장에서도 시대를 주도해가는 분야는 아래의 몇 가지 조건들을 동시에 충족할 수록 그 생명력이 길고 파급효과가 크게 나타난다.

- 시대적인 당위성이 커야 하고, 일상생활에서도 대중들에게 영향력이 있어야 한다.
- 새로워야 한다. 새로운 기술, 새로운 화학재료, 새로운 공정, 새로운 장치, 새로운 제품들을 필요로 해야 한다.
- 단순히 기대감만이 아니라 실제 매출, 이익 등의 측면에서 기업에 성장성을 가져와야 한다.
- 전체 시장 규모가 커야한다.(이와는 반대로, 첨단성과 성장성은 인정되면서 규모에서는 한계가 있는 대표적인 예로는 생명공학분야의 테마들 중에 실제 시장규모가 크지 않은 경우들이 많다. 그러면 일부 소형주들의 상승에만 국한되는 테마주에 머무를 가능성이 크다.)
- 참여할 수 있는 기업들이 많아야 한다. 대기업들도 참여할 수 있어야 하고 여러 형태의 중소기업들도 나름대로 역할을 하면서 참여할 수 있는 여지가 많아야 한다.
- 여러 기술 분야들의 접목이 필요해서 다양한 분야에서 기여를 할 수 있어야 한다.
- 고용 창출 효과가 있어야 한다. 그래야 사회적으로 경제적 파급효과가 커진다. 일부 전문인력들의 영역으로 국한되면 사회전반적인 고용 창출 효과는 적다.

1990년대 중반에서 하반기로 가면서 이러한 조건들을 동시에 충족했던 대표적인 분야가 IT, 인터넷이었다. 이에 따라 이들 분야가 시대를 주도해가는 새로운 대표적인 분야로 떠올랐었다. 그 위세가 지금은 이전보다 약화되어 있지만 그 생명력은 길며 진화를 해가면서 아직도 진행 중이라 할 수 있다. 초대형기업만이 아니라 여러 중소기업, 벤처기업들도 이 분야에서 높은 성장성을 나타내면서 수익을 늘렸다. IT, 인터넷은 경제적 부가가치의 창출만이 아니라 사회에서 많은 고용효과까지 창출했다.

앞으로 시대를 주도해가는 새로운 분야가 널리 확대되어 간다면 여러 기업들이 그 분야에서 이익을 늘려갈 수 있게 되고 사회적으로는 고용효과도 늘려가면서 경제 전반적으로 긍정적인 역할을 하게 될 것이다.

이러한 분야로서 기대되는 것이 에너지, 대체에너지, 환경이라 할 수 있다. 이중에서도 특히 대체에너지는 앞으로 시대를 주도해갈 대표적인 분야 중 하나일 것이다.

현재 유가의 급등이 올해 안으로 마무리되고 큰 폭의 하락 조정이 올지도 모른다는 견해도 있지만 중간중간 조정을 거치면서, 아주 길게 바라보면 오르는 추세를 막기 힘들 것이다. 에너지의 사용량 증가 속도에 비해서 새로운 유전의 발굴에 의한 공급 증가 속도는 상대적으로 둔화되기 때문이다. 중국, 인도, 브라질, 러시아 등 지구에서 인구가 가장 많은 국가들이 자본주의적인 발전이 가속화되고 있어서 에너지 사용량을 억제할 방법은 없다. 원유 가격의 상승과 생산량이 언젠가 한계에 부딪힐 것이라는 전망에 대처하는 방법은 대체에너지밖에 없는 셈이다.

더욱이 원유를 휘발유와 같은 물질로 가공한 뒤 연소시켜서 태워 없애는 것은 앞으로 줄어들어야만 한다. 연소시키면서 기름이 가진 열량만 뽑아 쓴 뒤 기름성분은 이산화탄소와 수증기로 변화시켜서 대기로 날려버리는 것이다.

지금 우리가 사용하고 있는 각종 소재들은 금속재료와 나무재료를 제외하고는 거의 대부분이 원유에서부터 출발되어 만들어지는 것이다. 만약에 원유가 고갈된다면 지금까지 우리가 무심히 사용하는 수많은 소재들은 지금처럼 만들어지기 힘들다.

소재의 원료로서 원유 대신에 천연가스의 주성분인 메탄과 원유보다는 매장량이 훨씬 풍부한 석탄 등을 사용하는 노력도 미래에 생겨날 것이다. 그러나 원유를 원료로 사용할 때와는 달리 다양한 화학재료들을 만들기에는 원론적으로 한계가 있다.

따라서 미래에 원유가 고갈되어가는 것이 가시화되는 시절이 올 때에는 원유를 단순히 에너지원으로서 태워버리는 것이 아깝다는 인식이 확산되면서 원유는 소재의 원료로 주로 사용하고 에너지는 다른 대체에너지원으로부터 얻어내는 노력이 지금보다 훨씬 더 강화될 것이다. 따라서 대체에너지 분야는 단기적으로나 중기적으로만이 아니라 아주 장기적으로도 중요성이 점점 증대되어갈 수밖에 없을 것이다.

전 세계 신재생에너지 시장은 2010년에 100조 원에 이를 것으로 추정된다. 2007년 초에 미국에서 부시 대통령은 대체에너지 사용 확대 등을 통해 2017년까지 연간 휘발유 소비의 20%를 감축시키겠다고 밝힌 바 있다. 유럽에서도 2010년까지 총 에너지 소비의 12%, 총 발전량의 22%를 신재생에너지로 대체하며, 수송용 에너지의 5.75%는 바이오연료를 사용하겠다고 한다.

우리나라에서는 2011년까지 신재생에너지 보급량을 전체 에너지 보급량의 5%까지 높이겠다는 목표를 정해놓고 있다. 신재생에너지 또는 대체에너지 분야에는 이미 많은 중소기업들이 참여를 선언하였거나 나름대로 사업을 이미 시작하고 있는 단계이다.

특히 근래 들어서는 현대중공업, 효성, LG, 삼성 등을 비롯하여 대기업들도 점차 이 분야에 관심을 높이고 있다. 앞으로 우리나라에서도 대체에너지 분야가 사회 전체에, 경제 전체에 미치는 파급효과가 지속적으로 더욱 커지리라 예상되고 있다.

1990년대 중반부터는 IT, 인터넷이 시대를 주도해가는 커다란 분야라는 점을 인식하면서 투자했을 때 투자성공의 확률을 높일 수 있었듯이, 지금 시대에는 에너지, 환경, 대체에너지 등이 미래를 주도해갈 수밖에 없는 커다란 분야임을 인식하면 장단기 투자 성공의 확률을 높일 수 있을 것이다.

# 효성 이야기

## 풍력에너지 분야

세계 풍력 시장은 연간 12%씩 성장하고 있는데 국내 대기업 중에서는 효성이 앞서서 풍력발전기 국산화를 서둘러 온 결과 풍력발전기의 핵심에 해당하는 발전기 기어박스 타워 등의 생산능력을 확보하고 있다.

2002년에 풍력발전기를 개발하기 시작하여 2006년에는 750KW급 풍력발전기의 개발에 성공했다. 현재 대관령에 설치해 시범운영 중에 있다. 풍력발전에 필요한 여러 중전기 설비를 생산함으로써 풍력발전단지를 개발하면서 풍력발전사업자로 나서기에 유리한 입장이다. 우리나라에서는 강원도와 제주도 등이 풍력발전단지를 이루기에 효과적인 지리적 여건을 갖추고 있다.

세계적으로 유명한 풍력발전 업체들과 근사한 기술 수준에 도달하는 2MW짜리 풍력발전기도 현재 개발 중에 있다. 앞으로 상업화 제품이 나오게 되면 회사의 성장성에 기여하게 되리라 전망된다. 2008년 중반에는 세계시장에서 상용화될 수 있는 2MW급 풍력발전기의 국제인증이 마무리된다.

현재 세계 시장에서 가장 대중적인 풍력발전기는 1.5MW급 설비로서 Vestas 27.9%, GE Wind 17.7%, Enercon 13.2%, Gamesa 12.9%, Suzlon 6.1%, Giemens 5.5%, Mitsubishi 2.0%의 시장점유율을 나타내고 있다.

효성은 국내 풍력발전 시장을 선도하는 업체로서 앞으로 3MW급 해상용 풍력 터빈, 수출용 모델 등을 개발하여 해외시장까지 수출할 목표를 갖고 있다. 국내시장 점유율 50%에 세계시장 점유율 1%를 잡으면 연간 2,800억 원 매출에 영업이익률 10%의 달성이 가능하다.

국내 풍력발전기 기술력은 세계 수준의 90%에 이르렀다고 파악되고 있다. 풍력설비 부품별 기술수준에서는 회전기(샤프트) 70%, 발전기 90%, 시스템 60% 등이다. 효성에서 주력하는 기어드 타입(Geared Type)의 풍력발전기는 풍차에 기어를 연결해 발전기에 회전력을 높이는 설비로서 유니슨에서 개발한 저용량 기어리스 타입(Gear-less type) 발전기보다 설치비용이 저렴하다는 면에서 시장성이 높다고 한다. 효성은 2010년까지 세계 10대 풍력 발전 설비업체로 진입할 계획이다.

### 태양에너지 분야

효성은 태양에너지 분야에서는 태양광 발전소 건설 기술을 이미 확보한 상태이다. 2007년 5월에 한국서부발전으로부터 수주한 삼랑진 태양광발전설비 1단계 건립을 완료하고 11월 6일에 준공식을 가졌다.

이 태양광발전소는 국내 최초의 2MW급으로서 한국전력 자회사가 직접 운영하는 태양광 발전소 중에서 가장 큰 규모이고 기존 태양광 발전소 중 가장 높은 시스템 효율을 달성했다. 효성은

2008년 말까지 2단계로 1MW 규모의 발전설비를 추가 건설할 계획이다.

또한 효성의 화학분야, 중공업분야에서 이루어온 다양한 업력으로 미루어볼 때 태양광 발전에 필요한 소재를 만들어내는 사업들도 앞으로 추진할 능력이 있다고 보인다.

효성은 신재생, 대체에너지 분야에서 가장 크게 기대를 모으고 있는 풍력발전과 태양에너지 분야를 동시에 추진해가기 때문에 미래 성장동력을 확보하기가 더 유리하다고 볼 수 있다. 신규 사업분야에만 의존하면서 증권투자하면 현재의 실적 대비해서는 지나치게 높은 주가에 해당하는 높은 PER 상태로 투자가 이루어지곤 해서 가치투자하는 사람들에게는 부담이 될 수도 있다. 그러나 효성은 다변화되어 있는 사업분야에서 상위권을 유지하면서 현재의 실적도 탄탄하게 개선되고 있기 때문에 투자하기에 부담을 덜어주고 있다.


### 기존 사업 포트폴리오

효성은 2006년부터 턴어라운드되기 시작해서 2008년부터는 성장주로 변모해가는 회사이다. 2007년에 섬유부문이 흑자 전환하여 실적 향상에 크게 기여하고 있으며 2008년부터는 변압기 및 풍력발전기가 성장세를 구가할 것이다. 해외 투자법인도 이익을 내기 시작하여서 지급보증으로 인한 경영위험은 크게 줄어들면서 지분법 이익 증가가 회사 수익성 증가에 기여하기 시작했다.

효성은 여러 분야로 사업의 포트폴리오가 잘 짜여져 있다.

- 화학: TPA, PP
- 섬유: 스판덱스섬유, 나일론섬유, 폴리에스테르섬유
- 산업자재: 폴리에스테르 타이어코드, 스틸 타이어코드
- 중전기: 변압기, 차단기
- 건설: 백년가약
- 무역: 철강, 화학, 기계

각 분야에서 이미 좋은 실적을 내고 있고, 잘 짜여진 회사 사업의 포트폴리오 속에서 미래 성장성 산업으로 넓혀가고 있어 안전성과 성장성이 동시에 추구되는 셈이다.

**전체 실적**

실적이 대폭 증가하고 있다. 2007년 사상 최대의 매출이 예상되고 있다.

3분기 누적 실적(전년 동기 대비)
- 매출액: 3조 9,821억(+12.4%)
- 매출이익: 4,974억( ㅣ25.6%)
- 영업이익: 1,684억(+73.4%)
- 법인세차감전순이익: 1,604억(+231.4%)

• 순이익: 1,298억(+237.1%)


수익성 지표 변화

2005년 → 2007년 3분기 말(누계순이익 기준으로 연간 환산)

ROA: 2.2% → 4.1%

ROE: 6.1% → 11.6%


**사업 분야별 영업이익**

• 중공업 463억

• 산업자재 126억

• 화학 525억

• 섬유 308억

• 건설 165억

• 무역 96억

• 기타 1억

• (총 1,684억)


여러 사업분야에서 영업이익이 골고루 발생하는 구조라서 혹시 미래에 특정 분야에서 일시적으로 실적이 악화되는 상황이 발생해도 다른 분야에서 뒷받침되는 것이 있어서 회사 전체로는 안정성이 높다는 장점이 있다.

**주식시장의 수급면**

2007년 3월 중순에 외국인 지분이 26%대이던 것이 외국인들이 지속적으로 매도하면서 11%대까지 내려와 있다. 현재도 추세적으로는 매도 중에 있으나 지분율이 충분히 하락하였으므로 추가 매도 압력은 예전보다는 약화되리라 여겨진다.

외국인 매도가 3월부터 본격화되어 지금까지 계속 이어져 왔으므로 이는 회사에 대한 전망을 안 좋게 보는 매도가 아니라 과거에 들어왔던 외국인 자금 중 일부는 국내 주식시장에서 이익실현을 하면서 돈을 회수해가는 추세의 지속이므로 효성에 들어온 자금에도 그런 자금이 있다고 추정할 수 있다.

반면에 국대 최대 투자기관으로 부상하고 있는 미래에셋에서는 효성의 지분을 꾸준히 늘려왔다. 그 이유가 무엇일지도 생각해 볼 필요가 있겠다. 2007년 11월 1일 공시에 미래에셋자산운용투자자문의 효성 지분율이 14.91%로 보고되었다.


# SK커뮤니케이션즈와
# NHN 어느 쪽이 더 투자 매력 있나?

- 2007/05/14(머니투데이)

요즘 아이들이 전부 가입한 곳은 도토리로도 유명한 싸이월드이다. 필자야 가입하지 않았고 사용도 전혀 하지 않지만 필자 아이들이 오래전부터 가입하여 사용하는 것을 옆에서 보았다. 아이들은 그곳에 가입하여 사용하지 않으면 아이들 사이에서 왕따당한다 한다. 그럴 정도니 그곳을 운영하는 회사는 돈을 잘 벌 수밖에 없다.

싸이월드를 운영하는 SK커뮤니케이션즈는 장외종목으로서, 두말할 것 없이 높은 수익성과 성장성을 갖추고 있는 우량회사이다. SK커뮤니케이션즈의 강력한 사업기반이 되고 있는 싸이월드는 그동안 크게 성장하여 회원수가 1,600만 명에 달하면서, 확보된 회원을 바탕으로 안정된 수익구조를 이루어갈 것으로 전망된다.

해외에도 진출하여서 추가의 성장성을 모색하고 있다. 또 하나의 강력한 사업 기반인 네이트온은 전체 인터넷 메신저 이용자 중에서 이용 비율이 1위로 올라서서 메신저 세계의 최강자로 군림하고 있다. 월 이용자수가 1,700만 명 수준으로 2위인 MSN 메신저 이용자의 2배에 달하고 있다.

SK커뮤니케이션즈는 인수합병을 지속하면서 사업의 성장성을 추구해왔다. 구글의 키워드 검색광고를 대행하는 엠파스를 2006년 10월에 인수하여서 네이버가 장악하고 있는 국내 키워드 검색광고 시장에서 점유율을 높일 계획이다.

2005년 12월에는 온라인 교육업체인 이투스와 합병하여서 e-러닝 사업도 추진하고 있다. 이투스가 가진 양질의 교육컨텐츠와의 연계를 통해 싸이월드의 이용자에게 프리미엄 교육서비스를 제공

하고 다양한 플랫폼 사업자들과의 사업연계를 통해 차세대 e-러
닝 사업을 적극적으로 추진하는 전략이다. 작년에 UMPC와 PMP,
MP3, 핸드폰 서비스인 플립 강좌 서비스가 신규 런칭되었다.

2004년~2006년 실적과 재무상태를 살펴보면,

| 구분 | 2004년 | 2005년 | 2006년 |
|---|---|---|---|
| 매출액 | 1,131.9억 | 1,513.3억 | 1,847.2억 |
| 영업이익 | 110.4억 | 232.5억 | 193.0억 |
| 경상이익 | 128.3억 | 175.1억 | 89.0억 |
| 순이익 | 128.3억 | 175.1억 | 193.8억 |
| 자본금 | 42.55억 | 43.04억 | 45.66억 |
| 자본총계 | 1,283.9억 | 1,545.1억 | 1,932.8억 |

부채비율 62%, 유동자산이 1,109.6억(2006년 기준)에 달하고 이
중 현금 및 현금등가물 434.9억에 이르러서 매우 우량하다.

최근 장외시장에서의 가격은 액면가 500원 기준, 7만 5,000원
정도에 형성되어 있다. PER로 환산해보면 코스닥등록업체인
NHN(네이버), 다음 등에 비해서 PER이 낮은 상태이다. NHN에
비해서는 현재 형성가격이 약간 더 저평가되어 있는데 장외종목
은 원래 할인을 해야 한다.

지난 6개월 동안의 가격 변화는(Pstock의 기준가격) 작년 11월 말
부터 올해 4월 말까지 매달 말 기준으로 8만 2,000원→8만 1,150
원→8만 250원→8만 250원→7만 7,750원 →7만 7,000원→7만
5,750원(5월 11일)으로 가격이 완만하게 하락 조정하는 모습이다.
우리사주조합에서 보유한 4.18% 지분에 해당하는 38만 1,535주

중에서 현금화하고 싶어서 흘러나온 일부 매물이 거래되는 것으로 추측된다.

기업의 현재 상태는 위에서 본 바와 같이 전부다 매력적이다. 다만 불확실성으로서 기업공개(IPO)를 향후 하게 될지 여부가 불투명하다. 기업공개를 하지 않으면 장외에서만 사고팔아야 하기 때문에 가격 할인 현상이 지속된다. 장외에서는 환금성이 취약하여 예기치 않은 상황 발생 시 현금화가 곤란해지므로 코스닥 등록 시까지 보유를 전제로 투자할 수 있을 때 좋다.

예기치 않은 상황의 예로서는, NHN, 다음 등의 인터넷 종목들 주가가 하락추세로 접어들 때(동종업종이라 동반하락 불가피), 코스닥 시장 및 증권시장 자체가 조정을 장기간 지속하는 시기로 접어들 때, 이 회사의 수익이 어떤 이유로건 현재 수준에서 정체되거나 줄어들 때, 집에서 어떤 사정으로 현금이 많이 필요해질 때 등을 생각해볼 수 있다.

이미 등록업체인 NHN과는 달리 이 종목은 장외라서 현금화가 상대적으로 어려워질 것이다. 장외에서 주식을 팔 때에 생기는 차익에 대해서는 장내주식과는 달리 양도소득세를 내야 한다. 대기업 20%, 중소기업 10%의 양도소득세가 붙는다.

SK커뮤니케이션즈의 최대주주는 SK텔레콤으로서 85.9%의 지분을 가지고 있으며 다른 대주주들 지분을 합하면 90%가 넘는다. 기업이 기업공개를 하는 가장 주된 목적은 사업투자나 기타 다른 이유로 자금이 필요할 때 자금을 조달하기 위한 수단으로 상장하는 것이고 대중적으로 회사를 알리려는 부수적인 목적도 있다. 그러나 기업공개된 이후에는 회사경영을 외부 주주들에게 간섭받을 수 있게 되므로 상장 필요성이 없다면 굳이 기업공개를 하지 않는 편이다.

지금 SK커뮤니케이션즈는 재무상태가 우량하면서 현금이 많기 때문에 기업성장 전략을 실행하는 데 들어갈 자금을 조달하기 위하여 기업공개를 통해 자금을 조달할 필요성이 별로 없을지도 모른다. 또한 대중적인 인지도도 싸이월드, 네이트온 등 이미 자체 브랜드로 확고하게 널리 알려져 있어서 기업공개를 통해서 대중적으로 인지도를 높일 필요성도 적다.

지분을 무려 85.9%나 가지고 있는 SK텔레콤은 현금이 많은 초우량회사이니까 SK커뮤니케이션즈에서 추가의 자금이 필요할 때 자체적인 유상증자를 통해서 얼마든지 자금 조달을 원활히 할 수 있다는 점도 고려할 수 있다.

대주주가 기업공개를 통해서 평가차익을 많이 얻어내고 싶은 것도 기업공개 동기 중 하나가 될 수 있는데 SK텔레콤은 그럴 가능성도 적은 편이다. 그러나 장내에 등록할 필요성이 적은 현재의 상황이 영원히 지속된다고 볼 수는 없으므로 미래는 미래에 맡겨야 할 것이다.

코스닥 등록업체인 나른 유명 업체의 전년도 영업이익, 경상이익, 순이익 및 PER을 비교하면(주가는 5월 11일 기준),

NHN(자본금 239.0억) 2,295.6억, 2,185.0억, 1,519.8억/주가 156,800원, PER=47.4

다음(자본금 64.92억) 360.4억, 288.4억, 156.6억/주가 75,500원, PER=64.9

SK커뮤니케이션즈(자본금 45.66억) 193.0억, 89.0억, 193.8억/주가 75,750원, PER=35.7

SK커뮤니케이션즈가 PER이 상대적으로 낮은 상태로 주가가 형성되어 있지만 장외종목이라는 점을 감안할 때 인정할 만한 할인폭은 된다. 또한 NHN의 영업이익 증가 속도가 747.0억→1,314.7억→2,295.6억임에 반하여 SK커뮤니케이션즈는 영업이익이 110.4억→232.5억→193.0억으로서 NHN이 더 빠르게 이익이 늘어나고 있다. 이런 속도의 차이를 감안하더라도 NHN이 상대적인 투자매력도가 더 높다고 봐야 한다.

### 그 뒤로 어떻게 되었나

그 뒤로 기존의 코스닥 등록업체인 엠파스가 SK커뮤니케이션즈를 합병하면서 사명을 SK컴즈로 변경하였다. SK커뮤니케이션즈는 직접 기업공개를 하지 않고 코스닥에 우회상장을 하는 결과가 되었다. 양사의 합병비율은 SK커뮤니케이션즈 1주당 엠파스 3.5732812주이며 합병 신주는 2007년 11월 23일에 상장되었다.

주식시장에서 상대적으로 고평가되어 있던 엠파스가 SK커뮤니케이션즈를 합병함으로써 넘버원 온라인 커뮤니티인 싸이월드, 메신저 네이트온, 서치 엔진 엠파스의 조합에 의한 발전 전략을 기대할 수 있게 되었다. 그러나 엠파스가 검색 분야에서 경쟁력을 높이기 위해서 네이트온 싸이월드와 같은 인기 사이트와 시너지 효과를 어떻게 이루어내느냐가 관건이라 하겠다. 또한 지분율 68%에 달하는 최대주주인 SK텔레콤과 무선인터넷 사업 등에서 얼마나 시너지를 낼 수 있을지 여부가 미래 성장 모멘텀에 영향을 줄 것이다.

엠파스 주가는 5월 11일에 15,350원이었고 그 가격도 그 당시에 상대적인 고평가였던 편이다. 그러다가 합병 이후인 12월 18일에는 160.0%나 오른 가격인 33,150원이 됨으로써 SK커뮤니케이션즈와의 합병 효과를 크게 본 셈이다. SK커뮤니케이션즈를 비상장회사로서 주식을 가지고 있던 사람들은 그 당시 75,750원에 있던 1주가 SK컴즈로 변한 지금은 33,150원에 3.5733주가 된 것으로 환산하여 기존 1주당 118,455원이 된 결과를 얻었다. 이는 57.3%의 수익률이다. 즉 두 회사의 합병 이전에 비상장회사로서 SK커뮤니케이션즈 주식을 보유하고 있던 사람보다는 이미 코스닥 등록회사였던 엠파스 주식을 보유하고 있던 사람들이 훨씬 더 높은 수익을 올릴 수 있었던 것이다.

국내 포털시장에서는 네이버가 70% 이상이라는 검색시장 점유율을 누리면서 독주를 계속하고 있다. 야후, 엠파스, 구글 등 검색 포털들의 분전에도 불구하고 네이비기 지식검색과 검색광고에서 차지하고 있는 절대적인 위치는 아직까지 흔들림이 없는 상태이다. 네이버의 2007년 3분기까지의 총 매출액은 6,465.5억 원으로서 전년 동기의 3,975.2억 원 대비하여 무려 62.6%나 늘어나는 고속 성장을 보여주었다. 2006년 3분기 대비한 2007년 3분기의 각 분야별 매출액도 다음과 같이 골고루 크게 증가하여서 성장의 기반이 탄탄함을 알 수 있다.

검색광고: 2,058.9억→3,471.3억(68.6% 증가)
디스플레이광고: 667.6억→848.4억(27.1% 증가)
전자상거래: 283.4억→405.5억(43.1% 증가)
게임: 892.8억→1,654.1억(85.3% 증가)

주가는 5월 11일 156,800원이 12월 18일에 227,000원으로 44.8% 상승률을 나타내었는데, 같은 기간 동안 코스닥시장 지수는 0.2% 상승률로서 거의 제자리인 것과 비교된다.

# 사월과 오월 사이

    사월이 지나가고 오월이 되었다. 잔인한 달 4월이라는 유명한 말이 있다. 왜 4월이 잔인하다는 말이 있는가를 사람들에게 물으니까, 고개를 갸우뚱하다가, 4월에 4.19가 있어서, 많은 사람들이 피 흘리고 쓰러져 갔기 때문에 생겨난 말이 아니냐고 답하는 것을 들은 적이 있다. 실제의 출처는 영국의 자연주의 시인 T. S. 엘리엇이 쓴 〈The Waste Land(황무지)〉라는 제목의 시이다.

> April is the cruelest month, 4월은 가장 잔인한 달,
> breeding Lilacs out of the dead land, 죽은 땅에서 라일락을 키워내고,
> mixing memory and desire, 추억과 욕정을 뒤섞고,
> stirring Dull roots with spring rain. 잠든 뿌리를 봄비로 깨운다.
> .........

    전쟁 이후 서구의 황폐한 정신적 상황을 황무지로 형상화하여 표현한 시이다. 그 당시 시대적인 상황 때문에 시인은 그러한 시를 썼지만 사실 사월은 희망의 달, 뭔가가 시작되는 달로 여기는 것이 합당할 것이다.

올해도 변함없이 4월이 되자마자 피어났던 청아한 자태의 목련은 아쉬움을 남기면서 금방 사그라지고 그 뒤로 여러 꽃들이 피어나면서 화단을 울긋불긋 수놓고 있다. 사월과 오월에 걸쳐서 여러 종류의 꽃들이 피어났다가 지는 것이 계속 교차된다. 꽃이 피어날 때는 탱탱한 젊음에 패기가 가득하다. 그러나 아름답게 만개한 꽃의 자태가 오래 지속되지는 못하고 결국은 꽃잎이 땅에 떨어지게 되는 모습을 보면 허무함이 느껴질 수밖에 없다. 어떤 꽃은 시들고 전성기로부터 물러나지만 또 다른 어떤 꽃은 새로이 꽃망울을 만들어간다.

## 사월과 오월 사이
행복투자 이건희


사월에는 꽃이 진다
사월에는 꽃이 핀다


어디에선가 꽃이 지고 있을 때
어디에선가 꽃이 피어나고 있다


어느 이 사랑이 넘쳐
강물 되어 흘러내리고 있을 때

어느 이 강둑 위에 앉아 흘리는 눈물은
풀뿌리 하나 적시지 못하고 있다


오월에는 꽃이 진다
그리고 오월에는
꽃이 핀다


꽃이 지는 과정을 바라보면 이 세상에서 영원히 지속되는 영광은 있을 수 없다는 진리와 허무감을 느끼게 된다. 그리고 그 옆에서는 또 다른 꽃이 피어나면서 사람의 눈길을 끌게 되는 것을 보면서, 한쪽의 영광은 사라지지만 다른 쪽에서 그 영광을 차지하게 되는 것도 순리임을 느끼게 된다.

그런 생각을 하게 되면 사람이 겸손해질 수 있는 것 같다. 그런 생각을 하지 못한다면 언제까지나 자기 잘난 줄만 알고 그 잘난 것이 영원할 것으로 착각하게 된다. 오늘이 어린이날인데, 아이를 낳아서 기르는 것도 부모로부터 아이에게로 새로운 꽃이 피어나게 하는 과정이 옮겨가는 것이라 하겠다.

증권시장에서도 특정 종목의 영광이 영원히 지속되기는 매우 힘들다. 영광의 종목도 언젠가 시들어지고 새로운 종목이 사람들의 관심을 끌게 된다. 따라서 특정 종목에 너무 집착할 필요는 없다. 과거에 어떠한 종목이 어떠했는가, 과거 어떤 시점에서 어떤 종목을 샀으면 지금 얼마나 수익을 냈는가를 아무리 얘기해봐야 무슨 소용이 있겠는가.

과거는 흘러지나갔을 뿐, 미래의 시간만이 우리 앞에 다가올 뿐이다.

부동산시장에서도 과거의 영광이 계속 지속되지 못하는 부동산들이 흔하다. 지금 당장 찬란하게 피어난 꽃, 지금 당장 크게 올라 있는 부동산만이 각광을 받을 뿐이다. 그러나 지금 각광을 받는 그 어떠한 투자대상도 무조건 언제까지나 영원하지는 않다는 진리를 마음 깊숙이 담아두어야 하겠다.

계절과 날씨의 변화에 의해서 꽃의 생로병사가 나타나고 만개하는 꽃의 종류가 달라지듯이, 유망한 투자대상도 시대와 환경의 변화에 따라서 얼마든지 변해갈 수 있음을…….